ミネルヴァ・アーカイブズ

明治国家の成立

天皇制成立史研究

大江 志乃夫著

*

ミネルヴァ書房

復刊にあたっての序文

『明治国家の成立』を刊行してから、三十九年の歳月をへた。本書は単独の著書としては、私の処女作である。刊行したときの年齢が三十一歳という私の若さのため、その内容にきわめて未熟の点が多い。刊行したときの年齢以上に馬齢をかさね、今年古稀にたっした私にとって、今更復刊するのがはばかられるくらいである。

本書はその後、一九八三年に再刊された。最初の刊行以来二十四年ぶりであり、私がちょうど五十五歳のときであった。そのとき、「再刊にあたっての序文」を書き、そこで最初の刊行以来の研究のいちじるしい進歩にともない、本書が露呈している理論的な未熟さ、思考の狭さなどの限界については、あらためて記しておいた。現在もそれ以上のことを書く必要は感じないのであるが、こうした弱点を有するにもかかわらず、現在なお本書を入手したいという希望がよせられ（その希望のなかには司馬遼太郎『翔ぶが如く』に本書のかなり多くの部分が引用または援用されたという理由もあるかもしれない）、しかも古書市場ではほとんど入手不可能という状況のもとでは、あえて復刊を承諾せざるをえない。

本書にたいする復刊希望の多くは、本書に展開された体系についての関心によるよりも、本書の主要部分をしめる明治初期の人民闘争に関する実証的な分析にたいする関心にもとづくものと考えられる。本文三五三頁のうち、八一～三一二頁（第二章ブルジョア政治勢力の形成　第一節民会論の成立　第二節農民闘争の発展と指導　第三節地租改正をめぐる初期の闘争　第三章革命的情勢の展開と明治絶対主義　第一節革命的昂揚期の政治情勢）がこの問題に割かれている。その主題は、地域における民衆の日常的・経済的な利益を守るためのたたかいがより高い次元の政治的な闘争へと発展していく過程を、各地の闘争の実態に即して分析することにあった。

この点に関しては本書はなお学問的意義を失っていない。たとえば、初版本の「はしがき」で「関係する既発表の論文を以下に列挙する」として挙げた論文のうち、「熊本藩における藩政改革」は、藤野保編『九州近世史研究叢書11九州と藩政改革（Ⅱ）』（国書刊行会85年）に、「民権運動成立期の豪農と農民」は、中村尚美編『歴史科学大系27民主主義運動史（上）』（校倉書房78年）に収録された。また、「地租改正反対一揆」については、『三重県史資料編　近代Ⅰ』（三重県、87年）の「総合解説」に、「暴動全般については、『明治国家の成立』（大江志乃夫）や『松坂市史・第一四巻（解説）』に譲り」と記されている。

しかし、理論的な体系化という点でかなりの問題を含んでおり、本書によせられた先学諸氏のさまざまの批判を整理し、私自身の反省を記しておきたい。

本書にしめされた理論的欠点のそもそもの原因は、幕末・維新・自由民権期をつうじての歴史的過程を経済史と政治史の両面から統一的に把握し、論理的な整合を性急にもとめようとしたことにある。そのために理論的に検討すべき問題の枠組みを限定し、当然に歴史的要因として考察の対象とすべき重要な問題を検討の対象から欠落させてしまった。

とくに次の三つの問題を理論的な検討の課題から捨象したことは、理論構成にあたって重大な誤りを生むことになった。第一は幕末・維新期の外圧すなわち国際的契機の問題である。第二は資本の本源的蓄積すなわち原蓄論の問題である。第三は経済と政治を結ぶ環の問題である。

服部之総氏が変革の内的必然性に関する有名な問題提起をして以来、幕末・維新期の経済史的分析にあたって、国際的契機を一応捨象したかたちで理論形成をこころみる傾向が有力な傾向として存在した。分析の一過程における方法として理論的仮説を組みたてるためにはそのような方法の採用は必要であり、有効であろう。しかし、捨象した問題はトータルな理論体系を組みあげるにあたって当然組み戻されなければならない。

歴史的変革はたしかに変革されるべき社会の内的必然にもとづくものであり、革命は輸出も輸入もできない。だが、国際的契機はたんなる与件ではない。とくに経済的には外的要因と内的要因とは相互に作用しあい、国際的契機は内的要因の作用を受けつつ内的要因に転化する。私が国際的契機を捨象したままで整合化された明治維新・自由民権「論」を構築しようとしたことは、理論構成をおこなうにあたってさまざまの誤りを生む結果となった。

国内市場の統一支配という視点からの分析は、私が本書でこころみた新しい理論的な視点であった。本書はこの問題を正面に据えている。その点では、当時としては斬新な問題提起であったと、現在でもいささかの自負を持っている。しかし、逆にそれだけに理論的な未熟さがめだつ。今にして思えば、この視点からの理論展開に本書の弱点が集中している感がある。

その第一の欠点は、国際的契機を捨象したことから、国内市場の統一支配という場合に、国内的な視点つまりローカルなものにたいする意味での「統一」という観点しかなく、ナショナル・ユニティーとしての統一という視点が欠落してしまったことである。このことが大隈財政の本質を見誤らせる結果となった。

第二に、国内市場に目をむけすぎたあまり、原蓄論的な観点がおろそかになったことがあげられる。

再生産論が価値実現の理論であるのにたいし、もともと市場理論――厳密には市場形成の理論――は原蓄過程にかかわる理論である。したがって市場形成の様相は原蓄の態様に照応する。この観点から大隈財政をとらえなかったため、その市場政策がいかなる原蓄の態様に照応するものであるかという問題意識が欠落してしまった。大隈財政を流通主義とし、産業資本への転化の内的要因を含まないものと規定したのは、その政策がどのような原蓄政策として展開されたかという考察を抜きにしたことによる。

経済的過程と政治的過程をどのように総合し、整合的な理論として体系づけるかの問題は、大変困難な問題であり、それゆえに歴史家にとって大きな関心をそそられる問題である。本書はこの問題を、政策的課題をめぐる階級対立の問題という視角からとらえようとした。その限りでは本書をつらぬく論理は一貫している。しかし、政策的な課題が政治過程に一貫してなまのかたちでその姿を現わしつづけるということは、現実の政治過程においてはまれである。政策それ自体が当面する階級矛盾への対応として、しばしば一貫性をともなわないものでありうる。

本書では、私は階級闘争を必ずしもなまのものとしてでなく、階級の政治勢力化という媒介をへて、政治闘争として考察した。おなじように政策的課題をめぐっても、階級的利害の問題が何を媒介としてどのような政策的課題に転化したかという、論理的な手続を厳密におこなうべきであったと思う。この点で私が本書で批判の対象としたはずの階級対応論の枠から、自分自身完全にぬけでることができなかったのではないか。

これらの反省のうえにたち、主として経済史の領域を中心に理論的な再検討をこころみたのが、著書『日本の産業革命』（岩波書店、一九六八年）であった。叙述の内容は歴史時代的には本書の叙述を書き継ぐかたちとなっているが、本書と『日本の産業革命』との理論構成の違いを比較していただけば、その間における私自身の理論的枠組みの拡大がどの方向にむけてどのようにおこなわれたかを、理解していただけると思う。

さらに、最近、世界史的な歴史過程と一国史的な歴史過程を総合的にとらえ、一国の史的発展を契機づける内的必然が現実の世界史的過程においてどのような現われ方をするか、国際関係において、それぞれの国の史的発展を契機づける内的必然が複雑にからみあうことにより、相互にどのように影響しあうのか、私の関心は世界史的な構造のなかへの一国史の位置づけにむけられつつある。その意味では日本の史的発展における国際的契機論としてではなく、日本の史的発展を世界史的構造内部に位置づけるかたちで再認識しようと考えている。本年刊行した『東アジア史としての日清戦争』（立風書房、98年）は、さらに続稿を予定している『世界史としての日露戦争』とともに、その新しい知的冒険のこころみである。

以上、本書の復刊にあたって、初版のもつ理論的な問題点を指摘・補足し、読者の参考に供したい。したがって、この序文を追加したほかには、初版本の文章にはいっさい手をくわえず、ただ明白な誤記誤植を訂正するにとどめた。

一九九八年九月

大江志乃夫

はしがき

私は、本書において、その最初の部分を、主として特定の指導的な思想家なり政治家について語るという手法をとり、第二章以下においては、逆に、今まで多くは明らかにされてさえもいなかった一連の人民的闘争について語るという手法をとった。このような手法のちがいは、何も私の恣意的な好みによるものではない。とらえられた對象のちがいは、そのまま、同時に、それぞれの時期における歴史の歸結の性格のちがい、すなわち、明治維新と自由民權運動の性格のちがいをしめしているのである。もとより、私は、明治維新史を、現實に何の某と名乘ることも許されなかった名もない私たちの多くの祖先の血みどろの歴史として語るに値いしないなどと考えているわけではない。そうした血みどろの犧牲の上にたって、誰が、何のために、ひとつの新らしい權力をきずきあげていったかがここでの課題なのである。

というのも、維新の變革の歴史とどんな關心をもって取りくむかという、そもそもの態度に規定されたからである。私が『明治国家の成立』というテーマのもとに、必ずしも成功したとはいいがたい一連の研究を續けてき、その今までの斷片的な成果をとにもかくにもつづりあわせて何とか筋のとおったものにしてみようという大それた氣持に動かされたのも、現實に、まだ幼くさえあった私たちに、その生命を投げ出しても悔いぬという決意を強制した日本の近代天皇制への關心からであった。

もちろん、すべての科學的な維新史研究は、『日本資本主義發達史講座』以來、近代天皇制への關心にもとづいていたと言うことができるであろう。にもかかわらず、あえて私がそもそもの關心から問題にした理由は、『講座』がまさにその理論的武裝のために努力をはらったはずの戰前の反戰と解放のための政治勢力が周知のような大敗北をとげた背後には、『講座』がしめした近代天皇制への關心を問題意識として結晶させていく過程で、大きな缺陷をふくんでいたのではなかったかという疑問によるものであった。

『講座』の理論が、まさにその時點において受けつつあった重壓を、そのまま維新の天皇制に直結した結果として、『講座』は維新を誤らなかったかわりに同時代を誤ったのではないかという疑問が提出される。はたして、維新の天皇制は、『講座』と同時代の天皇制にひとしいのか。この反問は、同時に、現在提出されている明治維新=ブルジョア革命論にもむけられるものである。このような疑問から出發し、近代日本の國家權力がみずからの大修正を餘儀なくされた時點、少くともその最初の時點を設定することの中に、疑問に自答するいとぐちがひらかれるのではないかと考えた。

しかし、權力は、決して、みずからその姿をかえるものではない。したがって、この修正の時點は、支配の危機の時點であり、危機が革命的情勢として展開した時期の所産であり、革命的情勢下で狂瀾を旣倒にかえす支配者の必死の努力と轉身の決意の表現である。これをさかいに、古い支配者は古い支配階級と同一人であっても同一階級でなく、被支配階級もまた被支配階級でありながら同一階級でない。このような革命的情勢の最初の展開をどこにもとめるか、そこでは何と何がたたかったかを明らかにしようとこころみたのが本書の課題である。したがって、本書の敍述が、ひとまず、明治十四年政變をもって打ち切られた理由も諒承していただけると思う。

このような課題の設定から、本書の全篇は、當然、明治維新=ブルジョア革命論にたいする否定的立場を固持している。しかし、この立場も、『講座』を固守することによっては可能でない。『講座』を第一義的に擁護することが歷史家の使命であった時代は去ったのである。「海の沈默」が美德から罪惡に轉化した現在ではないか。

本書は、今まで、斷片的に論文の形で發表された幾つかのものの全部または部分のうち、あるものはほとんど原形のままで、あるものはまったく原形をとどめぬまでに修正され、あるいはばらばらにされて再構成されたものを數多くふくんでいる。それらの部分は、既發表のものと理論的にも背馳する點が少くない。當然、過去の淺學がもたらした誤りあるいは不備な點を及ばずながら是正しようとこころみたものと考えていただきたい。參考のために、關係する既發表の論文を以下に列擧する。

豪農民權運動の源流（『歷史學研究』一七九）
熊本藩における藩政改革（堀江英一編『藩政改革の研究』）の三・四
民權運動成立期の豪農と農民（『歷史學研究』一八六・一八九）
地租改正反對一揆（『史學雜誌』六五―七・八）
維新政府について（歷史學研究會・日本史研究會編『日本歷史講座』第五卷）
民權運動昂揚期の政治情勢について（『歷史學研究』二二六・二二七）
民選議院設立建白と民會論（堀江英一・遠山茂樹編『自由民權期の研究』第一卷）

私が一九五〇年に名古屋大學經濟學部に入學したころ、まだ創設以來日が淺かったので、日本經濟史のゼミナールはもちろん、講義も開設されていなかった。恩師鹽澤君夫先生が着任され、始めてゼミナールが開設されたのは一九五二年度であり、すでに私たちは卒業論文に着手しなければならないころであった。そうした條件の中で、僚友川浦康次君をはじめ、日本經濟史に關心をもつ學友たちと研究會を組織し、個人的にあるいは組織的に、多くの先學諸氏の御指導をおねがいしながら勉强をしてきた。鹽澤先生の着任後、以後一年餘の大學院在學中をふくめ、ゼミナールはもちろん、この研究會においても懇切な御指導をうけてきたのであるが、從前からの關係もあって多くの方々から個人的にも御指導をうけることになった。

さらに、その後、名古屋大學法學部の信夫淸三郎先生の御指導によって政治史研究者として再出發することになり、ここでも、組織的な訓練を受ける機會をもたなかった私は、多くの方々の個人的な御指導によって、まがりなりにも現在まで、研究者としての仕事をつづけることができた。

鹽澤・信夫兩先生をはじめ、堀江英一、水田洋、熊本大學法文學部の森田誠一、奈良本辰也、今中次麿、林茂、遠山茂樹の諸先生方の御指導と御厚情がよせられなかったならば、到底、このような仕事さえもできなかったにちがいない。

また、鹽澤・水田兩ゼミナール、堀江先生主宰の「藩政改革の研究」の研究會、堀江・遠山兩先生主宰の「自由民權期の研究」の研究會における多くの先輩友人たちの友情も忘れがたいものである。

この機會にあつく御禮申しあげる次第である。

本書の公刊にあたって、遠隔の地で、あいだに轉居のことなどもあり、常に倍する煩雜さの中で、枚數や時期などの度重なる私のわがままを快く容れて下さったミネルヴァ書房の杉田信夫氏をはじめ關係者の方々の御配慮にも御禮を申しあげたい。

一九五九年八月

——第五回原水爆禁止世界大會參加の旅中にて——

大江志乃夫

目　次

はじめに　經濟史的前提

——國内市場の統一と支配をめぐって——

明治維新の直接の經濟的背景をなすものは、國内市場の形成過程において、誰が、いかにして、どのような形で、この市場の支配者となるかという形態での闘争である。幕末・明治初年の政治過程を、このような闘争の政治的表現としての側面を基調に分析しようとこころみたのが、この全篇をつらぬく分析視角である。

國内市場形成の萌芽

日本における國内市場形成の萌芽は、畿内およびその周邊地域を中心とする先進地帯では、すでにかなり早い時期からみとめられると考えてよい。鹽澤君夫・川浦康次兩氏の研究によれば、[1]幕藩體制下における隔地間市場に對立し、農民的商品生産とある程度の地域的分業の成立を基礎とする局地的市場の最初の成立の時期を、尾張一宮を中心とした尾西の綿作綿織地帯において、一八世紀の後半から一九世紀の初頭(享保—寛政期)に設定している。このような局地的市場は、一八世紀末(寛政期)には、半徑一五粁にもおよぶ市場圏を形成した。

しかし、局地的市場圏は、その成立の段階において、なお農民的商品生産が農民の全生産を完全にその深部にわたってまでとらえるにはいたらないという發展段階に照應するものである(『半自給的』側面)という限界がしめす市場圏のせまさと、商品生産の発展の多様性がしめす市場形成の程度の地域差の存在によって生ずる地域的分業の地方的偏り(『特産物生産』の側面)のために、より以上の發展の契機を隔地間流通の擴大と支配にもとめざるをえない。ここに、從來の幕藩領主制下における城下町中心の特權商人による領主的隔地間流通とは質的にことなった統一的市場の形成と支配をめぐる課題、つまり國内市場の形成（＝民族的統一の實現）の課題が生ずるにいたった。この課題をめぐる闘爭と、いやおうなしにこの闘爭にまきこまれる過程で幕藩領主制の内部矛盾がばくはつし、幕藩體制が滅亡と自己變革をかけて自己の論理を貫徹していく過程が、幕末・維新期の階級闘爭と政治過程に表現される。

國内市場の形成をめぐる、最初の大規模な闘爭の展開は、日本におけるもっともすすんだ地帶の農村である畿内大坂周邊の農村を舞台にしておこなわれた。この地域は、同時に、古い隔地間市場の支配者であり、したがって一さいの商品生産と流通の成果はつねに自己に歸屬すべきであると信じていた強力な特權商人資本の最大の據點である大坂商人資本の直接の支配下にある地域であった。

すでに一七六〇年（寶暦一〇）、大坂繰綿延賣買會所設置にはじまる上からの商品生産統制と流通支配の強化のこころみにたいして、一七八七年（安永七）の古市郡村々の繰綿延賣買會所反對の闘爭にはじまり、一七九一年（天明三）の繰綿延賣買會所新設反對、九四年（天明六）の干鰯問屋仲買會所新設反對の闘爭に部分的勝利をおさめた農民層は、よりーそうの農民的商品生産の發展と市場圏の擴大を基盤とし、闘爭の成果にささえられながら、幕藩領主制的な經濟支配の制度である株仲間に真正面からの闘爭をいどむにいたった。一八二三年（文政六）の一、〇〇七ヵ村の三所綿問屋にたいする闘爭と、その翌年の一、三〇七ヵ村の油仲間にたいする闘爭であった。これらの闘爭は、いわば株仲間特權商人の側からの農村への積極的進出のこころみにたいする反撃としておこなわれたのであったが、すでに大きな地域にひろがりつつあった市場形成の支配權をめぐる最初の激突であったと考えられる[2)]。

この大闘爭の組織を可能にした大共同戰線成立の基礎には、農民層内部における矛盾の擴大と、それにもとづく闘爭の成果が農村における共同體的支配體制を崩壊させて、村落支配體制そのものが市場形成に適した体制に編成がえされつつある傾向（村方騒動の展開）、およびあたらしく成立しつつある村落支配體制内部における矛盾がまだ決定的な矛盾として展開するにいたらない段階で下層農民の闘争がなおあたらしい村落支配者の動きをまえむきに組織する作用をもっていたこと、などが指摘されねばならない。

幕府がおこなった天保改革は、もっともすすんだ地域である大坂周邊が幕領地であることから、改革そのものの主觀的な反動的意圖と、その先進地における客觀的効果の奇妙なくいちがいをしめした。

國内市場の統一的支配の問題

幕府の天保改革は、人返し令や江戸十里四方上地策などにみられるように、基本的には生産物地代の確保と領主支配の強化を意圖した單純な復古政策をゆめみていた。にもかかわらず、一九世紀前半の情勢下で、とくに、かつて一八世紀前半以來、享保改革から田沼政治にわたる一連の政策として、生産物地代原則貫徹の困難さのまえに退却して特權的商人資本を媒介とする間接的な地代搾出政策に大きな比重をかけてきて以來、このような復古的政策は、特權的商人資本を一應の犧牲に供することとなしには實現できないものであった。改革が株仲間の解散という処置を断行したのも、こうした復古的意圖から三都の特權商人資本對幕府の關係の問題としておこなわれたのであったにもかかわらず、大坂周辺では、まったく別の効果をしめすこととなった。というのは、幕府が幕府と特權商人資本との關係として企圖した株仲間解放令も、大坂周邊では幕府と特權商人資本をひっくるめて在郷商人に對する關係において作用せざるをえなかったからである。だから、幕府の大坂における出先機關である町奉行やその配下与力らが株仲間解放に反對意見をしめしたのも當然であった。

特權商人を抑えるべく、株仲間の解放令はあまりにも遲きに失したがために、その反動的な政策は、かえって新たに成長したその敵對物である在郷商人層をたすける進歩的な結果を來たしたのである。

しかし、因果はめぐる小車、株仲間解放の結果が在郷商人層の一層の進出と農村における産業的發展をもたらし、農村内部の矛盾の一層の深化を促進した結果、嘉永の株仲間再興によって、みごとに農民の大共同戦線にくさびをうちこむことに成功する前提をつくった。

一八五一年（嘉永四）の株仲間再興の意義をどう評価するか。天保改革による在郷商人層の進出が同時に農村内部の矛盾を一そう擴大深化させた結果、在方株の設置によって市場形成の支配者である有力在郷商人層を一擧にすくい上げ、組織することに成功するという結果をもたらした。いわば、幕府がどう意圖したものであれ、客觀的には、一、〇〇七ヵ村訴訟の勝利にはじまる國内市場形成の下からの進行を、逆に特權商人資本の擴大と質的轉化という方向にねじまげ、上からの國内市場統一支配という方向の優位を確立する結果となった。民族的統一という課題を、絶對主義形成という權力形態によってすりかえ、革命的結集を反革命的集權制におきかえるための役割をはたす最初の政策であった。

このような國内市場形成の方向の一大轉換は、そのまま、商品生産の順當な發展へのはねかえりとなってあらわれざるをえない。というのは、特權商人資本が在方株に組織された有力な舊在郷商人層をもふくんで國内市場の統一支配にのりだすということは、たんなる古い幕藩領主制的な隔地間流通にたいする支配形態を農村にまでひろげることによっては決して成功しないものであり、そういうことは、安永以來のにがい經驗によって百も承知のことであったからである。國内市場成立の基盤であるブルジョア的または小ブルジョア的な生産にたいする支配を確立することなしには、國内市場の支配は成立しない。特權的商人資本が、ブルジョア的または小ブルジョア的な生産を支配するとき、すでにそれは、上からの近代化の第一段階における第一歩をふみ出したことをいみする。そして、商人資本が、みずからを産業資本に轉化するとき、上からの近代化は第二の、そして最終の段階に突入したと考えるべきであろう。成立期の絶對主義權力は、まさに、そのようないみでの、上からの近代化の第一段階に相應する權力形態であり、嘉永の株仲間再興は、絶對主義形成の經濟的必然がほぼ確立した時期として、明治絶對主義研究が、その前史としてではなく、直接の對象とすべき経濟過程の起點にすえらるべきものであると考えてよいであろう。絶對主義の基盤と考えられている地主的土地所有もまた、このような上からの近代化の第一段階に相應する農業經營に即した土地所有形態であると考えることは妥當であろうし、この段階では、流通が生産を支配し、土地所有が經營を支配する——つまり生産手段の所有が生産を支配するのではなく、生産手段と勞働力の分離の傾向がなお決定的でない——という點で、なお嚴密には、依然として封建的な本質をしめしている。

嘉永の株仲間再興以後、一八五五年（安政二）の攝河一、〇八六ヵ村の菜種賣捌手狭難澁の訴訟は敗北し、六五年（慶應元）の國訴もまた、その共同戰線内部がはらむ矛盾を翌年の大坂うちこわしにしめした。鬪争の對象が一、〇〇七ヵ村鬪争の同盟者であった在方油仲間にむけられていたこと、および惣代となった庄屋層が商人地主化していたことなどが指摘されている。このような、嘉永以後の轉換の背景となった生産關係の變化に注目する必要があろう。

大坂周邊とほぼ併行した發展をしめしていた尾西地帶では、その發展の最初の時期における對立者である名古屋城下町特權商人資本の大坂に比較しての相對的な弱さのために、大坂周邊におけるほど激しい鬪争を經過することなく、いわばじり押しの勝利によって、地方的流通に優位をしめ、この優位のもとに、天保期には順調にマニュファクチュアの廣汎な成立をみるにいたった。にもかかわらず、天保期の内機を中心とする綿織マニュは、幕末から明治初年にかけて、出機中心の賃織形態に分散化の傾向をしめし、一見、時代逆行的な現象を呈するにいたる。[3]この現象の背後に、特權的商人資本の側からの形成過程にある國内市場支配の成立と、この支配が同時に生産を問屋制的に支配することによって上からの近代化の方向を貫徹しようとする傾向をみることができる。マニュ經營者が、國内市場形成の主導權を失うことによって、みずからの生産關係を發展させるべく資本の本源的蓄積の起點にたつ機會を失い、やがては買占資本に轉身することによってのみはじめてその保身の道を見出すにいたった結果を、この傾向はまざまざとしめしている。同時に、それは、すでに絶對主義の勝利を約束するものでもあった。

(1) 鹽澤君夫・川浦康次『寄生地主制論』第一章參照

(2) 堀江英一編『藩政改革の研究』所收の脇田修「幕政改革の基盤I」參照

(3) 前揭『寄生地主制論』第二章參照

第一章　明治維新の成立

第一節　改革派・尊攘派・倒幕派

一　倒幕運動成立の前提

倒幕運動の成立については、かつて奈良本辰也氏が、『郷士＝中農』範疇を措定してその傳統を長藩天保の改革より説きおこし、村田清風―周布政之輔―高杉晋作と、その繼承者を認知して以来、[1] 明治維新史研究を天保期の藩政改革から説きおこすことが常識となってきた。その後、堀江英一氏らの藩政改革研究、[2] 直接には長州藩を對象とした関順也・田中彰両氏らの研究により、[3] 天保期の改革と安政―文久期の改革には質的なちがいが存在することが明らかにされた。この天保と安政―文久とのちがい、それは同時に、村田と周布のちがいであり、改革運動と尊攘運動のちがいであった。しかも、この安政―文久期の改革がはぐくんだ政治方針が八月十八日の政變と四國連合艦隊の砲撃によって追いつめられ、周布が自裁したとき、その破綻した點を出發點として、高杉晋作が登場した。この村田・周布・高杉に表現される幕末の天保・安政―文久・元治―慶應の三つの時期のちがいは、そのまま、幕末政治過程が改革運動・尊攘運動・倒幕運動の三段階として表現される内容のちがいとしてとらえられるであろう。

この、三段階のちがいは、そのおのおのがまったく異質のものとして、前段階からの隔絶にたつものでないことは、若干の例からも知ることができる。たとえば、横井小楠は、肥後藩天保の改革運動の理論的指導者であり、改革派の首脳部の一人であった。その同じ小楠が、松平慶永の賓師として、越前藩の安政―文久期の改革に指導的役割をはたす。しかも、最後に、かれは、倒幕運動の成果を刈りとる維新政権の構成員の一人として參與に列し、舊尊攘派の凶刃にたおれた。このように、同一人物が、異ったそれぞれの段階においてひとしく指導的役割を果すことができたという例からも知られるように、この段階のちがいは、前段階の飛躍的な、質的な發展であった。にもかかわらず、それぞれの段階は、質的に異った段階であり、安政―文久は天保の克服であり、高杉は周布の克服であった。にもかかわらず横井の例が存在しうるのは、村田の改革の頭打ちや周布の自殺にもかかわらず、おのおのの段階がより高次の質的發展の方向へと向っている、いわば論理的必然としてたちあらわれたからにほかならない。同時に、そうした論理的必然を自己自身のなかに具體化することができたのは、村田の挫折から周布が出發し、周布の絶望を高杉が希望に轉化したように、つねに自己の克服を自己の起點として内在的に發展させ再確立することができた横井小楠の、思想家としての、政策理論家としての、非凡な才能におうものであった。

倒幕運動の成立前史を理解する上に、こうした非凡な才能を追求することは、歴史把握の正統な方式ではないが、正鴻をはずれることのないちかみちであろう。

(1)　奈良本辰也『近世封建社会史論』参照

(2)　堀江英一編『藩政改革の研究』参照

(3)　關順也『藩政改革と明治維新』、田中彰「長州藩における藩政改革と明治維新」（社会経済史學、二二―五、六）ほか参照

§一　天保期の改革精神

改革の基本的立場

横井小楠は一八四〇年（天保一一）、藩命による江戸遊學から歸國して肥後藩實學黨の形成に參加した。實學黨は、寶暦の改革以來政權を掌握してきた主流派（學校黨）に對立し、水戸藩天保改革に學んで改革を斷行することを目標とし、藩世襲家老三家のうちの次席長岡監物を中心に、藩政府首腦の一人である下津休也、横井、元田永孚らを指導者として成立した。江戸遊學中、藤田東湖と親交をかさね、水藩改革から多くの教訓を學びとった横井は、改革派實學黨の理論的指導者としての役割をはたした。

横井らの改革スローガンは、元田の言によれば、「治國安民の大道を……熊澤先生（蕃山）」にもとめ、それを「長岡大夫の地位を以て……一國に及ぼ」そうとするもの[1]であり、主觀的には、まったく幕藩領主制のわくないで、幕藩領主制の機構をつうじて改革をおこなおうと意圖したものにほかならなかった。

これら改革派の綱領は、一八四三年（天保一四）、横井によって起草されたが未定稿[2]にとどまった（のちに横井の甥・德富蘇峰によって「時務策」と名づけられた）政策論に端的に盛りこまれていると考えてよいであろう。綱領として成文化されるにいたらなかった理由は主流派の機先を制した反撃によって改革派がいち早くも挫折したという根據によるものと推測しても大きな誤りではあるまい。

この未定稿は、前年暮、米價の急落によって窮乏のどん底につきおとされた下士層の狀態にしめされる急迫した情勢、横井の表現によれば「去暮に至りて必死に差迫」った情勢のなかから、三つの問題を指摘した。第一は、當面、改革の直接の動機であり、藩の財政危機の直接の表現である下士層の窮乏である。米價下落と物價騰貴の結果、「御家中去暮の困窮御番方五百人の員數に御救恤に入りたる者百八十人、至貧拝借の位は大抵過半の數に至」った。第二は、永年の米價騰貴と引續く急落によって激化された農民の階層分化である。一方では、町は「在方の者の出て變業する」「遊民の藪澤」となって離村農民が集中し、他方、農村では「一村に五軒七軒は必總瓦居藏」に飾られた豪農層が成立し、農民層は、「豪農の……町家の豪富にも劣らざる超過」の奢侈と「中以下の者は㕦食」する窮乏とに分化する。第三は、これらの原因ともいうべき商品流通の支配者たちの特權である。「豪商奸猾坐に國中の利を〆括り米價の權此の者の手に落入り上げさげを自由にするによって御家中在方の難澁を致す」のも、すべて特權商人の存在ゆえである。

したがって、改革方針は、第一に、武士階級を奢侈から切りはなして素朴な生活様式に復歸させることによって下士層を救濟すること、第二に、離村農民を還農させ農民を自給經濟のわくのなかに押しかえすこと、第三に、藩財政維持を目的とした投機的ないしは獨占的な貨幣増収政策を廢止することによってそれに關與する特權商人を排除すること、要するに、幕藩領主制の本來の基盤であった生産物地代原則への復歸の主張である。

生産物地代原則への復歸の主張は、この原則の修正としてあらわれた肥後藩寶暦の改革の理論――藩政主流派の理論――への痛烈な批判であった。批判の論點は、「凡そ是迄被仰出たる節儉は……一口に云へば上の御難澁を下より救ひ奉る故に節儉を行はせらるゝと云筋に當り、是は節儉と云ふにて無く聚斂の政と云ふ者なり」と、その立場と云い、表現と云い、非常に明確に事の本質をついている。にもかかわらず、これにたいする積極的な意見は、「上下持合ひ不便利に暮し立ち行き付る事」という自給經濟を基礎とした生活様式の提案以外のものでなかった。だからこそ、藩政主流派批判の理論は、あくまで武士階級の立場から一歩も出ることなく、農村の生産力發展の成果をやむをえないものと一應は認めたものの、「凡て堀立家は百姓相應の作事」と斷定し、「在方の美麗こそ殊に驚く可き事」と、生産力發展の成果が商品經濟の發展という形態をとった事實を非難する。生産力發展の成果が幕藩領主的支配に對立する形態を必然的にとるという發展の法則性は、幕藩領主的支配の立場にたつかぎり絶對にみとめてはならない事實なのである。ただ、この生産力發展への認識と幕藩領主的支配を堅持する態度との矛盾が天保の改革の理論それ自身の矛盾であるかぎり、歴史の法則認識、したがって生産力發展の第一義性の認識によって、矛盾は克服される可能性をもつ。そのいみで、改革理論は、本質的には復古的・反動的な理論でありながらも、同時に認識の主體の變革と理論の質的飛躍と、相互關連的に發展する可能性が内在する。

可能性の問題は兎も角として、當面、改革方針は、その對農民政策を、復古的政策、農民の分解阻止政策、歸農政策、生産物地代負担者維持政策等の名をもって呼ぶにあたいする政策として展開する。つまり、封建領主の支配の盲點である都市の繁榮は、「遊民の藪澤」としての離村者の集合所すなわち生産物地代負担農民の減少の表現にほかならず、町の人口の「十分の二つは在の人數」であるから、「農商の別を定め」、「凡て熊本中に出て渡世をする在方のものは本所々々に引返し、田地を失ひ家居を持たざる者御郡代より世話を致し農業につかしめ」ること、つまり人返しによる生産物地代負担農民の育成をはかることが意圖された。

藩と特權商人

藩權力と特權商人の結びつきによる投機的あるいは獨占的な流通政策は、すべての商品經濟・貨幣經濟が幕藩領主的支配に及ぼす破壞的影響の根元とみなされた。改革方針の本來の目的は商品經濟・貨幣經濟から幕藩領主的支配——武士階級と生産物地代負擔農民——を守ることにあったにもかかわらず、現實には、當時の商品經濟・貨幣經濟の表面上の支配者としてたちあらわれていた藩權力と特權商人の結びつきが生み出した惡德にたいする非難として表現された。この本質と現象との矛盾は、目的と手段の奇妙な矛盾とならざるをえなかった。すなわち、目的は、「總て産出充の鈞合を以て出方の幅を縮め、一國上下節儉の道を行ふ」幕藩領主的財政の基本的な命題への復歸をかかげながらも、その方法として、專賣制度に始まり、投機手形の發行を中心に回轉する藩政主流派の財政々策にたいし、「貨殖の政を止むる事」と、はげしい批判を集中する。すなわち、この「貨殖の政」は「ありとあらゆる利を括り取り官府を富す術計」であるとともに、権力とむすんだ「一銭の貯なき奸商共が種々に術策を付け高利を取る」ためのものであった。そこでは、「官府」と「奸商」以外の一切の階層は武士階級までをふくんで、「一國を擧て聚歛の利政に困み、御家中は大抵無手取に成り、町・在は利息の取立に苦み或は家藏を封印し又は田地を引上げ渡世を失ふ者夥敷……愚夫愚婦に至る迄一統上を怨むる心に成りたる」状態であった。そこで「第一爐方・平準方・蠟〆所を崩し取拂ひ」、一さいの獨占的・投機的な流通政策を廢し、「官府を利する手段を捨て、御國中士民の利益に成る道を世話する富國の道に一決」することを方針とした。こうして改革の具體的な内容は、それが「御國中士民の利益に成る道を世話する富國の道に一決」したかぎりにおいて、本來の目的とかけはなれ、反專賣・反特權商人の立場にたつ生産力發展の積極的な推進へと結果せざるを得ない矛盾に直面した。こうして、天保期の改革方針は、その本來の目的である幕藩領主的體制の維持と現實の情勢打破のための生産力のより一層の發展という客觀的要請とのあいだの乘りこえがたい矛盾に直面した。しかも、意識するとせざるにかかわらず、この矛盾の解決の阻止的側面となっている側にたつ幕藩領主的支配における支配階級は、ほかならぬ改革派をもふくむ武士階級自身であったし、しかもかれらが改革の實現という課題の遂行にあたっては、まさにかれらが主觀的にその維持を目標とする幕藩領主制の名において、藩政主流派の抵抗によって壓殺されなければならなかったのである。

黨争　改革派＝實學黨の形成は、権力の掌握をめぐって、主流派＝學校黨とのあいだに、はげしい黨爭をかもし出した。黨爭は、まず、學校黨の側からの實學黨攻撃、藩政府首脳中の實學黨幹部下津休也の罷免によって口火を切ったが、實學黨は門閥長岡監物を擁して次第に黨勢をくわえた。「實學一派俄に勢を張り學校派忽ち勢を失ふを以て大に恚む所」[3]と、元田永孚がしるすように、改革派は一歩一歩と藩政に接近した。この激甚な黨爭に決定的な影響をもたらしたのは、水戸藩改革派の没落であった。元田は、その影響を次のように分析する。「水府公……謀反の寃を受けて蟄居の命に變じ、戸田・藤田等亦其腹心の輔佐なるを以て一同蟄居の命を蒙れり。此一大事天下有志に關係する所にして、吾藩は特に幕府を尊重し百事其旨を遵奉して違はざらんことを恐る。且時方さに藩侯の中將に榮進せらるゝに會す。藩吏專ら藩事を以て幕吏に馮依す。然るに長岡大夫の一派水府藩士と意氣相通じ學風較似たるを以て、若し此一派をして志を得せしめば、吾藩も亦幕府の忌む所となり、其禍の及ぶ所遂に君侯の罪に歸するに至らん」[4]。中立派は學校黨と結び、實學黨は孤立し、長岡監物は世襲職である家老の地位を追われた。實學黨の中心人物に強い壓力が加えられた。たとえば元田の父親は、「君公に謁す。君公の言に曰く、監物如此、一國の紛紜も果して如何。汝が子伝之丞（永孚――大江）監物派の一人なり汝心を勞するならんと、懇々告示せられたり」[5]という有樣であった。横井自身も、やがて、ささいな事故を口實に、謹愼の身となった。

改革は、それが幕藩領主的支配のがわにたつものであるにしても、現實の藩權力とのたたかいに勝利しないかぎりは實現しないものであることが確認された。幕藩領主制の立場の固守という目標と現實の幕藩領主權力との衝突という矛盾は、改革派をして、この矛盾を解決するための基本的な理念の追求へと走らせた。現實の權力との對立という矛盾があくまで一時的な矛盾にすぎず、その對立の正當性は改革派のがわにあることの主張の正しさを立證する理論、そうした理論があくまでも武士階級の理論として形成されたのが尊攘論であった。こうして、改革派＝實學黨は尊攘派＝實學黨に轉化する。したがって、尊攘派理論は、現實の幕藩權力にたいする批判でありえても、反幕藩體制論ではない。逆に幕藩體制を正當づける權威の設定によって、改革派の正當性と改革が幕藩領主的立場にたつことのあかしをもとめようとしたものでさえあった。にもかかわらず、尊攘派への轉化の過程は、實學黨に、天保期の改革派にとどまることを許さなかった。實學黨は分裂した。

(1)　山崎正董『横井小楠傳』上七〇頁
(2)　『横井小楠遺稿』六五―七九頁
(3)　前掲『横井小楠傳』上八二頁
(4)　同書上八三頁
(5)　同書上八六頁

§二　尊攘派の戦線

改革精神の自己變革

實學黨が天保改革派から尊攘派へと轉化を開始した過程において、實學黨とくにその理論的指導者である横井の周圍に、武士階級に屬さない階層、いわゆる豪農層が結集を開始した。本來、純粋に幕藩領主制下の支配階級の政策理論として提起された改革理論を中心に結集した實學黨の周圍に、何ゆえにこれらの豪農層が結集したか。その理由は、横井の學風がもつ可能性と、そうした學風に吸いよせられる豪農層の主體的條件にあった。

思想家としての横井の成長は、朱子學者として、日本における傳統的朱子學への反逆から開始された。横井は、學問を政治の追求であると考えた。「學問と政治と二に離れ候より、學校は讀書所に相成無用の俗學に歸し候[1]」。同時に、横井の政治はそれが現狀打破の政策理論として具體化さるべきものであった以上は、學問もまたつねに既存の體系をうち破るものと考えられ、したがって既存の體系にもとづく既存の機構には期待さるべくもなかった。「賢人君子と被稱候人、大學生より被稱候人、大學生より被出候人は無之候[2]」と宣言するとき、その理論を朱子學的合理主義の基礎の上にきずき、陽明學を非難しながらも――「夫陽明の非は元より論ずるに不及候[3]」――、なお「國を治むる規模甚遠大」という理由をもって、日本で「事を成す體の人熊澤了介一人」[4]と斷言せざるをえなかった。こうして、政治の學としての學問のはあくのしかたは、「明徳によって身を治め新民によって人を治める……こうして個人道徳と政治が連續せしめられる」[5]日本の傳統的朱子學からの袂別を餘儀なくした。かれは、「明徳を明らかにするは民を新にするの手段であって、今日の急務は新民でなければならぬ」[6]として、新民と明徳を切りはなし、明徳を切りすてる。それは政治から個人道徳を切りはなし、切りすてたことを意味する。かれが、「藩政府からは恰も官學に弓を彎く異端者の如くに睨まれて」[7]、「第一學流の内には弊害を生じ候體の儀も有之、御政事筋に付ても不安意の筋有之處より、於御国許すら選用不仕人物」[8]という評価をうけたこともこうした學風によるものであった。

かれが政治を個人道徳から切りはなし、學問を政治の學として確立したとき、學問とはイデオロギーであり、その體系は時代の所産であることを確認する。「孔子は堯舜を祖述文武を建章し天地之時に隨ひ被成……孟子も……孔子之學び玉ふ通りに學ばれ候。程朱も同斷」[9]と考えるとき、思想の體系化のこころみを時代から學びとろうとしない御用学問を「孔孟程朱の奴隷」と規定する。ここに、實學と名を冠せられる根據があった。

こうした學風の確立は、たんに、幕藩領主制のわく内で、武士階級の立場からの改革の提起という行動綱領をもって結集した天保の改革派を決定的な分裂にみちびいた。安政期にいたって實學黨内部にひきおこされた新民論争は、その歸結が幕藩領主制の機構をささえてきた理論的支柱に關する問題であっただけに、門閥・上層武士の容認できないものであった。政治が領主の私的行爲に屬する幕藩機構のあかしである明徳新民一致論にたいする批判は、そのまま反幕藩體制論につうずる可能性をさえもしめしていた。論争をつうじて、實學黨は、明徳新民不可分を主張する「明徳派」＝長岡派と新民第一義を主張する「新民派」＝横井派に分裂した。

横井派は、横井自身、まもなく攘夷論を拋棄したにもかかわらず、全国的な尊攘派戦線形成の一翼をになって活動を展開する。

尊攘派戦線の形成

横井派の中心を形づくったのは、若干の豪農層の集團であった。横井派に屬するものとして横井と親しい關係にあった主要なひとびとの所屬を整理してみると、主として三つのグループになる。

氏　名	出　自	明治初年の主要な地位	民權運動との關係
山田　武甫	藩　士	熊本縣權參事	九州改進黨幹部
嘉悦　氏房	藩　士	熊本縣權參事	九州改進黨幹部
安場　保和	藩　士	膽澤縣大參事	
太田黒維信	藩　士	熊本藩權少參事	熊本縣民會議長
宮川　房之	藩　士	長崎縣令	九州改進黨幹部
能勢　政元	藩　士		熊本縣民會議員・幹事
神足十郎之	藩　士		
林　　秀謙	藩士?	熊本縣權參事	九州改進黨幹部
内藤　泰吉	醫　師	熊本古城醫學所長	
野中　宗育	醫　師		
中山　至謙	醫　師		
長野　濬平	醫　師	熊本藩養蠶傳習掛	
岩男　俊貞	洋學者	熊本洋學校教師	九州改進黨員
野々口爲志	洋學者	熊本洋學校教師	公議政黨創立委員
德富　一敬	鄉　士	熊本縣七等出仕	熊本縣民會議員・書記長
江口純三郎	鄉　士		
德永　郡太	鄉　士	青森縣出仕	
矢嶋　直方	鄉　士	左院五等議官	熊本縣民會議員・幹事 公議政黨創立委員
竹崎律次郎	鄉　士	熊本藩大屬	
竹崎新次郎	鄉　士		
河瀬　典次	鄉　士		
内野　謙次	鄉　士	熊本縣大屬	
伊藤荘左衛門	鄉　士		
伊藤四郎彦	鄉　士		
江上　津直	鄉　士		熊本縣民會議員・幹事

＊『遺稿』所収の往復書簡および『横井小楠傳』所掲の人名から作製。

横井派の第一グループは青年藩士である。かれらは、横井門下に入門すること自身にある程度の危険を覚悟しなければならなかった。たとえば、嘉悦氏房について、その母は、横井が「藩公の覺え目出たからぬ故に公然其の門に入り難きも、御身にして向後其教を受けて家名にかかる事あらば自分が其責を負ふであらう」と云って、夜その「父の寢に就くを待ちて小楠堂に通學せしめ」[10)]たというエピソードが傳えられている。安場保和についても、類似の話がつたえられた。この青年藩士グループは、いわば半非合法のグループとして成立し、のちに倒幕派形成の一環につらなってとくに薩藩倒幕派と密接な關係をもち、新政府の官僚として、のちに山田は敦賀縣令、嘉悦は白川縣參事、林は白川縣權參事、宮川は長崎縣令の地位を得、いずれも職をしりぞいて自由民權運動に投じたが、安場は大久保利通直系の官僚としてのちに横井派を離脱、愛知縣令から元老院議官を歴任した。

第二のグループは、醫師・洋學者等のグループであり、進歩的知識人として主として教育にあたり、長野の私塾經營、古城醫學所（北里柴三郎が巣立った）の所長の内藤、熊本洋學校（明治の一〇年代の進歩的インテリゲンチャ・革新的なキリスト教徒の一群、徳富蘇峰・海老名彈正・小崎弘道・横井時雄・宮川通倫らをはぐくんだ）の教師の岩男・野々口らを生み出した。本來、朱子學者としてその思想體系を形成した横井のもとに、長崎でヨーロッパの科學の洗禮をうけた醫學者や洋學者の一群が結集したという事實は、横井の學風がしめす特徴のひとつであろう。それは、「盡西洋器械之術」との主張が「何止富國、何止强兵」という理想と結びつけられた横井の進步性と、「明堯舜孔子之道」にすることを學問的態度の基本として容認することが可能であった幕末洋學の限界との奇妙な結合であった。[11)]

第三のグループ、身分として鄉士であるグループは、具体的には金納鄉士であり、その中心は、御惣庄屋クラス、大部分が庄屋クラス以上の豪農であった。とくに御惣庄屋クラスの若干の豪農は、横井の側近として、姻戚關係の形成をつうじて緊密な關係を形づくった。横井の妻つせ子は側近の豪農矢嶋直方の妹であり、竹崎律次郎・德富一敬もまた、いずれも、直方の妹でつせ子の姉にあたる順子・久子を妻としていた。矢嶋・竹崎・徳富の三人は、横井との關係（かれらはまた逆境時代の横井を經濟的にもささえていた）からいっても、その年配からいっても、横井派の事實上の幹部であった。

尊攘派と豪農層　横井派が、當時の藩政府によって、藩士の「門人と申候ても昨年の爭論（明徳新民論爭――大江）よりは段々相減候由。先は在中の者迄程にて、稀に旅生抔も參候由」[12)]と評價されるほどに有力な豪農層をひきつけることができた理由は何であっただろうか。

これらの豪農層は、同時に、在鄉商人として、農民の商品生産を組織し、その地域的な流通の擔い手として貨幣元本を蓄積し、その決して莫大なとはいえない富の力と組織力によって古い村落支配者層を追い落し、農村の支配者としての地位をかちとってきた階層であった。かれらが農村の地域的な流通の支配者であることから、さらにより一層の發展をかちとるためには、かれらの前にたちふさがる特權商人およびそれをバック・アップしている藩權力と衝突しなければならなかった。一七六九年（明和六）の專賣制反對の訴願および大きな成果をかちとった一八〇三年（享和三）の定免制施行反對の「御國中御惣庄屋惣連名」の大訴願は、[13)]これらの衝突の深化の過程をしめすものであったが、こうした個々の政策にたいする受身の鬪爭の深化は、やがて積極的な藩政改革への要求となった。

しかし、かれらの經濟活動の領域は、せいぜいのところ藩の規模をこえるにいたらず、かれらの要求もまた、具體的には、藩政の問題を越えることがなかった。在鄉商人としてのかれらの成長の度合いが、同時にまた、政治要求としての具體性の限界であった。にもかかわらず、藩政にかんする發言は、幕藩體制を前提とするにせよ否定するにせよ、全政治體制の一環として位置づけられなければならず、政治勢力としての改革派勢力の結集は、そうした政治體制にかんする理想あるいは構想を中核とすることが必要な段階にたちいたった。とくに、黒船以後、政治がつねに全日本的規模で動く情勢に支配されて以來、こうした情勢のなかでとらえられた政治的要求として提出されないかぎり、一さいの政策論は意味なきにひとしかった。こうした客観的情勢からの要請と豪農層自身の主體的條件との距離を無媒介的に直結する抽象的な政治理念としての役割をはたすべくあらわれたのが尊攘論であり、のちにいたってそれが政治制度の具體的構想として展開されたのが、地方政治に參畫することによって間接的に中央政治への發言權を獲得しようという公議政體論のかれらなりの理解のしかた、二段階公議政體論とでも稱すべきものであった。

だから、かれらは、抽象的な政治理念としてのみ尊攘派であり、したがって尊攘論は政治論として具體化される出發點でなく、具體的な地方政治論――藩政改革論――に政治論としての體をあたえるための終點にすぎなかった。したがって、維新後、横井が中央政府の參與としての飛躍を敢行し、その前提を幕末に形づくることができ、横井派の青年藩士グループもまたこれにつづくことができたのにたいし、横井のもっとも近い緣者のグループであり、横井派の最高幹部であった豪農グループは、矢嶋がせいぜい左院五等議官から堺縣權參事という中央官僚コースを歩いたほかは、德富が熊本縣七等出仕、竹崎が熊本藩大屬どまりの地方官僚コースを歩いたにすぎず、早い時期にその地位を追われてしまった。かれらが尊攘派段階ではじめて政治勢力の一端をにないながら、ついに維新の全段階をつうじてそれ以上に出なかった有力な證左であろう。かれらは、主觀的にはもっとも忠實な横井の祖述者でありながら、客觀的には横井と異った方向へ、かれらの甲羅に似せて穴を掘る結果となった。だが、それは維新後のことである。

從來、「改革派同盟」という名でよばれてきた武士階級と豪農層との結合の性格は、こうした意味のものであったと考えることができる。いわば政治勢力としての豪農層の未成熟にもかかわらず背伸びを要求されたことの表現が尊攘論であり、「同盟」の外見であり、その内部には寸のつまった實體が存在したのである。

成立した豪農集團を組みこんだ横井派は、日本的な規模での尊攘派戰線の一環を形づくった。横井自身が、開國論を主張していたことは問題ではなかった。丁度、折しも起っていた将軍繼嗣問題と開國問題をめぐって形成された尊攘派戰線の指導的活動家の一人、橋本左内がかれ自身としては開國論者であったことは問題でなかったように――。

横井は、帷幄の臣橋本左内を擁した越前侯松平慶永に賓師として迎えられることによって、ふたたび改革の問題を提起する機會をえた。一八五八年三月、吉田松陰もまた「愚案に横井先生御出被下候はば、弊藩大臣少々振興の策を運し度」[14]と、横井を長州藩に招く意志を表明したが、「於御國許すら選用不仕人物。強て御所望に被應候儀は、於御家老御請難申上」[15]と強い拒否の態度をしめした肥後藩政府の抵抗を強引に押切って引き出すことができたのも、肥後藩の当主細川齊護の婿という地位を利用した慶永の熱意――それはとりもなおさず橋本らの推擧の熱意の表現であった――によるものであった。

尊攘派の共通スローガンが、なお幕政改革という最大公約數にしぼられたうえで條約勅許問題にせまろうとする方針を採用しているかぎりで、横井派もまた、安政――文久期をつうじて、越前藩において、その有力な一翼を形成する。開國論者横井といえども、この一翼の異端者ではありえなかった。

(1)　『横井小楠遺稿』二頁
(2)　同書一頁
(3)　同書一二九頁
(4)　前掲『横井小楠傳』上二八九頁
(5)　丸山眞男『日本政治思想史研究』三六頁
(6)　前掲『横井小楠傳』上二三八頁
(7)　同書上九四頁
(8)　同書上三〇七頁

(9)　『横井小楠遺稿』三五〇頁
(10)　前掲『横井小楠傳』上一一〇頁
(11)　『横井小楠遺稿』七二六頁。詩の全文を紹介すれば次のとおり。
明堯舜孔子之道、盡西洋器械之術、何止富國、何止强兵、布大義於四海而已。
(12)　前掲『横井小楠傳』上三〇八頁。
(13)　前掲『藩政改革の研究』所收の大江「熊本藩における藩政改革」二五頁および三二頁參照。
(14)　前掲『横井小楠傳』上二三三頁。
(15)　同書上三〇七頁。

§三　安政—文久期の改革精神

改革における民族的課題

尊攘派戰線の全國的な成立期にあたって、そのもっとも强力な指導的理論のコースが、越前藩においていて、橋本—横井のラインとして成立しようとした矢先、安政の大獄による慶永の失脚と橋本の逮捕處刑という情勢の急變が生じた。

横井は、橋本の役割を繼いで、越前藩における理論的指導の責任者となり、三岡八郎（由利公正）を指導しての改革の當事者となった。

横井の指導した改革が、なお全國の尊攘派の活動と共通の基盤にたつことができた理由は、かれの理論がこの当時の情勢下ではたすことのできた役割にもよる。かれは對外政策として、積極的に開國を主張した。かれの外交政策論は、「有道の国は通信を許し無道の國は拒絶する」[1)]という簡單な原則にもとづいていた。したがって、當面の條約問題にからむ問題としては、「彼の渡來のさま通信通商の望を許さざれば、軍艦を以て來り迫るの由を逑且は妄に浦賀に乗入様との無禮を働き一切我法渡を守らざるの無禮を責、如此の國は痛禁絶するの大法なる事を諭し聞せん」として、無道に屈することの非を主張し、「暫く屈して彼と和し其間暇を以士風を張り國を強して後彼と戰わん」とする攘夷論を裏返しにした開國論にたいしては、「天地の大義に暗きのみならず利害に於ても亦決して其見る處の如くなる事不能」として、自己の開國論と峻別する。そのかぎりにおいて、当面の問題解決にあたっては、尊攘派としての立場を出なかったのである。

にもかかわらず、かれの改革理論は、他の改革が好むと好まざるにかかわらず、必然とならねばならなかった方向を明確に見とおしていた。多くの活動家にとって、當時なお戰略スローガンと考えられていたものが、實は戰術スローガンにほかならないことを、かれは明確に意識していたのである。かれの窮極の目標は、「爰で日本に仁義の大道を起さにはならぬ。强國に爲るではならぬ。强あれば必弱あり。此道を明にして世界の世話やきに爲らにはならぬ。一發に壹萬も貳萬も戰死すると云樣成事は必止めさせにはならぬ。そこで我日本は印度になるか、世界第一等の仁義の國になるか」[2]、「植民地印度の運命と小獨立國の運命と、二者擇一の瀬戸ぎわにたつ認識のもとに、「方今一國獨立の基本を定むべし」[3]という政治的前提にたつものとして、したがって一國の政治方針にもとづいて一藩の改革方針を提示したのであった。

重商主義の展開　横井の改革論は[4]、天保の改革論とまったく異った立場から立論された。かれは、「農・工・商の三民は力を以て食ふ故物價に従ふて力役の値を増す」ことができる生産的勞働に従事する階級であり、ひとり支配階級である「士と稱する者は……爲すべき樣な」く、「豪農豪商を絞り細民の膏血を吸ふても今日の急を救はざる事を得ず、農・商も是が爲に疲弊を受」ける寄生的階級に轉化し、封建的生産関係が生産力發展の桎梏に轉じた實狀を適確にとらえている。そのうえで、「上下持合ひ不便利に暮し立ち行き付る」幕藩領主的財政讃美のかつての天保の改革方針を、「何事も升内にて辨ぜざるを得」ない窮屈な体制として自己批判する。幕藩領主制下では、「明君有ても纔に民を虐ざるを以て仁政とする迄にて、其眞の仁術を施すに至らず、良臣といへるも土地を闢き府庫を充るを務として孟子の所謂古の民賊たる事を免かれ」ない。幕藩領主制そのものが、たかだかそういうものとして、すべて「德川御一家の便利私營にして絶て天下を安んじ庶民を子とするの政教なし」と評價されたところから、改革理論は同時に幕藩體制の存在と對立する理論として成立した。にもかかわらず、この反幕藩體制の理論は、反封建革命の理論としてではなく、藩政改革の理論として、基本的には「民心離叛に及び、一揆を起し窮を訟へ上に迫るも亦少なからず、事重疊にして年を經て遂に騷亂を招かざる事を得ざるも必然の勢」に對處する反革命の理論として提起されざるをえなかった。

さらに、とくに財政を中心とする改革理論は、具體的には藩政のわく内でのみ實踐可能であったという限界に規定され、その結果、それを一國の政策に擴大しなければならない段階において要求される飛躍の下に開口する深淵について、なお充分な認識がなかったと云わねばならない。

具體的な改革の中心は、「民間に無量多數の生産あり……是を海外に運輸」し、「通商の利を興し財用を通」ずる貿易富國論にもとづく政策であった。この政策は、「姦商に逢へば種々の欺詐を受」けるものであるから、「豪農・豪商の正直なる者」を元締とすることによってその擔い手が決定される。しかし、貿易富國という一國の規模での政策が一藩の規模で實驗される段階での擔い手が、必ずしも本來の擔い手であるとは限らない。こうした矛盾が、「止相對貿易、爲官貿易」[5)]という、一見逆行的な政策となり、「民に益ありて官に損なきを限度」とするという一種のごまかし的な妥協へとおちいる結果を生んだ。

横井の改革理論は、改革の擔當者である由利によって、さらに具體的に解説された。由利は、富の現象形態を

「金」つまり貨幣としてとらえているが、その「本體は即ち物産」つまり商品であり、さらにその本質は「人民の勞力」つまり勞働(力)であるとしている。[6] したがって、商品の内容は、專賣仕法段階におけるような特定の使用價値に限定されることなく、價値一般であり、それがどのような使用價値形態をとるかは「總て人民の隨意に任せ」[7]られる。このような形でのとらえ方は、當然、その價値の實現、つまり國内市場の形成擴大を前提としているが、それは「需要供給は民度による……決して物産を余計積んでも心配するには及ばぬ、物は良くて安ければ幾らでも捌ける」[8]という表現をもちながらも、「節儉する程益益貧乏」という奢侈の理論、「殿様が木綿の着物を着て居られる、それで養蠶をする事が出來ぬ」という上からの奢侈的消費、「百姓の小供は髷紋の一つも笄の一つも挿したいが人情」[9]という人民の奢侈的消費の奨勵となってあらわれる。

國内市場の形成擴大の問題が奢侈的消費の理論としてしか受けとられず、生産された使用價値總量に見合うだけの消費という立場で經濟過程をとらえた場合、それはあくまで流通中心の立場、商人資本の立場の表現である。「資本」の論理を抜きにした流通の論理の歸結は、たとい「物産を擴張すべしとは卽ち民を富ますの術」であり「民富めば國富む」[10]という一見きわめてブルジョア的な表現をとりながらも、それは逆に「民の富は君主の働きである」したがって「何時でも金の入用があれば用に立つ」[11]というまるで逆の結論を生む。このことは、「民富」と名づけられる富の償い手の實體そのものを媒介とする見事な論理の逆轉である。この逆轉が現實の課題となったとき、いわゆる「改革派同盟」として形成された尊攘派戰線は解體し、豪農層への遺産として、青山半藏の悲劇を生んだ觀念的尊攘論と、豪農層を政治勢力として再起させる足掛りとなった二段階公議政體論を殘す。

一八六三年(文久三)、慶永の幕府政事總裁職辭任に端を發した越前藩内部の混亂のさなかで、尊攘派改革勢力は壁にぶちあたった。横井一派は、すでに幕藩體制をのりこえた理論を——支配階級の論理としてでも——提出しながらも、現實にはそれを「開明」的領主のもとでの妥協のわくないで實踐した。妥協の政策論として存在したことのなかに、尊攘派勢力が合法的改革派勢力として存在しえた理由があり、同時に、反幕藩體制論が改革論でなく倒幕論として實現するにいたらなかった理由があった。にもかかわらず、六三年の情勢は、こうした妥協のなかにふみとどまることを許さなかった。

横井理論のギリギリ一杯の飛躍は、擧藩出京して事態を収拾しようという政策であり、もとより、「此節は天朝幕府の御間柄御周旋杯と申事にては一切無之」[12]、大藩の力をもつて「治平可致事情」[13]をつくりあげようというのであり、その具體的目標は京都中心の雄藩連合にあった。

しかし、雄藩連合という構想のかぎりでは藩論をひきずることに成功した横井派も、それが必然的に參府拒否＝反幕宣言*として實踐にうつされるにおよんで、越藩主流から孤立しなければならなかった。「今後いよいよ朝廷に於て政權を掌握せらるゝ外あるへからす……參府の如き平常の時にありては輕からさる事なれと今日に於ては必しも拘はるへきにあらす」[14]とする主張は、幕藩體制の妥協的改良によってその危機を回避するというかぎりで「開明派」であり、改革を許容した藩主流と決定的に對立した。改革期の開明派との統一戰線は解體し、擧藩出京論では藩議決定にあたって中根靱負らを孤立させることに成功した横井派も、參府拒否では逆に孤立した。一八六三年（文久三）七月二三日、藩論はくつがえされた。八月一八日の政變に一歩先んじた越藩版であった。横井派は失脚し、由利らは處罰され、横井は歸藩のうえ士席を追放された。しかし、この失敗は、結局、みずから實力をもって權力を奪取する以外に、何ものもたよることができないことを教訓としてのこした。にもかかわらず、横井とその一派は、それをなお、現實の權力掌握の問題としてとらえるにいたらなかった。この教訓を正しく學びとったもののみが倒幕派に飛躍する。

＊　一八六三年（文久三）の越前藩論の破裂をめぐる横井の評價については、『明治維新史研究講座』第二巻における山口宗之氏

の批判、および「横井小楠の政治論」（九州史學第一〇號）による小崎英達氏の批判がよせられた。もちろん、私の今迄に發表したもの、とくに「豪農民權の源流」（歴史學研究一七九）の分析は未熟なものであり、天保期と安政―文久期の改革の質的なちがい、したがって横井の思想の異質的な發展に考えいたる以前の段階の所産であった。また、堀江英一編『藩政改革の研究』所收の私の「熊本藩における藩政改革」も、尊攘運動段階における「改革派同盟」を倒幕運動と直結するあやまりをおかしていた。この幕末政治過程分析の理論形成における基礎的なあやまりから多くの派生的な分析の欠陥を生じたが、それらは本書で改められた。

にもかかわらず、寄せられた批判のかなり大きな問題については、若干の誤解もあり、また承服しがたい點もあることを記しておかねばならない。それは、まさに、この藩論破裂における横井の態度の評價である。山口氏は、この時期以後の横井について、「周知のごとく彼は文久以後の政局にあって……終始尊攘倒幕派に反對して開國通商を唱え公武合體運動に貢獻したのであり、またその統一國家の構想は幕藩制の廢棄によるのでなく……幕府を中心とみたものであった」（前掲書二一六頁）としているが、まさに、第一に、この時期において、尊攘派は倒幕派と異質のものであり、むしろ倒幕運動が尊攘運動と決定的に遊離し、幕藩領主制との妥協の所産であった公武合體論の鬼子としての公議政體論が絶對主義王權の産衣となるべく方向づけられつつあったことを問題にせねばならない。そして、その交點にたつのが坂本龍馬であったのである。まして、「幕藩制の廢棄」と「幕府を中心」とすることは同じ内容ではない。たとえば、幕府を中心とする王權確立のこころみも、幕藩體制の廢棄＝自己否定であり、ここに、多くの幕府の興黨的立場にたつ「開明主義」者たちが幕府王權の挫折を明治王權の確立へとのりかえることのできた根據があったのではないか。でなければ、尊攘論と公武合體論というそれぞれ異質のものを生みの母とする武力倒幕論と公議政體論が明治王權の成立をささえる異母兄弟として成立したことの根據を見出すことができない。なぜならば王權という共通の父の存在が必要であるから――。

小崎氏の詳細な分析の上にたつ批判の多くの點に敬意を表さねばならない。よせられた多くの批判に全面的にこたえることは、このばあいの本旨ではないので、要點を記すにとどめる。第一に、分析の一般的態度の問題として、横井の思想の可能性を強調し、限界をとことんまで追求しなかった私の態度について自己批判せねばならない。「政治を個人道徳から切り離す」點についてもそうであり、思想家としての横井が何ゆえに現實には絶對主義理論家として結果しなければならなかったかという點の内在的追求が怠られたことを指摘しておかねばならない。「明徳」から切りはなされた「新民」がふたたび「仁」――したがってその人格的表現としての絶對君主――に還元された過程についての小崎氏の指摘は正當であるが、ただ、横井における「仁」は、同時に「天」の個人的人格化の發見であり、たんなる「仁君」における「道徳＝君主内面の問題」（前掲誌五三頁――以下の頁數は同誌のものをしめす）ではなく、小崎氏も引用しているように、「現在天帝の命を受けて天工を廣むるの心得にて山川草木鳥獸貨物に至る迄格物の用を盡して、地を開き野を經し厚生利用至らざることなし」と、自然＝社會的規範としての「仁」の概念を確立した上でのことであった。この概念規定の進歩性と、その概念を表現した辭句の用法とを對立させ、「仁」を抽象概念として取りあげることは正しくないであろう。

小崎氏の第二の疑問點については、私の文章の拙さもあって、文意を誤解されている點がある。というのは、私の「熊本藩における藩政改革の研究」五〇頁からの引用をおこない、私は、「だから……反革命として提起されながらも」と記したつもりであったのを、小崎氏は「だから……本質的に相容れないものと規定してこれと對立した」と解して「文意がつかめない」との註釋つきで批判されている。この點拙文で申しわけないが、あきらかに、小崎氏の誤解である。また、「そもそも一人の人間に見出される理論が他の理論としてあらわれるというのはどういうことなのであろうか」（五五頁）という問題設定についても、理論形成の方向づけの評價と、その主體の具體的な條件下での作用の對立の問題――いいかえれば主體をささえる力の未成熟の問題――として理解していただけなかったことを殘念におもう。もっとも、それを「全國的政治勢力として結集されていない豪農の弱さ」と私がとらえていたのはあやまりであり、問題は、やはり、王權の主體の模索にあったと思われる。なお、横井の「國是三論」の幕藩體制批判について、小崎氏は、その主眼が「鎖國の舊見を去り私營の政を改めて、公共の道に從えというにあり、具體的には海外交易による富國强兵である」（五六頁）としているが、ここでも小崎氏も引用しているように、「是天下鎖國の私見誠に道を知らざるの甚しというべし」とあり、鎖國がたんに制度上の鎖國――海外交易に對立する概念――をいみするのでなく、世界觀形成のための制約を打破することをもいみしていると理解すべきであろう。

第三の疑問點、「參府拒否宣言＝反幕宣言」の問題についてである。ここでも、私は、「熊本藩における藩政改革」の理論的未熟さから、尊攘運動を倒幕運動に直結させるという前提にもとづいて、横井もまた倒幕運動の一環として轉換したかのようにとらえた。この「反幕宣言」が妥協理論としての「從來の幕府を中心とした統一國家樹立の企圖よりの飛躍を物語るもの」（五九頁）としての評價は、小崎氏も主張している。しかし、この評價と小崎氏の「實踐的には一貫して公武合體の立場にあった」（六一頁）とする評價とはどうつながるのであろうか。慶應段階における横井が「いささかも反幕的態度を見せていない」（六〇頁）としても、少くもそれは「幕府一新いたし候へば當時の勢京都も決して異議有御座間敷」、慶喜の幕政改革について「幕府御手許御改正は誠に驚く計」と、幕府が王權の主體としての方向をまさぐりもとめえて、その實現に努力しつつあるという前提のかぎりでのことであった。それは文久以前の段階、「是幕府自ら大權を放棄せらるゝなり」と評價された段階と質的に異った段階としてとらえられたことを明らかにしておかねばならない。その點、「今や彼の期待する幕府は現にあるがまゝの幕府ではなくなる。絶對主義的權力へ轉化すべき權力である。從ってそのことは幕府だけが絶對主義權力へ轉化し得る唯一の存在であるという事を意味するものではない」（六六頁）とする結論づけは正しいにもかかわらず、その根據が「官僚化の論理」（六六頁）だけにもとめられている點はなっとくできない。一體、思想が――それが絶對主義形成の世界觀としての理論であるかぎり――ある階級の論理ではなく、たんなる官僚化の論理として形成されるものであろうか。問題にせねばならなかったのは、そして「妥協的」であるとか「本質的」とかが問題になりうるのは、横井が幕藩領主的武士階級の思想家にすぎなかったか、あるいはその自己否定のさきに新階級の行方を見とおしていたかということである。それは、「自己轉換」（六六頁）ではなく、自己否定の問題である。この問題意識なしに、かれの思想の問題をとりあつかうことは意味がないのではないか。

さいごに、かれの思想の問題をとりあげるばあい、何よりもまず、かれ自身の主觀的意圖にもかかわらず、その現實の實踐的政治家としての實績の貧しさを問題にせねばならない。何となれば、かれにとって現實の可能性に論理的必然が優先するからである。だから、論理の體系は、つねに現實の力關係の中に引下されたばあい、合理主義的な有效性の選擇にあたって「朝幕間の浮動」（六六頁）とならざるをえず、變革の實踐の中で狀勢に卽して政治論を發展させた坂本龍馬や大久保利通と次元を異にするのである。横井や吉田松陰をとりあげるばあい、そのゆえに、思想の實踐的適用にあたっての保守的側面をその體系化のための論理的進步性に優先させることは危險であるといわねばならないのではないか。

(1)　『横井小楠遺稿』一一頁
(2)　前掲『横井小楠傳』上二九〇頁
(3)　『横井小楠遺稿』九七頁
(4)　同書二九—五六頁
(5)　同書九八頁
(6)　三岡丈夫『由利公正傳』二九九頁
(7)　同書六五頁
(8)　同書三三七頁
(9)　同書三四二—三四三頁
(10)　同書六五頁
(11)　同書二九六頁
(12)　『横井小楠遺稿』四二一頁
(13)　同書四一七頁
(14)　『續再夢紀事』第二・五六頁

二　倒幕派の成立

§一　長州藩元治の内亂

諸隊の擧兵

八月一八日の政變をさかいに、倒幕運動は、はじめて倒幕それ自體をスローガンとして公然とあらわれる段階に突入した。つまり、倒幕運動が倒幕運動そのものとして成立する段階に入ったのである。それは、一さいの改革運動が、幕藩體制の打倒、その當面の目標である倒幕に直結するものとして、藩の現存機構の内部における一さいの合法性を奪われ、どのような機構をつうじても合法的に藩權力を掌握する可能性が失われたことを意味した。長州藩の元治の内亂は、まさにこのような根據にたつ、倒幕派のギリギリの決斷であった。

一八六四年（元治一）一二月、對幕恭順の路線に決した長州藩政府は、諸隊追討令を発した。翌正月、高杉晋作は諸隊をひきいて反亂をおこし、一擧に對幕恭順の藩論をくつがえし、長藩をあげて「割據倒幕」の體制にもちこもうとした。この反亂をささえる力の大きな部分が、これに先立つ一連の改革、とくに安政五―六年の改革の成果にあったことは否定できない。ふつう倒幕派形成の典型と考えられている長藩倒幕派の形成は、數次の改革によって農民への支配力を回復した庄屋層の支持にたっていたと信じられている。元治の内亂にあたって、かれらの組織した小郡農兵隊や鴻城軍の積極的參加があったことはそれを裏づけている。しかし、庄屋層の活動力の源泉が農民への統制力にある以上、農民の利益をまったくはなれた活動はありえなかった。しかも、庄屋層の農民統制力は必ずしも、積極的に農民を組織し、みずからを政治活動の主體として確立するほど積極的な力をもったものと評價できるであろうか。

田中彰氏によれば、[1] 前記の安政改革において、「封建的搾取の成果は、共同體内部に逆流せしめられて、豪農層支配の強化に役立たしめられ」た政策の存在を確認し、「このような豪農＝庄屋・大庄屋層は、天保改革で領主側が手の打てなかった修補制度的な恩恵的擬装や、安政改革で打出された献納米銀の水利その他への投下という諸政策の中で、その村落支配の地位を一層強固ならしめ、あの天保一揆的な中農的指導は、對應的な、藩政改革の諸過程の中でこうした豪農指導へと次第に代位されていったということができる」と結論づけたうえで、「文久三年（一八六三）五月の奉勅攘夷の名を藉った下關外艦砲撃事件は、外交史的意義はともかく、封建家臣團の無力さを暴露すると共に、尊攘改革派が『草莽』とくに瀬戸内地帯の豪農＝庄屋・大庄屋層を經濟的ないし社會的基軸とした新たな軍事力形成の一轉機をなした挑發事件であり」、「高杉晋作馬關擧兵を口火として、『正義』派の要求に基いて諸隊支持の二十八名からなる庄屋同盟がこの地帯に形成されるのである」と、内亂における庄屋同盟の力を高く評價している。

にもかかわらず、「『正義』派武士と豪農＝庄屋・大庄屋層とのいわゆる改革派同盟が成立」というとらえ方のもとに、たとえ「それがいくつかの環によって初めて現實の政治過程」（傍點原文）となったという條件づきにしても、「倒幕は諸藩連合（薩長同盟）―改革派同盟―庄屋同盟―一般農民層（一揆的エネルギー）という形で行われた」とすることは正しいであろうか。倒幕運動における「草莽」層の積極的役割をしめす例としてあまりにも有名な秋本新藏の言葉、「若しも御家來樣方の御手でやれなゐと云ふ事なら、新藏の手を以て百姓一揆を起しまして國家を回復しましやう」[2]というのも、かれらの自信のほどをしめすものであったとしても、かれら自身が「正義」派と「一揆的エネルギー」を結合する主体としての充分に強力な條件をかちとっていたことの例證とはなりがたい。いわゆる「改革派同盟」における豪農層がそうした存在であったとは考えがたいのである。

　諸隊反亂の直接目標は藩論回復であり、具體的には武士團内部の「俗論」派と「正義」派のヘゲモニーの爭奪であった以上、政治情勢の主導権は高杉・山縣・伊藤・井上ら武士層の手にあり、秋本らのいわゆる庄屋同盟の豪農層は一方的な協力者の立場を出ず、いわゆる「改革派同盟」は、持参金つきの押掛女房とその重寳さを知りつくして愛妻家をとりつくろっている亭主關白が形づくった夫婦關係にもたとえるべきであって、同床異夢、「正義」派のふところうちにはいつでもつきつけられる離縁状が準備されていたと考えられるべきではないだろうか。

この考え方を根據づけるものとして、「正義は諸隊にあり」とする諸隊反亂において、高杉が時の奇兵隊總督赤根武人につき、「赤根武人なる者は大島郡の土百姓ではないか、これに反して此晋作は毛利家譜第恩顧の士である、武人如き匹夫と同一視される男兒ではないぞ」[3]と罵倒した擧兵のアジテーションのなかに、武士的指導の論理が貫徹していると考えることができるのである。だからこそ、秋本新藏・吉富藤兵衞・林勇藏らの豪農層の絶大な自信と主觀にもかかわらず、またかれらが反亂をささえた力の大きさにかかわらず、林勇藏が、「皇國學を學んで尊攘の大義を知り、農兵引立にも協力しつつ、代官所勘場を襲った諸隊武士の法外な要求に對して示した斷乎たる態度」[4]の中に、「正義」派武士團と庄屋同盟との間にこえがたい深淵がその口をのぞかせていることをみて取ることが可能なのである。要するに、いわゆる「改革派同盟」における「正義」派武士團と「庄屋同盟」と、それぞれが指向する第一義的なものの相違なのであり、しかも、この相違が、「正義」派武士團を倒幕派として成立させたそもそものゆえんなのである。

反亂の勝利は、高杉の「割據倒幕」の體制である「擧藩一致」體制をきずくことに成功した。「防長二州肅然深夜の如き情勢」のもとに征長軍の來襲にそなえ、やがておそいかかった幕軍と四境にたたかってこれを追った。しかし、「割據倒幕」のスローガンはそれ自體が矛盾であった。農兵取立、農民統制力の回復がその現實の基礎を農民の利益におかざるをえない以上、そして秋本の自信が「百姓一揆」という表現をとり、林の諸隊反亂への協力が苛酷な軍資調達の拒否という限界をしめさざるをえない以上は、そして何よりも、これらの豪農層＝「草莽」の抽象的な尊攘理念にかかわらず、現實の農民およびその上にたつ豪農＝在郷商人層の經濟的な作用の領域に規定されざるをえない以上は、これらの豪農層にとって、具體的な割據はそれを正當化する抽象的な尊攘論でありまた當面反藩權力でありえても、具體的な倒幕ではありえなかった。他方、「正義」派武士團にとっては、「割據倒幕」が具體的には倒幕である瞬間から、割據は克服されねばならない課題であった。「正義」派武士團は、「割據」の克服によってのみ、自己自身を倒幕派へと飛躍させる。「割據」から「大割據」への飛躍、「擧藩一致」から薩長盟約への飛躍がそれであった。

大割據の成立

内亂の勝利と藩論の統一に成功した高杉は、さっそく、擧兵の第一の呼應者伊藤とともに、赤間關開港論をとなえた。支藩長府領であった赤間關を藩の直轄地として對外貿易の基地とし、「五大州中へ防長の腹を推出して大細工を仕出さねば大割據は成就不致ならむ」[5] というのがその主張であった。赤間關は、西廻り廻船のもっとも重要な中繼基地であり、その重要性は國内流通の發達とともにますます增してきた。それは、防長二州が日本の國内流通に「推出した腹」であり、この「腹」の支配はそのまま國内市場支配の、同時に對外貿易のかなめの支配につうずるものであった。事實、第二次征長役のさなか、九州の阿蘇地方一帶に展開した農民一揆の情勢は、米と菜種を主要商品とする流通が、赤馬關で遮斷されたことに原因づけられる。いわゆる「正義」派＝倒幕派が赤馬關を重視したのは、偶然ではなかった。

赤間關を中心とする下關一帶の商人は、天保以降、「大阪の藏屋敷まで廻漕する責任のない民間取引の商品輸送が增加しこれらは中央市場を独占した大阪商人の積荷買たたきをきらって下關で載貨の處分をして歸國せんとすることが多くなった」情勢下で、「北國及び西海筋諸藩の領主的特産物を一手に集中独占してきた大阪商人の支配を下關で切斷し、これに代る新しい西日本商業圈を形成してその中繼センターの役割を果さんとする」動きをしめし、さらに「大阪—長崎を通じる中央貿易路」の結節點として、下關商人のヘゲモニーのもとに「下關—鹿児島を通ずる琉球貿易路線」の設定をめざし，薩長交易にその期待をかけていた。6) この下關の期待の表現が，倒幕運動に白石正一郎のような廻船問屋・永大年寄出身の人物を生みだしたのであるし，「俗論」派におわれた高杉が亡命し，反亂を組織し，擧兵の基地とし，さらに赤間關開港論が尚早で追われた伊藤の潜伏先となった等，「正義」派の重要な據點としての役割をしめすことになったのである。

下關を背景として活動の舞臺に出た長藩倒幕派が，こうした下關の役割を充分に見てとり，薩長交易の實績のうえにたって政治路線を確立していった結果が，倒幕運動の轉回點となった薩長盟約であった。下關を背景とする長藩倒幕派と琉球貿易の獨占にたつ薩藩倒幕派と，この犬猿もただならぬ兩藩の感情問題をのりこえた軍事同盟は，海援隊の指導者坂本龍馬の仲介によって成立した。これらの事情がしめす倒幕政治勢力の結集こそ，倒幕運動の目的それ自體を表現していた。

薩長盟約に表現された倒幕運動は，數次の改革のこころみが結局はそれにつきあたらざるをえなかった幕府と三都の特權商人の結びつきに支配された幕藩時代後期の武士階級が直面した矛盾の窮極の解決の動きとして出發した。それは，「割據」から「大割據」への發展という表現をとり，大坂にたいする下關コースの推進という現象をともなったように，古い幕藩領主的な流通支配を打倒し，國内の經濟的發展の現狀に即した全國的市場の統一と支配を確立するためのこころみとしてあらわれた。倒幕派武士團といえども封建支配階級である以上，しかもかれらがそもそも改革の課題を提起した理由が，幕藩體制の危機が生んだ矛盾をもっとも明敏に感じとらざるをえない立場からの課題として提起しなければならなかったことにある以上は，かれらが民族的危機として感じとったものの實體は，じつは封建的危機であった。それは，あたかも，本來「商品という名の砲彈」による外國列強の資本主義の力を，逆に，「砲彈という名の商品」の力として感じとらざるをえなかったかれらの意識形態からもしられるように，真の危機の所在が經濟發展の本來の方向にあることを看取することなく、逆に、そうした方向に卽さない幕府の流通支配にあると考えたのであった。

だから、かれらが萩の城下町に瀬戸内の豪農層を對置し、大坂の特權資本に下關を對置せしめたのも、かれらの基盤がそこにあったわけでなく、それらの利益を代表したわけでもなかった。むしろ、その點からいえば、大坂を支配し、大坂を變革することの中に、倒幕運動が倒幕運動たりうるそもそもの根據がある。秋本新藏・吉富藤兵衛・林勇藏らの豪農層との關係も、白石正一郎・中野半左衛門らの下關商人との關係も、同時に、のちにかれら自身が日本の流通機構を支配する大阪商人そのものでなかったのと同様に、これらの階層そのものではなかった。にもかかわらず、かれらは、何よりもまず、封建的危機を民族的危機として感じとった以上は、久坂玄瑞が「壯士蝮蛇に刺されなば疾く腕を解く」（『解腕痴言』）とした攘夷の理論をそのまま自己階級に向けざるをえなかった。のちに、一定の段階において自己階級の否定の論理のなかに自己階級の生存を見出さねばならなかった、したがって、外見上、特定階級の利益のかぎりにおいて自己階級の　――自己階級一般のではなく――　レーゾン・デートルを追求せざるをえない危機の悲劇と、悲劇に生きるたくましさを見出さねばならなかった倒幕派武士團の武士としての矛盾と必然が指摘される。*その必然は、まさに、かれらが「砲彈という名の商品」という資本主義の論理のうけとり方、生産力發展という基底にたつ危機を流通機構の危機としてしか受けとれなかったこと、このような論理の倒錯――それはかれらが封建支配階級であることに由來する――にもとづくものであり、それが倒錯した論理であるところに、かれら自身の克服しがたい矛盾があった。要するに、危機の認識が反革命の論理へと結びつかざるをえなかった階級の矛盾であった。

＊　倒幕派武士團固有の經濟要求については後段の第一章第二節一の「倒幕派とは何か」の項を參照されたい。

(1)　田中彰「長州藩における藩政改革と明治維新」（社會經濟史學、二二―五・六）一四五―一五九頁

(2)「兼重翁史談速記錄」（田中前掲論文より）
(3)『東行先生遺文』略傳八一頁
(4) 關順也『藩政改革と明治維新』一三五頁
(5)『東行先生遺文』書簡一八四頁
(6) 關順也「長州藩からみた薩長交易の意義」（山口經濟學雜誌、七―九・一〇）五四―五六頁

§二　公儀政體論

坂本龍馬

倒幕運動の戰闘體制としての薩長盟約の成立の仲介者として重要な役割をはたしたのは坂本龍馬であった。坂本の海援隊そのものが、ひとつの政治體制と不可分のかたちで流通機構を形成し支配することを目標とした政治組織であると同時に經濟活動組織であるという性格をもっていた。その海援隊の「海外の志」を實現するための戰闘的な政治體制として、薩長盟約が考えられたのであった。

長州藩が、盟約の當事者である木戸孝允らの意圖は別として、藩をあげての敵意をたぎらせていた「薩賊」との舊怨をあえて踏みこえ、薩長盟約に踏みきった理由は、木戸・高杉らと薩の大久保利通・西郷隆盛、盟約周旋者の坂本・中岡愼太郎に共通する古くからの尊攘の絆ではなかった。むしろ、現象的には、それから一八〇度轉換した、直接的には武器の輸入を中心とする貿易という共通性、いわば、四國聯合艦隊の下關砲撃と薩英戰爭の教訓を「砲彈という名の商品」というかたちで學びとったことの教訓、海援隊の「商法」がしめす共通性にあった。

時は丁度、第二次征長の動員と、下關砲撃の勝利に乘じた英・佛・米・蘭四國が下關償金三分の二の放棄の代償として、大坂開市・兵庫開港・條約勅許・輸入關税率輕減の條件をかかげて幕府にせまるという、幕府にとっては緊迫

した情勢のもとにあった。薩長同盟は、幕府を窮地に追いこみ、政治情勢を薩長両藩のヘゲモニーのもとにおき、坂本のプランにのせる絶好の局面であった。

坂本は、薩長盟約後の活動を、もっぱら幕府の政権投げ出し工作に集中する。一八六七年（慶応三）六月、かれは當面の綱領を「船中八策[1]」として草した。それは、「天下の政権を朝廷に奉還せしめ政令宜しく朝廷より出づべき事」、「上下議政局を設け議員を置きて萬機を參贊せしめ萬機宜しく公議に決すべき事」と、大政返上方式にもとづく「公議輿論」政體を主張したが、同時に、「外國の交際廣く公議を採り新たに至當の規約を立つべき事」、「海軍宜く擴張すべき事」、「金銀物貨宜しく外國と平均の法を設くべき事」の三ヵ條をふくんだのはさすがであった。高杉が「大割據」への飛躍として、「赤間關も我斷然不令愧國體やう開港すへし」という主張を足がかりに「五大州中へ防長の腹を推出」すことを考えたのと同様の背景をもつ。

坂本は、このプログラムをもって土越二藩を動かし、その「八策」を「預メ二三ノ明眼ノ士ト議定シ諸侯會盟ノ日ヲ待テ云々〇〇〇（おそらく將軍家をいみするのであろう——大江）自ラ盟主ト爲リ此ヲ以テ朝廷ニ奉リ始テ天下萬民ニ公布」という諸侯會盟による政權の平和的移動をはかったのであった。坂本が、一方において薩長盟約を中心とする倒幕體制を、そして他方においては大政返上方式をもって土越二藩を中心とする平和的移行の方針をたてるなど、一見矛盾した動きをしめしたのはなぜであろうか。

たしかに、それは、幕末政治情勢の大詰めにおいて、微妙なかけひきをともないながら、結局は一八六七年（慶應三）一二月九日の小御所会議にしめされた對立と薩派のクーデターによる解決にもちこまれた推移から判断するとき、坂本が生みおとしたこの双生児は、幕府の遺産の繼承方式をめぐる對立者であったかに見える。事實においても、そうした面があったことは否定できない。にもかかわらず、公議政體論は薩長盟約體制を正當化するただひとつの論據となった。

坂本プログラムは、その諸侯會盟の「○○○」のなかに、坂本の當初の意圖とはちがったが、「天皇」の文字をいれることによって實現したし、有力な諸侯諸卿を議奏とし、新政府の實權をにぎる參議に小松帶刀・西郷隆盛・大久保利通・木戸孝允・後藤象二郎・由利公正・横井小楠・長岡良之助（護美）らを擬した薩長派と土越派の連立政權構想は、[2]その翌年の閏四月の政體書頒布によって、小松・後藤・大久保・廣澤兵助・由利・横井・福岡藤次・副島二郎にややおくれて西郷が加わるという顔ぶれで、薩長派（小松・大久保・廣澤・西郷）四・土越派（後藤・由利・横井・福岡）四・肥前（副島）一の連立政權として實現をみた。こうした點、坂本の生み落した双生児は、結局のところ、一卵生双生児であったかのようである。しかし、公議政體論は、それがたんに薩長盟約體制を正當化する論據としてだけでなく、維新をめぐる諸階級がそれぞれ自己階級の利益を主張する論據となることができた。むしろ、そのゆえに、諸階級の利益を代表するものとしての外見において、薩長盟約體制は自己を主張することが可能となったのである。

公議政體論の機能

公議政體論は、元來、「開明」的な幕藩領主の立場からする、幕府專裁の幕藩體制にたいする、妥協的改良の政治論として發展する。それは、一方において嘉永の米艦渡來に端を發した幕府專裁の危機に對處する列侯會議の思想であり、他方においては條約勅許にからむ朝廷＝公家と幕閣の對立に調停者としての役割をはたすものとして列侯に現實の政治的發言の根據を提供するものとして發展した。しかし、幕藩領主制それ自體が危機にさらされ、藩政の主導權が幕藩領主制的ヒエラルヒーから離れてくる段階では、列侯會議を正當化する思想は、「公議輿論」の名のもとに、より直接的な表現を要求する。

幕末における藩政の危機と對外問題は、藩主・門閥の支配の危機であったし、これにともなう家臣團内部の黨派の形成と尊攘論の昂揚はいわゆる「志士」の形成となってあらわれ、これらの「志士」は脱藩等によって、藩の規模をこえた政治活動と横の結びつきをおこなった。しかし、その政治活動が、政治勢力化する條件として直接に結びつく團結の中心としての王權が存在しない以上、かれらの要求を實現する具體的な力＝軍事力とその基盤をなす財政的基盤は、結局は藩にもとめられねばならなかった。幕藩領主制を廢絶するための鬪争＝倒幕運動が、その結集の中心である王權を欲くために、逆に幕藩領主制に依據しなければならないという矛盾が生じた。本來は矛盾であるべき「割據」と「倒幕」が一定段階において直結したのもそのためであった。

一般に絶對主義形成の政治史が、王權の諸侯にたいする攻撃、王權による諸侯會議の征服という形態をとっているのに反し、日本の倒幕運動は、むしろ逆に、幕府專裁に對する列侯會議――ただし、事實は列侯の名において藩の實力者たる家臣團グループがその實體であった――という外見上の形態をとる。しかし、本質的には、幕藩領主制の總體が諸侯會議でなく幕閣によって表現されていたことにたいし、對置すべき單一王權の欲除が、王權として成長すべき條件を失った幕府にたいする疑似的な王權として、實質的には專制的な權力の存立を根據づけるものとして、列侯會盟の形式を要求したにすぎないと考えられる。

こうして、妥協の政治論は妥協の域をこえ、一應は「開明」的な領主の善意に依據するところから出發しながら、その意圖をこえた「雄藩聯合」獨裁理論へと發展する。ここに、「開明」的領主層や「開明」的幕臣層の政權返上論と不可分の關係のもとに思想的な展開をとげたかに見えながら、本質的には武力倒幕論と矛盾しない「公議與論」政治に結實し、やがては單一の王權を生み出す母胎としての役割をはたすことによってみずからを葬り去る「公議政體」論の本質を見ることができる。

德川慶喜處分をめぐる小御所會議が、土藩の抵抗を薩藩のクーデターにもひとしい武力の誇示によって押しきるという結末をしめしながらも、ことの本質は少しもかわらなかった。いずれにせよ、小御所會議そのものが、「公議輿論」の名のもとに王権を代位するものとして、封建諸侯の合議という形態にたいする雄藩聯合の形成であり、その間のかけひきは宮廷陰謀の域を出ない。公議という名のもとに問題となったのは、薩土藝尾越の會議参加五藩および姿なき最大の出席者長藩だけであり、他の在京諸藩その他の藩はそもそもから無視されていた。一二月九日の王政復古クーデターにたいし、會津藩は「早ク議事ノ體ヲ起シ召ノ諸侯大ナル者ヲ會シ、其未タ來會セサル者ハ急ニ之ヲ召シ、且ツ三職評議ノ規則ヲ建テ、徒ニ精神ヲ費シ候儀無之、朝廷ノ意實ニ公明正大ニシテ偏估ナラサル所以ヲ顯ス可シ」[3]と抗議し、肥後・阿波・その他の在京一〇藩もまた「公明正大衆議ノ皈スル所ヲ以テ御施行有之」[4]たいと抗議したが、もとよりかえりみられるところではなかった。

それにしても、幕藩領主制廢絶のための闘争が幕藩領主制に基礎をおく雄藩聯合に依據しなければならなかったことは大きな矛盾であった。雄藩のレーゾン・デートルをなす藩體制そのものの廢止はひとまず見送られ、闘争はさしあたり幕府打倒の闘争として展開され、ひきつづき藩體制の實質的解體と王權の成長とにより疑似王權の存在を必要としなくなった段階において、疑似王權たる雄藩聯合もろとも藩體制そのものを廢止するにいたる。この過渡期が、公議政體をスローガンとする明治維新政府の内容である。

維新政府の基本的方向は必然的に定まっていたにもかかわらず、その成立の經緯に條件づけられて、なおしばらくは幕藩領主制との外見的な妥協をくりかえさなければならなかった。「列侯會議ヲ興シ萬機公論ニ決スヘシ」という五箇條の誓文草案が本來は「列侯會盟」の條文として起草され、のちに木戸の加筆によって本文からは「列侯會盟」的な要素をふくんだ一さいの字句が除かれたことに維新政府の基本的方向が看取されるが、同時にこのときの宸翰が「朕ココニ百官諸侯ト廣ク相誓ヒ」と表現せざるをえなかったところに、この時期における妥協の必然をしめしている。

しかし、妥協の必然は、それがたとい誓文の起草者由利公正によって「列侯」と表現されたとしても、それは、かれ自身にとっても現實の列侯ではなかった。由利の政體論は、一八六九年（明治二）の「政體職制[5]」建議にしめされているが、そこでは、かれが誓文草案で「列侯」と表現したものの實體は「國家ノ萬機關セザル事ナシ有司ヲ進退シ事務ヲ裁斷シ土地ヲ自由ニスルノ權アリ」とされた「國君」＝小絶對君主であった。つまり集權的統一國家への過渡期を小絶對君主の聯合體というかたちでとらえようとしたのが公議政體論の具體的構想であった。

しかし、同時に、小絶對君主を從來の幕藩領主と區別する理論的根據は、この小絶對君主制と本來は矛盾するにもかかわらず幕藩領主制の階級基盤を移しかえるための理論として、小絶對君主國内部の公議輿論政治の理論にもとめられた。由利はそれを總代制の形態にもとめ、「總代ハ市在ノ中ヨリ擧ルト雖モ格式並ノ月給ヲ與ヘ常ニ國君ニ伺候スル事ヲ免許」され、「市在組合會所ノ入札」によって選出されるとした。この總代制は、それが「公議」「衆知」と表現されながらも、現實には絶對君主に直結される點で明らかな矛盾であった。この矛盾が、のちに、公議政體論を歴史的根據としてふりかざす自由民權運動の武器となったのである。にもかかわらず、この時期には、「總代」の實體である「公議」のにない手たち自身の可能性と限界が、この二段階公議政體論のわくないにおける「國君」を媒介とする具體的な地方政治論の抽象的理念への飛躍と一致していたのであり、なお矛盾として受けとられなかった。逆にいえば、維新政權がなお藩制の外形に依據していたかぎりにおいて、絶對主義と公議輿論は公然たる矛盾として現象しなかったといえるであろう。

にもかかわらず、具體的な集權過程は、藩においては事實上の小絶對君主でありながらも中央官僚であることがそれに優先するかたちをとった個人の集団の手によっておこなわれた。かれらにとっては、「議事の何のと申候ても、今明年中にて中々本間に被行候事は、口を極めて出來不申候[6]」というのが、公議輿論についての本音であった。

(1) 『坂本龍馬關係文書』第一―二九七頁
(2) 同書第一―四一五頁
(3) 「明治政史」首編（『明治文化全集』正史篇）上巻一四頁
(4) 同書一五頁
(5) 三岡文夫『由利公正傳』三二〇頁以下
(6) 『大久保利通文書』第二

第二節　維新政府と士族反對派

一　中央政府と倒幕軍事力

§一　木戸孝允の征韓論

内戦强行論と征韓論

一八七〇年（明治三）七月二十七日早朝、鹿児島藩の士族横山正太郎は一通の書を竹にはさんで集議院の門扉に掲げて自殺した。政府は、正太郎の死を憂国の情に發するものとして、祭粢料として金百両を下賜した。

正太郎の書は、時弊をついた十事の建議と、征韓論にたいする反論からなっていた。「征韓論ヲ主張スル者ハ畢竟皇国ノ萎靡振ハサルヲ慨嘆セシヨリ致ス所ナレトモ、兵ヲ起スニ名アリ義アリ豈愼マサル可ケンヤ。今朝鮮ノ事ハ姑クコレヲ措キ、我邦ノ形勢ヲ察シ維新ノ徳化ヲ張ラサルヘカラス、徳化張ル朝鮮豈能ク非禮ヲ我ニ加ヘンヤ。今却テ彼ヲ小國ト悔リ妄リニ無名ノ師ヲ興シ、萬一蹉跌スル事アラハ天下ノ億兆何ト云ン。……故ニ先ツ綱紀ヲ張テ政令ヲ一ニシ姑ク蕭墻意外ノ變ヲ圖ル可シ。豈ニ朝鮮ノ罪ヲ問フニ暇アランヤ[1]」というのが、征韓論にたいする、横山の反對意見であった。當時は、征韓論は、主として、木戸孝允の主張するところであった。

木戸は、すでに一八六八年（明治一）一二月、東北の戰塵がやっとおさまったばかりの時期に、「大なる事件二あり、一は速に天下の方向を一定し使節を朝鮮に遣し、彼無礼を問い、彼若不服ときは鳴罪攻撃、其上大に神州之威を伸張せんことを願ふ[2]」と岩倉具視に進言、その目的は「天下の陋習忽一變……悪弊一洗に至る」ことにあるとされた。かれはその後、「皇國の人情可治の難きを歎し、益平生所思の征韓の念勃々[3]」となり、三條實美・岩倉具視にたいして、「彌征韓之儀御一決相成、箱館稍平定仕上は、朝廷之御備早々御手を被爲着、只偏に朝廷之御力を以韓地釜山府へ一港を被爲開度[4]」と要求するにいたった。ところが、横山が自殺するややまえごろから、「朝鮮之事は餘程御根本に御見捨据相立候上ならでは着手いたし候事も萬々六つヶ敷[5]」と軟化しはじめ、みずから買って出た使節の任も、「朝鮮一條は別に愚存無之、つまらぬ事之御着手よりはむしろ大久保翁之如説來春頃まで之御見合可然と相考[6]」えるまでにいたった。

木戸は、奥羽平定直後、まだ函館の戰もおわらぬうちに、なぜ唐突として征韓論を主張したか。しかも、政府部内に反對意見が強かったにしても、なぜ七〇年（明治三）にいたってその主張は軟化しはじめ、そしてやがてはのちの強硬な反征韓派の方向を歩みはじめたか。横山は、なぜ死をとしてまで、征韓論に反對したか。その死にたいして、政府はなぜ破格の――というより一士族にたいする常識をはずれた――禮をつくさねばならなかったか。その横山の生き殘った同志やその指導者西郷隆盛が、のちに、なぜ、その全運命を征韓論にかけるようにかわったか。これらの疑問をとくことは維新政府が直面した困難な課題にメスをいれる鍵となるであろう。

王政復古のクーデターが成り、鳥羽伏見の一戦に幕軍が敗走して以來、木戸はもっとも非妥協的な倒幕戰爭遂行派の立場を固守した。六八年（明治一）閏四月、「德川御處致被爲盡衆議候歟之由元より至當御決斷被爲在候御事と奉存候、於愚存は今日餘賊再沸之折柄に付候而は吃度官軍之氣を起し一掃に及ひ候而然る後被仰出候而不晩事歟と奉存候、御一新に付確乎御基礎之相居り候事戰爭より良法は無御座、太平は誓て血を以ての外買求不相成ものと愚考仕候[7]」と、薩の小松帯刀に意見をのべ、日記にも、「關東の戰爭は實に大政一新の最良法也、然し遷延失機ときは不可復の大患害を生せん[8]」と、その所思を記した（以上傍點——大江）。德川家の處分については、百万石をあたえて家名を維持させようとする案にたいし、「百万石餘とは餘程之御寛大、此上不良之色相顯候はゝ徹底御討撃之處は十分相立居不申而は眞之太平も難被得買、王政御一新も御基礎はいかゝ可有之歟と奉存候[9]」と妥協に反對——この點、西郷と對照的であった——、東北諸藩についても、「仙臺等和を請はしめ、速に干戈を収むるの論不少、今日の際一大變革に付、決して容易に和を請はしめ表面の無事を急くは必太平の基にあらす[10]」と、強硬論を主張した。

しかし、こうした強硬論も、そのうらに、かならず、短期決戰の強調をともなっていた。前記の日記以外にも、品川彌二郎宛書簡では「万一も屢失機、終に々々來年にも不相片付ときは天下之大疲弊眼前に而、随而必王命も不被行樣成行可申[11]」、三條・岩倉宛書簡にも「然し遷延仕候而は皇國之瓦解秦鏡に照すよりも明に御座候[12]」と、長期化への危惧を表明している。

内戰の徹底的遂行の主張と、同時に早期解決と、この矛盾する主張が相ともなわなければならなかったのはなぜであろうか。この矛盾こそは、倒幕勢力内部の矛盾であり、したがって徹底内戰論こそは征韓論につうずるものであった。

木戸の徹底内戰論は、六八年（明治一）七月、「版籍奉還論を再度縷々申上し時なり[13]」と記したことからも、幕藩領主制の解體の決意の表現であったことが確認される。この決意は、当然、この體制をささえている階級、つまり幕藩社会の支配階級である武士階級の解體につながるものであった。したがって幕府を討滅し、東北諸藩を撃砕したあと、「古は豪傑其國を奪ひ候と其國は亡し候と其臣下は盡又自分之僕徒といたし候而役に立申候故、その料理之工合により候ていか様とも甘く參り申候、當時に而は直に盡我臣下といたすと申次第に至り兼候故、不得止浪人もの澤山出來申候、必竟皇國之事に付、其内に浪人澤山有之候而は始終政事之爲には甚邪魔ものなり[14]」という狀態、幕臣および東北諸藩の武士團の解體とそのルン・プロ化をもたらすであろう情勢を見とおしていたのである。

このような情勢が、それだけにとどまるならばなるほど「政治之為には甚邪魔もの」ではあったかもしれないが、それ以上のものではなかった。しかし、問題は、この内戰をたたかった今一方のがわ、つまり倒幕軍がわもまた、薩長を主體とする雄藩の武士階級を中心に編成されていたということである。これらの軍隊は、なお形式的に藩主の指揮下にあっただけでなく、實質的にも、武士階級としての固有の利益をもつ存在であったことが指摘されなければならない。武士階級が——主観的には雄藩武士階級が直面する危機を幕臣層や東北諸藩武士階級にしわよせすることを意圖したのであったかもしれないが——客観的には幕藩領主制の打倒つまり武士階級の存在否定の闘争に動員されたこと、そして、倒幕運動の指導者として、木戸自身が何よりもこのことを明確に知っていたということに、問題があった。だから、徹底内戰論は、そのまま、倒幕軍事力をどう處理するかというさしせまったその後の困難な課題へとはねかえってくる。維新政府は、その主要な力を、對倒幕雄藩政策にそそぎはじめるのである。

尾大の弊と征韓論

木戸は、六八年（明治二）二月、はやくもこうした情勢に注目した。かれは情勢を、「只纔に兵力之強弱而已を各自相窺ひ、朝廷は自ら薩長に傾き、薩長は又其兵隊に傾き、諸藩亦概如此類、眞に尾大之弊を不能免して眞権之所帰着決而未可認……思ふに東國之爭亂も收、其兵卒不在久各藩之兵隊各就藩區々固其本區々施政刑ときは其害再決而不可抜」と指摘した。[15] しかし、このような情勢をつくり出したのは、元治の内亂によって長州の藩論を「其兵隊に傾」かせ、王政復古クーデターによって「朝廷」をも「其兵隊に傾」かせたかれら自身の責任であった。その木戸が、「兎角小權を以大權を犯し候弊」[16]を歎じ、「草莽輩も擲身却而國家之禍害を釀成し、屢誤方向候者も現に不少、國家之不幸不容易」[17]と考えたとき、かれは、すでに權力者の立場から政治を見ていた。

おなじ態度は、大久保利通のなかにもあった。六八年（明治一）一二月、かれは木戸にあてて、「兵隊の處置其中を以弛張いたし候次第甚込入候、不知々々其大患とする處之弊に陷り候而は誠に朝廷之御為不可言大害たるは不及言」[18]と書き、翌年早々、藩にあてて、「黒田了介より尚亦巨細兵隊内情等承候處、一旦之事とも被存不申候、軽易には御變革六かしからんと大に奉案候、よほと御差配前後を御勘考甘く御處分無御坐候而は誠に〳〵御大事と苦慮仕候」[19]と、慎重な對策を希望した。政府の危機は、「近來不容易形體に推移り、外外國の軽侮を受、内草莽之凌辱を蒙り、下人心に於ては物議騒然、日に紛亂に及はんとす、堂々たる政府の大權何れの地に在るを不知」[20]という情勢にあり、とくに「草莽士は政府を凌辱して奴輩之如蔑視」[21]すると歎じた情勢であった。

こうした情勢は、たしかに、維新後のいくつかの事件にあらわれていた。六九年（明治二）一月、政府首脳中の最左翼とみなされていた參與横井小楠が退勤の途中、路上に殺された。暗殺者は、舊尊攘派の下級武士および十津川郷士らの一味であった。つづいて九月、武士軍隊解体の強硬論者兵部大輔大村益次郎がおそわれ、重傷をうけまもなく死んだ。襲撃者は長州脱藩の下士その他の尊攘論者であった。中央政府の高官が、いずれも、舊尊攘派として倒幕運動に動員された武士層によって——とくに大村は自藩出身の武士によって——殺されたということのなかに、これら倒幕運動に動員された尊攘派下士—郷士層を中心とする武士層とその指導者のあいだに成立したこえがたい矛盾を看て取ることができる。

これらの傾向は、「浮浪を鼓動し則今攘夷之議を申立」てる反政府鬪争の方向に組織され、「此弊増長仕候ときは則尾大之風をなし自然國勢不振而已ならず百事瓦解に至り可申」可能性をはらむにいたった。[22] この可能性は、次第に、久留米・熊本兩藩の尊攘派下士―郷士を中心とする政治勢力としての結集を開始し、「攘夷家と俗論家と相合」[23]した武士階級による反政府統一戰線結集の方向にむかいはじめるにいたる。

他方、政府部内においても、横井暗殺犯人の判決延期や大村暗殺犯人の止刑事件などのこともあり、この種の反政府鬪争にたいする同情論も多く、しかも中央政府の木戸・大久保らと、その出身藩とのあいだにも、しだいに溝がふかくなっていった。

こうした情勢を考慮にいれるとき、木戸が征韓論をとなえるにいたった動機としてあげられる「皇國の人情可治の難き」狀況が、じつはこのような武士階級の動きを表現したものであること、かれらの反政府鬪争のほこ先を轉ずることが征韓論の目的であったことが明らかになる。同時に横山の死をかけた反對も、そうした木戸の意圖にたいし、「我邦ノ形勢ヲ察シ維新ノ徳化ヲ張ラサルヘカラス」と内治優先の――つまりわれわれ武士をどうしてくれると開きなおった――主張を貫徹するのが目的であった。だからこそ、なお、當面、不安定な權力をこの攻撃からまもるための妥協として、横山事件に政府の異常な關心がよせられたのである。征韓論は、いわば尊攘派下士―郷士層を中心とする武士階級と絶對主義者との鬪争において、これらの反政府派の攻撃を回避するための便法であった。のちに、攻守の力關係が逆轉するにおよんで、征韓論の賛否の立場もまた逆轉したことは充分に根據があることである。

(1)　「明治政史」第三篇（前掲書）八九頁

(2)　『木戸孝允日記』第一―一五九頁

(3)　同書・第一―一八四頁

(4)『木戸孝允文書』第三―二四〇頁
(5)同書・第四―六五頁
(6)同書・第四―一二三頁
(7)同書・第三―六一頁
(8)前掲『木戸日記』第一―二三頁
(9)前掲『木戸文書』第三―七一頁
(10)前掲『木戸日記』第一―九九頁
(11)前掲『木戸文書』第三―六五頁
(12)同書・第三―七二頁
(13)前掲『木戸日記』第一―七三頁
(14)前掲『木戸文書』第三―一五七頁
(15)同書・第八―二五頁
(16)同書・第三―一五六頁
(17)同書・第八―三〇頁
(18)『大久保利通文書』第二―四九〇頁
(19)同書・第三―四頁
(20)同書・第三―一五九頁
(21)同書・第三―一六二頁
(22)『木戸文書』第三―二七九頁
(23)同書・第三―三五五頁

§二　版籍奉還と領主階級

版籍奉還

一八六九年（明治二）のおわりには、新政府と舊尊攘派下士―郷士層との闘争はすでに爆發をさけがたい情勢にいたった。しかも、問題は、この反政府勢力が攘夷主義者としてたんなる保守的・反動的な方向からの反政府闘争を展開したということだけでなく、この時期における政治勢力化しうるただひとつの反政府勢力であったことにある。この時期においては、幕藩領主制は、すでに領主體制としてその維持を主張するには餘りにも無力となっていた。豪農層は、なお依然として地方的な勢力として孤立分散的であり、若干の例外をのぞいては、かれらを全日本的な規模での政治的關心に結びつけていた紐帯は、なお依然として、尊攘論であった。それは、青山半藏の悲劇への道をたどりつつあったし、木戸によって「平田學連なども相加はり[1]」と表現されたかたちで、絶對主義的中央集權阻止の一翼をになうにとどまっていた。

維新政府がその當初の主要な對象とした幕藩領主制解體のための努力は、倒幕戰争から版籍奉還にいたる過程で、すでにその歸趨を決した。幕藩領主制は、内戰により、まず東北諸藩で再起不能の一撃が加えられた。倒幕諸藩は、何よりもまず倒幕に參加することによって、自藩の體制を擁護する理論的根據を失った。新政府は、この既成事實を極度に利用しつつ、一さいの藩體制をなしくずしに解體していく方針をとった。このなしくずし解體の方針は、維新政府の基本的な性格と、この時期における藩體制の弱體化の事實をよくしめしている。

藩體制の解體は、すでに薩長兩藩が擧藩倒幕にふみ切った瞬間から、領主にとっては抗しがたい必然の論理となった。倒幕が勤王であるかぎり――つまり徳川にかわる新しい覇者の擁立として意圖されなかったかぎり――、幕府の封をはむこと、幕府の封の繼承權を主張することの矛盾はさけられなかった。鐵は熱いうちにうて。木戸が版籍奉還を提議したのは、東北の戰塵がなおいずれに流れるか、まだ決しなかったときであった。

六八年（明治二）一〇月、政府は「藩治職制」[2]を定めた。藩治職制は、従來、封は藩主のうけるところであり、したがって藩政は藩主の私するものである幕藩領主制の政治原則を公式に否定し、藩主の家政と藩政を分離し、制度的に確立するこころみであった。従來、藩主との私的な關係として成りたっていた家老制度は、「掌體認朝政、輔佐藩主、一藩紀綱政事無不總」公的な機關としての執政制度に切りかえられ、藩主の家政にたずさわる家知事は「敢テ藩屛ノ機務ニ混セシメス、專ラ内家ノ事ヲ掌ラシムヘシ」と規定されただけでなく、「執政參政ハ藩主ノ所任ト雖モ、從來沿襲ノ門閥ニ拘ラス、人材登庸務メテ公擧ヲ旨トシ其人員黜陟等時々太政官ニ達スヘシ」と定められた。こうして、藩制それ自身は、領主制から切りはなされる方向にむけられた。

藩體制解體の第二段階は版籍奉還であった。從來、明治史研究のうえで、版籍奉還は、とくに重要な事件であるとはみなされなかった。また、しばしば引用されるように、木戸が版籍奉還をその出身藩の藩主毛利侯に進言した言葉として、「顧ふに一度版籍を奉還するも未た必しも直に封土を失ふへきに非す」[3]という點が強調されたこともあったが、これは後年にいたって、木戸自身が「余一の謀略を設け、今日諸侯の封土皆朝敵德川より授與するの姿にして天子の璽章を不見、於于此は益明大不正名分は如何立天下哉と、依て版籍奉還の説を主張」[4]と告白したように、木戸の「謀略」であった。この告白をうらづけるものとして、かれは、「直ちに命するに世襲の二字を以てする時は纔かに其名を改めて其實は則從來の諸侯に毫も異ならす、其請を容るゝも何益あらん……今に於て斷而世襲の二字を除き」[5]と主張し、これをさかいに「從來の諸侯」と一變した性格の機構――事實上の廢藩――を意圖した。そのためにこそ、奉還建白から建白聽許までに長時日を要したのであったし、また奉還が、のちにいたって、島津久光によって「老生には矢張封土奉還無之方可然存候」と建白者自身の意圖をふみにじったものとしておこなわれ、しかも「大久保西郷へも拙論申越、大久保西郷も篤と承知居安心候處」意識的にこの期待を裏切ったものとして、「老生之見込反對すれともいたしかた無之、今更殘念候」とくやしがる結果へと追いこんだのである。[6)]

これを、のちの廢藩置縣と比較するとき、版籍奉還の實現にあっては、「種々の議論満千天下、世間目して余を欲殺の説不少、同藩同志の士と雖も釀危疑、誹謗を聞く日としてなきはなし、朝廷も亦決之甚難」情勢にあったのにたいし、廢藩置縣は「先年余を敵視せしもの、却て余の力を助け、不知々々宿志の達する期に至る[7)]」と評價されたちがいを見出すことができる。このことは、何も廢藩置縣が大きな意義をもたなかったということをいみしない。ただ、それに先立つ諸政策が充分準備され強力に推進されていたからにほかならない。そして、その前提を形づくった第一の飛躍が版籍奉還であり、その版籍奉還でさえも藩主層の最有力者島津久光のせい一杯の抵抗を「反對すれともいたしかた無之、今更殘念候」という無意味な世迷言に終らせ、その世迷言も、大久保には「此上一體之處迚も激に出候事は決而無之と見込[8)]」まれて無視され、西郷には「いづれ暴言の苦藥進上可仕事と明め居候得共、又棚の中に格護仕候[9)]」と軽蔑されるにとどまった。それだけ藩體制に依據した領主制は無力であったし、また、無力化にあたいするだけの充分な代償が準備されていたのである。

倒幕派とは何か

中央政府による木戸・大久保らが廢藩置縣の前提としてその力をそそいだ政策は、これらの無力化した領主層ではなく、尊攘派下士—郷士層を中心とした反政府派であった。この勢力——倒幕の力であった——こそ、維新政府の存立をおびやかす主要な敵であると考えられた。かれらは、古い幕藩家臣團ではなかった。この士族と呼ばれる層は古い武士階級とは異った範疇の階級への轉化の道をまさぐりもとめていた。だからこそ、領主層はその力の裏づけを失い無力化したのであった。にもかかわらず、階級としての士族の形成は、中央政府の方向と衝突した。

階級としての士族の形成の方向は、六九年（明治二）以降、とくに七〇年（明治三）にいたって顯著な動きをしめしはじめた。この傾向は、丹羽邦男氏の指摘によれば[10)]「領主權の一部を、〔永世ノ不動產〕――私的な土地所有へ移行・解消させてゆこうとする試み」として表現されるものであり、「その方法は〔歸田法〕・〔家產法〕(祿券法)に大別しうる」もので、東北弘前藩をはじめ、相馬・中村・尾張・苗木・母里・膳所等の諸藩(以上歸田法)、土佐・長州・米沢・彦根等の諸藩(以上祿券法)であらわれた政策であるとされている。――丹羽氏は、歸田法と祿券法をおなじ性格のものとしてとらえているが、この点については私は若干考えを異にする――。

＊ 丹羽邦男氏の明治維新の政治過程の評價については、私とかなり大きなひらきがあるので一言しておきたい。丹羽氏は倒幕運動を「幕府の支配を脱し、自らの手への完全な領主權掌握の動きを明瞭にしてゆくのであり」と評價し、「ここに結果したものは、幕府の支配を解かれ各々獨立した、封建領主の連合であり、明治二年(一八七九)一月の版籍奉還によってもその實質は變ることなく」と評價されている。「したがって明治維新――絶對王制の成立を問題とするばあい、從來の維新史研究が分析の筆を擱いたその時點から、筆を執らねばならない」し、「領主權のなしくずし的な私的所有權への移行企圖という領主層の、地主的土地所有の展開に對應した動きを、領主權もろとも一擧に廢棄したのが廢藩置縣とその後數年のうちになされる明治政府の一連の處置であった」と結論づけている。

しかし、倒幕運動の指導理論が幕府からの領主權の完全な回復のなかに、從來の領主權と異質のものをめざしていたことはすでに指摘したし、封建領主の連合という外見がじつは雄藩連合獨裁という形式をつうじての絶對主義的獨裁にほかならないのではなかったかという問題も提出しておいた。そうした考え方から、このふたつの方向が明確となった長州藩元治の内亂と薩長盟約の成立をもって絶對主義成立史の政治過程研究の起點にすえるべきであると私は考えている。

丹羽氏は、領主權の一部を私的土地所有に移行させようとする傾向として歸田法と祿券法をあげている。そしてこれに對立するものとして、「領主權のなしくずし的な私的所有權への移行企圖という領主層の、地主的土地所有の展開に對應した動きを、領主權もろとも一擧に廢棄したのが廢藩置縣」と評價をくだしている。歸田法的性格の政策、つまり領有權を個別化し、それを私的土地所有に轉化しようとする政策は、一般的には天保期の藩政改革（水戸藩改革や長州の「某氏意見書」にもられた）に特徴的な生産物地代原則への復歸政策の表現として出現した。改革の挫折は、じつは幕藩領主的土地所有の危機を歸田法的な方法で私的土地所有に轉化することの一般的挫折であった。こうした經驗に學びとったのが絶對主義形成＝倒幕運動の成立であった。しかし、武士階級が新社會において支配階級としての地位をそのまま維持するもっとも有利な道が領有の個別化と私的所有への轉化であるかぎり、倒幕運動をこの方向に引きずろうとする傾向は斷ちきりがたかった。とくに、知行權が現實の領有をともなっているような薩摩その他の藩のばあい、または形式的領有が私的所有とかさなりあっているような鄉士制のばあいなど、上級領有權の廢止が私的所有への轉化に方向づけられる可能性をたもっていた。こうした可能性を足掛りにして私的所有への廣汎な轉化を要求したのが、とくに倒幕軍事力に組織された下士—鄉士層を中心とした反對派である。

　祿券法は、これと異なった性格のものであり、領主權がもたらした收入を領有とは別個の獨立した經濟的權利として切りはなし——これは明らかな詐欺である——、これに見合うだけの收益をもつ土地所有として不動産化する——形式的には有價證券化する——という方法である。政府は、個々の藩がおこなった祿券法にたいしては歸田法とともに中止させるが、領主權を中央に集中するかたちで武士階級に經濟的權利——家祿——だけは殘し、これを有價證券化し、秩祿處分によって償却をはかるという點で、祿券法は本質的には中央政府と對立する方向をしめすものでない。むしろ歸田法が領主權の個別細分化を前提とするのにたいし、祿券法は領主權の統合集中を前提する點で兩者は對立する。廢藩置縣は歸田法政策の進展を廢棄したが、祿券法政策については中央政府の統一的な施策としておこなわれる可能性をかたちづくった。また、中央政府は、そうした方針で、その權力の片足を變貌しつつある封建支配階級においたものと考える。歸田法政策が下士—鄉士層に比較的有利に作用するのに反し、祿券法政策が舊藩主・上級武士層のみに恩惠をもたらす點、明治絶對主義のひとつの方向づけと士族反對派の性格を見ることができる。したがって領主權の私的所有への轉化というかたちで兩方をひっくるめ、これにたいする地主的土地所有の形成を對立させるかたちで、後者の方向をおしすすめたのが絶對主義への道である——當然このふたつの鬪爭は反動的な前者にたいする進歩的な後者の道という評價が生れる——という理論の設定のしかたには贊成しがたい。

(1)　『木戸孝允文書』第三—二八二頁
(2)　「明治政史」第一篇（前掲書）五四頁
(3)　同書・五八頁
(4)　『木戸孝允日記』第二—七一頁
(5)　前掲『木戸文書』第八—二一三頁
(6)　前掲『大久保文書』第四—三七九頁
(7)　前掲『木戸日記』第二—七一頁
(8)　『大久保利通日記』下—九〇頁
(9)　『大西郷全集』第二巻—四七二頁
(10)　丹羽邦男「明治維新と地租改正」（古島敏雄編『日本地主制史研究』）参照

§三　脱隊騒動と下士—郷士的反對派

下士的—郷士的反對派のコース——階級としての士族の形成——をきりひらくための闘争がこの時期においてギリギリの可能性をしめしたのは山口藩の脱隊騒動であった。そして、これにたいする政府の立場を端的にしめしたのが木戸であった。

山口藩脱隊騒動

脱隊騒動がこの時期の反政府闘争としてはたすことのできた役割については、すでに原口清、關順也、田中彰の諸氏[1)]によってあきらかにされてきた。闘争の發展とその形態が生んだ、闘争の必然的な性格づけにもかかわらず、すでに幕末元治の内亂の勝利以降分解しつつあった倒幕運動内部の矛盾が公然化したものとして、そのかぎりでは、闘争の基本的性格は尊攘運動の傳統のわくないにあり、したがって、廣汎な反政府統一戦線に発展する可能性すなわち革命的な反絶對主義闘争に轉化する可能性と同時に、闘争がわい小化し、陰謀化し、反動化するより大きな可能性がふくまれていた。
脱隊騒動は、もともと、木戸らの計畫による兵制改革、倒幕軍事力の中核となった諸隊の改編にたいする抵抗から出發した。諸隊は封建的武士軍隊と質的に異った性格をもっていた。それは、封建的身分制のわくをこえた義勇軍システムを成立の基礎とした點で近代國民軍隊の性格をもっていた。同時に、それが倒幕派武士によって組織され、それぞれの出身階級・身分から疎外されることによってのみ成立した點で、なおその出身階級の利益を代表する軍隊ではなく、國民的軍隊ではなかった。この諸隊の構成が生み出した性格は、諸隊を近代戰鬪遂行のためのもっとも精鋭な軍隊として編成するためのもっとも大きな要素であったが、同時に、それは、絶對主義軍隊としての機能をはたすためには決して信頼のおけるものではなかった。それは、いつでも反絶對主義鬪爭の軍事力に轉化する可能性をしめした。しかし、当面、それは、その出身階級・身分から疎外されることによってのみ諸隊として成立したのであるために、諸隊を武士意識においてのみ動員し戰鬪に參加させることが可能であった。したがって、諸隊を改編し、權力による統制力を強化しようというこころみは、諸隊のはげしい抵抗を呼びおこさずにいなかったし、その抵抗も、当面、武士意識として表現されるという形をとらねばならなかった。

この抵抗としてひきおこされた脱隊騒動が、「道路之浮言に候へ共、王政不如幕政、薩長は德川氏に劣候杯、相唱へ候樣之義も有之哉[2)]」という形で政治批判を展開し、それが農民層の支持をうけ、一揆に守られつつ鬪爭を展開したとしても、なお政治的には「天下人心政府を不信、怨嗟之聲路傍に喧々眞に武家之舊政を慕ふに至る[3)]」守舊的方向で展開されたのもやむをえなかった。この時期における鬪爭は、武士意識をつうじてのみ政治鬪爭として發展したという條件におかれていたのであり、異った質の政治意識の成立には、なお時間を必要としたのである。だから、脱隊騒動が、當初、「近來軍政向付而は全く西洋風俗に相成、最前尊攘之御趣意不相叶候、依而右杯之儀被差止神劦之正氣を維持仕候様被仰付度[4]」と要求したのも當然であり、倒幕運動の最大限綱領から盲目にされた維新の下士官と兵士——尊攘派武士——の政治意識の可能性と限界のそのままの表現であった。この表現こそ、下士—郷士的反對派の政治スローガンそのものであった。

脱隊騒動にむけられた木戸の敵意は、まことにすさまじいものがあった。七〇年（明治三）二月七日、「所以不可有不討の件々を相論し、且去月廿四日已に君命に逆り、其後廿六日の大暴動決て不可免の次第を認、彌明夜義兵を揚るの主意を竊に言上[5]」、武力彈壓の決意をかため、西郷がはるばる長州に來ると、「余大に周旋之策あらんことを恐れ、一軍艦を馳せ余等の心事を欲訴……萬一周旋により正邪を不判は、終に國家維持の目的毫も無之[6]」と、西郷の介入調停を斷乎として排し、降伏者にたいする處置についても、「是等の御所致遷延するときは大に人心に関係する事不少、依て斷然著手の用意[7]」をさだめ、そのためにはあえて藩當局との對立をも辭せなかった。

長藩首脳部は、脱隊騒動について妥協的であり、同情的でさえあった。その一人杉孫七郎は「余倩今日之形を想察するに元より脱隊の驕恣暴令不得不罰撃、雖然其元因を推考するときは大に誘導の道を欽く事不少、故に眞心多く人を殺すを不欲、又罪魁の姓名不知もの多し」と木戸に主張、木戸は「此事を聞心甚不楽[8]」、この藩の態度にたいして、「當艱難日ては言行れ謀用らるる事十に五六、一時無事に歸するときは十に一二も不得、如此獨爲國家に不堪浩歎也[9]」と不滿をぶちまけた。この木戸と藩と脱隊兵士の關係は、木戸が絶對主義官僚としての意識——「自分も今日は朝臣、決而藩へ頓着は無之[10]」との原則——にもとづいているのにたいし、下士—郷士的反對派としての脱隊兵士の主張および士族に共通の利害をつうじての藩當局のこれへの共感が生み出した矛盾であった。この「朝臣」意識は、木戸のみならず、「たとひ舊藩之論といへとも不條理之筋あれは敢て顧みるに足らす、只今日は朝廷上之御體裁相立後に斷然やるの赤心[11]」と斷言するとき、大久保もまたおなじ意識にたっていた。

熊本藩舊尊攘派の彈壓　脱隊騒動の鎮壓をさかいに、政府と反政府士族との闘争は公然化した。政府は、脱隊騒動における「脱敗卒」の行方をたどって追撃を開始した。脱隊騒動が倒幕諸藩の中心、現政權が依據する軍事力の内部からふきあがった抵抗ののろしであっただけに、下士―郷士的反對派にとっては大きな刺戟となった。第二、第三の脱隊騒動が、全國的な規模で展開する可能性がうまれてきた。しかし、同時に、そうした情勢は、抽象的な理念による結合として――攘夷運動として――わい小化され、下士―郷士的反對派の色彩をますます濃厚にしていく傾向をみせた。

そうした傾向は、「脱敗卒」の行方を追いながら木戸の眼にとらえられた久留米・熊本兩藩に強くあらわれていた。これらの藩、たとえば熊本藩の尊攘派は倒幕運動から決定的にたちおくれていた。かれらは尊攘主義者であったが、倒幕運動の目標や新政權の性格について何ら理解するところがなかった。新政權が成立したとき、その權力に參畫したのは、觀念的勤王家であるかれらではなく、かれらが裏切者・變節者・賣國奴として仇敵視していた横井小楠――かれは安政期に攘夷論を拋棄していらい肥後藩尊攘派と決定的に袂をわかった――であった。横井が新政權の參與となり、その派の武士層が次第に中央政府に登用されるのを見たとき、熊本藩尊攘派下士層は、新政權が自己の利益と決定的に對立する存在であることを知った。だから、政府の最左翼横井が刃兇にたおれたとき、その死に何よりも拍手をおくったのはかれらであったし、その暗殺者を愛國者として救うために政府彈正臺と通じて僞作「天道覺明論」をもって横井の反心の證なりとフレーム・アップをこころみたのもかれらであった。

熊本藩尊攘派下士層は、當時、轟木武兵衛、河上彦齋、加屋霽堅、木村弦雄、古荘嘉門、山田信道らにひきいられていた。かれらは、河上が鶴崎兵隊長、加屋が藩錄事、木村が鶴崎有終館常備隊指揮士、古荘は鶴崎詰の地位にあり、轟木・山田はともに中央政府における反動の巣窟、彈正臺に屬し、轟木は大忠、山田は小忠に任じた。これらの地位からも理解されるように、かれらは、藩内の権力者である守舊派――學校黨、これにたいし尊攘派は敬神黨（神風連）と呼ばれ、実學黨と三派鼎立した――からは敬して遠ざけられ、藩府から僻遠の地の兵隊の指揮者としてひとまとめにされ、中央にたいしては尊攘派の最大の牙城彈正臺に足掛りをもっていた。横井・大村の暗殺事件にひきつずく脱隊騒動ののち、政府が尊攘派下士―郷士的反對派一掃の決意を米・熊両藩にむけたのも、それが倒幕運動に直結することなく倒幕の成果が藩内尊攘派の獨自性の強化というかたちで軍事力に結集され、反政府闘争の據點としての役割をはたしていた理由による。

木戸は、すでに早い時期に、「轟とか申候仁（武兵衛――大江）も……被面向長州など申候處と浮浪などへ説候處とは雲泥之相違に而[12]」とか、「鶴崎は肥後之攘夷連と浮浪相合し、一説に河上顯（?）齋なども屯居いたし居候由[13]」と、警戒の眼をむけていたが、「即今攘夷論などの議も甚增長……其根元は尤久留米と肥後二藩に而煽動いたし、平田学連なども相加はり、其餘は迂遠之浮浪指揮せられ候事に被相察申候……久留米・肥後二藩尤巨魁と相見申候、些是等之大罪は鳴らし度ものに而御座候[14]」と彈壓の好機をねらうにいたった。その好機は、「脱敗卒」大楽源太郎が両藩に再擧の據點をもとめたときにもとめられた。

尊攘派下士―郷士的反對派一掃のための着手は、まず熊本藩からはじめられた。六九年（明治二）春いらい、「右京大夫（細川氏世子・護久――大江）左京亮（長岡護美――大江）を重におし立薩長と合し朝廷へ盡し内輪之賊徒を押込んとする之策も有之候由、長岡監物と申仁之子息に而米田寅之助と申家老は随分人物に而曾而大久保一蔵どもとも相交り候事有之、昨年來も重に彼一人の盡力に而御座候、此度薩長と合する周旋之爲薩に罷越居候由[15]」と大久保・木戸ラインによる藩政掌握のための工作がすすめられていた。翌年五月にいたって、「是非々々君上丈けは速に抜取り異議に及はゝ屹と覺悟之筋有之[16]」という固い決意のもとに、知藩事韶邦の隱居、世子護久の知藩事就任、長岡護美の大參事就任による親中央の政權樹立のクーデターが斷行された。このクーデターによって成立した新藩政權は、大久保に直結した實學黨長岡派を最高首腦——知藩事護久・大參事護美・權大參事米田虎之助はいずれも門閥の長岡派であり米田は長岡監物の子である——とし、それに實學黨中立派から權大參事津田信弘、横井派から權大參事補安場保和・權少參事太田黒惟信・權少參事補山田武甫をむかえた實學黨各派の連立政權であった。

クーデターによって學校黨政權をてんぷくした實學黨各派連立政權は、ただちに尊攘派下士層にたいする對策の手をうった。七月には、その本據である「鶴崎之兵隊は先達て御解放に相成候事[17]」と組織を解体した。こうした強硬政策は、さすがの木戸をして「肥後藩此度之改革等不平よりして脱走仕候もの……米田なども此際決而油断不相成……逐々脱走人又は大楽等へ相通し候もの有之、始終肥後之事も世上には累卵の如く相聞へ不穏候[18]」と危惧の念をいだかせたが、改革派藩政權はこうした危惧をのりこえ、大久保との綿密な連繫のもとに、大楽源太郎一派との通謀を理由に河上彦齋以下の舊鶴崎兵隊所屬の一派の逮捕、さらに愛宕卿らの攘夷事件をきっかけに山田信道ら中央政府内の一派の彈壓、同時に久留米藩彈壓などの一連の下士—鄉士的反對派彈壓に積極的に介入、みごとに中央の期待にこたえたのであった。

舊尊攘派の一掃　この大久保を中心とする中央政府の反對派彈壓は、「一時に御處置無之候而ハ如何成變を引候も難圖、今日之處にて若彼等に先を被取候而は朝權も不相立、是迄之事も水泡と相成事候間、手を出し候以上は迅雷不可掩耳之御處斷に無之而は不相濟事[19]」との大久保の決意表明からも察せられるように、七一年（明治四）三月七日「米藩處置御評議有之」、八日「山縣宍戸岩公亭へ集會米藩處置之事相談す、城内警衛向其外御門ニ兵隊繰替等兵部に而受合、秋田藩探索宍戸受合、明後十日御發之筋に決す」、一〇日「久留米藩知事權大參事吉田等之糺彈に付兵部刑部彈臺御呼出御評議有之、退出より熊本邸へ參米田安場へ探索云々之事を談す、彈臺へ出席、久留米知事御勘問吉田紀彈聽聞す」、一二日「今日愛宕従四位始め中島某等不容易儀相巧み、斷然着手之處相決」、一三日「着手之順序書等御談有之、猶府へ一封を以相進置候」、一四日「今日愛宕始府へ入手……今日熊本藩官員免職相運候」[20]と、いもづる式に總檢擧の手をうった。

この彈壓の成功に、三月八日「熊本藩知事米田安場同道入來」、一〇日「熊本邸へ參米田安場へ探索云々之事を談す」、一二日「安場子西郷子入來……退出後安場子入來」、一六日「今朝安場子入來」、一八日「安場子入來」、二三日「安場面會佐伯之事承る」、二五日「安場子面會猶秋田藩云々之事を談す」、二八日「今早朝安場子佐伯一條云々承ル且長沼彈臺云々之事も有之……米田虎雄子入來佐伯猶拷問一層嚴重にいたし昨日調相成候處彌白狀明日何事も可及言上との事に候由、長沼云々之事承候」[21]と、自藩内反對派彈壓の餘勢をかって一擧に全國的彈壓體制に介入、連日のように大久保と密接な連繫をとって情報を提供・捜査に協力した熊本藩改革派政權の首腦部の動きがあずかって力あった。そのけっか、ついに、大久保によって「熊藩の處も別而都合能機密の御用筋被仰付、十分一藩丈の處は相勤可申と感載の樣子」[22]木戸によって「諸藩も段々其より奮發、肥後などは尤盡力」[23]と、評價をうけるにいたった。

熊本藩の親政府派のクーデター成功をきっかけとする一連の下士―郷士的反對派の反政府陰謀の彈壓成功によって、中央政府は、倒幕戰爭の犧牲に供されることもなく、また倒幕運動に積極的に參加しなかったために、政府にたいして消極的獨自性をたもつことができ、そのために反政府鬪爭の軍事力を組織する絶好の培養基となっていた面従復背的諸藩に打擊をくわえることによって、一擧に反政府派結集の核を粉砕した。

内戰によって東北諸藩において幕藩領主制もろとも武士團の組織的抵抗の可能性をてってい的にうちやぶり、山口藩では脱隊騷動鎭壓によって下士―郷士的反對派形成への傾向を阻止し、日和見諸藩における同樣の傾向を一擧に彈壓した政府は、結局、それぞれの條件にしたがって、士族層の下士―郷士的反對派への傾向を各個擊破したのであった。山口藩をのぞく舊倒幕諸藩——鹿児島および高知——では、この政策は藩政改革としておしすすめられた。

(1) 原口清「長州藩諸隊の叛亂——天皇制軍隊の成立過程におけるその意義について——」(明治史料研究連絡会編『明治政権の確立過程』所收)、關順也『藩政改革と明治維新』第五章第一節、田中彰「明治絶對主義政權成立の一過程」(歴史評論七五)の各論文參照

(2) 『奇兵隊日記』第四—二七〇頁

(3) 前掲『大久保文書』第三—一六二頁

(4) 『奇兵隊日記』第四—二六七頁

(5) 前掲『木戸日記』第一—三一九頁

(6) 同書・第一—三二一頁

(7) 同書・第一—三二四頁

(8) 同書・第一—三二八頁

(9) 同書・第一—三五四頁

(10) 前掲『木戸文書』第四—一二八頁

(11) 前掲『大久保文書』第四—六五頁

(12) 前掲『木戸文書』第三—二九五頁

(13) 同書・第三—四三五頁

(14) 同書・第三—二八二頁

(15) 同書・第三—三五六頁

(16) 『改訂肥後藩國事資料』第九巻・七八四頁

(17) 『楳溪津田先生傳纂』四六頁

(18) 前掲『木戸文書』第四―一六〇頁
(19) 前掲『大久保文書』第四―二三六頁
(20) 前掲『大久保日記』下―一五七頁以降
(21) 同書・下―一五七頁以降
(22) 前掲『大久保文書』第四―二二六頁
(23) 前掲『木戸文書』第四―二〇〇頁

二　征韓論破裂への道

§一　西郷體制と板垣體制

兵隊處理の問題　絶對主義的中央集權への道は、第一段階として、倒幕戰爭によってきりひらかれた。それは、形式的には、薩長兩藩を中心とする倒幕諸藩と會津を中心とする東北諸藩の抗爭であったが、實質的には、二重のいみで、幕藩領主制を一掃するための鬪爭であった。第一に、幕藩領主制の維持を固守しようとこころみた諸藩にふたたびたつことのできない打擊をくわえ、同時にそこでの武士階級の組織を破壞することによって、第二に、この戰爭に勝利をおさめた諸藩の「兵隊」が藩權力の實質的支配者となることによって領主體制を無力化することによって。

したがって、絶對主義的中央集權のまえにたちはだかる第二段階の課題は、藩という形式をとった自立的な權力、すでに「尾大の弊」におちいっている藩單位の軍事權力、尊攘運動以來の變革をささえてきた組織化された觀念と結集された軍事的エネルギーから、その自立性を奪いさり、統一權力のもとにそれを集中することであった。この課題をはたす過程は、長州藩では、もっとも尖鋭で底の深い矛盾が一擧にばくはつしたかたちで、脱隊騒動となってあらわれた。倒幕戦争から大きな被害をうけることもなく、倒幕戦争に積極的な動きをみせることもなかった若干の大藩においては、この課題は、わい小化されたかたちで、中央政府の組織したクーデターあるいは中央政府の强壓による改革というかたちをとってはたされた。しかし、長州藩とならんで倒幕戰争の中核となった薩摩藩と土佐藩では事情は若干ことなっていた。そこでは藩の支配者は中央政府の成立をささえてきた「兵隊」であり、かれらは自らの利益代表として中央政府を支配しようとする「尾大の弊」をなしていた。これとどうとりくむかは新政府のもっとも困難な課題のひとつであった。

長藩が元治の内亂をへて倒幕運動にたちあがったことは、維新後の山口藩の課題を單純化した。諸隊を支配することが山口藩を支配するものとして、脱隊騒動がその解決のみちとして、えらばれた。しかし、鹿兒島藩や高知藩ではそうでなかった。

鹿兒島藩の改革　鹿兒島藩では、まず、内戰勝利の餘勢をかって、その力は當面幕藩領主制にむけられなければならなかった。それは、早くも、六九年（明治二）、凱旋将士による「不拘貴賤登庸の儀當然に付、門閥を廢し可然旨」[1)]の要求となってあらわれた。倒幕軍事體制をそのまま藩にぶつっけることによって、鹿兒島藩は、「兵隊之處置其中を以弛張いたし候次第、甚込入候、不知々々其大患とする處之弊に陥り候而は誠に朝廷之御爲不可言大害たるは不及言[2)]」、「一旦之事とも被存不申候、輕易には御變革六かしからんと大に奉案候[3)]」と、大久保を苦慮させるにいたった。

この苦慮は、六九年（明治二）の大久保歸藩による藩政改革となった。改革は、しかし、軍事改革中心におこなわれた。「この度の藩制改革後は、各私領地の統治權を取り上げて、從來の直轄地と言はず、私領地と言はず、新に選抜した専任の地頭を据え、各地士分の多寡に應じて大小の常備隊を組織せしめ、地頭をして之を統轄せしめ、司法も、行政も軍隊で行うことになり、郷邑の役場を軍務方と稱へ、まるで戰時狀態であった」[4]といわれたように、藩主の支配下に組織されていた機構を解體し、知行地を事實上の郷士的な土地所有に轉化し、その基盤のうえにたって騎士團的な軍事體制を確立していこうとするものであった。その點でいえば、本來、絶對主義中央政府が當面の打撃目標としたもの、木戸―大久保のラインに対立するものへのいちじるしい妥協であった。この妥協が大久保の意圖したものであったか、やむをえぬものであったかは明らかでない。ただ、かれが「機會を失候得は如此六ヵ舗相成候」、「就中固陋偏僻之国情無致方」と、抵抗の大いさに手を焼きながらも、「此上之処は何も差支無御坐定算通には成功可仕と先半安心仕候」と一應の目途がつき[5]、それが大久保―西郷のかたちで實現したのは、このさいとりあえず「尾大の弊」を藩廳に集約し支配することを當面の目標とし、それを支配者たる西郷を媒介として中央の統制下におくということで妥協せねばならなかったからであろう。

鹿兒島藩の改革は、何よりもまず、騎士團的軍事體制の確立として、そしてその頂點にたつものとしての西郷の支配として成立した。それが西郷の支配として成立したかぎりでは、なお中央政府の統制下にたつものでありながら――そのいみで「尾大の弊」の妥協的解消であったが――、その支配體制は維新絶對主義と矛盾する下士―郷士的反對派コースの成立であった。倒幕諸藩の中核のひとつであった鹿兒島藩でこのコースが優位をしめたことは、倒幕運動が内包する矛盾を露呈したものであったが、中央政府のがわからこれにたいして妥協がおこなわれたのも、また、何といっても倒幕派雄藩が現實の權力をささえる力のうらづけであったことによる。しかし、この騎士團的軍事體制が、同時に、鹿兒島城下町の歩兵四大隊・砲兵二大隊のほかに外城の常備兵一七大隊・予備隊二〇大隊・大砲隊九座一分隊という壓倒的な大軍事王國として、その軍事力を基礎づける社會體制として出現したことは、何よりも新政府のまえにたちふさがる最大の勢力の存在をゆるすことになった。

このような體制の經濟的基盤となったものは、鹿兒島藩武士階級の土地所有形態であった。舊薩藩における封建的土地所有形態は、すべて家祿を土地をもって給与し、藏米取りとしての形態はなかったが、この給与形態に三種あり、士族が租税徵集權をもつ「門高」――一般の知行と同じであり、領有と呼ばれるものの經濟的內容である――、士族が所有權つまり領有・占有の兩權ともをもつ「抱地高」および「浮免高」の三種であった。このうち後二者は、いわゆる鄉士的な土地所有であり、六九年の改革によって、一門・門閥・城下士族の削祿および舊陪臣の直轄化がおこなわれたが、祿制そのものに手をふれることはなく、外城士族の所有については却て逆に賣買の自由を制限することによって所有の安定化をはかった。こうして、士族の鄉士化がおこなわれ、これら外城士族はさらに各鄉毎の共同所有「協力高」によって團結を維持し、この所有者集團による支配體制がそのまま軍事體制として編成され――軍務方制――、それを地頭を媒介として藩廳――その支配者西鄉――にむすびつけるかたちで、農奴主的支配、鄉士的所有、騎士團的軍事體制とでも名づけられるような極反動的な體制をきずきあげた。それは幕藩領主制を止揚するもっとも反動的なコースであり、維新絶對主義がめざした方向とは對立するコースであった。にもかかわらず、これに對抗するコースは藩內で現實の力として存在しなかったところにのちの西鄉の悲劇が生れた。

このような西鄉軍事王國の存在は、まもなく、他からの痛烈な批判のまとにならねばならなかったし、逆に政府の攻擊のまえに壞滅的打擊をこうむりつつあった下士―鄉士的反對派のあらたな結集のより所となっていった。山口藩の脫隊騷動にあたって、西鄉の乗込みが脫隊兵士への同情的調停者としての役割をはたすのではないかと警戒した木戸は、その征韓論を西鄉的體制の成立を阻止するために主張したからこそ横山事件をひきおこしたのであった。その横山事件について、大久保が「横山伺之事一般之論も隨分有之趣追々承申候、就而は速に御沙汰御趣意判然貫徹仕候様有御坐度[6]」と主張したとき、木戸は、「大久保なども……自分も今日は朝臣決而藩へ頓着は無之と申候而も自然藩論に叶候様にとは成勝に御座候而、横山集議院へ出せし上書に基き候次第に而已に懸念至極之次第は[7]」云々と、露骨に大久保の藩にたいする妥協を批判した。

脱隊騒動以後、木戸は大久保にあてても、鹿児島藩にたいする疑惑をかくそうとはしなかった。七〇年（明治三）一一月、大久保にあて、「其上筑肥豊など之間に而は御舊藩之事とも〻種々意外之風説いたし、随而其謬聞に迷ひ無頼不平之徒も自然と落合、益九州邊も痩痺爲其に逐々舊藩より着手いたし候得とも今以更に其所詮無御坐[8]」と書きおくった。この前後、木戸の關心が鹿児島に集中していたことは、そのころの日記[9]に、「薩州邊の近情實説を聞く、實に浩歎之事而巳」、「近來西隅不尋常の説紛々起り憂世の士大に浩歎する所也」、「西隅の情を論じ御動揺に至らざる様に愚意を陳述す」、「西國の近情を聞、天下の事實不如意十に八九薩州などの如き今日の情實實に爲天下に可歎也」等の記述がおこなわれていることからもうかがわれる。にもかかわらず、「自然藩論に叶候様に」行動する大久保の妥協以外のどんな方法もとられなかった。政府は、ひとつの、もっとも有力な例外をもうけることによって、絶對主義中央集權のために支拂うべき代價をみずからつりあげていったのである。土地所有にかんしては、「封建制の極北」といわれた薩摩において、農民のがわにたつことを第一義的に排除するかぎり、現實的な政策はこれ以外に選択の餘地がなかった。それが、維新絶對主義のコースと對立するとき、そのときはそのときの話であった。大久保は、ともかくも、それが大久保―西郷の線としてつなぎとめられるかぎりにおいて満足しなければならなかった。維新絶對主義が第一義的に反革命であることの表現であった。

高知藩の改革

鹿児島藩における西郷體制の成立は、その内容はちがっても、高知藩における板垣體制の確立として進行した。ちょうど山口藩脱隊騒動の鎮壓が木戸體制の成立として結果したのと同様であった。

この時期の高知藩の情勢については、後藤靖氏の「反民權論とその基盤——土佐古勤王黨の分析——」[10]によるすぐれた考察があるので、これを援用するにとどめたい。木戸がその日記[11]に「四國邊小藩攘夷論を主張するの弊あり」、「土佐國情過日來の云々漸鎮定すると雖も未至無事、依て兩氏（後藤象二郎・板垣退助——大江）此度歸國せり」と記し、「四國邊攘夷説頻々被相行候歟之様子是等も速に其元因へ御着手無之而は實に支那之覆轍とも相成申候[12]」と危惧を表明したのは、七〇年（明治三）七月から九月にかけての時期であった。ちょうど、この危惧の對象となった高知藩首唱の四國會議＝金陵會議にたいし、中央政府が解散命令を發し（八月一日）、その後の事態処理のために後藤・板垣が急據歸藩するという情勢にあった。

高知藩における改革は、二段階をへておこなわれた。六九年（明治二）、七〇年（明治三）の二度にわたる改革の指導者はいずれも板垣であった。六九年改革は[13]、削祿および知行地の廢止としておこなわれた。それは、ちょうど、鹿児島の西郷改革と逆の方針であり、個別的な領有權を藩に集中するとともに、その基礎にたった私的兵制をも廢止し、士格陪臣はすべて藩の直轄とされ、城下町定住を要求されるにいたった。これらの改革は、幕藩領主體制への打撃をねらったものであったが、同時に、いまひとつの體制、鄕士制度にもむけられる刃となった。この鄕士層は、改革の當事者である後藤・板垣に代表される維新政府をつくりあげるために「藩政主流派と、かつて連合しながら、討幕に身命をささげた履歴」の所有者であった。改革派政權は、鄕士層の「領知」をも高一五石五斗までにかぎって手取四分の藏米支給にかえ、これをこえる分は「二分取新田」とされた。鄕士的土地所有は、それが一方において領有であり、他方において同時に占有であることによって私的所有として確立する可能性をもつのであるが、兩者が分離され、領有は「御藏知行」に轉化されることによって、領主階級は寄生的階級に轉化される。この改革は、知行地の收奪と家臣団の集中化によって、下士―郷士的反對派の經濟的基盤の形成をいちはやく阻止した。しかし、同時に、「此の削祿は新に戰功を立てたる者へ賞與するの目的」をもっていたために、守舊派士族と倒幕運動に結集した尊攘派および「兵隊」士族との間のくさびとしての役割をもはたした。

六九年改革による中央政府――木戸・大久保コース――の方針の積極的な推進にたいして、守舊派士族、および「兵隊」―郷士的反對派のふたつの方向からの抵抗が生れた。この後者の抵抗が、軍務局を中心とする反対派――指導者谷干城・片岡健吉ら――であり、四國會議形成の方針はこの反對派によっておしすすめられた。この反對派は、中央政府――改革派藩政府に對抗し、四國割據の體制をとり、そのもとで行政官僚にたいする「兵隊」の抵抗という形態をとりながらも、實質的には西郷が鹿兒島に實現したものを高知に實現しようとこころみた。七〇年改革が、こうした動きにたいし、四國會議の解散から出發して反對派を抑壓する方針をとりながらも、なお改革の指導者板垣をして、「我土佐の改革の如きは武人の首唱に成りたるものにして他藩の如く文官儒士の誘導に依て改革したるにあらさるなり。當時他藩の武官輩は多く頑固の説を主張したりと雖も、我土佐は文官の輩却て因循姑息」[14]といわせた理由は、充分に根據あることであった。

七〇年改革は、「兵隊」と郷士層から成る反對派の動きにくさびをうちこむものとしておこなわれた。それは、郷士的土地所有への道をはばんだ前年の改革のあとをうけて、「家産法」＝祿券法を制定し、「兵隊」士族の收入を資產化し、動產化する方法によってであった。「家產法」は、「其券ヲ割キ売買スルヲ許ス。且漸年ヲ以政府ヘ其券ヲ當相場ニテ買上ヘキ事」[15]と規定されたように、形式化された領有權の有償廢止のための有價證券化であった。これは郷士的土地所有の方向とは本質的にことなる。というのは、郷士的土地所有の形成＝歸田法的コースが武士階級をそのまま他階級に轉化する、階級としての士族の形成のコースであったのにたいし、家産法＝祿券法のコースは武士階級を解體して有産者集團化し、有産者集團の分解をつうじて他階級のなかに解消するコースであったからであり、そのかぎりにおいて、幕藩領主的土地所有の私的所有への轉化とは質的にことなった幕藩領主的土地所有の有償廢止のコースであると考えられるべきである。

この改革によって、郷士的反對派は「兵隊」士族からきりはなされ、「兵隊」士族は板垣のもとにたぐりよせられ、板垣體制が成立した。もちろん、この鹿児島とちがって、高知でこの改革が實現できた最大の理由は、農民一揆の力にあったと考えられる。前記後藤氏の所論によれば、七〇年（明治三）三月から四月にかけて郷士制度の據點幡多郡一帯に貢租輕減・「永代田畑買戻し」を要求して組織された一揆は、「いいうべくんば、かつて自己の希望を託した郷士＝討幕派に對する痛烈な批判として位置づけ」られるものであった。「かかる農民闘争が討幕派の解體を促進させたことはいうまでもない」と結論づけられるとき、高知藩で郷士的反對派が孤立し、わい小化された反動グループ「古勤王黨」となり、これから分離した「解兵の徒」（のちの立志社）と守舊派士族＝「静倹社」に三派分立し、ともかくも、當面、「解兵の徒」士族が板垣政權の統制下に板垣體制をきずいた過程を理解することができるのである。

この板垣の改革は、士族解體方針に關するかぎり、木戸と似ていた。木戸もまた、領有の有償廢止――祿券法コース――の構想をたてたが、しかし山口藩のばあい、元治の内亂と脱隊騒動と二度の武力闘争をつうじて、士族の反絶對主義中央集権の政治勢力化の可能性を萠芽のうちにつみとったことに、もっとも中央政府に忠實な體制確立に成功した根據があった。

三藩改革と廢藩置縣　山口・高知・鹿児島の三雄藩において成立したそれぞれの體制のちがいは一體どこにあったのであろうか。鹿児島における西郷體制の確立――中央政府の大巾な譲歩――の背景に、そうした體制への方向をゆりうごかし破滅へと追いこんでいく農民層のはげしい抵抗がなかったという點が、指摘されるのではないか。それと對照的に、高知藩では、西郷的體制への方向が、いち早く農民の抵抗によって阻止され、郷士反對派グループは孤立化され、これとわかれた「解兵の徒」士族はいやおうなしに領有の有償廢止という方向に追いやられることによってその階級としての存在を否定せざるをえなくなったことが指摘される。この板垣體制として成立した士族グループが、なおその士族軍隊としての生存に望みをかけるかぎりにおいて征韓論で西郷と行動をともにしながらも、そこから出發した反政府闘争において、階級としての士族の利益を主張する西郷體制とわかれ、インテリゲンチャ集團として立志社—民權運動への方向をすすむのもすでにこの改革によって運命づけられたということができよう。板垣が「武人の改革」と誇らかに宣言する根據には、それだけのものがこめられていたのである。山口藩においては、まず諸隊をもって守舊派士族層の政治勢力としての存在をたたき(元治の内亂)、つづいて脱隊騷動によって郷士的反對派形成の方向をたたき、そのうえで中央政府にもっとも柔順な木戸體制をきずきあげた。反對派のただひとつの可能性は、農民を組織し、反絶對主義反封建闘争を組織することであったが、そしてまた農民のはげしい闘争が脱隊騷動をうけてたったにもかかわらず、こうした方向で反政府勢力が結集する段階にまですすんでいず、そのために一擧に粉碎された。

この三藩三様の體制の成立が、七一年(明治四)以後、士族反亂の最大の據點を形成した鹿兒島、自由民權運動の據點となっていった高知、無爲に自己否定をもって政府の統制に忠實な山口の、ちがいを生んだのである。

七〇年(明治三)末、大久保は帰藩し、西郷を説いて翌年二月、大久保・西郷はあいたずさえて山口にいたり、さらに木戸を同道の上高知にいたり、四人そろって上京した。こうして鹿兒島・山口・高知三藩はその事實上の支配者西郷・木戸・板垣三人の上京によって中央政府と結びついた。六月、内閣の更迭がおこなわれて形式的には西郷・木戸の連立政權——大久保・木戸・西郷・板垣連合——が成立、三藩親兵一万の武力を背景に廢藩置縣が斷行された。

もはや、版籍奉還のときのように藩主建白の形式をふむ策を必要としなかった。また王政復古クーデターのようにのちの「尾大の弊」の原因をつくるおそれもなかった。というのは、いまや、鹿児島藩は島津藩でなく西郷藩であり、高知藩は山内藩でなく板垣藩であり、（この二人は形式上も各藩の大參事であった）、山口藩も毛利藩でなく木戸藩であった。また三藩親兵もまた、藩・長・土藩兵でなく、西郷・木戸・板垣軍であった。

廢藩置縣により、政府は、一片の指令により、形式化した領主權を買いとった。買い取りは二重支拂によっておこなわれた。すなわち、藩債處分と家祿の保證によって。破産に瀕した財政をかかえこんだ藩は、その一年分の租稅收入に相當する藩債を政府に肩がわりした。政府は、廢藩の代價を、まずその債權者たる特權商人に支拂った。しかも、政府は、その債務者たる破産者にたいしてもひとしく廢藩の代價を、家祿として、支拂った。廢藩によって、特權商人はその債權を回復し、領主・武士階級はその藩經營のバランス・シートを債務ゼロに修正して政府にうりつけた。その一切の負擔は土地所有農民に轉嫁された。これが、維新絶對主義の決算表の帳尻であった。家祿は秩祿處分によって最終的に動産化され、貨幣元本化された。華族および上層武士は有産者集團化され、その元本をもって、地主的土地所有者化し[16]、または金利生活者化した。かれらは、こうして、みごとに、幕藩體制の支配階級から轉身して、維新絶對主義の支配階級への割込みに成功した。これが幕藩體制下の支配階級による幕藩體制打倒の論理のひとつの歸結であった。

(1)　『大西郷全集』第二―四二一頁以下の島津久光書簡
(2)　前掲『大久保文書』第二―四九一頁
(3)　同書・第三―四頁
(4)　『大西郷全集』第三・傳記―六四七頁

(5) 前掲『大久保文書』第三—一一〇頁
(6) 同書・第三—五五四頁
(7) 前掲『木戸文書』第四—一二八頁
(8) 同書・第四—一五〇頁
(9) 前掲『木戸日記』第一—四〇〇—四一〇頁
(10) 立命館經濟學・第五巻六號、第六巻一號・二號所收
(11) 前掲『木戸日記』第一—三七六—三九三頁
(12) 前掲『木戸文書』第四—九六頁
(13) 六九年改革については、後藤靖前掲論文による。
(14) 『明治政史』第三篇・前掲書九一頁
(15) 『明治前期財政經濟史料集成』第八巻、三四一頁
(16) 丹羽邦男氏によれば一〇萬石以上の舊大名家のうち、寄生地主に轉化をとげたものは、九州八家中七氏、四國五家中四氏、山陽六家中四氏、東北六家中五氏となっている（丹羽邦男「地租改正」——歴史學研究會編『歴史と現代』一四五頁——）。

§二　大久保獨裁への道

木戸の對農民・士族政策

廢藩置縣をおこなうにあたって大久保・西郷・木戸・板垣連合が成立したものの、この連合はじつは同床異夢の連合であった。西郷が「三藩の内より一人主宰を立、皆此人之手足と相成十分使はれ候」[1)]體制として西郷・木戸連立政権の成立をもたらしたとき、西郷の目標はむしろ中央政權の改革にむけられていた。かれは、政府にたいしては鹿児島藩の西郷體制の代表として、鹿児島藩の郷士的反對派の利益代表として活動することを「隊中と相約」していたし、かれの上京によって、「俗吏も余程落膽いたし濡鼠の如く相成候」と鹿児島

の同志に報告するほどに[2]、公然と「俗吏」＝絶對主義官僚として主として大藏省に依據する大隈重信・井上馨らを直接の攻擊對象とすることによって、じつはその背後にある大久保・木戸コースに對決することを目標とした。

しかも、その大久保・木戸といえども、次第に、見とおしと政策について微妙な食いちがいの巾をひろげつつあった。横山諫死事件をめぐる木戸と大久保の態度のちがいは、この二人の情勢判斷のちがいをまざまざとしめすものであった。それは、ひと口でいえば、尊攘―倒幕運動の解體が生み出した新政權の前にたちふさがる主要な敵を、木戸は終始「攘夷論者」「浮浪」という表現をもってしめし、大久保は「草莽」というとらえ方をしたそのちがいであった。このとらえ方のちがいは、絶對主義確立への道における各政策において、兩者のアクセントのちがいをしめすものでもあった。

山口藩においてしめされた木戸の政策は、脱隊騷動において、倒幕運動の下士官・兵であった下士―郷士的反對派を、おなじく倒幕運動をささえてきた豪農層から切りはなし、したがってこの反對派が端緒的にはしめした農民闘爭との結合の可能性を奪いさるものとして、極反動化した運動へと追いこんでいった。こうした政策の豪農層にむけられたのが山口縣における地租改正の早期實施と、その結果としての大巾減租であった。この地租改正が「地租改正の原則や方式に反對するよりも、公稱收穫高を實收高よりも出來るだけ低くすることによって、その目的を貫かんとしたもの[3]」と呼ばれたことは、まさに、それが山口縣の特殊な條件下でのみ實現可能なことをしめしていたものであり、しかも減租のための抵抗が林勇藏らの「老農」、倒幕から脱隊騷動にいたる過程での木戸たちの同盟者からおこなわれ、「士族反亂にそなえて、農民層を把握していかねばならなかった絶對主義初期の讓歩[4]」と評價されるところに、藩出身の中央における最高首腦者木戸・その手足として活躍した大藏官僚井上馨・山口縣令中野悟一・老農林勇藏を一本につらぬく線と、そのそれぞれの立場から出た矛盾の對立をともかくもひとつの妥協としてまとめあげた共通の目的の所在がうかがわれる。

この地租改正にあたって、木戸や井上が、かならずしも本意でない譲歩をおこなったのであるとしても、それは大した問題でない。むしろ、舊長藩である山口縣における條件を前提とし、しかも地租改正の原則や方式にまったく手をふれることなしに、まったく舊藩的な規模のなかだけで妥協の道をさがしもとめていった林勇蔵らの方向のなかに、藩出身中央官僚が局部的譲歩のかなたに開けている自己の坦々たる大道をみとおすことができたこと、このことがここでは問題なのである。

林勇蔵らの豪農層は地租改正に直面したとき、それを山口縣という局地的條件の中だけでとらえた。そして、それを、木戸・井上・中野・林という線をつうじての局地的解決の問題としてしまって、地租條例という全國的な原則や方式との關連をたち切ってしまった。それは、一方において、山口縣の豪農層の特權意識のあらわれと見ることもできるが、そうであるとしても、その特權意識の基礎となったのは、これらの豪農層がなお地方的利害のわくを越えることのなかった政治的視野の限界によるものであった。この限界は、同時に木戸らをして、局地的譲歩によって「分割し統治」することの可能性について考えさせた——木戸の「建國の大法はデスポチック」[5]という主張と分權主義との統一把握の可能性——。木戸は分割支配によって豪農層を引きよせ、そのために政治的結集の核を失った農民の一揆的闘争にたいしては、これを士族の闘争と區別して愼重に處理すべきことを考えた。[6]これが木戸の「開明主義」の實體であり、山口縣の地租改正をつらぬく本質であった。

したがって、この地租改正が、中央官僚と林らの「とりひき」としておこなわれたことにより、何よりもまず、農民の不滿が「とりひき」の事實にむけられる可能性があった。『中外評論』にかかげられた山口縣の下敷村の惣代がこれらの妥協の線をつうずることなく、直接に地租改正事務局に歎願した事件はその一例である。この歎願によれば、「地租改正仰セ出サレ候ニ付テハ必定實際御點檢ノ上御公布ノ通リ至當ノ改租御施行相成ルヘクト村民一統御仁政ノ程篤ク奉戴仕リ御着手ノ時日待チ上ケ奉リ候處豈圖ンヤ實際ノ收穫御見据モ之レ無ク且田畑池沼澤水難場等ノ部分實地ノ御檢査モ之レナクシテ同年十一月貢租上納ノ頃ニ至リ突然御改租濟ノ趣仰渡サレ候ニ付御改租濟ノ御帳簿ヲ以テ實地取調候得ハ土地ノ伸縮コレ有ルノミナラス目今畠作ノ地モ田地ト之レ有リ……御帳簿上ト實地トハ眞ニ庭徑ノ差アルニ付村民均ク前途ノ目的ヲ失ヒ且タ糊口窮迫シ實ニ困難苦慮仕候……何卒格外ノ御愍心ヲ以テ改租御規則ノ通リ御施行相成先ツ御改濟マテハ旧慣ヲ以テ貢租御取立相成候樣[7]」（傍點―大江）と、林勇藏らのコースに眞向から反對している。結局、木戸らの讓歩は農民にたいする讓歩でなく、豪農にたいする讓歩、したがって本質的には木戸らのコースをつらぬくものであったことがよくわかる。

　この木戸の見とおしは、その士族の處理についての方針にもあらわれている。木戸は、何よりも西郷的體制の成立にはげしい敵意をもっていた。その萠芽ともいうべき脱隊騷動への一撃ののち、木戸は、「今日の急務天下士族舊來の祿食を裁減し以て新兵を養ふに在り、然れとも舊來の祿食を裁減するは情に於て忍ふ可らさる者あれとも、之を天地の公道に本つけ之も今日の當務に決すれば必ず然らさるを得す、必す已む可からさるの理なり[8]」と、士族の犧牲において新軍事制度の確立を立張した。にもかかわらず、かれが、七二年（明治五）にいたって、豹變したかのように士族祿の急激な處分に反對したのは、「十萬之兵力亦不能爲如何、嘗而會津人御所致之先轍等を以て想像いたし候ても一困難には至り可申と相考[9]」えられる情勢のなかで、階級としての士族形成の方向を阻止しうるかぎりで、極力士族反亂をさける方針をとったのであろう。したがって、「士祿を三分し其一分を收めて之を貯積し、其二分を祿券と爲し杉形法を用ふ、大略二十年を以て彼此相均を待ち、全く之を支銷すへきの法を立て[10]」る祿券法による士族の有産者集團化による解體方式を主張したことは、決してかれの絶對主義官僚としての本質にはずれるものでなかった。*

＊　木戸が、當初の武士階級解體論の鋭さを失ってのちに家禄處分問題をめぐって軟化し、士族擁護論に傾いたと評價することは正しくないと考える。木戸は、階級としての士族の形成つまり士族の領有を土地所有に轉化する體制にはげしく反對し、そのために士族が政治勢力として結集するいわゆる反對派の形成を阻止しようとしたのであった。だから、かれは、士族を解體し、有産者集團化して他階級に解消する方針を支持しながらも、鹿兒島藩でおこなわれていた領有を私的土地所有に轉化し、士族を階級化した支配體制の存在に強い非難をあびせたし、また、西南戰爭のぼっぱつにあたっては徹底的討滅を主張したのであった。

大久保の立場

これにたいして、大久保の方針は、若干ことなっていた。大久保もまた、西郷的な支配體制に反對しながらも、絶對主義本來の使命をより適確にとらえていた。木戸が、下士―郷士的反對派との鬪爭に全力を傾注していたとき、大久保は逆に、その出身藩において、西郷と妥協し、西郷の支配による騎士團的軍事體制の確立を許していた。大久保は、士族にたいして、なぜ、そうした方針をとったか。大久保は、これについて明確な態度を表明していない。しかし、六九年（明治二）六月の兵制論爭をつうじて、「藩兵を外にし農兵を募親兵とする之軍務官見込決而不安心」[11]と、眞向から長藩出身の大村益次郎らの軍制案に反對する主張をおこない、「兵制一條に付大村《永敏》被召段々御評議有之且長土薩三藩親兵被召候義及大議論候」[12]と、三藩親兵案をこれに對立させたことを明らかにしている。

要するに、兵制論爭をつうじて示された大久保の態度は、何よりも、その「不安心」のまとにむけて、士族を武装させることに關心があったのであり、ここに、「今の樣な兵隊は、一大隊に二大隊の番を付け置かねば、いつ何時何事を仕出すやら分からぬ」[13]という、大村らの士族軍隊不信との對立がみられる。ここに、大久保の士族にたいする政策の基本があった。本來の階級敵から徵募した軍事力についての不信から、少くも政府の周邊だけは武装した士族をおきたいという意志、それは決して士族を階級として維持しようとする西郷らの意圖と同じものではなかった。かれは、ただ、士族の一部分を特權化し、これを三藩親兵として政府の親衛隊とするといういみで、農民徴兵の「不安心」にたいする保證としようとしたのであったが、西郷は、士族そのものを土地所有階級に轉化し、支配階級化しようとこころみたのである。ここに、三藩親兵案の實現と、その力を背にした西郷・木戸連立政權内部における西郷の意圖と大久保・木戸の微妙なかけひきがみられるのではないか。なぜならば、廢藩置縣を、ついに成功せしめたものは、大久保の西郷説得に負うものであったし、にもかかわらず、西郷が入閣のとき、その本來の目標とした「俗吏」の追放は、ついに實現しなかったのである。

大久保は、强引に、士族軍隊親兵案をとおすことによって、ともかくも西郷をひきよせ、廢藩置縣を無抵抗のうちに成功させた。にもかかわらず、大久保と西郷との本質的な相違は、ただ、その時の抵抗を一時延期させたにすぎなかった。西郷は、士族の郷士的土地所有階級への轉化を全國的な支配體制におしひろげ——現に「西郷藩」の飛地である舊荘内藩＝酒田縣においてはそうした體制[14]の暴力的創出過程が進行しつつあったし、これにたいする農民の猛烈な抵抗がワッパ事件となってばくはつする——、その上にたって、鹿兒島で實現した軍事體制を全國的に確立することを目標としていた。

岩倉大使一行——大久保・木戸ら——が外遊中、鳥尾小彌太は、この西郷構想の實現をはかるためのクーデターの斷行を進言し[15]たが西郷の容れるところとならなかった。鳥尾計畫によれば、その目的は、「武政」をしくこと、すなわち「士族の常職を解きし者を從前に引戻し、全國の士族を配して悉く六管鎮臺の直轄とな」す案は、そのまま西郷の構想につらなるものがあり、木戸・大久保らの絶對主義への道と本質的な對立をはらむものであった。だからこそ、「時機失ふへからす之を決行するの時機は大使歸朝前に在り」と、鬼のいぬ間のクーデターを主張したのであった。しかし、西郷がこれを拒否したのも、鳥尾が推測したように「征韓を目的として先つ目的を定め置き其目的を以て内政を改革するの密意に出しなるへし」と、クーデターによることなくとも、征韓論をもって一擧に西郷派のヘゲモニーを確立する自信に依っていたからであると考えられる。だからこそ、西郷は征韓論の主張にあえて自己の生命を賭することをもいとわなかったし、また大久保らがあらゆる手段をもってこれに對抗したのも當然であった。こうして、大久保が、あえて木戸にさからってまでその對決を延期してきた西郷體制との對決が、征韓論として實現したのであった。

征韓論にいたって、理論家としての木戸と現實政治家としての大久保は、ふたたび同一の軌道にのった。大久保は、もはや「不安心」の保證のための妥協を維持しようとはしなかった。それは、すでに、反動のがわからの絶對主義への攻撃力にたいして充分な自信をかくとくしたことのあらわれであった。大久保が完全な獨裁者として立ちあわれる過程は、すでに、七〇年（明治三）末の歸藩による西郷引出し工作の成功の時期にその第一歩をふみ出したものと考えることができるであろう。

(1)　『明治政史』第四篇・前掲書一一五頁
(2)　同書・一一六頁
(3)　關順也「地租改正の歴史的意義——山口縣地租改正を中心として——」（經濟論叢七七—四）二八頁
(4)　關前掲論文・三一頁
(5)　前掲『木戸日記』第二—四五三頁
(6)　前掲『木戸文書』第七
(7)　後藤靖編『自由民權思想』一五一頁
(8)　前掲『木戸文書』第八—一〇五頁

(9)　同書・第八一一〇九頁
(10)　同書・第八一一六一頁
(11)　前掲『大久保日記』下―四七頁
(12)　同書下―同頁
(13)　『曾我祐準翁自叙傳』所収の大村益次郎の言
(14)　服部之總『明治の革命』參照
(15)　『明治政史』第六篇・前掲書二〇一頁

第二章　ブルジョア政治勢力の形成

第一節　民會論の成立

一　豪農層における政治意識の形成

§一　ふたつの藩議院構想

土佐藩議院制

一八七四年（明治六）一月、前參議板垣退助らは民撰議院の設立を建白した。この建白は、『自由黨史』によって、「政治の得失を膜外に放棄したる國民も、猶ほ卯鐘に殘夢の破られたる如く、齊しく起て之に響應せざるなかりき。即ち民撰議院の輿論今方さに湧興し、澎湃の勢や防くべからざらんとす」[1]と評價され、自由民權運動の直接の起點にすえられた。しかも、この起點から愛國公黨・立志社の運動をつうじて國會開設請願運動に發展していくにあたって、高知——板垣を中心とした集團——が運動の中心となった必然の理由として七〇年の高知藩政改革を指摘している。いわば、自由民權運動の正統の傳統は高知藩政改革にはじまり板垣と立志社をその擔い手とするというのが、『自由黨史』全篇をつらぬく論理なのである。

たしかに、「藩別議院を出すの制を收拾完備し」、「前日彼の首唱の義士、維新の功臣を出せし」「士族及び豪家の農商」[2]のみに政權參與の權をあたえようとする民撰議院構想の原型は、高知藩政改革における藩議院制のなかに姿をあらわしている。そのかぎりで、民撰議院要求はその傳統を高知藩議院におうものであった。しかし、この改革をもって、「嗚呼維新草創の時に丁りて、忽ち一篇自由平等の大理を宣言するを見る、猶ほ是れ、蒲牢一吼、曉天を破るが如し、此聲豈に區々一藩の境内に震響するのみにして止まんや……啻に政治部面の改革のみにあらずして、亦た實に社會改革の先聲たるなり[3]」との自畫自讃は果して妥當であったか。

「華、士族、平民の階級を全廢して、單に虚稱に止まらしめ」たと評價した「徒らに士族の貴を抑へ、民庶の賤を揚ぐる等の疑惑を生ずべからず[4]」との宣言の實體は、「抑議事ニ上下ノ二院ヲ設ルハ、上ハ貴族(貴族ハ藩士族ナリ)事情アリ各事情ヲ遂ントス」る上下二院の藩議院制であった。[5] 高知藩議院は、この士族と平民の身分的差別にもとづく二院制議院であり、上院の議員は「諸族長及ヒ撰定ノ士族」から成り、これにたいする下院の議員にしても「防長郷長(防長ハ庶民ノ惣代ト心得ベシ)老總頭(一防一村一組ノ總代ト心得ベシ)」とかぎられた村役人層から成り、一般平民は「平民ト雖撰定シ定員ニ充チ或ハ時ニヨリ名刺ヲ以テ召ス事ハ此限ニ非ス」と、わずかに例外的恩惠的な参加がゆるされたにすぎなかった。この議院制に表現された板垣らの「四民均一の制」は、あえて士族の上院と村役人の下院とにわけたうえで士族獨裁政權に「首唱の義士、維新の功臣」を割りこませた――それも恩惠的に上からあたえた――ものにすぎず、そのかぎりでは上からの啓蒙主義の押しつけであった。

しかし、たとい、それがいかに中途半端なものであろうとも、それが當時存在しうる唯一の可能性をしめしたものであったならば、私たちは、それを國會開設請願運動の起點にすえるにやぶさかでない。だが、はたしてそうであったとしたならば、幕藩時代後期に村方騒動をもってたたかいつつみずからを農村の支配者層にまでたかめながら藩政改革の要求をかかげて政治活動に参加するにいたった新興の豪農層が擔う傳統は、どこに解消したと理解すべきであろうか。もし高知藩議院制をそうした傳統の擔い手たちの力にたいする上からの對應として理解するならば、同時に、こうした豪農層の要求の直接的な表現もまた存在しうるのではないかと考えられる。そして、もし、この直接的表現が、限られた存在であったとしても、上からの啓蒙主義と同等の政治的水準にたつものであったならば、私たちは、民權運動の傳統の起點を高知藩政改革―民撰議院設立建白―立志社の國會開設建白―國會開設請願運動という線でつらねることを拒否しなければならないであろう。そうした可能性のひとつを、同時期の藩政改革にもとめるとき、改革において豪農層がヘゲモニーを獲得することのできたただひとつの例である熊本藩の改革に思いいたるのである。

熊本藩議院構想

熊本藩の七〇年改革は、中央政府と改革派藩士の合作によるクーデターによって始められた。このクーデターの直接の黒幕であった大久保は、改革に、「攘夷家と俗論家と相合」した政權を轉覆し、「攘夷家」＝敬神黨を彈壓し、「俗論家」＝學校黨を解體することを期待した。しかし、當初は知藩事細川護久・大參事長岡護美・權大參事米田虎之助と改革政權の主流を實學黨長岡派でしめ、それに實學黨中立派の權大參事津田信弘、横井派から權大參事補安場保和・權少參事太田黑惟信・權少參事補山田武甫という陣容で出發した改革派政權も、次第にその實權は横井派にうつり、七三年（明治六）ついに大久保との決定的な對立のうちに縣政首腦部の全員が追放された時期には、權參事嘉悦氏房・林秀謙、七等出仕徳富一敬以下の幹部全員が横井派によってしめられていた。こうして、改革派政權は成立するや否やその實權が横井派に移行しはじめたのであるが、何よりもまず、改革の具體的な政策の擔い手が横井派のそれも豪農層の手に歸し、しかもかれらが改革綱領および改革宣言の起草者であったことから知られるように、實體は、大久保がおそらくも豫想さえしなかったであろう豪農の政權として成立した。改革は、大久保の期待にみごとにこたえたが、しかし、大久保の期待をみごとに乗りこえてしまったのである。

實學黨横井派の指導權は、横井の死後、藩士である安場・山田・嘉悦らではなく、横井と義理の兄弟關係をとりむすんだ徳富一敬・竹崎律次郎・矢嶋直方の三人の手にうつっていった。それは同時に、横井派の思想的轉換でもあった。これらの豪農層への指導権の移行は、横井派の指導精神を質的に變化させる（後述）。竹崎・德富らは、新横井派の指導精神を改革綱領として成文化し、來るべき改革の具體的な計畫を準備しはじめた。「丁度明治二年の秋」というから、中央政府との間で改革計畫が問題になりはじめてまもなくのことである。綱領の起草がはじめられた。したがって横井派豪農は、改革政權成立のまえから新政權のヘゲモニーを獲得することを豫定していたのである。

「丁度明治二年の秋の收穫で、横嶋は猫の手でも借りたいやうな忙しい中を、德富太多助（一敬―大江）は主人の律次郎と奥の間に籠って、毎日算盤を彈いたり、讀み合はせをしたり、相談をしたりする日がつづきました。婿の熊太などは義父と義叔父の悠々ぶりが大不平で「そびき出せ」と怒鳴ったものです。奥の兩人は、藩政改革の曉解放さるべき租税の事など精細に調べて居るのでした[6]」と傳えられるように、文字どおり豪農の手作經營の繁忙の間隙を縫って、改革綱領は練られた。そして、その成果が、竹崎律次郎の起草になる綱領として成文化されたのであった。

この改革綱領[7]が、「御城御天守等取崩、外廻り之門屏丈を殘し可申事」（これは中央政府から中止を命ぜられた）、「御鷹場一切御解放し之事」、「諸官盡皆可被廢、會計面を殘し、出納を司るべき事」、「御役人一切入札公選にすべし」など、領主的特權の廢止と領主機構の解體要求をふくんでいたのは當然であった。この綱領にもとづいて、第一に農民支配機構が解體され、郡宰一六、郡監二、その付屬錄事以下二一五の役職が廢止され、それぞれの人員は免職となった。「於藩内之官長者知事樣より外無之其他は職掌之次第有之迄に而惣而朝官之事に候得者……尊大卑屈之舊習を脱申談杯初無遠慮充分に心緒を盡し諸事」勉勵するようとの達し[8]は、「朝官」意識の表現とみるより、身分・家柄に規制された機構にたいする挑戰と理解すべきであろう。さらに、領主的軍事機構が解體され、四八八の役職が廢止され、人員は免職となり、その據點であった城郭でさえ、近代戰の「無用ノ贅物」とし、「無用ヲ省キ實備ヲ盡ス」ために破毀されようとした。[9]そして、最後に「俗論家」＝學校黨の幹部養成學校である時習館を廢止し、それにかわって横井の指導精神をかれらなりにうけついだ、米人教師による洋學と「大學」の論理を無媒介的に結合させた洋學所（熊本洋學校）・治療所（古城醫學校）が設置された。この機構改革によって、じつに一、五三〇の役職が廢止されて人員が整理され、新設の役職はふたつの學校を除いてわずかに四五という、機構の大縮小が實現された。

綱領は、第二に、かれらが農民とともに永い期間にわたってたたかいつづけた要求を、「枝葉の雜税、惣而御免に可相成事」、「御惣庄屋巳下在役人、入札公選にすべし。但入札いたし候心得は、議事人同様にて、前以得斗諭し方可致事」のふたつにまとめあげた。減租については、改革宣言が何よりもまず――高知藩の「四民平等」宣言とちがって――減租宣言としておこなわれたことが指摘されなければならない。一介の豪農出身であり、身分的には一領一疋の金納郷士で惣庄屋にすぎず、改革派政權が成立したときも藩錄事という役名をえたにすぎなかった德富一敬――かれはその後四ヵ月間に民政局大屬として改革行政の實權をにぎるにいたった――が、この「村々小前共江」と題した知藩事直筆の宣言書[10)]の起草者であった。この宣言は、「管内の四民うゑこごえのうれへなく各其處を得せしめん事を希ふ中にも、百姓は暑寒風雨もいとわす、骨折て貢を納め夫役を勤め、老人子供病若にさへ暖に着せ快く養ふ事をえさるは、全く年貢夫役の辛き故也と、我深く恥おもふ」という領主支配についての自己批判から出發した。上からの啓蒙主義による「四民均一」の宣言よりも、恩惠の强制や忠誠の要求をまったくふくまない、領主の自己批判として展開されたこの宣言の方がどれだけ農民に歡迎されたか、そして、「民あって然る後政府立ち、然る後民其生を遂ぐるを要するのみ」という高知藩改革宣言の結びとくらべるとき、「いよいよ農業に精を入れ、老幼を養育し、餘りあるものは親類組合杯の難澁を救ひ、相互に人たるの道をつくすへきもの也」と結んだ熊本藩改革宣言は、いかに進歩的武士階級であろうともかれらにできることではなかった。

宣言の結果、七〇年（明治三）七月、「本税の殆んど三分の一にも達せんとする程に有之」八九、八三六石の税收の廃止が實現した[11]（これが、後年にいたって、民費事件の原因となる）。雜税廢止にひきつづいて、專賣仕法は廢止され、さらに津口・陸口運上の廢止・農家の家作衣類雨具などの制限廢止・人口移動の既成事實の承認など、改革の擔當者豪農の利益――同時に農民の利益でもあった――となる改革がおこなわれた。

綱領は、第三に、かれら豪農層が意圖するあたらしい政治機構のプランを提出した。それは、熊本藩議院制である。熊本藩議院制は、「政局上下二院を建設し、上院は君公初、執政參政諸役人一切出勤いたし」とあるから、二院とはいうものの、上院は行政府であり、議院としては一院制である。問題は下院であるが、ここでは、「在中は一千名より弐人宛、熊本町五人、其外五ヵ町分弐人宛、寺社を除き、四民之無差別、入札を以相定め、下院に出勤いたし」（傍點―大江）とあり、その選出が身分にかかわらず入札公選をもっておこなわれるとしたところに、高知藩議院が士族の上院と村役人の下院と身分別の指名方式をとった制度と本質的に異った考え方をうかがうことができる。同時に、「才器次第、上院並在役人に被召仕候事」と但し書がついていたところに、行政府の壓倒的優位のもとに組織された代議機關のミゼラブルな位置づけの限界をみることができる。

この高知藩の改革と熊本藩の改革のちがい、高知藩議院と熊本藩議院の考え方のちがいに、のちに國會開設請願運動に結集した力のふたつの傳統のみなもとを見ることができる。それは、ひとつは、士族の進歩的思想家としての性格に發する啓蒙的な傳統であり、今ひとつは、本來階級的利益の主張から出發して、それが政治思想にまでたかめられていった傳統である。

この熊本藩改革派政權は、それが實質的に豪農政權として成立するやいなや、そして大久保がそれに期待した役割を終了し、中央政府と別個の階級的基盤にもとづいた政策をおしすすめはじめるやいなや、大久保政權と和解しがたい對立關係にはいる。大久保は、かつてはみずからが組織した政權をつぶすために、「特に安岡良亮を擢で其權令に任じ」た。安岡權令の着任により「從來熊本の縣政を專にした實學黨及び その仲間は、 殆ど上から下迄一掃せられた。安岡は恐らくは斯くする積りでやって來たであろう」[12]と云われたが、事實、かれは、かつて大久保がクーデターの對象とした「敬神・學校兩黨に對しては……胸襟を披きて之」と和解し、「務めて兩黨の爲めに其便宜を圖り、其領袖を擧げて祠官若くは區長等の職に任じ」、「最難事の地方と稱せられた」縣政掌握に成功した。[13]

(1)　『自由黨史』青木文庫版・一―九二頁
(2)　同書・一―一〇〇―一〇三頁
(3)　同書・一―二九頁
(4)　同書・一―二八頁
(5)　尾佐竹猛『日本憲政史論集』九二頁
(6)　德富健次郎『竹崎順子』一八一頁
(7)　同書一八六頁
(8)　「明治三年改革一件」熊本縣立圖書館藏
(9)　『新聞集成明治編年史』一―三四四頁
(10)　前掲「明治三年改正一件」
(11)　『改訂肥後藩國事資料』一〇―五七〇頁
(12)　德富蘇峰『蘇峰自傳』五九頁
(13)　下田曲水『近世肥後人物史』上―三八四頁

§二　豪農のブルジョア精神

豪農の可能性と限界

一八七〇年（明治三）の熊本藩改革を指導した實學黨横井派の豪農は その改革の 指導原理を主觀的には横井小楠の思想にもとめていた。しかし、かれらがそれを具體的に表現したばあい、それは横井の思想のわい曲となってあらわれざるをえなかった。幕末における横井の思想は、それが透徹した開明的理論として體系化されていたにしても、結局のところ、具體的には絶對君主制に歸結する論理として作用せざるをえなかった。徳富・竹崎・矢嶋らの横井亡きあとの指導者は、横井の理論をわい小化されたかたちで、しかし、同時に質的にことなったものとして受けとめた。

横井が反幕藩領主制理論の突破口を、「民間に無量多數の生産あり……是を海外に運輸」「通商の利を興し財用を通」ずる貿易富國論にもとめたとき――したがって、國内市場の統一支配の實現という方向で客觀的には維新絶對主義の方向を指向したとき――、その後繼者たちは、せいぜい、それをみずからの活動領域とそれに即した政治論として展開し、改革綱領化するにとどまった。すべての政治論が、この段階では、かれらにとって地方政治論としてとらえられなければならなかった。その點だけでも、中央集權に反對し、かれらの政治論を政策として實現することを要求しなければならなかったという意味で、反絶對主義の政治論であった。そして、そうした受けとめ方が、村方騷動以來の實踐的傳統にささえられたものとして、一切の在役人公選と公選藩議院の創設というスローガンにしぼられ、同時に、横井・由利の富國論における「民の富は君主の働きである」という論理が逆轉して民の貧は君主の罪として「深く恥おもふ」――民は富むのが當然である――論理とされ、大巾減税論として展開されるにいたったのである。

こうした論理の轉換は同時に理論のわい小化の過程として、「明堯舜孔子之道、盡西洋器械之術、何止富國、何止強兵、布大義於四海而已」という横井の究極目標である政治論＝世界觀の確立のためのこころみの肝甚の後半部分が省略され、創設された熊本洋學校において「堯舜孔子之道」である『大學』と「西洋器械之術」である米人教師による科學技術教育とが無媒介的に結合される結果となったのである。横井にとって「實學」とは世界觀の確立をいみした。しかし、これらの後繼者である豪農にとって、それは生産力發展のための技術論として受けとられたのである。*

のちにいたって、一八七六年（明治九）、熊本洋學校にまなぶ横井の嗣子時雄、德富の嗣子猪一郎をはじめ、海老名彈正・宮川通倫・藏原惟廓ら、實學黨横井派の若いゼネレーションの最良の分子がキリスト敎への入信を宣言し、花岡山バンドを形成し、德富・竹崎らの指導に公然と反逆したとき、何よりもかれらは、花岡山を日本のバンカー・ヒルにたとえることによって[1]――したがって自身をワシントンにたとえることによって――ふたたび世界觀確立のための前進を宣言したのであった。そのとき、極度に狼狽したのは古きゼネレーションの黨幹部たちであったし、この幹部からの抑壓にたいして「實學社中の先生方は私共を解して下さらぬが、小楠先生は必ず諒解して下さるだろう」[2]と叫んだ確信は、ちがった立場からではあるが、ふたたび世界觀確立の學としての「實學」への復歸をなしとげるのは自分たちであるという確信から發したものであった。

＊　横井の後繼者としての豪農層が横井の思想をわい小化して受けとめた側面は、創作ではあるが木下順二『風浪』の主人公の一人、おそらくは竹崎律次郎（茶堂）を模したと思われる山田嘉次郎（蠶軒）の次の言葉によく表現されている。「俺が號の蠶軒も養蠶の蠶ばとってつけたつぞ。俺がいえでもこぎやんふうに書院や座敷ばつぶして製茶やら養蠶やらやりよるが、小楠先生も御自分の書の前に刀かけば飾ってあるよりや、おなご共が茶もみしよる方がよっぽど喜んでござろうたい」。要するに、德富猪一郎の表現を借りれば、「土の香を嗅ぎ土の香に浴して成長した」豪農たちが、横井の思想を、もう一度その土の上までひきずり下し、質的にちがった方向にすえなおす過程であった。

横井の思想を通俗化したかたちで地面にまでひきずりおとすことによって、そして横井の思想の本質をなしていた世界觀形成の理論的こころみから豪農層に異質のものを疎外することによって、そこを起點として、かれらはかれらの甲羅に似せた穴を掘りはじめた。

七三年（明治六）、大久保―安岡に追放された横井派の豪農たちは、竹崎律次郎・林秀謙らを中心に耕耘社を組織した。耕耘社は、その定約書が[3]「穀ヲ以テ產ヲ爲スノ地、歲ヲ追テ貧困ニ趣クハ必然ノ勢ナリ、今養蠶製茶ハ我國適宜ノ産ニシテ本縣ノ如キ風土氣候最モ此二物ニ適フ。故ニ今人心大ニ此業ニ走ル。然レドモ土地廣ク人員不足ス。桑茶ヲ種藝スル縣内ノ田地二十分ノ二ヲ越ル事能ハズ。其餘十八分ノ田地ハ他ノ耕植ノ道ヲ開明スルニアラザレバ穀類權ヲ失フノ失ヲ償ヒ國ヲ富スノ術ヲ求ムルニ道ナシ」と記しているように、すでに行きづまった主穀農業を商品作物農業に切りかえ、農業經營の近代化を指向するものであった。その近代化のために、「社中聊カ財本ヲ協合シテ（チェーンス）氏ニ託シ、種子幷器械ヲ合衆國ニ購求シ、試驗ヲ施行」する共同經營の試驗農場を創設し、試驗農場出産の種苗は「社中會議ノ上直段ヲ定メ賣拂可申、尤親敷ノ人ト雖ドモ猥ニ無代金ニテ遣シ候儀ハ一切禁止ノ事」と、農業技術の近代化が個々の經營者の近代的結合關係の上に成立すべきであることをうたっていた。それは同時に、かれらのそうした動きに即した政治への要求となってあらわれざるをえなかった。

七七年（明治八）一月、耕耘社の指導者のひとり竹崎律次郎は、政府にあてた建白書草稿[4)]を起草した。それは若干の斷片が引用されたものとして殘っているにすぎないが、そこでは、かれらが要求する政府は「主上則勸業頭にて太政官縣廳すべて勸業寮なり」と、ブルジョア的發展の擁護者としてのそれであることをしめし、當の絶對主義政府への批判を展開した。その批判點は、政府が「正德利用厚生」をわすれ「唯利是を爭ひ日月に規則を密にするに非れば治らず」という狀態であることの指摘によって、獨裁と楯の兩面をなす形式主義にむけられ、結論として「三條・大久保二卿が日本をあやまる」としたとき、かれらは反政府鬪爭にたちあがらざるをえなかった。こうして、まさに、かれらが經營者としての活動に力をそそぐその同じ立場から、政治活動の問題が提起されてきたのである。

かれらが縣政を追われていご、その農業・産業兩面にわたる活動はめざましいものがあった。にもかかわらず、その産業面における活動は、德富一敬とその女婿河田精一の絹織マニュも、長野濬平が士族嘉悅氏房と創設した三六釜の設備をもつ綠川製糸場も、いずれもほどなく行きづまってきた。とくに後者は後年の横濱生糸荷預所事件による市場の閉塞によって、決定的な打撃をこうむってしまった。こうした行きづまりの原因のひとつは、かれらが近代的な經營者集團の組織にたつ發展を目標としながらも、結局のところ、具體的には準同族集團としてしか成立しなかったかれら自身のブルジョアジーとしての未熟さにあったのではないだろうか。その一例として、七九年（明治一二）の熊本縣製茶品評會の成績[5)]があるが、耕耘社の成果は、品評會第一位兼坂諄次郎（德富蘇峰の師）、第三位矢嶋直方（德富蘇峰の伯父）、第四位河瀬典次（德富蘇峰の叔父）、第五位倉園又三（德富蘇峰の舅）といううみごとな準同族集團の成果としてあらわれた。これが、かれらのブルジョア的觀念の實踐的結果であった。こうして、一方では、國內市場の上からの統一支配の政策の壓力のもとに、他方ではブルジョアジーとしての自己自身の未熟さのために、綠川製糸場も不知火紅茶會社も德富の絹織場も耕耘社も、かれらがその夢をたくした馬鈴薯・トマト・甘藍・林檎・西洋葡萄・櫻桃・プラウレーク・マニュアフォークもろとも姿を消さねばならなくなった。しかし、それはまだ後年のことである。この七三年（明治六）から八一年（明治一四）ごろの時期には、これらの豪農層はなお企業家的精神に富んでいた。しかも、そのあいだに、かれらは地租改正に直面せねばならなかった。地租改正が明治絶對主義下における土地所有の性格を最終的に決定するものであってみれば、これにたいする豪農層の態度もまた、かれらの性格を規定する。それを端的にしめしたのが、竹崎の義兄矢嶋直方の建白書『租稅之議』であった[6)]。

租稅之議

『租稅之議』にしめされた矢嶋の地租改正によせる態度は次のようなものである。それは、第一に、國家財政における地租の役割の檢討である。ここでは、「祖國保護ノ入費タレバ闔國人民ノ中一人モ出稅セザルベカラズ。然レバ先之ヲ扱フ官員ノ月給稅ヨリ課シ、惟農ノミヨリ納ムルニアラズシテ、上下一統ニ出稅アルノ實ヲ示ヲ要ス」として、絶對主義政權がよって立つ一さいの負擔が土地所有農民・地主のみに轉嫁されることを拒否する。そして、第二に、「一村限リ總年貢ノ高ヲ十箇年平均シ、之ヲ三割減ジ、稅法改革ニ因リ地租減ズルノ實ヲ示」すことを要求する。この要求は、かつてかれらが指導した藩政改革における減税論――その成果がのちに民費増徴としてふみにじられたところにふたたびかれらが政治過程に復歸する具體的な契機があった――の適用であるとともに、地租條例第六章への保證、つまり「地税年々ニ減少シテ終ニ百分之一ニ至ル目的」への第一歩と考えられた。

これらの要求は、まさに土地所有者農民全體が犠牲とされる體制への農民的立場にたつ要求であり、客觀的には、絶對主義の支配階級や權力の擔い手である都市の特權的政商資本や金利生活者――かれらはいずれも同時に大土地所有者であったが、地租負擔は小作農民に轉嫁されるとともに、政府の地租収入からかれらが支拂う以上のものを獲得しつつあった――および官僚にもひとしく犠牲を要求するものであった。そして、豪農の要求が「地ノ肥瘠ト耕作ノ難易ニ拘ラズ、一人ノ力ニテ一箇年一段ヲ耕ス地モ亦七段ヲ耕ス地モ、段二十俵取ル地モ亦三俵取ル地モ差別ナク定メタル法ナレバ、此ヲ實際ニ施行セバ窮民ヲ損事復尠カラズ」とするとき、一率地價の一〇〇分の三の課税方式にたいして差額地代におうじた累進税率の採用と投下勞働の多少によって差額勞賃部分の控除が要求されていることを知るのであり、すぐれて耕作農民の立場にたつ要求としての性格をしめしている。

この農民的立場にたつ要求は、きわめて前向きの思想に立脚したものであったが、同時に、それが具體的な改租實施法になると、きわめて觀念的なものに轉化する。すなわち、「民ノ手ニテ割合幷直段立等致サセ之ヲ扱フ官吏ハ只帳面ノ手數ノミナラバ、其土地ノ好惡肥瘠廣狹ハ諸民熟知ノ事ナレバ、自ラ其當ヲ得聊實事ニ觸テ合點致シ、一村ノ處置一月ヲ越ズシテ定ン事必セリ」という樂天的な民主的手續論は、現實の農村において誰よりもまずその村落の支配者たる豪農それ自身を利する理論であったことを、はたして建白者自身が意識していたかどうか。こうして、耕耘社定約書がめざした觀念的な近代的な人間關係にもとづく經濟活動が現實には準同族集團の形成という前近代的成果をあげたにとどまったように、地租改正においても觀念的ブルジョア民主主義が現實には村落の支配者たる豪農の論理として貫徹したのである。

もっとも、ブルジョア民主主義がブルジョアジーによってとらえられるかぎり、つねにそれは觀念的には全人民の共通の利益の問題としてとりあげられるのであり、そして、現實はつねに一定の段階でこの觀念を裏切るのであるが、それにしても、問題は、そうした矛盾にたいする意識なしにかれらが現實にたちむかうことにあった。かれらが、かれらのたたかいと併行してたたかわれている農民一揆の巨大なエネルギーを同時にかれら自身のたたかいのエネルギーとするためには、この矛盾にたちかえって、あらためて、自己自身が一般農民でなく、かれら自身にほかならないことを確認しなければならなかった。いいかえれば、農民の利益を追求することがかれら自身の利益ではなく、かれら自身の利益を追求することが農民の利益であること、つまり觀念の論理を現實の論理に逆轉することによって、かれらのブルジョア精神は實踐的なブルジョア民主主義思想として確立する。ここに、自由民權運動が革命運動として成立する具體的な根據があるが、この論理の逆轉は、かれらが民會鬪爭をたたかい、地租改正反對鬪爭をたたかいぬくなかで、このたたかいを自己自身のたたかいとし、確認することによってなしとげられたのである。

(1) 前掲『竹崎順子』二三七頁
(2) 同書・二三一頁
(3) 白川新聞第五號
(4) 原文所在不明。斷片が『竹崎茶堂先生』および前掲『竹崎順子』に引用・援用されている。
(5) 熊本新聞・明治一二年六月一四日
(6) 大藏省文庫藏、その寫しを丹羽邦男氏より借覧した。

二　地方民會論

§一　上流の民権説と下流の民権説

民撰議院と民會要求

征韓論破裂ののち、板垣退助・後藤象二郎・副島種臣・江藤新平・由利公正・小室信夫・岡本健三郎・古澤迂郎の七人は、連名で民撰議院設立建白書を提出した。この建白は『自由黨史』によって自由民權運動の起點にすえられ、その傳統は高知藩政改革にもとめられた。しかし、『自由黨史』が、これをもって「政治の得失を膜外に放棄したる國民も、猶ほ卯鐘に殘夢の破られたる如く」と、この建白の意義を評價したとき、はたしてそれは正當な評價であっただろうか。

幕藩時代後期以來、あるいは村方騒動によって、あるいは特權商人との闘爭によって、藩政改革をめぐって、地方＝藩の領域内という限界はあったものの、次第に政治過程にまでその活動をおよぼしつつあった豪農層は、その要求を、あたかも高知藩の改革を同時期に熊本藩の改革というかたちで表現した。それは、豪農層がその時期においてしめすことができた最大限の可能性のひとつであり、したがってまた、その限界もまた豪農層の政治的成熟度の限界であった。しかし、こうした可能性と限界は、それが過去の闘爭の傳統におうものである以上、なお獨自の發展をつづけつつあった。そして、その發展は、決して「膜外に放棄」されたものではなかった。というのは、この傳統は民撰議院設立建白にではなく、地方民會論へと發展したからである。

民撰議院設立建白に對抗し、政府は、七四年（明治七）五月、「先ツ地方長官會議ヲ召集シ、人民ニ代テ協同公議セシム」[1)]るものとして、地方官會議の設置を發表した。これは、民撰議院に對抗する一種のごまかしであった。これにたいして、ごまかしをごまかしに終らせない人民の要求は、そのひとつの形を、小田縣の坂田丈平らによる「奉矢野權令書」と題する臨時議院設立建白として表現した。

この「奉矢野權令書」は、まず、地方官會議について、「四方の知府事縣令を以て率然群小の名代人となすこと豈難事ならずや……而して其長官たる人其情を顧みず、突然獨裁の名代人とは豈奇ならずや難事ならずや」と鋭くその矛盾をつき、この矛盾を解決する當面の策として、「先づ縣廳に於て、公然たる臨時議院を開き、毎一小區より兩三名を撰び出し、小民等も亦其末員に加わり、令公閣下自ら議長となり玉ひ、上國律租税より細民の交際に至り、天朝議院の風に倣ひ、忌憚なく究論せしめ玉い、細民愚と雖も、亦敬神愛國の一念を凝し、獨立自由の双眼を開き、各々其身上之事件につき免枉を説き、抑制を論じ、利害得失不平之件々を極言す可し、令公閣下小人を腦髓に銘じ、以て天朝の議院に立出で玉はば豈立派なる名代人ならずや」と、公選による地方議院をひらき、その議院の決議をもって地方官会議に出席することを要求したのである。それは、すでに、民撰議院設立建白書がいうところの「士族及び豪家の農商等」の「首唱の義士、維臣の功臣」による政權割り込みを策した「藩別議院を出すの制」の復活要求ではなく、逆にむしろ、地方議院というかぎられた規模でありながらも、「亦遽かに人民其名代人を擇ふの權利を一般にせんと云ふには非ず」という板垣らの主張と正面から對立する要求であり、まさに、小田縣の「生靈五十萬人の名代人」としての地方議院の存在様式を意圖したものであった。しかも、その内容たるや馬城臺次郎こと大井憲太郎でさえもが「地方會議の民能く此任に堪ゆるや否」と危んだ「國律租税」[3)]についての審議をさえ、當然のこととして主張しているのである。

このように、民撰議院設立建白とは異った次元でのこの地方議院設立建白をささえたものは、たんに「坂田丈平一個人のものではなかった。かれの背後には、要求を支持する地方の豪農・豪商の存在があった」[4)]。このようにとらえるとき、高知藩議院―民撰議院設立建白の傳統に對置すべき、豪農層獨自の立場から形成されてきた民主主義的要求の發展を熊本藩議院―小田縣地方議院要求の傳統においてとらえることが可能となる。しかも、こうした傳統をとりあげるとき、豪農層にとって、七〇年（明治三）段階における熊本藩議院構想のようなものは、いわば異例の存在であった。豪農層が藩政の實權をにぎるということさえもが、この時期においては特殊な例外であった。したがって、そうした權力掌握にあたってかれらが獨自の具體的な政治綱領をかかげるということも、決して一般にありうることではなかった。にもかかわらず、たとえば、三春の藩政改革に奔走して成らず、七三年（明治六）、盤前縣第一四區に一介の副戸長として赴任した河野盤州が、馬上にJ・S・ミルの『自由之理』を讀むにいたって、「從來の思想が一朝にして大革命を起し忠孝を除いただけで、從來有って居た思想が木葉微塵の如く打壊かるゝと同時に、人の自由、人の權利の重んず可きを知り、又た廣く民意に基いて政治を行はねばならぬと自ら覺り……斯くて任地に歸り、自由民權の大義に基いて常葉區に民會を興し、區民の公議を採って政治を行ふべきことを區長石田覺平に建議した[5]」と告白するような大轉換が可能であったのも、實は、七〇年（明治三）には特殊な例であったとしても、すでにそのための廣汎な基盤が形成されていたというべきであろう。だからこそ、「一朝にして」、民會論思想の形成過程に圓滑に移ることができたのであり、同時に、一般に、地方民會開設の潮のようなたかまりをみることができたのである。

ふたつの民權説の本質

豪農層の地方政治を中心とする政治思想の形成が、このような着實な發展過程をたどりつつあったればこそ、民撰議院設立建白がひとつのきっかけとなることができたのであり、「久しく政治の得失を膜外に放棄したる國民」が突如として覺醒したわけではない。その何よりの證據は、鳥尾小彌太が『國勢因果論[6]』において、「仔細に點檢する時は又種々の生因ありて決して其意思方向を同ふせす。今之を大別して上下の二流とし」たふたつの民權運動の存在の指摘、およびそのふたつ、「上流の民權説」と「下流の民權説」の本質を分析した結論にもとめられるであろう。

鳥尾は、民撰議院設立の建白を、その主體が「老練の士君子」であり、その目的が「民権を貴重し人民をして奴隷根性を去らしむる」こと、つまり、いわば上からの一種の啓蒙主義的な本質をもつ政策論を主張したものと考えている――その點は、高知藩議院制もおなじ性格のものであった――。かれはそれを「急激なる民權家の外縁なり誘導者なりと云ふは可なり、決して此一類(「下流の民權説を主張する一類」――大江)を生育哺乳せしものと云ふへからす」と、もののみごとにその本質をついている。これにたいして、「下流の民權説」については、「就中其根底となりて尤も此發生に關係あるものは即明治初年以來の物情是なり」とし、「世人をして我が才あるも世と合せす彼か智あるも時と背くの奮慨を發せしむ。而して此鬱々の念噭々の聲は今日全く一變一化して悉く此下流民權説に合同すること、恰も傀儡師の一機を轉し終て種々の人形を其筐裡に收むるか如し」と、鳥尾なりの表現によって、その本質が維新以來の固有の階級的利害にたつ主張であることを指摘している。「下流の民權説」は、「上流の民權説」とはちがって、たしかに、階級闘争のイデオロギーとして形成されてきた。それは、當時におけるブルジョア・イデオロギーの唯一の擔い手として豪農層に固有のイデオロギーであった。だから、明治の初期の政争の焦點が征韓論から民權論へと移ったとき、明治絶對主義に對抗する戰線の前衛部隊は士族から豪農へと移った。「上流の民權説」が、なお民權運動において役割をはたしうるとするならば、それは、高知藩議院における「上ハ貴族事情アリ」、民撰議院における「首唱の義士、維新の功臣」の意識から脱却することができた段階、つまり士族がすでに士族でなくなり、「老練の士君子」が「士君子」でなくなり、インテリゲンチャとなった段階のことであり、具體的には、立志社が國會開設建白にふみ切った七七年(明治一〇)以後のことである。

この間、豪農層に固有の地方民會論こそは、ブルジョア革命運動の前衛部隊である豪農層が、政治勢力としての主體を確立し、みずからを組織する過程にのり出した第一歩であった。

七五年（明治八）、「上流の民權説」は、早くもその本質をあらわし、大阪會議で、愚直の板垣は「元老院十を除けば元左院」[7]と嘲けられるにいたった無價値の成果とひきかえに入閣し、「死に之くも他なきを」[8]誓った愛國公黨は自然消滅するにいたった。

これに反して、その年の六月にひらかれた第一回地方官會議こそ、「下流の民權説」たる地方民會論者たちが全國的な政治勢力としての統一をかちとるための最初の意志表示の場となった。會議には、「權利なき出席」者である傍聽人として、河野磐州以下數十人が結集した。かれら、島根・酒田・岡山・岐阜・千葉・熊谷・高知・廣島・足柄・筑摩・栃木等の各縣から上京した傍聽人は銀座の幸福安全社に會合し、會議に建言書を提出した。建言書は云う、「某輩等の尤も矚目渇望する所は御垂問五事内に於て、只民會を開くの一事に在り。是れ一般人民も亦齊く矚目して某輩等の歸村を待つ所なり。何となれば國家憲法是れより以て確立すべく、人民權利是れより以て振起すべし。故に云ふ、民會なるものは、上意を下達せしめ、下情を上達せしむるものなれば、尤も其論の鄭重確實ならんことを要す。萬一今年の會議に此大眼目たる民會の一事を不問に置かるゝに至らば某輩等の失望何ぞ極らん。仰ぎ冀くば各議院、某輩の衷情を洞察せられ、是を議長に乞ひ、速に討論決議せられんことを」[9]この建言こそは、内容はともかくとして、共通の目的のために、「下流の民權」家たちが地方的な規模をこえた統一行動をとった最初の事件であった。しかし、豪農層の政治的活動領域は、今や地方をこえ、絶對主義政府を直接の對象とする段階に近づきつつあった。しかし、建言書却下ののち、これをふたたび元老院に建白し、さらに、河野の提案によって、「毎歳、地方官會議に先って、傍聽人合同會を開き、地方官會議に下問せらるべき案件を以て、此會の議題と爲し、之を討論し、又た國家問題に關しても、意見あるに當ては、亦た此の會に於て之を討論し、其議決を待て、又た更に之を元老院に建白し、輿論を喚起し、立憲政體建設の目的を貫徹せんことを期し、二十餘縣傍聽人の賛成を得て、傍聽人合同會議なるものを設けた」[10]とき、この統一行動を組織化しようとするこころみは成功しなかった。かれらが、單一の政治勢力として全國的な組織統一をかちとるためには、なお條件が充分でなかった。それは、何よりも、なおかれら自身に共通の經濟的利害を守る闘爭をもって中央の絶對主義權力と對峙し、この闘爭をつうじてかれら自身の要求が政治綱領化されるための契機を必要とした。その契機は、必然的にかれらが對決を餘儀なくされるにいたった地租改正に見出される。

(1) 太政官布告第五八號・法令全書
(2) 内藤正中『下流の民權説』の成長――明治七年備中小田縣臨時議院設立建白をめぐって――」(瀬戸内海研究第七號)
(3) 『自由黨史』青木文庫版・一・一二一頁
(4) 内藤正中「山陽自由黨の組織過程」(經濟論叢七八―一)七九頁
(5) 『河野磐州傳』上・一八六頁
(6) 「明治政史」第七篇・前掲書二三九頁
(7) 『自由黨史』前掲版一・一六七頁
(8) 同書・一・八五頁
(9) 『河野磐州傳』上・二〇七頁
(10) 同書・上―二〇八頁

§二 地方民會

民會要求と地方官

七五年(明治八)七月、地方官會議で地方民會についての討議がおこなわれ、その結論としてこそ、「區戸長ヲ用フルヲ可トスル者三十九人。内區戸長ヲ可トシ公選ヲ交ソントスル者二人。民會開ヘカラス、已ムヲ得サレハ姑ク區戸長ヲ用フルモノ一人。公選ヲ可トスルモノ二十一人。内公選ヲ可トシ姑ク區戸長ヲ用フルモノ八人。内公選ヲ可トシ今日適度ノ可否ヲ言ハサルモノ一人。半ハ區戸長ヲ用ヒ半ハ公選ヲ用ヒントシ、可否ヲ言ハサルモノ一人。多數ヲ以テ區戸長ヲ用フルニ決ス」。[1] と記録されたが、各府縣では、これをきっかけに、公選による民會もかなり設立されるにいたった。

もともと、地方官會議前においても、議長木戸孝允が紹介したように、「今全國府縣ノ民會ヲ開クモノ七縣、區戸長會ヲ開クモノ一府廿二縣」[2] という状態であり、したがって、地方官會議が公選民會案を否決すると、「神奈川、三瀦、兵庫、愛媛、山形、置賜、三重、岐阜、鳥取其他六七縣ノ如キハ、從來公選民會ヲ仕來リタレバ此節ノ會議ノ爲メ破却セラレテハ迷惑ナルヲ以テ、此旨ヲ元老院ニ達シ、公選民會ヲ維持センコトヲ」[3] 要求するにいたった。しかし、他方では、公選民會とはいうものの「議長ハ令若クハ参事コレニ充ツルモノトス」[4]、「故ニ議員ハ公撰ニ係ルト雖モ其實官民協同會議トモ謂フヘシ」[5] というのが實體であった千葉縣のような例もあり、千葉縣令柴原和はこの經驗にもとづいて、「區戸長會ヲ以テ適度ナリト云フ也」[6] と主張するにいたったのである。

こうした地方官會議の方向にたいする「權利なき出席者」たちの要求は、決して會議をめぐるカンパニヤとしておこなわれただけのものではなかった。河野磐州やあるいは小田縣の建白にみられるように、豪農層を中心とする民會開設のためのたたかいが随所ですすめられつつあった。七〇年の藩政改革において豪農層がみずからの政治綱領をかかげて登場し、そのなかにすぐれた藩議院構想をもりこんだ舊熊本藩＝熊本縣＝白川縣――七二年（明治五）六月から七六年（明治九）二月まで熊本縣は白川・八代兩縣に分割――においても、その動きは例外でなかった。

白川縣における公選民會開設要求の先頭にたったのは民權黨であった。民權黨は、一豪農青年宮崎八郎を中心に結集した、新興の豪農の子弟と青年士族の集團であった。青年士族の多くは、維新後上京遊學して西歐の新知識にふれながら、藩閥外にあって青雲の志を得ることなく、征韓論に身を投じた青年たちであり、豪農の青年たちは豪農の次男坊廣田尚の塾に學んだ主として城北（熊本縣北部）の青年集團であった。これらの豪農たちは年齢的にも若かったが、その出身からいっても、實學黨豪農たちが主として城南（熊本縣南部）地方の比較的早い時期に興った豪農の出身であり、幕末にはすでに村落支配者としての確乎たる地位をえた家柄に屬して政治的經驗もゆたかであったのにたいし、民權黨豪農はその出身からいっても一段と新らしく、その多くは、數村落をつらねた小區の戸長の地位をささえていなかった。實學黨豪農が、板垣的表現をもってすれば、「首唱の義士、維新の功臣」に屬する「豪家の農商」であったのにたいし、民權黨豪農は新興の豪農であった。といっても、民權黨豪農がその經濟力において實學黨豪農におとるとはいいがたい。むしろ後より興って先を抜く勢であったことは、これらの豪農がその上納寸志金額の多少によって定められる金納鄕士の家格においてむしろ實學黨豪農をしのぐ地位にあったことからも推測される。後年、『自由黨史』は、この兩者のちがいを「壯年氣鋭の士」と「老實重厚の徒」と特徴づけているが[7]、かれら自身もまた、のちにいたって民權派の組織統一をはかるときにこの兩黨（民權黨＝相愛社、實學黨横井派＝立憲自由黨）の異同を、「我黨の長所は、概ね眞理研究意氣熱烈、活氣敢爲、其短所は、位置ある人なく、計濟に暗し、危險過激の論を好む、民情に迂濶、立憲黨の長所は、位置を占む、民望あり事業に順序あり、其短所は、眞理研究に暗く、活潑敢爲の氣象に乏し、其道德と熱心とは兩黨の共にする所なり」[8]と比較した。要するに、民權黨豪農のなげきは政治的經驗と政策の欲除であり、そのほこりは實踐的意慾であった。

これらの民權黨豪農の組織者である廣田尚は、その墓碑銘によれば、はじめ横井小楠にしたがって越前に行き、のち月田蒙斉（詳細不明）のもとで宮崎と同門の弟子となり、玉名郡に家塾をひらいて豪農の子弟の教育にあたり、維新後東京に遊學、歸鄕後その門下をあげて民權黨に投じた。「城北一帯に於ける鄕士中有數の子弟は、概ね其門下に集る。蓋し、熊本の民權家は、多く其門より出でしなり」[9]と稱せられたゆえんである。

民權黨は、七五年（明治八）四月、熊本を去る二里ほど北の植木町に、植木學校を開設した。その學校は、ルソーの『民約論』をテキストにし、萬國公法と日本外史と、「撃劍又は戰爭の時の負傷者死屍を運搬する稽古」とが兩立させられている「一種奇怪の學校であった」[10)]。この學校を計畫したのは士族的教養を身につけた豪農の子弟宮崎八郎であり、その講師は、征韓派士族の平川惟一、敬神黨から民權黨に投じた松山守善、豪農出身の麻生直溫、宮崎、廣田らであった。かれらは、ただちに、植木學校の總力をあげて公選民會開設要求にのり出した。

かれらはまず、城北の中心山鹿町に私設の民會をひらいた。そのとき集まるもの五〇〇餘人、反民權派の幹部である白本爲直、友枝庄藏も協力したという。つづいて、玉名郡高瀬町におなじ集會をひらいたとき、縣はついにこれの解散を命じた。民權黨はこれにたいし、「縣會ヲ開キ縣治上大ニ輿論ノ方針ニ依ランコト」[11)]を安岡縣令に建白した。しかるにこの建白では埒があかなかったので、宮崎は地方官會議に上京する安岡を追って上京し、執拗に民會開設を要求したが、安岡に一蹴され、あまつさえ、植木學校そのものが、わずか半歳で閉鎖させられた。この間、民會論は民會論にとどまらず、同時に村落行政の末端である戶長の公選要求に發展した。戶長公選要求は、まさに民權黨豪農の性格を端的に表現していた。しかし、この要求が本來的には村方騷動的なものに發しながらも、たんなる村方騷動的なものでなく、民主主義的な政治鬪爭の性格をもってたちあらわれたのは、現實に戶長の地位をかちえていた民權黨豪農がみずから官選戶長であることをいさぎよしとせず、戶長民選の決議書に連署の上、野滿長太郞・硯川五六郞らが袂をつらねて辭職したことであった。

こうした民權黨の要求にもかかわらず、安岡は、この地方官會議で、「今日ニ在リテハ斷然區戶長會を至當トス……假令イマ强テ選擧人ヲ用フルヲ當然トシ、利益アリトスルモ、其害ハ却テ益ヨリモ多カルヘシ……加フルニ民權ヲ誤解シテ嗷々タルモノアリ、故ニ學問ノ力ト開化ノ運トヲ速カニシ、義務ヲ辨シ權限ヲ知ルノ後ニ、公選法ヲ施行スルヲ良トスルナリ」[12]と、断乎たる態度をもって公選民會論に反對した。
しかるに、その後、一年未滿にして、安岡は態度を豹變し、熊本縣に公選民會をひらくことを決定し、民會規則を公布した。なぜこのような急變がおこなわれたか。その理由は次のように推測される。前年來、最大の反縣令勢力である實學黨横井派は、竹崎建白草稿が「三條・大久保二卿が日本をあやまる」と宣言して以來、ふたたび急速に政治闘爭の態勢へと復歸しつつあった。縣外の官途についていた横井派の領袖たちも堺縣權參事矢嶋直方や福岡縣權參事太田黑惟信らが中央政府から敬遠され辭職して歸鄕、ふたたび勢力を結集しつつあった。そして、そうした體制に先がけるような形で、民權黨の成立とそのはげしい實踐が展開され、公選民會問題と戸長公選問題をめぐる縣內の情勢は次第に切迫の度をくわえつつあった。これにくわえて、安岡が實學黨横井派に對抗するために與黨としてひきつけようと努力しつつあった黨派のひとつ敬神黨は、すでに反政府の旗幟を鮮明にし、その暴發は時間の問題となりつつあった。もうひとつの黨派・學校黨は、守舊派士族の運命をかけて急速に西鄕黨にかたむきつつあったし、最大の勢力である一般農民層は七〇年の改革が實現した雜税廢止が安岡縣政による民費增徵によって一片の反古と化したうえに、地租改正事業の着手とともに新たに課せられた地租改正入費の負擔をめぐって一觸即發の情勢下にあった。安岡縣政が、こうして縣內のすべての勢力から孤立し、危機にたっていたとき、これにくわえて、境を接した鹿兒島縣では私學校黨不穩の情勢が緊迫しつつあった。こうした情勢を打開し、ひとまず危機を回避する手段は公選民會を開設する以外になかった。こう推測する以外に、他の理由を見出しがたい。これを裏づけるかのように、宮崎は——かれの主觀的意圖はどうであれ——安岡の豹變ぶりを痛烈な皮肉でもって描寫した。

吾輩ハ夙トニ思想ヲ起シ民權自由ヲ發揮暢達スルハ國家ニ於テ最大要務タルヲ認メ自ラ不肖諭劣ヲ顧ス之ヲ喋々セシノ際忝クモ我天皇陛下ハ明治八年四月十四日ヲ以テ漸次立憲ノ政體ヲ立テ汝衆庶ト倶ニ其慶ニ頼ラン云々ト明詔ヲ下シ賜ワリタリ。吾輩臣民ノ至情實ニ感激ニ堪ヘス即チ同志ノ人々ト相議シテ以爲ク今ヤ此明詔ヲ奉ス人民タルモノ決〆悠々スヘキノ時ニアラス願クハ爲メニ一社ヲ結ヒ演説會ヲ設ケ相共ニ人民タル者權利義務ノ何物タルカヲ研究シ各自獨立ノ氣象ヲ起シ以テ貴重ナル聖詔ノ萬一ニ奉答スヘシト或ハ人ニモ相談シ或ハ紙ニモ筆記シ遂ニ願書ヲ呈シ且ツ賢明ナル令公ニモ拜謁ヲ乞イ反復言上シ御氣ノ毒ナカラ些ト御機嫌ニ障リハセヌカト聊カ心配シタル事モ有タリキ。

○當時賢明ナル令公ハ吾輩ノ論説ヲ以テ麁暴過激ト看做シ玉ヒシヤ否ヤ矢張リ當時流行ノ尚早ノ趣ヲ以テ斷然御拒絶ニ相成タリ。夫レ令公ハ賢良方正シカモ明敏剛毅ノ御方ナレハ固ヨリ私情ヲ以公論ヲ妨害シ官威ヲ以テ人民ヲ壓制スル樣ノ事ハ萬々之レ無キハ吾輩兼テ石ヨリモ堅ク信〆疑ハサル所ナレハ是ハ必該縣下ノ民智未タ其度ニ進マサルニ相違ナキモノト拜察シ且ツ吾輩人民ハ官員樣ニ向テ之ヲ強ユルノ權利ナキカ故ニ只々箝口閉息畏リ入ツテ之ヲ默々ニ付シ時機ノ經ルヲ待タント決定シタリ。

○今ヤ僅々一周年ニモ及ハサル内ニ斷然公撰民會ヲ設立セラル、トハ。想フニ其後ハ人民ノ智識頓ニ開進シ今年ノ熊本縣ハ去年白川縣トハ固ヨリ同日ノ景況ニ非ス最早公撰民會ヲ起サル、ニ丁度角クリ角左衛門ナル適度ニ達シタルニ相違ナシ豈ニ妙々ノ至リナラスヤ。該縣下ノ事情ニ疎ナル人ハ或ハ妄想ヲナシ僅々タル時間ニ於テ斯ク迄人智ヲ進ム譯ハナイ是レ必ス別ニ何カ御都合アリテノ事ナラン抔ト疑ヲ起ス者アルカハ知ラ子ド是頓斗ツマラヌ愚論ナリ。試ニ看ヨ人ハ活物ナリ日々新又日新トハ古人モ言ハスヤ。況ヤ該縣下ノ官吏ハ特別非常ニ公平賢明ナル御方ニテ開化ヲ導クニハ殊更御盡力アル事ナレハ僅カ一年足ラスノ間ニ管下一般ノ智力ヲ矢ヨリモ早ク進ムル位イノ事ハ晩僧ガ味噌ヲ摺ルヨリモ易々タルハ明白ナリ（傍點原文のまま）[13]。

當時「評論新聞」に據って筆陣をはり、のちに德富蘇峰をして「天成のジャーナリスト」と讃辭を呈せしめた宮崎が、讒謗律と新聞紙條例による言論暴壓のもとで熊本新聞に投じた一文であることを考えるとき、むしろこの文の背後にひそむものをこそ讀みとるべきであろう。

民會規則

公布された熊本縣民會規則は、[14] 現在までに知られている民會規則のなかでは、もっともすぐれたもののひとつである。それは、縣下における民會要求の聲の強さと、かつてすぐれた藩議院構想を提出した傳統をひく要求の水準の高さによるものであろう。この時期の多くの縣會が區戸長會または區戸長と公選代議人半々の會議であるか、または議長が縣令または次官であったのにたいし、代議人は全員が「九十六萬ノ人員中九千名ヲ公撰シ九千名ヨリ九百名ヲ撰ビ猶撰ンテ縣會議員八十七名ヲ得タリ」[15]といわれるような選擧方式によってえらばれ、議長以下の役員もまた「總議員中ヨリ互撰投票ヲ以テ之ヲ定ム」ることになっていた。

ところで、この時期の民會がもつことのできた權限については、熊本縣民會では、「議案ハ縣廳ヨリ下問ニ附スル者人民ヨリ立案建議スル者共議長ヨリ之ヲ衆議ニ附シ其可否ヲ決定シテ縣廳ニ上申スヘシ其施行スルト否サルトハ縣廳ノ指令ニヨルヘシ」（傍點――大江）とあり、行政官廳である縣廳提出の原案を審議する權限と議會の發議權との双方があたえられていたが、決議の効力は縣廳の指令によってはじめて生ずるものであり、したがって民會は實質的には縣行政部に參考意見をのべうるにすぎなかった。この點は、他のもっともすすんだ民會規則においても同様であった。

たとえば、靜岡縣の會議議事章程[16]においても、「議員ハ選擧法ノ如ク各種皆戸數ニ因テ戸ヲ選擧ス」、「議長副議長幹事ハ議員中ヨリ公選シ」、「議案ハ議長ノ意見或ハ一般ノ建議及ヒ縣廳ノ立案ヨリ成リ」など、その構成等については熊本縣民會とまったく同様であったが、その決議の効力もまた、「議會ハ決議ノ權アッテ施行ノ權ナシ故ニ決議ノ後縣會ハ議長ヨリ直ニ之レヲ縣廳ニ具申シ區會ハ區長ヲ經テ具申シ許可ヲ受クヘシ」と、何ら行政を拘束せず、この點でも熊本縣民會と同様であった。

高知縣民會議事章程[17]*もまた、「正副議長各一名幹事二名書記二名並ニ議員ヲ投票撰擧シ」、「縣會ハ本縣一般ニ係ル事件ヲ議シ」などの規定により、熊本・靜岡兩縣とちがって議案の提出權についての明確な規定こそないが、公選民會としての構成の點ではもっともすすんだ形態をとっていた。しかし、決議の効力についても、「前條決議スル所ノケ條ヲ以テ縣廳ニ具申シ二十日ノ後官ノ指令ナキトキハ直ニ施行スルモノトス」と、最終發効權は官に保留されていた。

＊　高知県では、小區會はこの議事章程によって開設されたが、大區會が開設されたのは七七年（一〇年）であり、縣會にいたってはなお開設の見込がたたず、よって立志社を中心として州會（當時の高知縣は土佐・阿波の二州から成っていた）開設の運動がおこり、七八年（一一年）七月をもって民間の手による土佐州會が開かれたが縣廳より解散を命ぜられ、さらに土佐國各大區聯合區會として繼續がはかられたがこれもまた許されなかった。したがって、章程中の縣會に關する規定は有名無實の存在にすぎなかった。熊本縣民會の縣令による恣意的な開設と廢止といい、當時の公選縣民會が當局者の側からはいかに御都合主義的な危機回避策として開設されたものであるかが理解される。

民會の權限の弱さに反して、公選民會の議員選擧規則は、かなり精密で巾のひろい權利を保證している。熊本縣については殘念ながら資料を欲くが、前記の引用からも推察されるように、第一次選擧によって九、〇〇〇人の選擧人を選出、第二次選擧によってこれを九〇〇人にしぼり、第三次選擧によって八七人の議員を選出するという間接選擧が採用された。選擧資格については、七六年（明治九）の縣人口九六萬、戸數一九萬五千戸足らず、のちの府縣會規則による選擧權所有者が八一年（明治一四）で二六、〇〇〇餘という數字からみるとき、若干の制限はあったとしても、ほとんど全戸主にあたえられていたと考えられる――第一次選擧で選出された選擧人數は二一戸弱に一人の割合であり、ほぼ妥當な比率である――。

靜岡縣でも同樣に、「撰擧ハ複撰法ヲ用ユ故ニ先ツ區内撰擧ノ權利ヲ有セルモノヨリ撰擧人ヲ公撰シ而後其撰擧人ヲシテ議員ヲ公撰セシムヘシ」と間接選擧制を採用したが、その選擧資格は、戸主であって不動產を有するもの――不動產を有する別居の子弟をふくむ――、丁年以上七〇歳未滿の男子、縣內に二年以上居住の條件をみたし、白痴狂瘋精神異常の者・他人に生計を依頼する者・俳優角力貸坐敷引手茶屋雜曲を營業とする者・身代限りの者を特例として除外するという條件であった。被選擧資格は選擧資格にかかわらず官吏および教導職を除いたものにあたえられた。

高知縣でも、選擧法は「小區會第一選挙人ハ其區内村町毎ニ第二撰擧人ヲ公撰シ……第二選擧人ハ凡ソ五十戸ニ一名ノ割合ヲ以テ議員ヲ公選スヘシ」、「大區會議員ハ凡二百戸ニ一名ノ割合ニテ大區中各小區議員ノ投票ヲ以テ公撰スヘシ」、「縣令(會?)議員ハ凡二千戸ニ一名ノ割合ニテ各大區議院ノ投票ヲ以テ公選スヘシ」と、間接選擧制を採用した。しかし、選擧資格は靜岡縣よりもさらにひろく、二〇歳以上の戸主たる男子で、精神異常の者・附籍人・雇人・身代限りの宣告を受け債主へ辨金未濟の者・總て責付内にある者・全戸にあらざる寄留者を除き、六ヶ月以上の居住者の全員に財産制限なく選擧權があたえられた。第二選擧人以上の被選擧資格も、右の資格から縣官と公務に關する者が除外されたにすぎない。

以上三縣の選擧規則をみるとき、のちの府縣會規則の選擧資格が地租五圓以上、被選擧資格が地租一〇圓以上という財産制限をともなっているのにたいし、間接選擧制を採用しているものの、はるかに進んだ選擧被選擧權についての規定をもつことができた點は特徴的である。これは、公選民會の開設が中央政府の指令によることなく縣令の裁量によって開設されたものである以上、縣令の個人的な思想にも影響をうけたであろうが、反公選論者安岡の例からも知られるように、むしろその實現は縣令と縣下人民との力關係に規定されたものと見ることができる。したがって、これらの進んだ形態をとった民會規則は、同時に縣下人民の要求の反映であった。これらの民會規則が、民會權限の規定についてはかなり粗雜であるとともにその内容においても壓倒的な行政權優位をゆるしたのに反し、選擧被選擧資格については後年に例をみないような廣汎な權利を獲得したのは、とりもなおさず、當時の民會論が公選要求に集中していたことの表現であった。いわば、民會論とは、民會何をなすべきかではなく、民會いかにえらばるべきかの問題であった。だから、府縣會規則がのちに財産制限にもとづく制限選擧制を採用したとき、「貢租五圓以下ヲ納ムル者ハ縣會決議ニ關セサルヲ以テ地方税ヲ出ササルヘシ」[18]との連印書をもって高知縣會議員が總辭職をおこなったというような事態をも生じたのであった。

民會論は、當時のブルジョア政治勢力の形成過程において、民權伸暢というスローガンの内容として、第一にまず地方政治への發言權獲得——つまりなおその政治的活動領域が地方の限界内にとどまっていたこと——、第二に参畫の形式としての公選要求が中心となっていたこと——つまり参加の程度の問題にまではすすんでいなかったこと——をしめしている。

(1)　「地方官會議日誌」（『明治文化全集』第一巻）・三二一頁
(2)　同書・第一巻・三一三頁
(3)　尾佐竹猛『日本憲政史論集』一四〇頁
(4)　同書・一五六頁
(5)　「地方官會議日誌」前掲書・三一五頁
(6)　同書・三一五頁
(7)　『自由黨史』前掲版二・四三三頁
(8)　松山守善『自叙傳』四一頁
(9)　『西南紀傳』下巻二・七〇三頁
(10)　前掲『自叙傳』七頁、前掲『西南紀傳』六六八頁
(11)　尾佐竹前掲書三〇二頁

(12) 「地方官會議日誌」前掲書・三一七頁
(13) 熊本新聞・明治九年五月二四日號
(14) 木下順二氏藏の無表題の熊本縣民會關係の綴による。この綴には規則のほか細則・議員名・議案が印刷され、恐らくは議場で議員に配布したものを議員木下助之が保存したものと思われる。
(15) 熊本新聞・明治九年七月二五日號
(16) 尾佐竹前掲書二一九頁
(17) 同書三三二頁
(18) 大島太郎「日本地方行財政の形成と構造」(社會科學研究八—五・六合併號)一九頁に引用の牧野文書「土佐國民情一班」

第二節　農民闘爭の發展と指導

一　民會・戸長制・民費をめぐる闘爭と豪農

§一　民會における豪農層

公選民會の課題

地方民會が直面する最大の問題は民費、したがって民費の收支に關する行政機構——大小區制の問題であった。

民費は、幕藩時代には物成や小物成およびそれに類するいわば藩財政に組みこまれる本租收入とは別個のいわゆる雜税部分に相當するものであり、村入用その他の共同體的費用をふくむものであった。

それは、七〇年改革當時の熊本藩の例ではほぼ本税の三分の一にたっする額をしめ――地租改正條例でもそのまま民費は地租の三分の一以内と定められた――ていたが、維新後において共同體の費用を除いた一さいの行政費を本租收入をもってまかなうとすればそれは全廢することさえ可能であった。そして、現に熊本藩において、豪農層が政權を掌握した機會に、あえてその全廢を斷行しても、中央政府はこれに對して口をさしはさむ餘地がなかった。しかし、廢藩置縣が斷行され、藩財政が中央に移管され、府縣の行政費をふくむ行政費用が本税以外から支拂われなければならない情勢となるに及び、そしてさらに、中央集權體制の確立とともに從來の共同體的鄕村制が行政機構としての大小區制に轉換させられるとともに、民費は本來民みずからのための費用である性格を弱め、民が直接に負擔する費用としての性格を强めてきた。それは同時に、性格の變化のみならず、民費による行政費的支出費目の增加となってあらわれた。七二年(明治五)五月、縣舍牢屋修繕費の全額、一〇月に區長副區長給料その他の諸費、六年八月には河港道路修築費の一部等が民費からの支出費目にくりこまれた。[1] 民費の性格のこうした變化のし方は、とりもなおさず、民費が國家財政の補足部分としての性格をつよめてきたことであり、ついに地租改正條例の公布によって、「從前官廳並郡村入費等地所ニ課シ取立候分ハ、總テ地價ニ賦課可致尤モ其金高ハ本税金ノ三ケ一ヨリ超過スヘカラス候」[2] と、ついにその取立分まで規定されるにいたった。民費のこのような傾向にくわえて、地租改正事業の開始とともに、地租改正入費の負擔がくわえられてきた。こうして、民費・地租改正入費の問題は、しだいに、農民の重要な關心のまととなり、そうした闘心にたって、公選民會の設置や區戸長の公選の實現に期待がかけられるようになった。そうした農民の切實な期待は、たとえば、熊本縣民會の議員が選擧されると、その當選議員名を神棚にそなえて民費輕減を祈った農民の話とか、通行する縣會議員の後姿に土下座して民費輕減を祈った農民の話とか、當時の「熊本新聞」につたえられたエピソードからも、充分に推察されるのである。

こうした期待のうちに、熊本縣民會の八九名（熊本新聞では八七名となっているが實員は八九名）の議員が選擧された。その議員の中からさらに役附議員一七名が互選された。役附議員の黨派別のなかに、總議員の黨派別の反映を見ることができるとするならば、それは、次の役附議員の所屬黨派から見ることができる——熊本縣管下には舊天領天草や舊相良藩領があり、かならずしも傳統的黨派への所屬が明らかでないものもある[3]——。

役名	氏名	黨派	出身	役名	氏名	黨派	出身
議長	太田黒惟信	實學黨	藩士	〃	大塚磨		郷士
幹事長	白本爲直	學校黨	藩士	〃	能勢政元	實學黨	藩士
書記長	徳富一敬	實學黨	郷士	書記	井澤傳次	學校黨	
司計長	餘田正規			〃	廣田尚	民權黨	平民
幹事	岩佐善門	學校黨		〃	友枝庄蔵	學校黨	
〃	矢嶋直方	實學黨	郷士	〃	小崎義明	學校黨	
〃	江上津直	實學黨	郷士	司計	宇野貞也		
〃	木下助之	學校黨	郷士	〃	園田重長		
〃	上羽勝衛	實學黨	支藩士				

（當時實學黨の横井派以外は解體して學校黨等に吸收されていたので實學黨と呼ばれるのは横井派のことを意味する）。

實學黨は民權黨その他の反安岡勢力とともに民會内部の多數勢力をしめ、議長の地位を獲得した。これらの反安岡連合は、當面の闘争目標を、戸長公選の實現においた。當時、實學黨の事實上の機關紙的立場をとっていた「熊本新聞」はその理由をつぎのようにのべている。

吾輩ハ、一言ノ以テ各議員ニ告ント欲スルモノアリ。何ゾヤ。區戸長公選スルヤ將タ官選スベキヤノ一件ナリ。夫區戸長ハ政府人民ノ中間ニ在テ、訴訟上申諸願伺ヲ進達下附スル而已ニシテ、人民ノ權利ニ於テハ毫モ關渉スルナキガ、豈之ニ止ランヤ、若シ夫レ純然タル官吏ノ如ク人民ヲ抑制スルノ權柄ヲ有シ、或ハ民費金ノ調査正シカラズ大ニ人民ノ疑ヲ釀シ、或ハ偏頗ニ馳セテ幾分ノ權利ヲ妨ゲ、却テ吾輩ノ不便ヲ生ズル如キ不幸アラシメバ、其給俸ハ悉ク人民ノ膏血ニシテ所謂飼犬ニ足ヲ噛ルルト一般ナラズヤ。於此乎區戸長ヲ撰ブハ則人民遁ル可ラザルノ權内ニシテ、一縣一區ノ内名望ヲ有シ、能ク權利ヲ保護シ、人民ノ爲メニ事務ヲ整理スルニ堪タルモノヲ撰ブベシ。官撰ニシテ人ヲ得ベク、公撰ニシテ得ベカラザルノ理アルカ、吾輩ノ未ダ信ズル能ハザルナリ。然ラバ則區戸長モ人民ノ爲ニ撰バレタルヲ知リ、傲然人ヲ蔑視スルノ弊ヲ招カズ、用掛以下ノモノニ於テモ少シク事務ノ片端ヲ聞ハツリ愚民ヲ睥睨スルノ害ナク、冗員ヲ汰シ事務自ラ延滞ヲ生ゼズンバ人民ノ幸福何ゾ加ン……於此各議員ハ侃々タル讜議ヲ惜マズ、直ニ公撰ノ一途ニ歸着センコトヲ信ズ。[4)]

實學黨の中心が、かっての御惣庄屋級以下の豪農層によってしめられていながらも、安岡の政策的意圖により區長以下の地位が農村とはまったく關係のない學校黨の舊藩士層にあたえられていた實情から見るとき、この要求は、豪農層の失地回復の要求でもあったが、同時に大小區制の實施とその機構の長に舊武士が君臨することによって一方的な支配機構として農村の機構が成立したことにたいする全農民の怒りの表現であった。

民會における鬪爭　七六年（明治九）七月二十日、待望の縣民會が開會した。開會へき頭、安岡は、縣下全人民と民會に挑戰するかのように、「區戸長月給當否ノ事」[5)]つまり官選區戸長の増給とその財源である民費の増徴をともなう提案をおこなった。安岡のこのおそるべき厚顔さに、縣民會は憤激した。七月二一日、民會は「區戸長公撰セザルベカラズ、官撰ナル時ハ民費ノ給料ヲ議スベカラズ、公撰ノ法定ッ而後之ヲ議スベシ、故ニ原案ヲ取消サン事ヲ願フ」[6)]と決議した。この決議にたいし、安岡は恫喝をもってこたえた。すなわち、「原案ヲ取消トセハ議スヘキノ事件ナシ、議スヘキノ事件ナクンハ會議ヲ中止スヘシ」[7)]と應酬、さらに、議員規則の「議案ノ本旨ヲ失ヒ權外ノ事ヲ論議スルヲ禁ス」[8)]の一條をたてにとり、公選要求決議を「議案ノ本旨」を失った議論であるとして、「人民ヨリ立案建議スル」建議案の先議權を否定することによって、事實上、議會の發議權を抹殺しさったのであった。縣民會は岐路にたった。民會の中止をかけてあくまで抵抗するか、せめて區戸長の増給だけでも阻止すべきか。翌二二日にいたって後者の道が多數を制した。一説によれば、議長太田黑が軟化したために形成が逆轉したのであるともいう。ともかくも、二二日、縣民會は審議拒否の決議をひっこめ、あらためて原案を否決の上、縣令にさし戻した。

しかし、この戰術轉換は必ずしも實學黨豪農たちの本意ではなかった。「熊本新聞」は、なお執拗に、公選要求の論説をかかげて安岡にせまった。

二十一日ノ一會ヲ以テ見ルトキハ、我熊本縣ノ人情ハ區戸長公撰ヲ欲スルモノナリト明言スルモ亦可ナラズヤ……或ハ云ン、衆議院中猶公撰ヲ不可トスルモノアリ、何ソ悉ク公撰ヲ望ムモノト云ベケンヤト。夫然リ、豈夫然ランヤ（學校黨が公選に反對の立場をとったことがここから推測される――大江）……爰ヲ以テ我熊本縣ノ人心ハ則區戸長ヲ公撰セン事ヲ希フモノト云ハザルヲ得ズ、若シ衆議員皆人望ノ繋ル所ニ非ズ、一時ノ誤撰ニ出ルモノトセバ、何ゾ我賢明縣廳如此堂々タル會議ヲ要センヤ。或ハ之ヲ開クモ議員ヲ官撰シテ則可也。加之會議ノ入費未其幾何ヲ知ラズト雖ドモ、吾輩亦其少々ニ非ルヲ察ス。然レドモ之代議士ヲシテ我幸福ヲ買ハシムルノ價ナレバ、一モ之ヲ異議スルモノナシ。然ルヲ數日ノ會議ニ於テ一ノ我ガ權利ヲ助クルナク、我幸福ヲ増スノ益ナクンバ、人民タルモノ豈嗟歎セザランヤ。於此吾輩ハ切ニ區戸長ハ公撰スベシト信ジテ疑ハザルナリ[9]

實學黨の豪農たちは、あくまで「區戸長ハ公撰スベシト信ジテ疑ハ」なかったにかかわらず、それを新聞の論説以外の場にもちだそうとしなかった。つまる所、かれらは、なお、縣民會以外に、かれらの要求をひっさげてたたかう場を發見することができなかったのである。

しかし、一たび妥協に應じた縣民會のむなしい手のうちは安岡に見すかされていた。安岡は、さらに一片の通知をもって、縣民會決議をふみにじった。九月二二日、民會規則第五條「施行スルト否サルトハ縣廳ノ指令ニヨルヘシ」

をたてにとった甲第二百七十八号布達によって、「衆議舊慣ヲ可トスレドモ其理由ヲ詳ニセズ、且前日ノ議論問題外ニ馳セ、未ダ區戸長職任ノ輕重勤務ノ繁閑ニ就テ詳論セザルモノノ如シ。然シテ廳議ニ在テハ現今ノ職務上ニ對シ増加セザルヲ得ズ、依テ原案ノ通及施行、衆議ノ趣ハ不致採用」[10]とされてしまった。こうして、ついに「熊本新聞」は、「吾輩人民ノ權利ヲ保護シ、國家ノ一部ヲ擔當スルノ義務ヲ全フセシヤ。其會議ノ跡ニ就テ是ヲ默考スルニ茫乎トシテ歸着スル處ヲ知ラズ」[11]と、一場の茶番劇におわった縣民會に憤りをぶちまけた。縣民會は、その妥協によって、みずからを葬りさった。

七六年（明治九）一〇月二四日、突如として蜂起し、縣權令安岡良亮、鎭臺司令官種田政明をたおし、縣民會議長太田黑惟信を襲ってはたさなかった敬神黨（神風連）の暴發は、すでに形骸と化した縣民會を、安岡縣政もろとも瓦解させてしまった。

(1)　藤田武夫『日本地方財政制度の成立』四四頁ほか
(2)　『法令全書・明治六年』太政官布告第二七二號
(3)　熊本新聞・明治九年六月二七日
(4)　同・同年六月二七日
(5)　前掲木下氏所藏文書
(6)　熊本新聞・明治九年七月二五日、なお縣民會議事錄が同新聞号外として發行されたはずであるが、目下のところ發見されない。
(7)　同右
(8)　前掲木下氏所藏文書
(9)　熊本新聞・明治九年七月二五日
(10)　同・同年九月一六日

(11) 同右

§二 戸長公選をめぐる豪農層

大衆闘争への發展

實學黨豪農が縣民會のそとにたたかいの場を見出すことができなかった限界をのりこえたのが、民權黨の豪農層であった。これら新興の豪農層は、何よりもまず、自己自身の利益を農村の民主化闘争に、そして民主化闘争をつうじての絶對主義支配の排除に見いだした。その農村におけるかれら自身の地位は、實學黨豪農の民會におけるたたかいが區・戸長公選という要求をかかげたたたかいであったのにたいし、民權黨豪農のそれは戸長公選という要求をもって表現されたことにしめされている。

安岡による縣民會壓殺を契機に、そして神風連による權力機構の一時的混亂という事實の經驗ののちに、縣民會のむくろを乘りこえた縣下全人民と非命にたおれた安岡の骨をひろった新縣權令富岡敬明とのあいだに、不穩な情勢がみなぎった。この情勢を適確につかみ、ついに山鹿・山本兩郡一帯を中心とする大農民闘爭にまで發展させたのは、民權黨の豪農たちであった。

七六年(明治九)一二月末、新權令富岡の管内初巡視を機會に、農民のはじめての組織的な戸長公選要求のデモンストレーションが城北南關町の富岡の宿舎にむけられた。[1] この示威を組織したのは、かつて戸長公選を建白して連袂辭職した數少ない民權黨出身の戸長の一人であり縣民會議員でもあった豪農硯川五六郎であった。

硯川が組織した示威を口火に、民權黨豪農は一せいに農民闘爭の組織と指導にのり出した。山本郡の闘爭は植木町を中心に、民權黨出身の二人の縣民會議員、廣田尚と堀善三郎を中心としたグループの指導下にあり、山鹿郡の闘爭は連袂辭職した戸長の一人野滿長太郎や野滿富記・安親兄弟らの豪農の指導下におかれた。これらの闘爭は、官選戸長の不正を摘發する大衆行動として組織され、それに地租改正入費・民費の問題をからませながら、一方では大衆的壓力をもって官選戸長の辭職を餘儀なくし、これと併行しながら戸長公選要求の政治的示威・大衆集會を組織することによって、全人民的規模での起ち上りによる戸長公選の實現を期した。闘争は、最初、個々の村で組織され、それを小区に統一し、小區の闘争を結合しつつ大區の規模での統一闘争として展開する方向をたどった。この方針を可能にしたのは、いうまでもなく、闘争の最高指導部としての民權黨の存在によるものであった。

闘争の統一指導部としての民權黨の存在は、いわゆる戸長征伐と呼ばれるこの闘争が最大の成果をあげることのできた最大の理由であった。たとえば、個々の不正摘發闘争と併行して、それぞれの段階に應じた統一行動を機敏に組織し、「區戸長を公撰したいと建白し」、「組長中が申談し徳望清潔の者を擧げざれば人心一致せぬ故、某等組長として一時間も其職に安んぜぬから悉皆免職に成り度との建議を區長に出」すなどの活動がおこなわれたこともその表現であった。しかし、のちに、國會開設請願運動が署名という大衆的組織活動をつうじて農民大衆の上に基礎をおいた國會期成同盟に組織されたのとちがい、この民權黨はあくまで農民に直接のつながりをもつ「黨」ではなかった。民權黨にとっては、農民は個々の闘争に動員すべき統一行動の對象でしかなかった。農民の要求である民費輕減・地租改正入費の公平な賦課という要求が、民權黨によって戸長公選というスローガンに解消され、結局は、上昇する豪農層の要求としての村方騒動の發展形態である戸長リコール闘争の政治闘争化という方向に方向づけられたとき、そこに民權黨――それに所屬する豪農層――と農民との結合の限界があった。民權黨幹部のひとり松山守善が宮崎八郎にあてた書簡のなかで、當時の情勢を「今遽かに勢力を張らんと欲せば官權に抵抗し人民を鼓動する他なく、熟々縣下の形況を察するに、概して民權の何物たるを知らず、却て狐疑を懷き、官權の壓迫を受け憤激不堯者は僅か數人に不過べし」[2)]と見たとき、大衆のエネルギーの評價の適確さにかかわらず、大衆を信頼できずに少數精鋭主義に向いていく當時の民權黨の限界がまざまざと表現されているのである。この限界が、のちにのべるように、鬪爭の決定的瞬間に農民鬪爭を置きざりにし、鬪爭の昂揚をよそに、民權黨の獨走が開始される最大の原因であった。それにしても、ともかくも、農民大衆の要求をかれらなりに受けとめ、その巨大なエネルギーを大衆の政治行動に組織することにちゅうちょしなかった豪農層の成立は、實學黨の「維新の功臣」クラスの豪農層の幕末以來の志士意識＝請負主義——その何よりの欲陥が「身を殺して仁をなす」はずの縣民會鬪爭において仁＝區戸長公選は一事もなさずにいたずらに身＝縣民會をのたれ死させてしまった結果にしめされた——に大きな衝撃をくわえた。こうしたあたらしい感覺を身につけた豪農層の參加によって、古い志士・草莽から新らしい民權家への脱皮がなしとげられるのであり、さらに、農民大衆を變革の唯一の同盟軍として組織することによって、民權運動が現實の革命運動として成立する。國會開設請願運動成立の前提となるのは、多くの諸鬪爭をつうじてのこの過程の發展なのである。戸長征伐は、そうした過程のひとつの段階であった。

戸長征伐と豪農　戸長征伐そのものの發展過程については、比較的に記錄が[3)]殘されている山鹿町附近の鬪爭の發展を中心にたどることができる。

七七年（明治一〇）一月一二日、第六大區八小區方保田村惣人民集會がこの地域における鬪爭の口火となった。集會の要求は、（一）昨年度の貢租中三割を改租終了まで延納のこと、（二）米納現金化の相場に疑義があるから村が米商と結んだ契約は破棄すること、の二項目であり、純然たる農民の經濟的利益にたった要求であった。ところが、この純經濟的要求から出發した農民の動きは早くも一六日には、（一）貢租取立に戸長の不正はないか、（二）鄕社修繕費割當に戸長の不正がないか、（三）民費割當の明細公開、（四）地租改正入費の割當明細公開と、戸長の汚職追求の要求にしぼられてきた。翌一七日、集會が同じ小區の古閑村元白石組で開かれ、ここでも當初の要求は、（一）

勞役負擔が當村に不當であること、（二）貢租取立が反別割であるのは不公平であること、の二項目であったが、翌一八日には、（一）地租改正中の詰所役人日當に疑義あり、（二）同じく夜業料に疑義あり、（三）地租改正費に不正支出の事實あり、（四）詰所役人が月給外の給與を與えられている、（五）民費が公務以外の詰所役人費用に費消されていないか、等の項目、戸長の不正追求にしぼられた。農民の要求がすべて戸長の不正追求にしぼられ、その追求の手が連日はげしさを增していく過程で、早くも小區の詰所役人は動搖し、病氣と稱して隱れる副戸長や職務に堪えずとして辭職する村用掛などがあらわれてきた。闘爭の發展とともに、各村毎の要求と行動は次第に小區全體の統一要求と統一行動に發展し、一月二二日にいたって小區の統一闘爭體制が成立した。ここでは決議は、（一）戸長役場の風紀紊亂、（二）學校建築にからまる汚職、（三）地租改正入費の豫算と決算の差額拂戻要求、（四）鄕社修繕費の水增徵收、（五）詰所備品の不正處分、（六）民費の水增徵集、の六項目の不正追求に集約された。

　第八小區で要求と行動の統一が完成された日の翌日、城北一帶で進行しつつあった同樣の事態――戸長征伐――の進展にたいし、縣では集會禁止令を發した。それは「一村限十戸長又ハ長立候者五、六名ニテ區戸長等ヘ尋出猶明瞭致サザルニ於テハ封書ヲ以テ直ニ縣廳ヘ申出、右等之儀ニ付決テ多人數集會等致ス間敷候」[4]とあった。丁度この日は、類似の經過をたどって發展しつつあった隣接の第九小區の戸長征伐が八小區と統一の動きをはじめ、共同の詰問書が區長宛に提出された日であった。そして翌二四日、集會禁止令の裏をかいて兩小區合同の集會がもたれ、兩小區戸長との對決をせまった。集會は闘爭の指導者である民權黨の豪農野滿長太郎、野滿富記・安親兄弟ら九人が表向きの參會者となり、他は傍聽人と稱して禁止令以前と變るところがない集會となった。だから二七日にいたって、縣は「決テ多人數集會致ス間敷旨本年甲第貳拾壹號ヲ以布達候處、右十戸長又ハ長立候者ヨリ尋出候節傍聽ト稱シ猶多人數集會致自然躁擾ケ間敷趣ニモ相聞……以後人民ヨリ區戸長ヘ相對尋ノ問儀ハ差控、平穩ニ罷在候樣可致」[5]と、再度の禁令を出さねばならなかった。たたかいの指導のたくみさは當局の對策に一歩先んじていた。

戸長征伐のひろがりは一片の禁令をもってしてはもはや如何ともしがたかった。縣大屬近藤幸正は彈壓掛として警部巡査をひきいて巡回を命ぜられた。かれらは行先々で、たとえば、廣田尚・堀善三郎らの指導下に闘争しつつあった「五大區十小區戸長ハ兼而病氣ニ而引込、副戸長二名ハ此頃之事ニ而頗恐怖、用掛モ何レモ辭表差出引込居候程之事ニ而、詰所ヘ参見候處小使ノミ差置有之位之事ニ而實ニ不都合之爲體」[6]を見いださねばならなかった。そこでこの地域の闘争指導者、民權黨所屬の豪農・縣民會議員であった二人、廣田尚と堀善三郎を「或ハ教唆煽動之處爲モ有之不都合ニ付」[7]という理由をもって逮捕投獄し、「今般之惣小前集會不相成御布達モ大キニ好機會ニ而頗ル鎭定之力ト相成候」[8]と大いに氣を好くして第六大區の山鹿周邊地域にのりこんだ。

近藤が樂觀的報告を書いた翌日、つまり再度の集會禁止令が出た翌日の二八日、山鹿町では六大區全域から集った農民一萬人以上の大集會が近藤および隨行の警部たちを待ちうけていた。當時の戸數一四、六五九戸という數字から見るとき、三戸に二人強という驚嘆すべき動員率をもって組織されたこの大集會が當の彈壓掛を迎えたのである。これにたいする近藤らの解散説諭にたいしても、「人民に於ては五説諭を受るべき稜も無し、何卒一統安心に至る様五着手を願ひ奉ると齊しく申出る」[9]有様では、もはや全戸長の即時罷免以外に事態を解決する方法は見いだされなかった。個々の村の闘争を小區、さらに大區へと統一しおしひろげていく過程で、戸長征伐はついに勝利への一歩をふみ出した。「何レモ近來拜命又ハ轉區候者ニ而格別區内ニ對シ不都合之例モ無之」二人の戸長を除いて、六大區全一四小區中一二小區の正副戸長全員の罷免をかちとったのである。[10]闘争の本來の目標である戸長公選實現への大きな第一歩であった。

しかし、民權黨豪農の限界もまたこのときにやってきた。このような農民大衆の巨大なエネルギーとその成果を眼前にしながらも、かれらは、なお、ついに變革の唯一の同盟軍として、農民に全信頼をかけることを拒否したのであった。

熊本協同隊

山鹿集會の二日後、鹿兒島の私學校黨はついに蜂起した。西郷起つの報が熊本にたっするや否や、戸長征伐に力を傾注していた民權黨はそのすべてをあげて西郷軍に投じた。熊本民權黨の名は熊本協同隊とあらためられた。この農民鬪爭の指導部から士族反亂の一部隊への鞍變えの理由は、かれら自身が何といっても地方的な豪農集團にすぎず、政治勢力としてあまりにも無力であることの自覺であった。その無力さの自覺は、かれらの農民にたいする感覺——不信——に由來していた。反絶對主義鬪爭のより有効な力を、明確な反動である士族反亂にもとめねばならず、しかもまさにその理由をもって昨日までの反對黨であった學校黨——池邊吉十郎・佐々友房らがひきいる熊本隊——と手をにぎらねばならないことは、かれら自身にとっても矛盾であった。その矛盾にもかかわらず、かれらはかれらの道をえらんだ。

熊本協同隊は進擊して山鹿町周邊を占領した。そして、山鹿の大集會の成果をひきついで、自己の軍事力を背景にその要求を實現した。この地域の鬪爭の指導者のひとりであった野滿長太郎——かれとならんで鬪爭を指導した野滿富記・安親兄弟は第一回の熊本城攻擊で戰死した——を民政官とし、「その年來の主張たる自由民權の旨趣に基き人民を集めて自治權の要旨を説明し、普通選擧を以て人民總代なるものを選ばしむ。選に當るもの大森總作以下數人、乃ち野滿長太郎之を監督して自治の政を行」[11]う『革命的』な小共和国をつくりあげた。しかし、この小共和國は共和國人民の武裝によってではなく、士族反亂の一部隊である熊本協同隊の軍事力に守られていたために、その發展ははばまれてしまった。戸長征伐の指導者としての役割と士族反亂の一部隊としての役割のあいだの矛盾をその具体的な擔い手が同一主體であることのなかに解消してしまった民權黨豪農自身の矛盾であった。だから、士族反亂の本質の表現であった他の占領各地で成立した士族獨裁政權のあいだでこの小共和國は孤立し、時を同じくして蜂起した阿蘇の大一揆とも何らの闘連ももつことができず、西鄉軍の軍事的敗退とともにこの小共和國のささやかな歴史もまた幕をとじてしまったのである。

この矛盾と、民權黨豪農たちは、西南戰爭の過程をつうじて眞正面から對決しなければならなかった。かれらの小共和國とかれら自身が士族反亂の渦中で孤立していったとき、かれらの自己批判がおこなわれた。丁度この時期に、「中江篤介東京より馳せ來りて宮崎に面して曰ふ、西鄉隆盛は自由民權主義にあらず、這般の事恐らく緣の下の力ちに過ぎざるが如く、君請ふ之を一考せよと、宮崎の曰く、西鄉に天下取らせて復た謀反するも怏ならずや、併し今度は兎に角やり損ふた……と、彼は當時已に薩人の騷無知にして教ふべからざるを見、心竊かに事を共にしたるを悔ひ居たりと」[12]。

この生命がけの自己批判をつうじて、かれらはみずからを政治勢力として確立し、戰後、生存者を糾合しての相愛社の組織となり、國會開設請願運動への參加となっていく。この飛躍のための血の犧牲は、かれらに決して無用のものではなかった。あたかも、實學黨豪農が、その永い政治活動をつうじて體得した眞理、「一も一、吉も吉」[13]——大久保を一とよび西鄉を吉とよぶことそれ自身がかれらの幕末維新の功臣としての誇りをしめしていた——と、大久保獨裁をも西鄉反亂をもかれらにとって本質的におなじものとしたことを、民權黨豪農は短期間の、しかし高價な犧牲をもって體得したのであった。

(1)　以下とくに記すほかは熊本新聞明治一〇年一月四日—二月九日による。
(2)　松山『自敍傳』三九頁
(3)　『六大區八小區動搖日誌』荒木精之氏所藏のものを借覽した。

(4) 熊本新聞、明治一〇年一月二九日號所載の布達甲第二一號
(5) 同右、布達甲第二二號
(6) 熊本縣文書『職制任免』明治一〇年中に綴込の近藤報告書、熊本縣立圖書館藏
(7) 熊本縣文書『郡區雜款』明治一〇年、右同館所藏
(8) 前揭近藤報告書
(9) 熊本新聞、明治一〇年二月六日號
(10) 前揭『職制任免』
(11) 『熊本評論』連載の宮崎滔天「熊本協同隊」、これは八郎の弟滔天が「本記原文は、戰後東京鍛治橋在獄中の先輩諸君、官命に依りて草したるものにて、宗像政氏等專ら筆を執りしと云ふ、田中賢道君の戰記は、同氏岡山監獄在獄中、以上の次第にて草せしものの寫也、二者共に一字も改めずして原文の儘に謄寫したるは、當時の記念を傷けざらんがためにして、編者曰くの項は、僕が此迄蒐集し得たる資料也」と附記しているものである。宗像・田中はともに民權黨・熊本協同隊員、のち相愛社員、九州改進黨ならびに自由黨員、田中は自由新聞社員、宗像はのちに衆議員議員・縣知事を歴任。『熊本評論』は宮崎八郎の弟、滔天の兄民藏主宰の土地復權同志會の機關紙的立場にあったがその編集者たちは松尾卯一太・新美卯一郎らで、いずれも幸德事件で逮捕處刑された。
(12) 前揭「熊本協同隊」
(13) 前揭『竹崎順子』二五一頁

二　民會・戸長制・民費をめぐる闘爭と農民

§一　民費・地租改正入費をめぐる農民一揆

大衆的蜂起の情勢

一八七六年（明治九）から七七年（明治一〇）にかけての熊本縣の情勢は、明治絶對主義の權力をめぐって、あらゆる階級の闘爭が一せいに、しかし孤立的に展開されたことで特徴的であり、あるいみでは日本全国における諸階級間の矛盾の激突の縮圖的な様相をしめしていた。没落した下士—鄕士的反對派の絶望的である神風連の暴發や、豪農層の縣民會闘爭から戸長征伐にいたる闘爭、そして西南戰爭にいたるまで、それら一さいの闘爭は、なお、いずれも農民大衆にとって無縁のものであったか、または農民大衆にたいする指導性の未回復ないしは未確立のままにたたかわれ、闘爭は獨走し、潰えさるかあるいは中斷された。農民は、戸長征伐の挫折の瞬間から、戸長征伐の指導の及ばなかった地方において、裸のままで直接に權力と相對することになった。この裸の力は、みずからの武装を開始した。七七年（明治一〇）初頭、熊本全縣下にわたってひろがった農民蜂起への動きはそのようなものとしてとらえられる。

縣民會闘爭・神風連・戸長征伐・西南戰爭という相次いで激化する情勢のなかで、農民の起ち上りは急激であった。八代郡松求麻村の農民蜂起がその先驅となった。およそ一、六〇〇の農民が、租税未納者にたいする差押えの不當と民費使途不審の二項目をかかげて起ち上った。一月四日から六日にかけて戸長役場を包囲し、竹槍と石礫を武器に武装蜂起に轉化し、戸長役場の打毀をおこなったが、彈壓と縣の若干の譲歩によって、近隣にひろがることなく鎭靜した。[1)] つづいて、一月五日、飽田郡小島町および松尾村の農民が蜂起への情勢をしめした。しかし、縣は大事にいたらぬうちにその火を消しとめることに成功した。戸長征伐の昂揚のあとをうけて、二月二三日から三月二日にいたる間に、玉名郡長州町周辺八ヶ町村の農民がより大規模な打毀にたち上ったときも、それが「多人数ヲ誘ヒ勢ヲ以テ戸長ニ迫リ」、戸長や用掛の「宅其外ヘ押掛ヶ諸器物等破棄致ス」段階で[2]、自らの指導と戦術的統制を確立するに至らないうちに、「鎮撫官兵一中隊及警部」[3]の彈壓のもとに屈してしまった。天草郡では、政府軍の「軍夫御繰出ノ節、人民相拒ミ候」闘争として展開されたが、個々の村々の自然發生的闘争が相互に關聯づけられることなく、あるいは「戸長詰所ニ強迫シ」、あるいは彈壓に出むいた巡査を「アノ者打殺セ」とひしめく程度の分散的段階で、いずれも各個撃破されてしまった。[4]これらの闘争は、いずれも、西南戰争の戰場の背後での起ち上りであっただけに、內戰時の權力機構の混亂に乘じたものであり、それだけに政府にたいしても脅威であったが、同時に戰線に集中された軍事力と警察力の驅使による鎮壓もまた容易な條件のもとでたたかわれた闘争であった。

しかし、このような情勢が一定の經濟的および農村內部の階級的條件のもとできわめて急速に展開し、蜂起の過程でみずからの指導體制と統制を生み、分散的闘争をかなり集約し、農民の武裝集團を組織し、當時の政治・軍事情勢をたくみに利用しながら、大規模かつ長期にわたる闘争を維持することのできたところがあった。阿蘇郡一帯にわたる大一揆がそれである。その初發におけるはげしさの點で決して劣ることのない松求麻の一揆や、「竹槍席旗」[5]を押したてて たたかった玉名の打毀や、「銃器竹槍等ヲ携ヘ數百名集合」[6]に始まる天草の軍夫徵集拒否闘争などがいずれも早期に鎮壓されたのにたいし、阿蘇一揆は、この時期における農民一揆の可能性の極限まで進んだものと考えられる。だから、阿蘇郡の全人口六四、七八三人、戸數一三、三二六戸のうち、[7]八、四二九人が裁判にかけられ、無罪九九人、免罪二〇四人をのぞく八、一二六人が處罰された[8]――全人口の一二・五パーセント、一・六戸弱に一人の比率――という數字で表現されるこの蜂起は、農民闘争の政治的成長の程度をしめすひとつの指標としてとらえられるであろう。阿蘇一揆の分析のなかから――ほぼ同時期における地租改正反對一揆（後述）とならんで――、民權運動を反封建革命の民衆運動として成立させる農民闘爭の政治的成長の問題を讀みとることができるのである。

阿蘇郡の一揆・打毀

阿蘇一揆もまた、城北一帯と時期をおなじくして動きはじめた。七七年（明治一〇）一月九日、阿蘇郡（第一一大區）の北端五小區内の下城村で村内集會がひらかれ、「（地租）改正費の内呼金（豫備？）と唱へ無用の金円取立て加候儀」9)を問題としたのが阿蘇郡における蜂起の發端となった。これは、ただちに、同じ小區内の上田村に、「沽券費豫備金取立儀不服に而種々相募……四ヶ年前地券調費一筆壹錢五厘に定め取立を取戻し可申候と主張申候、且縣税不服の申出有る」闘爭として波及した。しかし、この地域の闘爭は、戸長征伐が不正摘發闘爭を戸長公選要求という政治スローガンに集約する闘爭として指導されたのに反し、あくまで農民の直接の經濟要求を前面に押し出した闘爭として、それも自然發生的闘爭にはじまるものとしてひろがっていったことである。このような闘爭を公然たる武裝蜂起に轉化させた直接の契機は――ひとつには西南戰爭とくに熊本城包圍という情勢がその傾向に輪をかけたことも忘れられてはならないが――、内亂勃發の直前に縣が決定した戸長征伐の強壓方針にもとづく挑發であった。

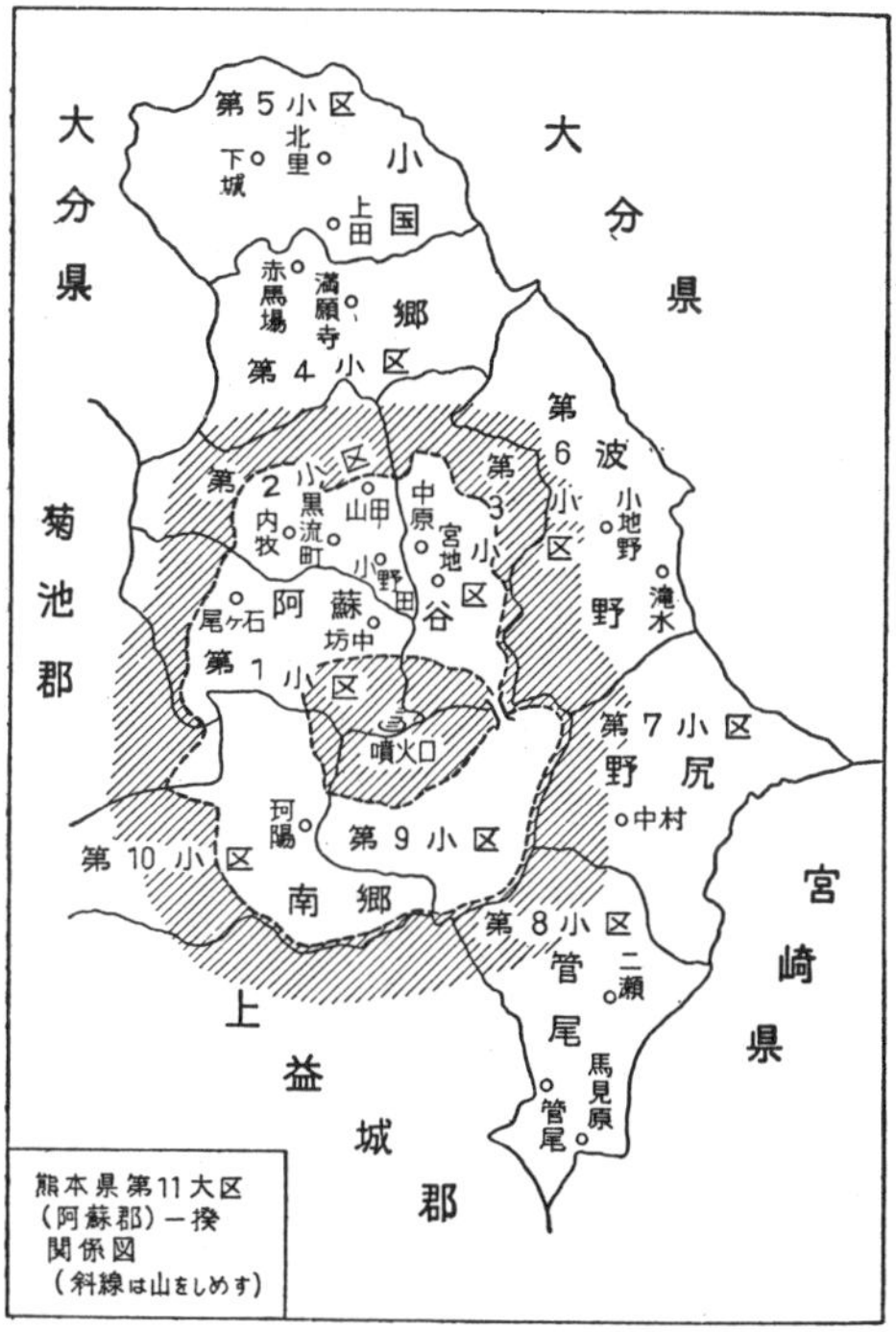

熊本県第11大区（阿蘇郡）一揆関係図（斜線は山をしめす）

一月二七日の例の縣甲第二二號布達、すなわち「地租改正費其他民費篤ト及檢査、夫々公示爲致可申候條平穏ニ罷在候様」との再度の集會禁止令に便乗した第四小區で、「二月六日より同十日迄に神官教導職同道、村々巡回人民差寄悉敷申渡尚精々説諭を加へ」、同時に「其節地租改正費本年三月迄入費見積豫備割取立の趣も申聞置」との行動に出たのが火に油をそそぐ結果となった。二月二七日、まず第四小區滿願寺・赤馬場の兩村で闘争は武装蜂起に轉化した。そこでは、「鐵砲打立各村を煽動誘掖致し、滿願寺村、赤馬場村兩村五百七十餘戸の者、戸長詰所に押し寄種々難問申掛、都て土足にてターフル簡笥抔の上に踏上り、戸長を盗人々々と罵り、縛れ々々と縄を投掛」るなどの全村民をあげての直接行動がおこなわれた。それより、この武装闘争は「四五小區一圓に蔓延、凡貳千餘戸之人民兩區務所へ群集、正副戸長に迫り租税或は地租改正費郷備金配附等の件を申立、戸長用掛輩より飽迄説諭、千辛万苦百法手を盡すと雖も退散不致始末」[10] だけでなく、「行進の途中既に發砲する者あり、數名の者は遂に戸長を縛り上げ、彼を打てと叫び、戸長詰所から自宅に逃れた副戸長は忽ち百人計りの一團に襲撃された」という。

阿蘇郡の北端小國郷（第四・五小區）に始まった蜂起は、その翌日には、北外輪山をこえ、阿蘇郡の中心である阿蘇谷（第一・二・三小區）に下った。二月二八日、第二小區の集會が内牧町淨信寺にひらかれた。阿蘇一揆の指導的役割を演じた阿蘇谷の蜂起の状態は、聞取[11]による補足によって、かなり明確な状況を知ることができる。

淨信寺集會もまた、當初は戸長に民費使途の細目説明を要求するものとして開かれた。この時官側を代表して出席する豫定になっていたのは片山嘉平太（舊藩士出身の戸長であったとも傳えられるがにわかに信じがたい）という男であった。片山は集会の壓力に恐れをなし、會所役人で大寄生地主の杉原寛元から馬を借りて逃げ去り、姿を隱してしまったという。激昂した農民たちは、淨信寺からただちに杉原家に打毀をかけた。打毀は、そのまま、杉原（板屋）から同じ寄生地主の金屋へ、宇都宮へ、そして舊御客屋（脇本陣）の合志へと波及した。打毀農民たちは即興で「みごとな板屋を打ちくずし、寶泉金屋ももろともに」と唄い、この歌の波とともに打毀の波もまたひろがった。打毀の主勢力は在方の農民であり、町方（内牧は宿場町であり、温泉町であり、舊藩時代からの行政の中心地である）のものは炊出しを行った。箪笥の衣裳をとり出して縄にない、これを家の棟にかけて家を引き倒し、米は土中に埋め、錢は屋根からまくなど、てってい的な破壊がおこなわれた。襲撃をまぬがれた大寄生地主は、内牧髄一の地主佐藤家だけであった。佐藤家は、あらかじめその酒倉を解放して農民にふるまい、難を免れたという。

打毀は、その日のうちに阿蘇神社の門前町宮地にひろがった。宮地では大寄生地主の栗林家がおそわれた。宮地の蜂起は三月九日まで続いた。三月一日、第一小区の坊中で田代家が打毀にあった。坊中の黨民二、〇〇〇人と稱せられた。坊中は阿蘇奥宮である噴火口山上神社への登山口であり、その名の示す如く、古くから阿蘇神宮寺の門前町として形成されてきた町であった。三月二日、再び内牧がおそわれ、第一小區の村用掛森武一、第二小區の村用掛三井村善の兩家が打毀にあった。打毀のスローガンは、「役という名のついているものは、こうやくでもうちくずせ」と叫ばれた。在方では、第一小區尾ヶ石の吉良家、第三小區坂梨の菅家、第二小區山田の岩佐家などの寄生地主が打毀にあった。阿蘇谷の「重立ッ資産家及村役人ノ家居ヲ破崩スル事参拾餘戸」[12]と稱せられる。また、三月二日、小國郷では第五小區北里村玉金寺がおそわれた。

阿蘇谷（第一、二、三、小區）を中心に、小國郷（第四、五小區）にかけて荒れ狂う打毀の波のまえに、權力はなすすべを知らなかった。西南戰爭にかんして木戸孝允が、「一村の竹槍聯に出會候よりは至極心安く氣分も一入引立申候實に竹槍聯ほどおそろしきものは無御座候」[13]と筆をとったその日、政府軍は血みどろの激戰を田原坂にくりひろげつつあったし、薩軍の背面をつく道をこの竹槍聯が擁していたのである。阿蘇の地主たちは一揆の鎮壓を政府に嘆願した。政府は三月五日、田原坂の激戰をたたかいぬき、やっと勝機をつかんだのち、阿蘇一揆對策をたてることができた。「當今其郡内各村人民蜂起候處……至急陸軍へ出兵之儀協議可致之處、即今高瀬山鹿地方之賊徒鎮靜ニ不至候間、直チニ出兵之運ニ難相成依テ征討總督宮ヨリ之御告諭書下渡……追テ大分縣出張警視局警部巡査銃器携帯出張可相成」[14)]との布達が發せられたのは三月一一日のことであった。

丁度この日、一揆の波は日ノ尾峠を越え、南外輪山をこえた。阿蘇郡の南端第八小區では、「三月十一日より二十三ヶ村管尾村戸長詰所へ集合、十三日一旦引拂ひ、程無く馬見原町より借金歩賃利下げの事件に付き、村々より三四名宛打揃ひ會合、引續き管尾村戸長詰所帳簿清算に取掛り候に付き」云々の記録がみえる、十四日には小國郷の第五小區でついに要求を貫徹した。第四、五小區では、十七日、「人民を保護し強盗推借附火等の難無之様」という表向きの理由で、戸長・地主たちの自衛隊が組織され、二十日には兩小區戸長の連名で「御出兵願」が提出された。四月四日、大分縣廳、中津支廳をおそって敗れた西郷派士族が第四・五小區を通行した。この機に乗じて「地主に質地返還を迫る者があった」。しかし、これを最後に、一揆は強力な彈壓下におかれた。そして、西郷軍敗走後に集中された軍事警察力のまえに解體した。一月九日の下城村集會以來、丁度三ヶ月であった。

一揆がかかげた要求は多岐にわたっている。しかし、それを整理すると、權力の末端機構にたいする攻撃と、寄生地主にたいする攻撃とに概括できる。阿蘇では、絶對主義支配が、すでにこの時期に、寄生地主の支配として直接に農民の上にのしかかっていたのである。

一揆の要求　鬪争は、城北の戸長征伐と同じように、地租改正入費、民費の割當・使途の不正が中心であった。蜂起の先頭を切った第四小區の農民が戸長からかちとった「請書」は次のようにしるされている。

御請書

一、地券入費金前割、一筆に壹銭五厘宛取立候分之事。

是は日數十日の中明細書御目に掛可申候。

一、民費豫備金八百四十圓割出分。

是は前半ヶ年分の入費高を見積、割符に相成居候事に付六ヶ月目に至り□拂に相成候金高の處、元金を備置き利子を以て取賄候段、一統御聞取に相成候由、私より演書間違爲直之儀誤入申候事。

一、郷備金の事

此儀日數十日限小區割取前概略四百五十圓迄請取り、村々へ配當可致候。尤大區より割取り自然出來不致候はば、手元より辨償可致候。

一、沽券に付村用掛增給の事。

此儀は相渡不申處に相究め可申候。

一、滿願寺村沽券入費一村割百七十圓餘の事。

是は日數十日の内、明細調書御目掛可申候。

右稜々後日相違なき爲一札差出置候也。

明治十年二月二十八日

松崎雅

第十一大區四小區人民御中

また、一番最後にたった八小區でも、「諸地券税雜税未納並學校集金、伊勢の初穗等村々へ割取より縣納迄」拂渡しの要求として提出された。しかし、この村政民主化の鬪争が、たんにそれにとどまらなかったのは、廢藩置縣以後の中央集權のゆえであった。末端機構の專制はそれだけが獨自のものとして成立したのではない。そのために、城北の戸長征伐はただちに阿蘇へとひろがり、同一の具體的要求がたたかいの全縣的なひろがりの中に貫徹されていったのである。農民はこのことをよく知っていた。絶對主義的中央集權のもとでは、天皇から村の巡査にいたるまで、その強力な機構が一貫して農民の抑壓機構として組織されているのである。かれらは實踐をつうじてこのことを學びとったし、だから、行政機構にたいする闘争に警察機構が調停者的甘言をもって介入してきたときも、これに乗じられなかった。「倉内警部補より御説諭の砌、受書印形を拒み候者、且村方も相誘相拒み用掛より書付差出し御返しに相成居候」というのもこの表現であった。そして、これらの個々の攻撃目標は、その收奪の根元を縣令にまでさかのぼり、「用掛日當伺御指令月給の外に日當を渡すは八重取さする權令は、下方取潰權令に付指令は不用と言事」と、富岡權令を不信任し、同時に端緒的には、具體的な形態で人民抵抗權の主張を形づくったのである。これが、「地租改正御改めの勅書拝見の節、村方に而奉謝祭噺合を拒む」ところまでいけば、農民が抑壓機構としての絶對主義機構を全機構としてとらえ、政治綱領化するに今一歩というところである。こうして、「役方相勤め居候者は是非打毀」と云う前述のスローガンの根底に、權力機構そのものに對する抵抗の意識が秘められていた。

しかし、農民たちの、この直接に權力を意識する成長は、この權力を根底から破壞し、それにかわる自己の權力をうちたてるところまでには進んでいなかった。かれらは、武装された農民組織の力によって讓歩をかちとり、既存の權力機構に壓力をかけて一時的に自己の要求をいれさせることで滿足した。豪農指導の戸長征伐とちがって、戸長公選という政治的スローガンをかかげることができなかった農民闘争のこの時點における政治的成長の限界はこゝにあった。だから、その規模の大きさと期間の長さにかゝわらず、ひと度權力がその機構を回復すると、一揆はその成果もろとも意外にもろくも彈壓に屈し、しばらくは再起できないほどにてってい的に叩きつぶされてしまった。

阿蘇一揆がこのような政治的成長の限界をしめしているとはいえ、それは戸長征伐のもたない獨自の闘争の展開によって、絶對主義の基盤をゆり動かした。それは、阿蘇一揆が、たんなる村方騒動的闘争と質的にちがった地主的土地所有にたいする闘爭として、萠芽的に土地革命の要求をかかげた闘爭として發展したことである。それは第二小區で、「質地は十ヶ年前無代金にて取返し候樣地所書入或は貸金の儀十ヶ年前は捨方、其後の分は元金返濟に而證文取返し、之に加へて下作米は之迄に究高より四割下りに致し、其請書差出申候」ようとの、小作料の大巾減額をふくむ土地回復の要求として提出された。この要求は翌日になって、「造酒屋質屋は不及申聊か元貸方仕者共も一切捨方仕候はずば打崩候との勢に付、打崩され候ては難相成と銘々質地並に地所書入貸金等一切捨方と申儀を書記張出候に付、幸に暴動を免れ申候」と一應貫徹した。同樣の經過は、第四小區でも「暴民蜂起して借用證書類を取返すの際（即本年二月）債主の某は暴民に迫られ貸金穀類一切捨方致し證書受取の分も可差返旨張出を」[15)]したと傳えられる。

これらの地主にたいする要求も、この段階では具體的な農民革命の綱領として打出されていなかった。だから、要求を農民自身の手で實踐に移すことなしに、地主がいや應なしに書いた紙の保證を得ることで滿足してしまった。實力をもってかちとったものが、實力でなく一片の證書で守られると考えたところにこの一揆の發展段階をよみとることができる。しかし、權力の末端機構に對する攻撃が、同時に寄生地主的土地所有に對する攻撃と結合して現われた點に、阿蘇一揆がおかれた特殊な條件があり、この特殊な條件が秩父事件に至って政治綱領をかかげた、もっとも純粋な革命の農民的コースとして現われる激化にひきつがれるところの、本來のいみでの農民的な闘爭としての阿蘇一揆を生み出したのである。

(1)　熊本新聞明治一〇年一月一三日號、この一揆にたいし、縣は布達甲第五號をもって封印した抵當米賣却の自由をみとめることによって讓歩をしめした。

(2)　熊本新聞明治一〇年一〇月四日號所載の裁判判決文より。この時の判決で八ヶ町村五二人が罰せられた。

(3)
(4)　熊本縣文書『事變西南之役・區戸長幷士民私記寫全』所藏前掲

(5)　前掲裁判判決
(6)　前掲『事變西南之役』
(7)　『明治前期熊本縣農業統計』
(8)　熊本新聞明治一〇年一一月二〇日
(9)　以下、一揆にかんする資料中とくに註記のないものは小野武夫『維新農村社會史論』所收の「肥後阿蘇谷の農民暴動」による。一揆にかんするぼう大な史料は一切郡役所に保管され、郡役所廢止後宮地町の栗林家の所藏に歸したが、戰後散逸したので、今は同文書を使用した小野前掲書がただひとつの關係文獻となっている。
(10)　『小國鄉土誌』七〇頁
(11)　聞取は次の人からおこなわれた。内牧町居住の家人キヨ氏（文久二年生、一揆當時黒流町村居住）橋本宇三郎氏（慶應三年生、一揆當時黒流町村居住）早瀬末喜氏（明治元年生、一揆當時内牧町居住）、および中島來氏による亡祖父小島長壽氏（安政元年生、一揆に參加して杖三〇の刑に處せられた）からの傳聞。それぞれ若干の相違や文書との食いちがいもあるが、大部分は殘された史料とも合致し、信憑性の高いものと考えられる。
(12)　宮地町栗林家系圖
(13)　『木戸孝允文書』第七、三三〇頁
(14)　前掲熊本縣廳文書『熊本縣達四・明治十年』
(15)　熊本新聞明治一〇年九月一二日號

§二　世直し一揆型の經濟および階級構造

一揆・戸長征伐の經濟構造　阿蘇一揆を生み出した特殊な條件とは何か。同じ鬪爭が、城北では豪農指導の戸長征伐として高度の政治的スローガン――戸長公選の獲得――をかかげた多面的な鬪爭へと發展し、阿蘇では寄生地主的土地所有への攻擊をふくむはげしい打毀をともなう世直し一揆型の鬪爭に發展したのはなぜか。このおなじ

時期における闘爭の性格のちがいを生み出した地域的な條件のちがいが追求されねばならない。

阿蘇地方は、幕藩時代後期にいたって、肥後藩領一三郡の農民一揆事件數中他郡に比して壓倒的な數をしめしている。一七三四年（享保一九）の高森地方の逃散、一七九三年（寛政五）の小國地方の愁訴など、全體としては生産力の低い後進地的な闘爭の性格をしめしながら、一八一一年（文化八）の豊後大一揆とともに起ちあがった強訴を經て、一八六六年（慶應二）、横井小楠をして「御國之情態一統金札一切乏敷候故米を初諸物必死と滞り、其の上三百五十目と云大坂目当なり莫大の御双場根段被相立候より在中一統何方も上納さし支へ大困窮に落入候。米・粟・たばこ等の品物持ちながら如此の仕合は誠に珍事と被存候。殊に阿蘇南郷等の北地は下た地キ、ンに相違無之のみならず、去々年來宿驛の人馬に疲居候て必死の困窮、一切御役人聞入無之故内牧會所には不容易張り紙、坂梨には付火、又は二個村より強訴之打立等も可有之風聞、甚以恐敷黨民も起り可申、大に氣遣事に御座候」[1)]と氣づかわしめた情勢をかもし出すにいたった。この情勢は、第二次征長役による馬關海峡閉塞にもとづく全國の流通機構からの遮斷が主要な原因であり、あり餘るほどの「品物持ちながら……下た地キ、ンに相違無之」という「誠に珍事」をひきおこしたのであった。とくに、阿蘇地方一帯——阿蘇谷・南郷谷——でこの情勢が切迫したのは、ひとつには熊本から瀬戸内への街道筋にあたり、したがって戰時輸送の「宿驛の人馬に疲居候」という狀態も無視できなかったが、それ以上に、この地方の經濟構造に依るものであった。やや後年の資料に屬するが、阿蘇郡の農業に關する若干の數字を、戸長征伐の山鹿・山本兩郡および全縣のそれと比較しながら、この特殊性を追ってみよう。[2)]

表一は作物種毎の作付面積比率を八五年（明治一八）の數字でしめしたものである。阿蘇郡を縣平均および山鹿山本兩郡とくらべるとき、いちじるしく目立つのは、純商品作物である菜種・煙草・藍の作付面積が他郡にくらべていちじるしく大きいことである。この數字は、これらの作物の全縣作付面積とくらべるとき、一そう顯著な特徴をしめ

表一　一八八五年（明治一八）作物毎作付面積比率（%）

作物＼郡	阿蘇	山鹿	山本	全縣
米	三六・七	二七・八	一三・六	二七・八
麥	一五・三	四〇・〇	三四・一	三六・五
雜穀	二一・八	一九・二	二四・〇	一八・六
豆類	九・二	九・三	二一・五	一一・六
藍	一・四	〇・一		〇・四
菜種	一〇・七	〇・二	〇・九	二・〇
煙草	一・七		〇・四	〇・六
甘藷	一・七	二・三	四・六	〇・六
蘿苧	〇・八	〇・四	〇・六	〇・五
大麻	〇・四	〇・一	〇・二	〇・三
桑園		〇・二		〇・一
茶園	〇・二	〇・三		〇・二
計	一〇〇・〇	一〇〇・〇	一〇〇・〇	一〇〇・〇
各郡延耕作面積／全縣延耕作面積	七・五	六・〇	三・七	一〇〇・〇

備考　〇・一%以下の作物は省略（『明治前期熊本縣農業統計』より作製）

す。すなわち、阿蘇郡の延耕作面積は全縣のそれの七・五パーセントにすぎないが、菜種の作付面積は全縣のそれの四三・九パーセントをしめて壓倒的に第一位であり、藍についてはおなじく三一・一パーセントをしめてパーセンテージの上では第二位、煙草のそれは全縣の二二・三パーセントをしめて第二位にある。こうして、阿蘇郡は、その延耕作面積の一三・八パーセントつまり七分の一弱をこの三種の商品作物にふりむけていたのである。この商品作物栽培の比率は、熊本縣一五郡中阿蘇郡だけであって、他の郡は、菜種・藍・藺・甘蔗・煙草・綿・大麻の七種の作付總計をみても最高が宇土郡の六・四パーセント、縣全體の合計では四・〇パーセントにすぎない。阿蘇郡のこのような特殊な商品生産物栽培農業の展開は、阿蘇郡の農民を早くから市場と結びつけ、經營を全國市場に依存することを餘儀なくした。これが、一八六六年（慶應二）の馬關海峽閉塞による全國市場からの遮斷が阿蘇郡にもっとも強く作用し、もっとも深刻な危機を生み、一揆の即發的情勢をもたらした最大の理由であった。

これに反して、山鹿・山本兩郡はどのような狀態をしめしているか。水田地帯の山鹿郡と畑作地帯の山本郡では異った様相を呈しているが、共通していえることは、いずれも、米・麥・雜穀・豆類・甘藷が壓倒的な作付面積をしめ、その合計は山鹿郡で九八・六パーセント、山本郡で九七・八パーセントをしめているという事實である。つまり農業經營の重點が壓倒的に主穀農業におかれていた。しかし、この地方で無視できないものに、この地方に特異な新興の生産物である養蠶の發達があった。とくに、山鹿郡ではこの傾向がいちじるしく、八五年（明治一八）には全農家戸數の一一パーセントにあたる八九三戸が養蠶に從事し、それは全縣養蠶戸數の約一割にあたり、全縣繭産額の一五・七パーセントをしめ、さらに二〇年には全縣養蠶戸數の二〇パーセント、全縣繭産額の一六・六パーセントと發展をしめしている。もともと、熊本県の養蠶業の歴史そのものが比較的あたらしく、その産額は微々たるものであったがそれにしても七〇年改革による實學黨豪農の勧業政策をうけて、現實に農村においてこの新らしい生産部門を切りひらいていったのが、これらの城北農村であり、しかもその組織者が戸長征伐の指導者と重なる豪農層であるとき、こうした新興のエネルギーを生み出したものをこそ評價しなければならないであろう。[3]

要約すれば、低生産力段階において舊來の特産物化した古くからの商業的農業に全面的に依存し、上から下まで貫徹している流通支配の規制をうけながら辛うじて農業經營を維持していたのが阿蘇郡であり、充分に展開した主穀農業の基礎にたちながら、それに依存して寄生地主化しつつある古い村落支配者層とのたたかいをつうじて、それらの特權的な流通支配に規制されないあたらしい生産を組織しつつある豪農層を擁していたのが城北兩郡ではなかったか。事實、この新興の養蠶業は、實學黨豪農らの手による緑川製糸會社（明治八）八代製糸會社（明治九）等の創設およびこれらの製糸場の「原料繭の購入は縣内のみに依存していた」[4]事實から見るとき、新らしい市場關係の成立が推測されるのであり、しかも緑川製糸が創設の翌年、七六年（明治九）にいたって前年の赤字二六〇円から二七四〇円の黒字に轉じたことなどから、[5]この時期の發展のテンポの早さを推測することができるのである。もちろん、全體としてはとるに足らない養蠶業をもってすべてを律するわけにはいかない。

しかし、このような變化が、生産の壓倒的部分をしめる主穀農業の内部にも生じつつあったのではないかと推測される資料も、斷片ながらとらえられる。それは、現物納貢租が石代納に切りかえられたことから生ずる市場關係の變動である。たとえば、戸長征伐の初發において第六大區第八小區の方保田村人民集會が決議した要求のひとつは、石代納にあたって農民が村に現物でおさめたものを戸長が特權商人に賣却現金化するにあたり、特權商人との契約が不當であるから破棄せよ、というのであった。從來の慣習であった、特權商人と農村における農民の支配者層――かれ

表二　一八八五年（明治一八）の農業經營にかんする統計

		阿蘇	山鹿	山本	全縣
	耕地面積／農業戸數（反）	一三・七	八・九	一〇・二	七・九
	田地面積／耕地面積（%）	二九・四	五・二	二七・九	四五・五
分解狀態の指標（%）	自作地面積／耕地面積	六六・七	五九・〇	七〇・〇	五三・〇
	自作戸數／農業戸數	二九・一	三三・八	二九・七	三三・〇
	自小作戸數／農業戸數	五三・一	六一・五	五六・二	四三・七
	小作戸數／農業戸數	一七・八	一五・七	一五・一	二三・三
生産力にかんする指標	*耕地地價總額／舊藩村高總計	一三四	六二	一一三	一〇〇
	田の反當地價（圓）	二四・一三	五五・三三	五二・四九	四七・九三
	畑の反當地價（圓）	四・〇六	一七・二八	一八・四九	一三・一六
	賣買耕地總額／賣買耕地券面額（%）	一一〇・八	五七・三	八一・六	八二・六
	質入耕地總額／質入耕地券面額（%）	一三〇・三	五四・〇	九一・八	八七・四
**分解のテンポの指標（%）	賣買耕地／全耕地	七・〇	七・一	五・八	一〇・〇
	質入耕地／全耕地	一三・一	一五・六	五・九	八・一
	質受出耕地／質入耕地	一八・七	六一・〇	四四・〇	三六・二

* 舊藩石盛は「官職制度考」（『肥後文献叢書』第一巻）により、明治九年の地價と比較し、全縣を一〇〇とする指數を計算した。全　には、比較の對象基準が異る舊藩領外の球磨・天草を除外した。

** いずれも地價による計算であって面積ではない。

（『明治前期熊本縣農業統計』より）

らは大抵寄生地主であり高利貸であり同時に買占商人であった――の結びつきによる主穀市場の獨占と獨占價格にたいし、民權黨豪農と農民層は敢然と起ったのである。ここに、養蠶業を組織する活動と同じエネルギーにささえられた農民層とそれを指導する豪農層にささえられた特權的流通支配への切りこみを見ることができる。これが、戸長征伐の經濟構造である。

それでは、なぜ、おなじような事態が、阿蘇郡で生じなかったのか。

一揆の階級構造　表二は、表一と同じ地域との比較による統計である。阿蘇郡は、農家一戸あたりの平均耕地面積がきわめて大きい。にもかかわらず、耕地の大部分が畑地であり、その畑地の反當價は他郡にくらべても縣平均にくらべても驚くほど低い。すなわち異常な生産力の低さをしめしている所から、平均耕地所有の大きさにかかわらず、むしろ經營は非常な窮乏におかれていたといわねばならない。さらに、阿蘇郡を特徴づけていることは、この畑地にかぎらず、田地においても地價が縣平均のなかばにしかあたらないという生産力の低さをしめしていることである。しかも、山鹿・山本兩郡は、逆に、田畑とも縣平均よりかなり高い地價をしめし、主穀農業の充分な展開が充分に發展した生産力の上に基礎づけられていることを知るのである。さらに、阿蘇のこの生産力の低さにかかわらず、それは舊藩の村高との比較指數において高い數字をしめしており、これでもかなり急激なテンポでの生産力發展があったこと、なお八五年（明治一八）當時の賣買・質入の價格が他郡とはちがって地券額面を上まわっている點から、この生産力のかなり急激な發展の過程が現に繼續していることなどが知られる。

阿蘇郡の急激な生産力の變化は、同時に農民層の分解にも影響をあたえずにはいない。農民の耕地喪失が、ここでは売買よりも質入によっておこなわれ、賣買が縣平均を下まわっているのに質入は上まわっており、しかも問題は、この質入地がほとんど受出されていないということである――山鹿郡の質入は高率であるが、また質受出は異常なほどの高率をしめしている。阿蘇郡農民のこのような土地喪失形態は、高利貸資本の規制の強さを豫想させるものである。これたいして、山鹿・山本兩郡では比較的安定した——といっても山鹿郡のような質入と質受出のはげしさはその安定がギリギリの最低線での安定であることをしめしているが——經營がおこなわれている。こうした山鹿・山本兩郡のギリギリ最低線の安定は、自作から自小作の層の厚さ、とくに自小作層の厚さにしめされる。三郡に共通していえることは、縣平均にくらべて自作地面積が多いのに反して自作戸數が少く自小作戸數が多いことであるが、これは、農業經營の主體が自作中心の小作兼營層にあることをしめしている。この共通性にかかわらず、阿蘇郡を他の二郡とわけているのは、阿蘇郡が生産力の絶對的な低さとその發展の相對的な急激さのゆえにおくれて開始された分解の急激さの過程にあることであり、そのゆえにこの數字が阿蘇のばあい農民の土地喪失過程における數字としてとらえられることである。わずかではあるが、他の二郡に比して純小作層の比較的な大いさは、これを暗示するものであろう。

以上の數字の分析から結論づけられることは、阿蘇郡の農業生産力の低さとその發展の急激さおよびそれにともない急激に開始された農民層の分解、その分解が農民相互間の土地賣買によってではなく高利貸資本による土地集積として進行しつつあることである。この郡平均は、阿蘇郡内部の地域差を無視したものであるが、一揆の中心となった阿蘇谷および小國盆地の低地においては、以上の結論がより明確な姿をともなったであろうことは容易に推測されるし、また部分的にではあるが立證される。

阿蘇郡農業は、以上にしめされるような生産力の低さを、菜種を中心とする商品作物でカバーしてきたのであったが、そのために、農業經營は早くから全國的な市場に結びつき、市場の支配者の支配のもとに屈してきた。だから、一八六六年（慶應二）の第二次征長戰爭による全國的流通からの遮斷がその死をいみするほど全國流通と密接な結びつきをもちながら、逆に全國市場の統一の進行によって、その生産力の低さのゆえにそれから脱落せねばならなかった。こうした狀態が農民の生産力發展の努力を刺戟するとともに、その努力が分解を促進し、結果としては農民を前貸・高利貸資本の手中に投ずることになったのである。阿蘇の耕作農民は、その上層から下層にいたるまで、急激な分解というよりも全面的な没落にひんしていたのであり、したがって生産力發展の成果が山鹿・山本兩郡のように豪農層の手に歸するのではなく、古くからの特權的な商人・高利貸の手に歸し、その寄生地主的土地所有の擴大へとむかったのである。

阿蘇郡の支配者、とくに一揆の中心であり阿蘇郡の經濟的政治的中心であった阿蘇谷の支配者たちは、一揆が打毀の對象としたような古くからの特權的な寄生地主・高利貸・商人であった。それらの多くは、宮地の角屋（栗林家）、坂梨の虎屋（管家）、内牧の板屋（杉原家）というように屋號をもち、主として内牧・宮地というような古くからの町に居住していた。これらの商人たちの土地所有の規模については記録が殘されていないが、聞取による徳米收入の概略から、ほぼ推測が可能である。かれらは、いずれも、有數の大地主であり、表四の内牧居住の地主で打毀をまぬかれたのは仲屋だけであった。

表三　内牧居住の地主の徳米收入

	一揆當時徳米收入	全盛時徳米收入
仲屋	四〇〇俵	一、七〇〇俵
板屋	三〇〇俵	二、〇〇〇俵
金屋	三〇〇俵	まもなく没落
宇都宮	一三〇俵	四〇〇俵

阿蘇地方とくに阿蘇谷は古くから阿蘇家の支配のもとにあり、この支配は天正國一揆によって非常に弱められたが、肥後國内の他郡におけるようなてってい的な彈壓下におかれなかった。阿蘇大宮司という特殊な地位によるためであろう。そのために中世的な農村支配が持ちこされ、村落支配も古くからの支配者の手にゆだねられ、名子制度も他郡に比較してかなり後代まで殘存していた。この阿蘇

家の特権的な庇護のもとに門前町として成立した宮地や細川家参覲交代の街道筋の宿場町である内牧はいずれも早くから町として發達し、阿蘇家や細川家の特権的な庇護のもとにある商人＝地主たちが居住していた。宮地の栗林家などはこうして成長した特權商人＝地主の典型をしめす。栗林家は元和年間に豊後から移住し、阿蘇家とどういう關係にあったのか阿蘇神社境内に土地をえて居住し、早くも阿蘇家から特權的な庇護をうけた。又右衛門（正德五―寛政三）の代には細川家からあたえられた特權のもとに商業をいとなみ、桂次（明和七―文政五）の代には細川家の御知行取――一般の金納鄕士とは數段格がちがう――として遇せられ、その營業は造酒・質・兩替・菜種・呉服・太物と多岐にわたった。[6] こうして特權商人としての地位をふりかざし、阿蘇農民の死命を制する菜種の買占資本として活動するとともに、高利貸として農民の土地を集積し、寄生地主化への道をたどっていった。同時に、かれらは、大區・小區の詰所役人であり、農民にたいしては、詰所役人＝寄生地主＝高利貸＝特權的買占商人として三位一體ならぬ一人四役の支配者として君臨していたのである。これが、阿蘇一揆を性格づけた大きな條件のひとつであった。

一揆の指導と主體

阿蘇一揆を性格づけたいまひとつの條件は、攻撃者である農民、とくにその指導の性格にあった。阿蘇一揆の全體的指導者として處刑された表四の一七人のうちに五人の士族がふくまれており、さらに、各地域ごとの指導者のうち、たとえば波野地區については三二人中一一人の士族、野尻地區においても二〇人中一一人の士族が名をつらねている。これらの數から考えるとき、一揆指導者中、金納鄕士のはたした役割は大きいものであった。そこで、表四にあらわれた五人の鄕士歴をしらべてみると、表五のように、いずれもその成立年代もあたらしく、その鄕士としての地位もいちじるしく低い。寸志錢五貫目で地士、錢八貫目で一領一足という鄕士身分の價格からみるとき、これらの鄕士たちは自作に大部分を依存する上層農民あるいはそれよりもう少しましな程度の農民であった程度ではないだろうか。實學黨豪農が主として天明―寛政期に鄕士身分を獲得し御惣庄屋格の地位

表四　阿蘇一揆指導者名簿

氏名	族籍	出身村	判決	備考
橋本源太郎	士族	黑流町村	懲役終身	首謀者
工藤常忠	士族	小野田村	懲役一〇年	
北里彌作	平民	小野田村	懲役一〇年	
今村德治	平民	河陽村	懲役一〇年	
橋本休次郎	平民	黑流町村	懲役三年	
家入慶太郎	平民	黑流町村	懲役二年半	
岩下數馬	平民	瀧水村	懲役一年半	
森田今朝蔵	平民	二瀬村	懲役一年半	
城小十郎	士族	小地野村	懲役一年半	
本田定	士族	中村	懲役一年半	在留養親例ニヨリ減刑
岩下市五郎	平民	黑流町村	懲役一年	
村岡禎八	平民	黑流町村	懲役一年	
橋本安太郎	平民	黑流町村	懲役一年	
佐渡辰次郎	平民	黑流町村	懲役一年	
山本清久	士族	小野田村	懲役一年	
北里幸太郎	平民	小野田村	懲役一年	
北里清記	平民	赤馬場村	懲役一年	

（熊本新聞所載の判決を一部戸籍簿により訂正）

表五　一揆首謀者中士族の郷士歴

氏名	得た最高身分	地士以上になった年	郷士身分をえた理由
橋本源太郎	地士	天保六年	寸志銭上納
工藤常忠	地士	慶應四年	〃
本田定	一領一疋	慶應四年	〃
山本清久	一領一疋	天保五年	〃
城小十郎	郷士歴不明・明治二年波野村里正		

（熊本縣立圖書館蔵の戸籍祖先帳および城小十郎については『阿蘇郡誌』より）

をもったのにたいし、また民權黨豪農が化政期に郷士身分を得それも最高の士席浪人格（堀善三郎）にいたる比較的高い身分をもつ新興の在郷商人であったのにくらべると、阿蘇一揆の指導者士族たちは、ずっと規模の小さい土地所有者耕作農民であった。それは、一面では、阿蘇の農業生産力の後進性の表現であった。しかも、このような上層農民が指導者として大きな役割をはたした一揆が打毀をともなう世直し形態をとったところに、幕末生産力の發展によって農民層の分解傾向——したがって上層農民の輩出——をしめしながらも、國內市場の統一支配の進行にともなう市場と直結した高利貸・商人資本の支配の強化により、早くも全農民層が没落にさらされていく過程を讀みとることができる。そこで具體的に、これらの士族以下の一揆指導者農民の出身階層をしらべてみよう。

表四にしめされた各指導者の出身村を地域別に見ると、小國鄕（第四・五小區）が赤馬場村の一人、波野鄕（第六小區）が瀧水・小地野各村一人の計二人、野尻鄕（第七小區）が中村の一人、菅尾鄕（第八小區）が二瀨村の一人、南鄕谷（第九・一〇小區）が河陽村の一人と、各地域から一—二名が指導者としてあげられているのにたいし、阿蘇の中心地である阿蘇谷（第一・二・三小區）は黒流町村・小野田村から計一一人の大量指導者を出している。とくに黒流町村は、首謀者の橋本源太郎以下七人もの指導者を出している。

阿蘇谷は、あらゆる意味で阿蘇郡の中心地であり、熊本から豊後鶴崎港、したがって大阪への航路につながる街道筋であり、一切の支配の中心であったが、わけても黒流町および隣接の小野田村は、この阿蘇谷の水田地帯の中心に位し、しかも阿蘇谷の古くからの町である宮地（第三小區）・內牧（第二小區）・坊中（第一小區）の三つの町を結ぶ三角形のほぼ中央に位し、遠見ヶ鼻をこえて小國鄕にいたるにも至便の地であった。それだけに、これらの三ヶ町に居住する地主＝高利貸のはげしい收奪にさらされていたであろうし、そのために、打毀の指導の中心となったのも偶然ではない。

黒流町村の土地所有關係は表六にしめされる。ここでは同村の田地の四四・七パーセント、耕地の四一・四パーセントがすでに他町村居住の地主の所有に歸していることが知られる。しかも、この四一・四パーセントの主要な內譯は表七にしめされるし、また殘りの五八・六パーセントの內譯は表八にしめされる。つまり、他町村居住者所有による村內耕地の六九・〇パーセント、全村耕地の二八・六パーセントにあたる一四町二一歩が表七にしめされた六人の

表六　黒流町村の土地所有

	村民所有地（A） 丁反畝歩	他町村地主所有地（B） 丁反畝歩	計（C） 丁反畝歩	A/C（%）	B/C（%）
田	二〇・七・九・二三	一六・七・八・一四	三七・五・八・〇六	五五・三	四四・七
畑	七・九・〇・一六	三・五・二・二二	一一・四・三・〇八	六九・一	三〇・九
小計	二八・七・〇・〇八	二〇・三・一・〇六	四九・〇・一・一四	五八・六	四一・四
宅地・山林・秣場・他	三・八・八・二四	三・五・二・一八	七・四・一・一二	五三・四	四七・六
總計	三二・五・九・〇二	二三・八・三・二四	五六・四・二・二六	五七・八	四二・二

（阿蘇町山田出張所の土地臺帳〔明治九年〕より）

表七　黒流町村における主要な他町村居住地主

氏名	黒流町村内所有地 丁反畝歩	備考
杉原寛元	四・五・五・二七	板屋・内牧町
魚住嘉門	三・二・一・二二	？
阿部文四郎	二・〇・九・〇九	小野田村居住
毛利昭德	一・五・三・〇六	内牧町居住
佐藤清次	一・四・八・〇九	仲屋・内牧町
米田虎雄	一・一・二・〇九	舊藩家老・のち男爵

（前掲土地臺帳〔明治九年〕より）

表八　黒流町村農民および一揆参加被處罰農民の階層構成

土地所有規模	全戸數（A）	$\frac{A_n}{A_t}$（%）	一揆による被處罰戸數（B）	$\frac{B_n}{B_t}$（%）	$\frac{B}{A}$（%）
二町以上 (1)	一	一・九	一	四・三	一〇〇・〇
二町〜一町 (2)	八	一四・八	〇	〇	〇
一町〜六反 (3)	九	一六・七	七	三〇・三	七七・八
六反〜三反 (4)	一五	二七・八	六	二六・二	四〇・〇
三反以下 (5)	一二	二二・二	六	二六・二	五〇・〇
〇 (6)	九	一六・六	三	一三・〇	三三・三
計 (t)	五四	一〇〇・〇	二三	一〇〇・〇	四二・六

（前掲土地臺帳および戸籍より）

表九　黒流町村一揆指導者の土地所有

氏名	所有田地 反畝歩	所有畑地 反畝歩	所有地外耕作	備考
橋本源太郎	一八・五・一五	三・一・一〇	田一反一二歩 畑一反五畝九歩	獄死
佐渡辰次郎	五・二・一〇	三・〇・二八	？	獄死　戸主安太長男
家入慶太郎	六・八・〇〇	一・六・一三	？	獄死
岩下市五郎	三・七・〇三	二・六・〇四	？	獄死
橋本休次郎	三・〇・〇三	一・〇・〇九	？	獄死　村有秣場八畝受作
橋本安太郎	〇	〇	？	獄死　純小作
村岡禎八	〇	〇	―	滿期出獄　大工職

（前掲土地臺帳および戸籍より）

地主の手に集中し、村内における最高の土地所有者である二町以上の所有者一人は、すなわち、一揆の首謀者橋本源太郎（表一〇）であった。つまり、一揆の首謀者橋本源太郎は黒流町村ただ一人の豪農――きわめて小規模の――であったが、かれはその村の支配者ではなかった。黒流町村に君臨していた支配者は、他町村に居住する不在地主であり、その筆頭の板屋であった。

田畑二町一反六畝二五歩を所有し、さらにそのほかに田畑二反五畝二一歩を耕作する橋本源太郎家は、この二町四反餘の經營をおそらくはその屋敷内に居住する豊岡儀八一家[7]の勞働力に依存しつつ手作していた上層農民であった。かれは、地主として村内の他の農民と小作關係をとりむすんでいなかったばかりか、むしろ逆に、若干の土地を小作さえしていたのである。しかも、金納郷士の二代目としてのかれは、郷士の地位を相續するにあたっての慣例である繼目寸志によることなく、「武藝心懸張出精いたし砲藝目錄棒薙刀三ッ道具は皆傳」[8]という理由によって相續を許された點から見ても、かなりの軍事的な訓練をうけていたのである。この點に、阿蘇一揆の指導がみごとな統制をたもち、廣汎な行動と長期にわたる闘爭をつづけることができた根據が見出される。阿蘇一揆に廣汎な郷士＝上層農民の參加がみられるのは、これらの上層農民までをふくむ全農民層が地主・高利貸・買占商人の三位一體の支配のもとに没落にひんしていたという根據によるものであり、阿蘇一揆が松求麻や玉名の一揆とちがって全郡的指導を生み出すことができたのは、これらの郷士＝上層農民の參加によるものであった。當時四三歳、不惑をこえ、「相當の人物であった」と村内でも信望があり、「財産はもっていたが打ちこわされるていどでなかった」經營をとも角も維持していた橋本源太郎が、「打ちくずしに出ろと觸れて歩いた」積極的な一揆の組織者として、「賊盗律凶徒衆聚村市ヲ毀壊焼亡スルノ造意者」[9]（傍點―大江）に問われなければならなかったのは、かれ自身が他の村民と同じ運命に直面していたことの表現ではなかっただろうか。その事實の傍證として、かれは、弟の直太郎の分家にあたってわずかに一反三畝一五歩、又太郎に三反六畝二六歩を分與したにすぎず、本家は、一揆後まもなく、その全耕地を失い、數年後には村を去っていくのである。[10]

一揆の他の指導者は、その大部分が表八の階層(3)つまり自作中心の自小作經營層から出ている。そこでは階層(5)の三反以下および階層(6)の小自作または純小作はわずかに一人であり、他の所有地なしの一人は農民ではなく大工である。ところで、これらの土地所有農民が自作農民からの没落過程にあったのではないかということは、階層(4)に屬する四反餘の所有者橋本休次郎の例から推測される。今町村の戸籍に、「士族佐伯儀八郎、當郡黒流町村農橋本休次郎妹妻農江」とあり、休次郎の妹が舊藩時代の金納鄕士に嫁いでいることがしめされている。舊藩時代の鄕士の婚姻はきびしい制約下におかれていたので、この婚姻の時期には休次郎家は鄕士の佐伯家と同等かまたは大差がない程度の自作農民であったと推測してあやまりないのである。とすれば、この休次郎家は、じつは土地を喪失し、次第に没落しつつあった没落中農であったことを知るのである。これから考えるとき、阿蘇一揆が、同時に、中農の没落阻止の鬪爭として、したがって土地回復、負債棒引の鬪爭としての性格を強くしめした理由が明らかになる。事實、表八から見るとき、この階層(3)に所屬する農民の一揆參加被處罰數はその絶對數からいっても、階層毎の全戸數にたいする比率からいっても最大をしめしているのである。表八からの結論、および表九からの結論として、阿蘇一揆の主體は、貧農小作の激化ではなく、没落中農の激化であるということができるのである。

一揆と士族反亂　阿蘇一揆は、豪農指導の戸長征伐とちがって、純粋に耕作農民の中から生み出された獨自の指導を確立した世直し一揆の傳統にたつものであった。しかし、それは、幕藩時代の世直し一揆とちがって、權力の末端機構にたいする攻撃がそのまま、中央集權下における組織された全機構への攻撃に轉化する必然的な傾向をしめした。かれらにとっては、戸長の不正はそのまま縣令の不正とならざるをえなかったし、地租改正入費の問題はそのまま地租改正の拒否につながらざるをえず、かれらと地主との闘争において巡査の調停者的假面は許さるべくもなかった。一揆は、すなわち、反絶對主義の闘争であった。民權黨の松山守善が、同志の熊本協同隊に投ずるために阿蘇を通過したとき、内牧から坊中への道で一揆の部隊に遭遇した。「暴漢四・五〇名余を拉へ何人なるやと問ふ、余は以前の如く(協同隊に投ずる旨―大江)答へたれば重立たる一・二名進み出て、或る倉庫に米四百俵抑へ置たり、時日が經てば官賊より又戻さるる恐れあり、熊本の兵士に引渡す筈なれば早く兵を率ゐて御出下されとい う」[11](傍點―大江)。この松山が遭遇した一揆は、すでに、政府軍を「官賊」としてこれに對立する自己の立場を明確にし、反政府闘爭の一環として一揆を位置づけている。ここに、この一揆の政治意識があった。と同時に、みずからの政治スローガンと政治的指導を確立することなく――指導は戦術的指導にとどまった――、その指導をあげて「熊本の兵士」たる西郷軍の一部隊にゆだねる以外の道をもたなかった限界をもしめす。

一揆の限界すなわち政治的指導の未確立は、同時にこの時期における農民の政治的成長の限界であった。後述の地租改正反對一揆にもしめされるこの限界は、とりもなおさず、農民がひとまずは豪農指導のもとにおいてのみ政治闘爭の一翼を擔いうるという、自由民權運動の指導・同盟關係が成立する農民側の主體的條件の表現であった。しかし、一揆の反政府意識の確立は、同時に、士族反亂の無力さを認識した豪農層をしてふたたび農民の巨大なエネルギーの上にたつ闘爭――國會開設請願運動――にたちかえらせる客觀的條件をかたちづくった。いわば、この可能性と限界が國會開設請願運動を中心とする民權運動を成立させる客觀的條件のひとつとそれに組織される農民の主體的條件とをしめしているのである。

(1)　『横井小楠遺稿』四九六頁

(2)　『明治前期熊本縣農業統計』よりの數字による。

(3)　吉田豊治「近代工業發展の基盤」（熊本史學六）によれば、明治一三年には全國産繭高の〇・〇三パーセントをしめるにすぎない。しかし二年後には七倍にふえ、さらに明治二三年には〇・五二パーセントに急増する。
(4)　吉田前掲論文
(5)　同論文の表より
(6)　前掲栗林家系圖
(7)　阿蘇町山田出張所藏の黒流町村關係の書類による。
(8)　前掲縣廳文書『戸籍先祖帳廿七』
(9)　熊本新聞明治一〇年一一月六日所載の裁判判決
(10)　阿蘇郡山田出張所藏文書による。
(11)　前掲『自叙傳』一四頁

第三節　地租改正をめぐる農民闘争

一　地租改正をめぐる初期の闘争

§一　地租改正がはらむ矛盾

三重縣改租の制度的前提　地租改正をめぐって政府が最初に遭遇した大きな公然たる抵抗は、茨城縣の那珂、眞壁兩郡における一揆および伊勢暴動であった。わけても、伊勢暴動は三重縣を中心とし、愛知・岐阜・堺の四縣下にわたる大一揆となり、西南戰爭直前の情勢下におかれた政府を極度に狼狽させた。これらの農民の蜂起は、一體どういう條件のもとに成立したか。また、一揆それ自體はどのような性格のものであったか。國會開設請願運動という形でのブルジョア民主主義革命勢力の結集の過程で、前述の阿蘇一揆とならんで農民一揆の最後的形態ともいうべきこの闘争はどのような意義をはらむものであり、またその可能性と限界はどこにもとめられるべきか、等の問題をとく上で三重縣は好個の素材を提供する。

三重縣は七六年（明治九）四月、舊三重縣（伊勢國安濃郡以北および伊賀國）と度會縣（伊勢國一志郡以南および志摩國、紀伊國牟婁郡半郡）の合併によって成立した。したがって、地租改正事業は舊縣管下ごとに獨自におこなわれ、農村の行政機構もまた舊縣管下でそのあり方を異にした。

舊三重縣では、行政區畫に大小區制を布き、安濃以北の伊勢八郡を八大區に、伊賀四郡を二大區、計一〇大區にわけ、各大區に最低三、最高六の小區をおき、數ヶ村を合わせて一小區とし、大區に大區扱所＝區長、小區に小區扱所＝戸長、村に村會所＝用掛をおき、區・戸長以下の役人は官選による任免制をとっていた。舊度會縣では、單一の區制を採用し、全八郡を二〇區にわけ、區に扱所＝區長、村に戸長をおいた。舊度會縣では、七四年（明治七）八月、「今般改置戸長之儀ハ從前官撰之法ヲ廢民撰ヲ以申付候儀ニ付彌以其村市人民之依賴セル總代理人ニシテ畢竟其土地資望有之候者之義務トモ可申次第厚可相心得」[1]との布達によって戸長民選制を斷行した。いうなれば、舊度會縣では小單位の行政區劃を採用し、戸長に村總代的な性格を許すことによって、村の共同體的な機能を行政機構の末端とし、惣百姓的な動きを容易にする條件を形づくっていた。だから、たとえば、のちに伊勢暴動誘發の主謀者として罰せられた中川九左衛門のように、一身に五ヶ村の戸長を兼ねるというような事實を生んだこともあった。

舊三重縣の地租改正事業は、七三年（明治六）九月、着手の準備が開始された。七四年（明治七）三月、「各地方地租改正下調ニ當テハ能ク其旨趣ヲ説諭シ官民ノ間ニ周旋スルモノアルニ非レハ或ハ事業ノ澁滯ヲ來サン。故ニ毎郡更ニ民撰總代人ヲ設ケ、以テ改正下調百端ノ事ニ從ハシメン」[2]との大藏省第廿七號布達に先だって、村毎の公量人の選出がおこなわれた。すなわち七三年（明治六）三重縣第二百二十號布達[3]において、「改正公平ヲ得ルノ要ハ先實地ノ現歩ヲ審量スルニ在、故ニ現歩審量決シテ不公平ナカラシメン爲メ各村公量人ヲ公撰シ左之規則ヲ立ツ」との前文をおいて公量人勤務規則を制定した。

公量人勤務規則

第一則

一　公量人ハ各村公撰ヲ以テ全村地主一同之總代トナリ全村安榮之基緒タル大事ヲ任ズルモノナレバ決シテ偏頗ノ私ナク忠實其任ヲ務ムベシ

第二則

一　公量人萬々一其所量粗忽ナルカ或ハ僞詐アルカ譬ハ甲田ヲ量ル緩慢ニ失シ乙畑ヲ量ル事苛酷ニ過ルガ如キ彼是偏頗不公平ノ事アラバ全村衆議之上至當ノ處分伺出ベシ

第三則

一　公量人ハ此規則ヲ堅守スベク且萬一此規則ニ違背シ不公平ヲ爲ス時ハ全村ノ爲大不都合ヲ致スモノユヘ全村ニ對シテ至當之嚴責ヲ受ルモ決シテ辭避スヘカラザル旨誓書ヲ出スベシ

こうして、改租事業は、まず、民主的手續のもとに出發した。つづいて、翌七四年（明治七）八月、地租改正人民心得書[4]が出された。

三重縣地租改正人民心得書

地租改正之事タル至大至重容易ニ不可心得者勿論ニ候。然ル處唯目前之利之レ視テ後日之害ヲ慮ル不能ハ民情之同シク然ル所ニシテ從前貢之重キハ新法ノ迅カニ行レテ以テ其苦ヲ逃レン事ヲ欲シ貢ノ輕キハ其甘キニ染習シ收穫ヲ詐リ地價ヲ低クシ動モスレハ税ノ從前ヨリ增加セン事ヲ忌惡ス固ヨリ今般地租改正ハ重キヲ減シ輕キヲ增シ公平畫一ニ至ラシムヘキ御趣意ニ付各村各地之間ニ

於テ或ハ増シ或ハ減スヘキハ必然ニ候條心得違無之様可致依テ尚地租改正之成規ヲ擴充シ人民心得書左ニ相達候也

明治七年八月五日

三重縣權令　　岩村定高

人民心得書

第一條

一　地租改正被仰出候御趣意之儀ハ舊來租税取立方之偏頗不公平アリテ貢ノ重キハ終身勤働スレトモ常ニ租ヲ貢スルニ足ラサルヲ苦シミ貢ノ輕キハ恩ニ狃レ悠々以テ歳ヲ終ヘ甚不公平ニ付今般實地ニ就キ檢査商量之上ハ舊來年貢之法ヲ被廢止地券税法ヲ施サヽルニ於テハ銘々所持之田畠屋敷ヨリ山林原野之類ニ至ルマテ從前之貢租ニ不拘更ニ其土地一歳取上ケ米金之内ヨリ種子肥糞代幷此後ノ地租（則地價ノ百分ノ三）村入用（則地租ノ三分一迄ヲ目的トス）等ヲ引去リ全地主所得トナルヘキ米金ヲ以地價何程ト持主限リ爲申立其村正副戸長公量人共篤ト調査ノ上不都合ナキニ於テハ別紙雛形之通地價取調帳相仕立一筆限持主名前下エ調印セシメ正副戸長百姓惣代共奥書連印ノ上可差出事

第二條

一　田畑壹ケ年之取上ケ高ヲ算スルハ大豊年大凶歳ヲ除キ定免可保平年之作柄ヲ以テ目途トシ誠實ニ書出可申事

但水害アル土地ナレハ旱魃年ハ必ラス豊熟シ旱損アル地ナレハ雨霖之年無水害ハ必然ノ事故銘々心得違無之様取調小作掟米金等聊詐欺不可有之候

第三條

一　米穀雑品代價之儀者渾テ其土地ニテ相用候現在之相庭別紙雛形ニ照準シ地價帳ニ記載セル品類相庭無脱誤取調一村毎地價帳エ添可差出事

第四條

一　隱田切開等之儀者壬申年公布モ有之一切其罪ヲ不問開墾作付出來候ケ所ハ其者ヲ地所持主ト定メ地代金上納ヲモ被差免候儀ニ

付是迄取調差出候反別毛頭心得違ハ無之筈ニ候得共若一時之調誤モ有之廉落殘歩等之懸念有之向ハ速ニ取調正當之反別有體可申出候事

第五條

一　收穫取調之儀毎畝異同アルハ勿論之儀候間作付致來候者銘々一ヶ年米品取上ケ高正當取調候上其村正副戸長公量人共實際熟知之者ニ於テ能ク其當否ヲ審按シ右正副戸長公量人等各自所持地之收穫米及ヒ小作米金等參考シ且地主共申出之收穫及ヒ地價之實否ヲ再三審算シ其違調ナキヲ徴シ然ル後地價帳差出候様精誠注意可致事

第六條

一　從前用來候反別之儀ハ檢地以來年曆ヲ經天災地變等之爲メ帳簿上ト實地ト大ニ相違モ有之或ハ廣ク或ハ狹クシテ舊帳簿ニ據ルトキハ地ノ廣狹適實ナラサルニ付後來紛亂ヲ生シ終ニ其地ヲ取有スルノ權利ヲ失フノミナラス萬一地租改正ノ後ニ至リ隱歩等有之ニ於テハ昨明治六年三百拾五號御布告之通欺隱田糧律ニ準シ處刑相成候條心得違無之様精密ニ取調字一筆限ノ地圖ヲ製シ然ル後一村之總繪圖ヲ製シ之レヲ以テ根本トシ諸事取調可申事

第七條

一　改正反別取調之儀ハ其村習熟之法ヲ用ヒ不苦候得共不熟之者心得違無之様丈量概法左ニ掲示候事

十字木ヲ用ユル法（圖略）

曲尺ヲ用ユル法（圖略）

右丈量法捷徑アラハ事便宜ニ從フヘシ

第八條

一　字限地圖一村總繪圖並段別之廣狹等取調出來之上ハ縣廳ヘ差出シ實地ノ檢査ヲ受夫ヨリ地價取調帳相仕立可申事

第九條

一　田畑共壹人持ニテ地續之分ニ限リ合併一筆ニ致シ候儀差許候條合筆ニ致シ度モノハ地價取調帳一筆之肩ニ元之畝歩ヲ記シ可差

出事

第十條

一　地所番號之儀ハ從來之本田畑宅地耕田ヲ始メ社寺之上知段高大縄場等ハ勿論試作或ハ社寺境内地墓地其他各種之地所一村内ニアル分ハ悉ク地所順序ヲ以持主ニ不拘一筆限更ニ通シ番號ヲ付可申事

第十一條

一　新開地鍬下年季中ノ箇所者成規之通リ無代價券狀相渡候得共反別之儀ハ本新田畑同様實地丈量致シ正當畝歩可取調事

第十二條

一　右鍬下年季中ト雖トモ從前冥加運上等之唱ヲ以テ米金上納致來候分ハ實際收穫米金地價共精細取調可申事
　但冥加金納來候地處ト雖トモ其實作付等不相成分ハ第十一條之通リ可相心得事

第十三條

一　茶桑等植付有之畑或ハ切開ニテ現今相當ノ利金有之ヶ所ハ勿論植付年度及ヒ相當ノ地價申出聊欺隱之取計不可有之尤年限未タ相立タス地價難取極ヶ所ハ其旨可申出實地檢査之上可及處分事

第十四條

一　從前川缺山崩等年季引之分右年季中ハ勿論無税タルヘク年季明キ作付ケ出來居候ヶ所ハ收穫地價共相當見積可申出若年季明候共未タ作付難出來ヶ所ハ其旨可申出事
　但年季中ト雖トモ既ニ起返作付等致候分ハ收穫地價共正實可申出事

第十五條

一　池沼押堀或ハ亡所等ニテ從前引方相成居候ヶ所ト雖トモ現今鰌鯉等畜立候歟又ハ葭生藺蒲水草等都テ利潤有之ヶ所無遺漏取調相當之地價可申出可事

第十六條

一　郷社村社共有墓地及ヒ壹人持ニテモ區畫利然タル墓地等ハ都テ除税ノ積リ取調地價惣計之後ニ可記載但壹人持ニテ田畑屋敷等ニ散在區畫無之墓地ハ一繩内ニ籠メ取調可申事

第十七條

一　飛地及ヒ分郷ニ相成居ケ所假令ハ甲村之地所乙村ニ有之ハ其段別地価共甲村地價帳ヘ可記載地引圖之儀乙村地所不混換取調乙村地引圖ヘモ甲村飛地分郷之分甲村同様色分致シ可差出事

但圖式左ニ掲示ス（略）

この地租改正人民心得書は、翌七五年（明治八）地第七十號[5]によって一部が改正された。改正の主要な點は、舊第三條を削除、舊第四條を第三條にくりあげて第四條を新設、第五條を全文改正、第十六條を全文改正、その他若干字句の修正があった。新設・改正の條文は左記のとおりであった。

第四條

一　堤外附寄洲已ニ熟田畑ニ相成水引之害モ不相成其他故障無之地ハ前條同様可調出其他水引ニ關渉或ハ不定地流作試作等ニテ年限不相立分ハ先以拝借地之積ヲ以別儀可調出候

第五條

一　反別丈量相濟候上ハ耕地一筆限之段級田畑共左ノ通九段ニ設ケ可申候

上ノ上　上ノ中　上ノ下　中ノ上　中ノ中　中ノ下　下ノ上　下ノ中　下ノ下

右段級撰分方ハ各村戸長用掛百姓總代人小前ニ至迄不殘立會耕地一筆限不公平無之樣精細ニ撰分致シ然ル後右段級ニ寄リ收穫米ヲ精密ニ取調一旦官員ノ檢査ヲ受候上地價取調可申事

但本文等級撰分方不直有之節ハ他日銘々幸不幸出來候ニ付村内一人別立會公平ニ取調可申若不正筋有之節ハ幾度モ調替サセ候條心得違無之樣可仕事

第拾六條

一　共有墓地及壹人持ニテモ都テ除税ノ積取調可申、尤其内壹人持ニテ田畑屋敷等ニ散在區畫無之墓地ハ本地一同取調其歩數ハ本地反別之外書ニ顯シ置可申事

改租事業の手續　つづいて七五年（明治八）三月、民費取扱始末を改正、同日付地第卅九號をもって[6]、「今般地租改正ニ付右入費之儀者……總テ別廉ニ仕拂ヒ元拂明細帳ヲ製シ候樣可致尤右入費取立仕拂之手順者總テ民費取扱始末ニ昭準シ」としたが、その後一週間にしてこれを取消し、あらたに地租改正費用取扱條例を發するにいたった。

同年八月、地位收穫取調の達が出された。

地第百三拾六號　明治八年八月四日達[7]　區戸長

本年地租改正之積調査ニ付テハ兼而人民心得書第五條ニ相達置候通現反別檢査濟之村方耕地一村限リ田畑共上中下之内猶上中下ヲ付シ九等ニ撰分シ檢査濟村扣番號帳ニ記入シ別ニ總計帳雛形之通檢査濟ヨリ十五日間ニ取調該區巡回官員ヘ可差出尤耕地ハ渾テ本作一毛之收穫ヲ定率トナスト雖トモ二作三作スル地ハ地味上等ナル故其他ニ一作ヲ植レハ必多量ノ收穫ヲ得ヘキナレハ右等ノ田畑ハ高等ニ可置積ヲ以可取調此旨相達候事

但地位ヲ定ルハ收穫ノ多キヲ以テ上位ニ置キ最少キヲ下位ニ置キ自然其村方ニ寄九等ニ難引分ハ本文段級ニ不拘九等以内適宜ニ相定候儀ト可相心得事

九月にはいってから、地租改正事業は急テンポに進みはじめた。すなわち、「地租改正ニ付地位收穫可調出旨相達候ニ付テハ右調査決定迄ハ田方一般鎌留申付候條精々勉勵季節ヲ不失樣深ク注意可調出候」[8]との鎌留命令につづいて、地第百五拾五號をもってする地位收穫取調凡例が達せられ、改租事業關係の布達類の大筋が出そろった。

地第百五拾五號　明治八年九月廿二日達[9]

區戸長用掛

地位之儀ハ收穫ノ多寡ヲ以等位ヲ可調出旨相達置候處今般訂正候條更ニ別紙表面ニ照準區戸長用掛ハ勿論代議人ヲ一村小前總代ニテ代議スルモノヲ云設ケ地主小作人集合討議ヲ盡シ極メテ不公平無之様精密取調來十月十日限リ各所巡回地券懸ヘ可差出尤丈量未濟ノ村々ハ檢査濟ヨリ日數十五日間必可差出此旨相達候事

但不了解之廉有之候ハヽ各所巡回地券掛ヘ申出可受指圖事

地位收穫取調凡例

一　地位ヲ定ルハ收穫ノ多寡地ノ沃瘠ヨリ其等級ヲ公平至當ニ分ツヘシ但收穫ハ格別ノ豊凶ヲ除キ平年ノ收穫ヲ取調ルモノトス

一　二作三作ノ田畑ハ其地ニ一作ノミヲ植レハ天然一作ノ土地ヨリ必多量ノ收穫ヲ得ヘキ筈ニ付高等ニ置其階級相當ノ收穫ヲモ取調ヘシ

一　格別水旱損スル地ハ昨七年ヨリ前五ケ年ノ收穫ヲ平均シ其平均一ケ年ノ收穫ニ因テ地位等級ヲ定ムヘシ

一　收穫ヲ定ルハ上ノ上ハ收穫若干下ノ下ハ同若干ト上下ノ收穫ヲ先ツ押ヘ置其中ヲ九等ニ分チ各等ノ差若干ツヽ同數ニ相定メ等位ヲ割合ヘシ

　但各等共種肥收穫ノ壹割五分ヲ引去殘收穫ヲ表面ヘ掲ルモノトス

一　右ノ如ク番號帳ヘ地位收穫ヲ記載シ公平至當遺憾ナキニ於テハ表面ヘ掲載スヘシ

　但表面ノ如ク九等ニ區分スヘキモノト雖モ止ヲ得ス等級ヲ増加セサルヲ得サル者ハ下下ノ一等ヲ増シ其中ヲ又三等ニ分ルモ妨ケナシ尤巡回地券懸ヘ申出指圖ヲ受ヘシ

一　耕耘ノ不便或ハ池溝井手敷等ノ作徳米貢租ハ除税ナレハ全所得スヘキ米額ヲ云類外多分掛リ相當地價難保モノト雖モ前條表面ヘハ全收穫及地位ヲ記載差出地位ノ動キナキモノハ表面區書三段共墨書シ未決ニテ別帳ヲ以申出ルモノハ表面區書三段共朱書シ一位中朱兩様ナルハ罫中ニ行書タルヘシ尚別帳ニ其難保事由ヲ廉毎ニ撰分シ上ノ上ヨリ中、中ヨリ下ヘ幾筆モ合計シ肩書二三筆乃至五筆ノ番號ヲ附シ各種毎全收穫何程ノ處何々ニヨリテ相當地位難保ニ付何等ニ置度旨見込相立巡回地券掛ヘ申出差圖ヲ受ヘシ

但堤防圦修繕費ノ如キハ村費ノ一部分ニ有之官費ノ場所ハ猶更別段可請取モノニ付地位収穫ニ關セサルモノトス
既ニ表面ニ掲載シタル反別収穫ハ半決未決ニ付前條別帳ノ事故アリテ地位収穫ノ等位ニ動キヲ生スルモノハ巡回地券掛精査ノ上始テ全村ノ地位収穫確定シタルモノニ付之ヲ一表ニ調製シテ差出スヘシ

右心得ヲ以可調出事

この収穫の決定につき、早くも土地所有農民と縣のあいだに部分的な意見の相違があらわれた。つまり、「田方ノ収穫ハ米ノ現収穫ヲ本トシ肥糞代一割五分ヲ引去リ裏作ノ収穫三分ノ一ヲ米ニ振替之ヲ加ヱ収穫表ニ掲載シ不苦哉」と農民側は裏作の三分の一を算入することを主張したのにたいし、縣側は「田方裏作ハ全収穫之五分ヲ本作へ収穫ニ組込候事ト可相心得事」と裏作五分加算を主張した。[10]

ところで、こうした手續によっておこなわれる地租改正方式にそもそもどのような問題がふくまれていたか。地租改正がその手續の究極の答として要求したものは云うまでもなく地價であり——地租は地價の一〇〇分の三で自動的に算出される——、したがって、すべての手續は當然のことながら、地價決定のための手續であった。この地價決定のための理論的手順を抽象化し、數式化したものは、有元正雄氏によって定式化された。[11] この定式からも知られるように、地租率（一〇〇分の三）、地方費率（地租の三分の一）は地租改正條例によって一定であり、さらに種肥代は收穫米の「一割五分ヲ以テ定率トス[12]」ることは地租改正地方官心得第十八章によって一定である——小作地のときは小作取分三割二分という檢査例第二則——。利子率はおなじ地方官心得第十九章によって「自作地ハ七分利、小作地ハ五分利ヲ以テ其極度トスヘシ」の制限が課せられ、檢査例では自作地六分・小作地四分とされ、そして三重縣では「四公」を原則とし、若干の差等をもうけたが、「右ハ何レモ、官ノ取極ニ掛リ、絶對不變ナリ[13]」とされた——全國平均の利子率「田ハ六分壹毛強、畑ハ六分三毛強ニ歸着[14]」——。要するに地價の決定に必要な要素のうち、土地所有農民

検査例第Ⅰ則（自作地）

$$P=\left(x-\frac{15}{100}x-\frac{P}{100}-\frac{3P}{100}\right)\frac{100}{6}$$

地價　收穫代金　種子肥料代　地方費　地租　利子率

$$P=\frac{100x-15x-P-3P}{6}$$

$$\left[P=\frac{100}{10}\left(x-\frac{15}{100}X\right)\right]$$

検査例第Ⅱ則（小作地）

$$P=\left(x-\frac{32}{100}x-\frac{P}{100}-\frac{3P}{100}\right)\frac{100}{4}$$

地價　收穫代金　小作人取分　地方費　地租　利子率

$$P=\frac{100x-32x-P-3P}{4}$$

$$\left[P=\frac{100}{8}\left(x-\frac{32}{100}x\right)\right]$$

いずれも$P=8.5x$

の發言が許されたただひとつのものは收穫米の決定だけであった。

收穫量・地價決定がはらむ問題

ところで、三重縣地位收穫取調凡例によれば、村内の收穫調査は、具體的な收穫と同時に、地位を決定することが目的とされた。ところが、政府は何よりもまず「人民常ニ税ノ輕カランヲ欲ス。故ニ其開申スル所ノ收穫ハ必ス多少ノ隱匿アリ」[15]と、具體的な收穫高にたいする不信から出發し、結局は「村民集議」はたんに收穫の相對的な比較にすぎない地位を決定するにとどまった。地租改正條例細目第四章第二條第二款は「一村コトニ該村限リ他村ニ比較セス毎地ノ等級ヲ分ツヘシ。級数ハ凡十等以内毎地ノ等級ヲ分ツニハ、實地調査ノ後村民集議シ毎一筆便否・沃瘠等ニ由リ、公平至當ニ其等級ヲ分チ各人遺憾ナキニ至リ一筆限帳ヘ其等級ヲ朱書シ、帳尾ノ反別合計ニ其等級ニ應スル反別ヲ内譯シテ之ヲ進達スヘシ」[16]と、收穫調査がじつはたんなる地位の調査にほかならないことをしめしている。この地位の調査たるや、關東八州地租改正着手順序第二條によれば「其等級ヲ評定スルニハ先ツ各州ノ等級ヲ定メ尋テ毎州中各郡ノ等級、毎郡中各村ノ等級、毎村中各地ノ等級ヲ順次ニ定メ」[17]と、實收穫とは遊離した比較によって村位までが定められ、具體的な收穫は村内各地の地位を比較するための數字的な資料として用いられるにすぎないのである。

決定した地位を地價算定の基準として數字化された收穫米とするための收穫調査は、まず、「全管一反歩ノ平均收穫ヲ豫算シ調査ノ目的ト爲」し、ついで「豫メ顧問人等ヘ商議セシ目標ヲ以テ、其村重立チタルモノヲ召集シ之ヲ示シ、尚彼村ト此村トノ比準ヲ篤ト示諭シ異存ナキニ於テハ其者ヲシテ村民中ヘ通議セシメ各自承服セシ後ニ於テ向キニ等級ヲ書載セシ帳簿ヲ返附シ、合計上及等級内譯ニ其收穫ヲ書載シ地價ノ算法ヲモ指示シ地價ヲ記入進達セシム」（地租改正條例細目）[18]と、豫想の收穫を各村毎に割り振り、それを地位等級にしたがって各地に割當てるという順序でおこなわれた。しかも、地租改正地方官心得では、「毎地々價ヲ人民ヨリ開申セハ其合計上ニ就キ……豫定目的ノ準據ニ適合スルヤ否ヲ檢シ、其適合セシモノハ假ニ之ヲ可トシ一筆限リノ計算ヲ檢スヘシ」、「人民開申ノ地價ヲ豫定目的ト照合シ、若シ其低下スル一割迄ノモノハ假ニ之ヲ可トスヘシ」とあり、[19]豫定地價がまず存在し、その豫定地價と一致するかぎりで調査は正しいとされたのである。その豫定地價の基準として、一八七三年（明治六）、地租を地價一〇〇分の三とした根據を提出するにあたって「地租改正ノ始先ツ舊來ノ歳入ヲ減セサルヲ目的トシ」、舊來の田畑地價一〇億二、〇〇〇萬圓、隱田切添地の地價二億四〇〇〇萬圓を見込んだのであった[20]（改租後の田畑地價合計一四億八、二六一萬圓餘）。[21]三重縣地租改正もまたこれをうけて、「今般地租改正ハ重キヲ減シ輕キヲ增シ公平畫一ニ至ラシムヘキ御趣意ニ付」とのみ、貢租負擔の再配分だけを目的とすることを明らかにした。

いわば地租改正は、舊貢租額を基準とし、これを三公七民（地方費を公にくわえれば四公六民―三重縣ではこの解釋をとっている）とした定率地代を定額化する手順として租額から地價總額を逆算してこれを地價の豫定目的とし、地價の豫定目的から定式に從って逆に收穫の豫定目的を算出するという現實の收穫とはまったく無關係な方式によって收穫反米が決定されると同時に、そこから算出された地租負擔總額を現實に個々の農民にいかに分擔させるかという作業――地位等級の調査――がこれと併行しておこなわれたのである。したがって、地租改正事業をめぐって農民は二様の矛盾に直面せねばならなかった。第一は、收穫反米の豫定目的と現實の收穫との矛盾であり、第二は、負擔總額の個個の農民への配分から生ずる矛盾であった。この矛盾の主要なものは、いうまでもなく第一の矛盾であり、それは現實には村毎または村の集團にたいする過大な負擔の押付けという形で表現されることによって收穫反米したがって地價の切り下げ要求として提出される。第二の矛盾は、第一の矛盾に直面するなかで農民層内部から改租事業に參畫したものの裏切行爲の追求という形であらわれる。こうしたふたつの矛盾のからみあいが、改租事業の進行過程その他農村内部の諸條件に規定されて異ったあらわれ方をし、地租改正への農民の抵抗のさまざまなあらわれ方をする。

(1) 明治七年・舊度會縣達（三重縣廳所藏）、以下新舊三重縣・度會縣・三重縣議會關係の公文書は特記するもののほかは三重縣廳所藏文書による。
(2) 『明治前期財政經濟史料集成』（以下『史料集成』と略す）七・三三九頁
(3) 明治六年・本省本縣達・三重縣
(4) 明治七年・本省本縣達・三重縣
(5) 明治八年・公文全誌・三重縣
(6) 同　書
(7) 同　書
(8) 同　書
(9) 同　書
(10) 『伊勢暴動明治九年顚末記』（以下、『顚末記』と略稱）二六頁
(11) 有元正雄「地租改正における地價の決定」（史學研究六〇）二四頁
(12) 前掲『史料集成』七・二六九頁

(13) 前掲『顚末記』二五頁
(14) 前掲『史料集成』七・一七頁
(15) 同書・二八三頁
(16) 同書・二六七頁
(17) 同書・二六七頁
(18) 同書・二七〇頁
(19) 同書・二七六頁
(20) 同書・三三七頁
(21) 同書・八一頁

§二　押付反米への抵抗

三重縣員辨郡の闘争

一八七六年（明治九）四月、舊三重縣——この月、三重・度會兩縣は合併——管下八二一村のうち、輪中五五ヶ村、朝明郡中四ヶ村、河曲郡一ヶ村を除く七六一村の改租事業が完了し、三重縣出張復命書が提出され、この復命書によって地租改正事務局よりの「之ヲ實境ニ照シ之ヲ接壤ノ各縣ニ比シ反覆考窮スルニ穫量其當ヲ得權衡其平ヲ得タリ」との結論をそえて新租施行の三重縣伺が提出された。[1] そして、六月、天乙第貳拾四號[2]をもって「昨八年ヨリ舊税法相廢シ申立之租額ヲ以規則之通收税可取計」との布達が出された。

ここにいたる手續として、出張復命書は、一方では「土地ノ丈量ニ至ッテハ眞ニ緻密ヲ極メ接境ノ各縣未タ其比ヲ聞カサル所ナリ」と自負する丈量にくわえて、「鑒定人顧問人ヲ四日市驛ニ會シ收穫ノ概量ヲ諮ヒ併セテ村位ノ優劣ヲ詢リ略收穫ノ槩量村落ノ位次定マルニ及ンテ區戸長ヲ集メ村位ノ高低彼區ト此區トノ權衡ヲ議サシメ數回ノ陶汰ヲ經テ村位ヲ確定シ一等村ハ收穫若干二等村ハ若干ト順次穫量ヲ下シ之ヲ區戸長ニ示シ各自歸村村民ト共ニ土地ノ沃瘠ヲ類別シ村位ニ附シタル穫量ヲ以テ地位ニ分賦セシメ然ル後該縣檢査官吏屢巡回督責ノ上逐次承諾」という形をとった。つまり、地租改正方式は具體的にも參考意見としての收穫の概量によって村位を附し、それぞれの村位に豫定目的の收穫量を割りあて、各村は地位にしたがってそれを個人に割りあてるというやり方であった。したがって、地位や村位は、具體的な收穫量の押しつけによって、一さいの民主的な手續の成果を一擧に失ったのであり、この「押附反米」を承諾しそれを地位に割りあてる仕事をした區戸長は意識的に、村位の決定にあずかった鑒定人・顧問人は客觀的に、土地所有農民の利益を「押附反米」にすりかえ、農民を裏切る役割をはたしたのである。

「押附反米」にたいする抵抗はたちまちにひきおこされた。前記の改租持ちこしとなった輪中五五ヶ村ほか五ヶ村以外に、員辨郡全郡が反對した。員辨郡の抵抗について復命書は左記のように記した。「員辨全郡ノミ暗ニ舊租ノ比較上ヨリ苦情ヲ訴ヘ檢査官吏及ヒ昭智淳三（地租改正事務局九等出仕市岡昭智・同十二等出仕齋藤淳三―大江）等ヨリモ數次説諭ヲ加フト雖トモ全郡凝結牢確不可拔口酸味ヲ覺ユルノ説諭モ到底蛙面ノ灌水馬耳ノ東風ニ屬シ其効ヲ見ス就中同郡北大社村ノ如キハ三等村ニ列シ目標反米壹石四斗七升餘ニシテ村民ノ書出ス處僅ニ九斗餘ニ過キス之レ他ナシ同村木村誓太郎ナルモノ該郡ノ富豪ト稱シ小作米千俵有餘ヲ納ルモノニシテ倘シ官廳目的スル所ノ反米ヲ肯スル時ハ歳入殆ト其半ヲ減スルヲ以テ終始説諭ニ服セス是ヨリ先キ仄カニ聞ク誓太郎首謀ニシテ全村盟約連署ノ上曩キニ書出シタル九斗餘ノ上ハ檢査官吏ヨリ假令幾回ノ説諭アルモ毫モ收穫ヲ增サヽル旨確ク誓約シタルヲ以テ近傍各村自ラ同村ノ結果ヲ見然シテ自村ノ事ニ及ハントシテ常ニ遲緩セントスルノ情況アリ」。一石七斗の押付反米と九斗餘の書出反米とのちがいの大きさもさることながら、問題は、この目標反米の出所を明らかにすることなく、一方的に書出反米を不正ときめつけている改租方式の建て方にあった。これにたいして、抵抗するがわの云い分は、地租改正事務局が「接壤ノ各縣ニ比シ……穫量其當ヲ得」としたことがまったくあやまりであり、隣接の岐阜縣にくらべて收穫が不當に高いという點にあった。員辨郡の改租をめぐる紛争について、七六年（明治九）一一月、『文明新誌』は「三重縣下人民ノ苦情事」と題する長文の論説をかかげた。[3)]

三重縣下伊勢國員辨郡ハ岐阜縣管轄ト境壤犬牙相接シ各村地味同クシテ收穫ヲ定ムル村位地位共ニ（地租改正ニ付調ヘタル村位地位ナリ凡ソ十段程ニ分ツ收穫ノ高低ヲ定ムル目度ニシテ地租元價ノ腦髓ナリ）三重縣ヨリハ岐阜縣ノ定メ卑ク改正ニ租額ノ差等大ナルヲ以テ岐阜縣同様ノ等位ニ引直シ貰ヒ度トテ所轄廳該郡ヨリ歎願セシニ縣廳ニテハ已ニ一縣ノ定規トシテ略ボ改正事務取調濟ノ上ハ一郡一村ノ爲メ等位引直シ等ハ不相成ト御指令アリシ故人民ハ益々不平ヲ抱キ今ニ苦情絶ヘザル由……岐阜ノ地價低キガ當レル歟三重ノ高キハ其當ヲ得タリト云可ラズ三重ノ租税重キガ當レル歟岐阜ノ輕キハ其當ヲ得リト云フ可ラス我々ハ其實地ヲ目擊セザレハ敢テ其正否如何ヲ確言シ得スト雖モ犬牙錯雜ノ地ニシテ一ハ重ク一ハ輕ク一ハ薄ク一ハ厚キノ理アル可ラス其際必一ノ公不公アラザル可ラズ今タトヒ一旦地價ヲ定ムル後再ヒ改ム可ラストスルモ賦ニ輕重ノ弊ナク民ニ勞逸ノ偏ナカラシメントノ聖詔何ヲ以テカ立タン……

しかるに、官側は、この要求にたいして「然レトモ誓太郎ノ事タル宛モ捕風捉影ニシテ未タ罪跡ヲ得ス當時之ヲ奈何トモスル能ハスト雖トモ百方偵索其顯跡ヲ得テ密計ヲ發クニアラスンハ何レノ日カ該郡ノ整理ヲ見ント茲ニ於テ屢細作ヲ放ツテ密索シ稍ヤク連印牒ノ所在ヲ偵知セルヲ以テ誓太郎及ヒ之ニ亞キタルモノ兩名縣廳ニ拘引鞫訊シ終ニ其罪ニ服シ口供甘結セリ爾來該郡稍抵抗ノ角ヲ崩スニ至ルト雖モ未タ以テ全郡ノ整成ニ至ラス故ニ已ニ竣功シタル大區受持ノ官吏ヲ増派シ日夜督責漸ヤク目的ノ反米ニ歸着スルヲ得タリ蓋シ員辨郡ノ民情タルヤ瞑頑弗率固陋蠢愚ニシテ動モスレハ衆ヲ聚メ勢ヲ特ミ其非理ヲ遂ケントスルノ氣勢アッテ統馭ノ道常ニ難シト云ヘリ然リ而シテ同郡ハ右ノ如ク已ニ整理ニ至ル」と復命したように、スパイを放って犯罪をでっちあげ、抵抗の指導者を逮捕し、抵抗を彈壓し、強壓的に目的反米を押しつけたのであった。

員辨郡の抵抗は、權力による一方的な彈壓のもとで一まず解體してしまった。その原因は、第一に、すでに區戸長

・鑑定人・顧問人等の裏切のもとに闘争が成立したこと、第二に、抵抗の指導者たる木村誓太郎らと農民との結びつきが充分に緊密でなく、指導者である豪農層の個人プレイ的な動きが強かったのではないか、したがって指導者層の逮捕によって農民は各個撃破され、強圧に屈したこと、の二點として指摘される。したがって、引つづく大農民蜂起において改租の裏切者たちにたいする徹底的な追求がおこなわれ、さらに、のちにいたって、地方税をめぐる縣ー政府と縣議會との闘争において、この教訓にまなんだ木村誓太郎らの縣會議員は縣會闘争を孤立した場での闘争としてではなく、全縣民的な闘争へと發展させていくのである。あたかも、熊本縣民會の闘争で實學黨の民會議員が學びとったと同様の教訓がこの闘争をつうじて學びとられたのである。

三重縣桑名郡の闘争

員辨郡に集中された彈壓の結果、員辨郡の抵抗は早くも崩れさったが、桑名郡五五ヶ村、朝明郡四ヶ村、河曲郡一ヶ村は、ついに新租施行を延期に追いこんだ。桑名郡五五ヶ村は、輪中およびその周邊の村々であった。ここでは、たとえば桑名郡香取村は、七六年（明治九）六月にいたって「當村地租御改正ニ付收穫ノ儀是迄數回御説諭モ有之候得共御示反米御請難出來ニ付今般私共御呼出シ之上太政官第六十八號御公布ニ憑リ御處分可被爲在之處先以村方一同協議ヲ遂ケ精敷之收穫取調表面可差出旨被仰渡然ル後御調査ノ上若シ不相當與御見据相立候者斷然御布告ニ憑リ御處分相成筈御達之旨奉畏候依テ村中人民篤與協議ヲ遂ケ充分取調候處當村之儀者戸津肱江之兩村ニ隣ルト雖モ田位極テ下低ニシテ七郷輪中同等ニ御座候」[4]（傍點原文朱線）と、斷乎として押付反米を拒否する態度をしめした。この第六十八號布告とは、七六年（明治九）五月の布告であり、目的地價に不服のときは入札をもって地價をさだめるか申出の地價をもって買上げるかの方法をとるとの地租改正施行規則第十六則を廢し、しかも不服の場合、「私見ヲ主張スル人民ヲモ一々甘服スルヲ待テ然ル後改正センカ、曠日彌久終ニ底止スル所ヲ知ラサルノミナラス、僅々タル不服者ノ爲メニ一般人民ノ望ヲ妨クルノ結果ヲ生シ、延テ政府ノ威信ヲ失スルニ至ラン」[5)]との理由をもって、「一郡一區内ニ就テ人民過半承服ノ場合ニ至ルモ、其一部分ノミ私見ヲ張リ承服セサル者アラハ、近傍類地等ノ比準ヲ取リ相當ノ地價ヲ定メ之ニ地券ヲ渡シ收税スヘシ」[6)]という内容のものであった。

しかし、この布告をもって強行することは、あたかも天にむかって唾するようなものであった。というのは、輪中あるいはそれと同條件の村々は三重縣にかぎらず、岐阜縣といえども同じ條件であった。しかるに、員辨郡のばあい岐阜縣との差を問題にしなかった。したがって輪中という條件で岐阜縣の水準を標準とすれば三重縣内の他村との均衡を失する。「曩ニ淳三復命ノ節豫メ伺置タル見込收穫反米八斗ヲ以テ昨年六拾八號公布ニヨリ處分セント欲スルニ右見込反米ヲ以テ處分スル時ハ岐阜縣接壤村トノ權衡ハ殆ト其平準ヲ得ルニ到ルトイヘトモ已ニ改租整理ノ三重縣内部村落トノ權衡ニ自然其不均ヲ生セン事ヲ深慮シ右見込反米ハ先ツ高閣ニ束ネ置」[7)]かざるをえなかったというのも、それであった。

朝明郡の四ヶ村、中野・田光・竹成・永井の各村もまた「抑最初ヨリ上位ニ可居村々ニ無之收穫反米當ヲ得サル旨頻ニ不服ヲ唱、明治九年五月本縣改租伺之節モ全未整之部中ニ有之、爾來數回之説諭ニ因リ、同年十一月ニ至リ漸承服」[8)]するにいたったが、なお問題の解決にはいたらなかった。

桑名郡力尾村にいたっては、改正以前の反別一一町九反七畝・税四三三圓餘、改正後の反別五五町六反七畝餘・税一二一〇圓餘と一躍三倍弱の税額にはねあがったのであるが、その最大の理由はいうまでもなく反別の増加にあった。しかし、改租反對の最大の爭點になったのは、反別の増加にもかかわらず、「收穫調査ニ際シ平均反米難適」[9)]という點にあった。そのために改租の承諾書を差出すことをこばみ、當局の「百方説諭之末」、七六年（明治九）三月にいたってやっと承諾書を提出し、改租伺の村々の中にくみこまれた。しかし、この承諾書は「右御示反米麥之通承諾仕候、尤一ヶ村ニテモ御示反米麥御勘辨相立候節御當村之義モ同樣御勘辨被成下度因テ御請奉申上候」[10)]との條件を附していた。これにたいして、縣は、地位等級を記した番號帳に各個人の調印をもとめたのであるが、そこでは承諾書の條件は削除され、ただ「無遺憾」との無條件承諾にすりかえられていたので、「遺憾無之トノ調印ハ難出來、畢竟舊租反當リヲ以テ新反別ヘ賦收相成モ難計トノ御達及説諭モ有之、不得止承諾セシモノニテ何分調印難出來」と調印をこばみ、ためにこの年度の地租徴收は不可能になっていた。縣はこれにたいし、「代議人タルモノハ則本縣布達ニ因リ地主共ノ撰定セシモノニテ其性質人民ノ代人也」[11]とし、かれらが承諾した收穫反米である以上は今更これを拒否するのはおかしいとするが、村では、「用掛代議員ノミニテ差出外小前ニ於テハ一切存不申」と應酬、それはともかくとしても、「假令表面ハ進達スト雖外一ヶ村ニテモ降等相成候節ハ當村モ同樣御勘辨可相成儀ト心得先夫迄之假書ニ差出タリ」と、代議人の承諾が條件附きであったことを指摘し、代議人の決定には從うがそれを縣が勝手にすりかえた無條件承諾の立場には從わないことを明らかにしている。ここでは、一般農民と代議人用掛等の役附との間の農民層内部の矛盾の存在が確認されるにもかかわらず、農民層全體と政府＝縣との矛盾が主要なものであり内部矛盾に優先することをしめしている。

要するに舊三重縣の改租事業進行過程における抵抗は、員辨郡が彈壓のもとに屈し、六〇ヶ村をのぞく全管下が新租施行の段取にこぎつけたものの、そのなかにも力尾村のようになお抵抗をつづけている村もあり、またなお抵抗をつづけている村々のうち、朝明四ヶ村は事實上改租を承諾させられるところまでいったが、輪中を中心とする諸村は、なお抵抗を繼續しつつあった。しかし、これらの抵抗は、なお改租擔當の出先機關との鬪争であり、廣汎な團結や鬪争の指導が確立しているとはいいがたく、孤立的であり分散的であった。これが七六年末の舊三重縣下の改租をめぐる情勢であった。

(1)　『明治初年地租改正基礎資料』中巻・七二〇―七二二頁

(2) 明治九年・公文全誌・三重縣
(3) 杉田定一文書より（大阪經濟大學所蔵）、同文書については同大學大槻弘氏の御好意によった。
(4) 前掲『顚末記』二三頁
(5) 前掲『史料集成』七・三五三頁
(6) 同書・二八五頁
(7) 三重縣出張復命書（前掲『基礎資料』中巻）九三〇頁
(8) 地租改正之儀ニ付苦情村々顚末書（大隈文書イ一四A二〇六一）
(9) 地租改正新税施行之儀伺濟之後苦情申立候村方處分之義ニ付伺（大隈文書イ一四A二〇三四）
(10) 前掲大隈文書「顚末書」
(11) 前掲大隈文書「處分之義ニ付伺」

二　地租改正反對一揆

§一　改租事業の進行過程

度會縣地租改正の着手　度會縣下においては、地租改正事業は三重縣よりややおくれて着手された。すなわち、七四年（明治七）一一月にいたってはじめて「地租改正ニ付説諭書」が出されて、改租事業への着手が宣言され、同時に「地租改正ニ付實地取調心得」が達せられた。その全文は左記のとおりである。[1)]

第百七拾六號　　　　　　　　　正副區戸長

先般地租改正被

仰出豫テ公布相成候附テハ累歳因襲ノ偏頗ヲ去リ公平均一ノ租額ヲ定メ上ハ以テ叡慮ノ厚キニ奉答シ下ハ以テ一視同仁ノ鴻恩ニ浴セシメ苟モ姑息ノ怠心ヲ脱シ官民一途力ヲ實際ニ盡シ無益ノ歳月ヲ貪ラス速ニ其功ヲ奏シ其習ヲ一洗セント欲ス因テ其施行條々更ニ大藏省ヘ伺ヲ盡シ別冊調査ノ心得書幷下民説諭書共相達候條正副區戸長ニ於テハ猶
御主意ノ深キヲ推窮シ二重ノ失費ヲ省キ一擧成功ノ目途ヲ立テ地券調査ノ轍跡ヲ履マセル様相心得懇厚説諭ヲ加ヘ精敷取調可致事

明治七年十一月八日

度會縣權令久保斷三

代理度會縣參事平川光伸

地租改正ニ付説諭書

今般　仰出サレシ地租改正ノ御趣意ヲ説明センニ、我國從前地租ノ法タル、地ニ上中下ノ位ヲワケ石盛ヲツケ、租ノ取箇ヲ定メシコト、其モトイヅレモ皆深キ據アリテ、ケツシテ無稽ノ事ニハアラズ、サレドモ中ニハ比隣ノ郡村ニシテ撿地高入ニ新中古ノ區別アルヨリ、間竿ニ長短、歩數ニ多少、或ハ取箇ニ六公四民、五公五民等ノ差違アリ、且爾來今日ニ至ル幾何ノ星霜ヲ經ルニ隨ヒ、上下漸クニ懈怠シ、此法年々月々ニ廢弛シテ其平均ヲ失セシノミナラズ、其間ニ乘シ拔高賣買隱田匿歩等ノ弊ヲ生シ、遂ニ今日ノ如ク偏頗輕重ノ甚シキモノトナリシニイタル、實ニ斯民ノ不幸ト謂フベキナリ、是先般地券ヲ發行セラレテ地所ノ錯雜ヲ正シ、今又地租ヲ改正セラレテ寛苛不平ノ弊ヲ除キ、上政府ニ於テハ從來豊凶饒歉豫定ナキ地租ノ歳額ヲ明ニセラレ、下人民ニ於テハ今後物品諸税ノ盛ニ興ルニイタラハ地租ハ終ニ地價百分ノ一ノ輕ニ及ハシメントノ深キ御趣意ヨリ出シ事ニシテ、畢竟物産ヲ興シ、地租ヲ緩メ、人民ヲ饒ニシ、國ヲ富シメン、トノ御盛擧ナレバ、幸ニ生レテ此昭代ニ遭遇シ無量ノ鴻恩ヲ蒙ル者、ヨロシク感載奮勵此改正ニ從事スベキナリ、然レドモ租税ハ國家盛衰ノ根底人民安危ノ胚胎スル所ニシテ、基礎一度立ツヤ後世上下之ニ遵由スル者ナレバ、着手ノ如キ實ニ又容易輕卒ニナスベキ事ニアラザルナリ、故ニ望ムラクハ、今ヨリ已後管内ノ人々力ヲ盡シ精ヲ勵シ專ラ縣官ト協議戮力シ、決シテ一時一身ノ安逸ヲ貪リ些少ノ失費ヲ厭ヒ姑息不正ノ事ヲナシ遂ニハ法律ニ觸レ所有ノ土地ハ官没セラレ其身モ亦罪科ニ陷ル等ノ事無之様相心得、諸取調等頗ル詳密精理ノ極ニ至ラシメ、速ニ改正ノ功ヲ奏シ、上ハ以テ　聖恩ニ答シ奉

リ、下ハ己レ先此恩澤ニ浴シ、猶後世子孫ニ至ルマテ此幸福ヲ貽サン事ヲ

明治七年十月

度會縣地租改正

人　民　心　得　書

地租改正ニ付實地取調心得

今般地租改正ニ付實地取調之儀ハ從前地所制度之壞亂ヲ矯正シ更ニ確實之制法ヲ可立儀ニ付テハ既ニ下渡ノ地券ハ專ラ民産保護ノ確證ヲ建ラレ候儀ニテ其節取調ノ地價ハ舊來石盛ノ不同ト貢租ノ甘苦ニ因リ昂低有之儘ノ地價ヲ記載スルモノナレハ釐正其宜シキヲ得タリト云可カラス因テハ此改正ニ際シ舊帳ハ一切廢棄シ更ニ取調ブベキ心得方ヲ指示ス條々左之通ニ候事

第　一　條

從來一筆ト唱候地所ノ内幾畦モ有之分ハ舊唱之儘差置實歩竿入ノ儀ハ畦ヲ除キ一枚限取調反別之腹書ニ田畑何枚ト可記載且從來別筆ニ候共一人持ニテ地續ノ分一筆ノ景況ヲ成居候ハヽ此度限幾筆ニテモ合併不苦候ニ付取調可願出事

但小畝歩ノ耕地持主一人ニテ實地聚合スル者ハ百歩迄ハ合併一筆トシテ不苦事

下ケ札

本文小畝歩合併之儀ハ公理ニ於テ差許ト雖モ元來地券調査之節各村々嚴重之調ニモ及ヒ此上實地檢査ニ至リ彌以精覈ニ出テ候者ハ地券調之帳簿ヲ其儘相用可成丈ケ冗費相省キ候積ニ付合併之見込有之村々ハ一應改正掛ヘ可申出事

第　二　條

間竿之儀從前新中古ト三様有之候處舊法ヲ廢シ新法ヲ施行候ニ當テ獨間竿ノミ舊制ニ因襲シ猶三様ノ區別相立置候謂レ無之儀ニ付一般六尺壹分ニ改正可致事

下ケ札

本文六尺壹分ハ決テ六尺ト六寸之儀ニハ無之六尺ノ上ヘ遽ニ一分ヲ加ヱ候者ニテ譬ヘハ六尺四方ヲ一坪ト言モ大違ヲ生候程ノ儀ニハ無之候條誤解致間敷候事

第　三　條

反別之儀古検ニテ三百六拾歩ヲ以テ一反トシ來リ候者ハ此度聽テ三百歩壹反ト改正可致事

但丈量ノ節端尺取捨ノ儀ハ五寸ナレハ貳寸ヲ捨三寸トシ壹尺九寸ナレハ壹寸ヲ捨壹尺八寸トシ總テ三寸六寸九寸壹尺貳寸ト三寸ヲ倍ス毎ニ餘寸ヲ捨テ積算ノ上三歩未滿ハ切捨可申事

下ケ札

本文三歩未滿切捨ノ儀山間ノ梯田等ニ至ッテハ此限ニアラズ

第　四　條

持主銘々ニ於テ地券面ノ筆數ニ不拘所持ノ耕地一畔毎ニ字何々反別何畝歩持主何之誰ト記載セシ手堅キ畝杭ヲ相立テ可申事

第　五　條

反別之儀先般地券下調ノ節精細仕出シ有之筈ニ付脱漏重復等ハ無之筈ニ候得共萬一調違廉落又ハ殘歩等有之向ハ此度限被差許候條明晰取調可申出地租改正之後ニ至リ若シ隱田餘歩等アッテ相顯ル丶ニ於テハ御布告之通欺隱田糧律ニ準據シ處刑相成候條心得違致ス間敷事

但開墾地等既ニ作付出來候分ハ地代金上納ヲモ被差許候儀ニ付聊無疑念有體可申出事

下ケ札

本文但書地代金ト云ハ舊來ニ於テモ土地ヲ開拓スルヤ豫メ官ノ許可ヲ受其他ノ名稱ニ依リ地代ヲ納ムル有リ納メザル有ルハ法則ニ候處年來等閑之取扱モ不少自然法方ニ相背キ候者モ總テ改正以前ニ係リ候モノハ寛典ニ處シ御差許ニ相成儀ニテ今般調出之代價ト混雜不致樣可相心得事

第　六　條

地租改正施行御規則第二則ニ有之候通更ニ精覈ノ反別取調ニ付テハ追テ官員出張耕地ヲ巡視シ一筆毎ニ畝杭ヲ改メ落地ノ有無ヲ點検シ廣狹ノ當否ヲ視察シ猶竿入樣歩致シ書上ノ歩數ト増減スル時ハ再調ヲ可命ニ付若地券調ノ節精細ノ調不致不安意ノ向ハ更ニ

正實ニ取調可書出事

第七條

一村内ノ耕地畝杭不殘立チ揃ヒタル節ハ正副戸長頭立チ耕地絵圖ヲ以實地田畑ノ枚數及字等引合繪圖實地ト符合シ廉落等無之候ハヽ實地ノ景形ニ依リ宅地耕地新開試作地社寺境内地堤外不定地山林原野稲干場等ニ至ル迄官有共有私有除税ニ不拘一村所屬ノ地ハ悉ク其順序ヲ以テ新キ押番ヲ附シ可申事

但地所番號相附候ニ付テハ第十六條以下篤ト可見合事

下ケ札

本文一村所屬悉ク其順序ヲ付スル上ハ溝川道舗ヲ除外ハ地券調査之節番外ニ有之モ自然番内ニ差加ヘ候上ハ増番言ヲ待タス因テハ惣番ニ差響キ候儀必然ニテ是カ爲メ前日ノ取調泡沫ニ屬候テハ遺憾ノ事ニ付成丈ケ前後操合手數相省候積候條一應地租改正掛ノ指圖ヲ可受事

第八條

最前地券取調ノ節仕立置候繪圖ヲ其儘相用候分若シ地所番號廣狹等相違致候ハヽ最前ノ記入ト不相混樣色違ヒノ墨ヲ以番號ヲ書入ヘシ尤後來混亂ノ患モ有之儀ニ付反別等大ニ相狂候分幷ニ圖面手摺或ハ細字書入難相成分ハ更ニ引直シ候ハ便宜之事

但引直シ候前一應地租改正掛リヘ可申出事

下ケ札

本文番號相改候節ハ帳簿上ニ於テモ地券調之節舊番ヲ朱書ニ附シ候例ニ依テ地券状面番號ヲ朱書シ更ニ墨書ヲ以新番ヲ付シ可申事

第九條

耕地絵圖面番號相付キ候ハヽ其節畝杭ヘモ同樣番號書入可申事

第十條

番號不殘相付候ハ、持主銘杭面ノ反別ニヨリ其地一歳取揚高ノ總數ヲ取調相當ノ地價見積リ書取ヲ以テ正副戸長ヘ可差出事

第十一條

實地反別ニヨリ收穫地價取調帳持主ヨリ指出候ハ、正副戸長ニ於テ畝杭ト符合スルヤ否入念各所ニ於テ引合セ候上別紙雛形ノ通地所ノ順番ヲ追地價調帳ヲ製シ差圖次第可差出事

第十二條

字界之儀ハ絵圖面ヱ必ラス點線ヲ以經界相扣ヘ置キ可申中ニハ兩字犬牙錯雑致シ居經界不相立者ハ地租改正掛リヘ稟議ノ上時トシテハ判然改正不苦候事

下ケ札

本文點線ハ其色ヲ不擇適宜ニ相用到底明亮ナルヲ要シ候事

第十三條

數村地先入會ノ公有地組合村々熟議ノ上現地ノ反別ヲ引分ケ更ニ經界相立候儀不苦候ニ付其旨一應地租改正掛リヱ稟議ノ上絵圖面帳面共可取調事

但右入會地熟議ノ上引分ケ一村ノ所有ニ歸シ候上ハ押番號ヲ附シ可申尤舊ノ儘數村入會地ニ差置候ハ、番外ニ致シ可申事

第十四條

兩村經界ノ儀犬牙相接シ後世紊亂ノ恐レ有之者或ハ兩村耕地ノ碁布錯雑罷在ル者又ハ甲村ヨリ乙村ヘノ飛地等ハ兩村熟議ノ上可成境界致判然候樣此際改正ノ積ヲ以其旨地租改正掛ヘ稟議ノ上取調可申事

第十五條

正副戸長ハ其區村々總百姓ノ名代人タルモノニ付小前ニ於テ反別其他諸調向不都合ノ事有之節ハ同樣其責ヲ不免儀ニ付始終注意精々世話可致事

第十六條

地所ノ名稱ハ田畑地宅地田畑不定地新開試作地神社境内山地林地藪地野地原地荒地秣場牧場稲干場用水溜池湖地沼等ニシテ其他ハ實況ニ就テ相當ノ名ヲ附ス可シ決シ難キ者ハ其時々地租改正掛ヘ稟議可致事

第十七條

潰地ニテ後年起返ヘキ見込無之道路堤塘溝洫等ノ敷地歩數ノ儀ハ漸次取調ノ積可相心得事

第十八條

荒田畑ハ從前ノ高引地貢租辨納地ニ拘ラズ一筆ノ内ニアルモノハ其腹ラ外書ニ顯シ一筆不殘ノ荒ハ其荒ノ名稱ヲ以テ廉限リ記載可致事

但荒地起返年季ハ地租改正御規則第十條ニヨリ更ニ起返スヘキ難易ヲ量リ年季ノ長短ヲ定メ年季中無代價ノ券状可相渡候ニ付是迄ノ年季ヲモ腹書ニ書載可申出事

第十九條

新開地鍬下年季中ノ分ハ御規則第十二則ノ通其年季中無税ノ筈ニ付ノ無代價ノ券狀可相渡候間反別ノミ可申立尤從來ノ年季ハ腹書ニ可書載事

但從來年季ノ定メモ無之鍬下税等納來候分現今作付相成候ハ、相當ノ地價見積リ可申立事

第二十條

荒地引年季中ノ者ト雖モ既ニ起返リ年々所得アルモノハ普通田畑同様相當代價見積リ可申立之ニ反シ生田畑ノ名稱ニテ貢租納來リ候共現在野成林成等ニ相成起返ヘキ見込無之分ハ總テ實況ニ就テ原野山林ノ稱呼ニ取調可致事

第二十一條

第一條但書小畝歩合併ノ分ハ其田數ヲ記載可致事

第二十二條

小歩數ノ芝原等耕地ノ地先ニ屬スル者ニシテ別段一廉ニ立チ難キモノハ耕地ノ畝歩ニ入レ内書ニ顯シ其腹ニ記載可致事

第二十三條

社寺境内地ハ従前ノ有税無税ニ拘ハラス番號□□ヲ以テ記載シ有税無税ノ譯下ケ紙可致事

第二十四條

墓地ノ儀御規則第七則ノ通ニ候處從來山林田畑間ニ有之税納致來候一二戸所有ノ墓地モ區劃判然タル分ハ更ニ無税相成筈ニ付別筆ニ取調可申立其他田畑間ニ有之狹少ノ分ハ本地一繩之内調込可申事

第二十五條

一村或ハ數村共有地ノ埋葬地ハ一廉□□記載可致事

第二十六條

布告掲示所ハ多ク道敷ノ内ニ在ルヲ以テ番外地ノ部ヘ記載可致事

第二十七條

右ノケ條ニ漏洩スル者其他實際取調ニ狐疑アル者ハ時々地租改正掛之指圖可受事

第二十八條

收穫米ハ一ケ年總收穫ノ内種肥代幷此後ノ地租（百分ノ三）村費（地税三分ノ一ヲ目的トス）ヲ引去全ク地主所得トナルヘキ米金ヲ以テ現今互ニ賣買スヘキ者ト看做シ見込ノ代価ヲ記載可致事

第二十九條

雛形ニ記セル收穫米ハ是迄年々其地ヨリ登量ノ總數ヲ擧クヘシ尤モ其年々豊凶ニ依テ一定ナラスト雖モ平年作柄ヲ正實ニ書出可申事

第三十條

實地ハ不及申地所一筆限代價見積帳□□□□モ別冊雛形ニ照準シ常ニ成功ノ目度ヲ立□□手數無之様注意可致事

第三十一條

地價ノ儀持主小作人共自身ニ調方致候シ候上ハ決テ不當ナル事ハ無之筈ナレトモ萬一地租ヲ減セン爲ニ低價ニ書出候樣ノ儀有之候トモ官ニハ夫々檢査ノ法則アリテ其當否ヲ檢査シ不相當ト見込時ハ調直ノ儀申達尚不服ノ者ハ御□□□通買上等ノ處分致シ候ニ付必心得違無之樣有體可申出事

この心得書が舊三重縣ともっともことなっている點は、農民の意志の表現がすべて正副戸長に集中している點である。この點は度會縣の戸長が一村を代表する民選戸長であり、そのかぎりで公選による舊庄屋と同等の地位にあったことのちがいである。

一揆前の改租の進行の段階

しかし、度會縣時代、地租改正は丈量の段階にとどまり、合併した新三重縣にひきつがれた。七六年（明治九）四月、合併ののち、舊度會縣管下にたいし、「地租改正ノ義ハ不容易大事業ニ候處今般廢併縣相成候ニ付右調査向キ逗撓候樣ノ義有之候テハ不都合ニ候條總テ元度會縣達之通心得無遲緩整頓候樣厚ク注意可致此旨相達候事」[2]との達によって新縣下で本格的な改租事業が開始された。五月にはいって丈量が完成、「改正反別檢査濟ノ村方ハ別紙案分ノ振ニ相認ノ一村限持主一同連署爲致各區々長ヘ取纏メ本月廿八日迄ニ無相違可差出」[3]段階にいたった――もっとも舊度會縣は「心得書」第八條によって地引帳を新調せずに一筆限代價見積帳を流用したがそのまま三重縣にひきつがれた。そして、一一月末にいたってやっと、「地價帳之儀別冊雛形之通候條右ニ照準追テ各村利子確定候ハヾ其日ヨリ日數五十日ヲ限リ可調出此旨相達候事」[4]と地價決定作業にとりかかることになったのである。したがって、この年のうちには、まだ地租改正の最終結果は農民の前にあらわれていなかった。せいぜい、七六年（明治九）「十月縣令及改租係淳三等松阪ニ出張シ各區戸長顧問鑑定人及ヒ各村組頭總代且老農等ヲ召會シ先ツ顧問鑑定人ヲシテ專ラ各區接近ノ村落村位ノ權衡ヲ量リ内部ニ及ホシ右議定テ後戸長組頭總代老農等ニ數回公議ヲ盡サシメ續テ一郡ヨリシテ全管二十區ヲ合ス此間殆ント月ヲ閲シテ各議決ス此ニ於テ全管凡ソ收穫ヲ概量シ」[5]と、地位等級が決定し、これから問題の收穫反米の査定にとりかかろうという段階、これが地價帳作製にとりかかる達が出された一一月二九日現在の段階であった。したがって、この段階では農民にとって地租は相對的負擔＝地位等級として感じられても、絶對的負擔＝收穫反米の問題としてはとらえられなかった。地租＝地價＝收穫反米として問題となる以前の段階であった。問題は地租改正そのものでなく、地租改正の過渡的な措置から發生した。

(1)　明治七年・舊废會縣官省布達公示綴
(2)　三重縣公文全誌・明治七年
(3)　同
(4)　同
(5)　「三重縣出張復命書」（前掲『基礎資料』中巻）一〇九二頁

§二　一揆における惣百姓的形態

石代納換算米價の問題

七五年（明治八）一二月、大蔵省は「地租改正着手中ニシテ本年貢額確定セサル向ハ昨七年貢額ヲ基礎トシ、改租調成後増減生スヘキ分概算ヲ以テ假納額ヲ定メ成規ノ如ク歩通リヲ以テ收入シ、他日改租整頓ニ至リ過不及ヲ決算スヘシ[1]」と過渡期の收税法を規定し、その翌年度も「昨八年十二月本省乙第百六十號達ノ旨ニ準シ假納額ヲ定メ稟告スヘシ[2]」とした。しかし、七五年（明治八）八月、「明治九年ヲ以テ各地方一般改正ノ期限ト定ム[3]」ることとなったために、從來の石代納相場算出法――米価は「各管内十月十五日ヨリ十二月十五日マテ、日數六十二日間相場立箇所日々ノ相場ヲ取リ、其總額ヲ平均シテ管内一般ノ相場ヲ算定シ總テ其價格ニ由リ收租スヘシ[4]」――が七五年（明治八）まで適用され、七六年（明治九）にいたって、改租の地価算出に用いられる米價算出法――「改租ニ用ユル米價ハ渾テ三年ヨリ七年迄ヲ限リ此五ヶ年間ノ平均相場ヲ用ユヘシ[5]」――が租額算定に適用さ

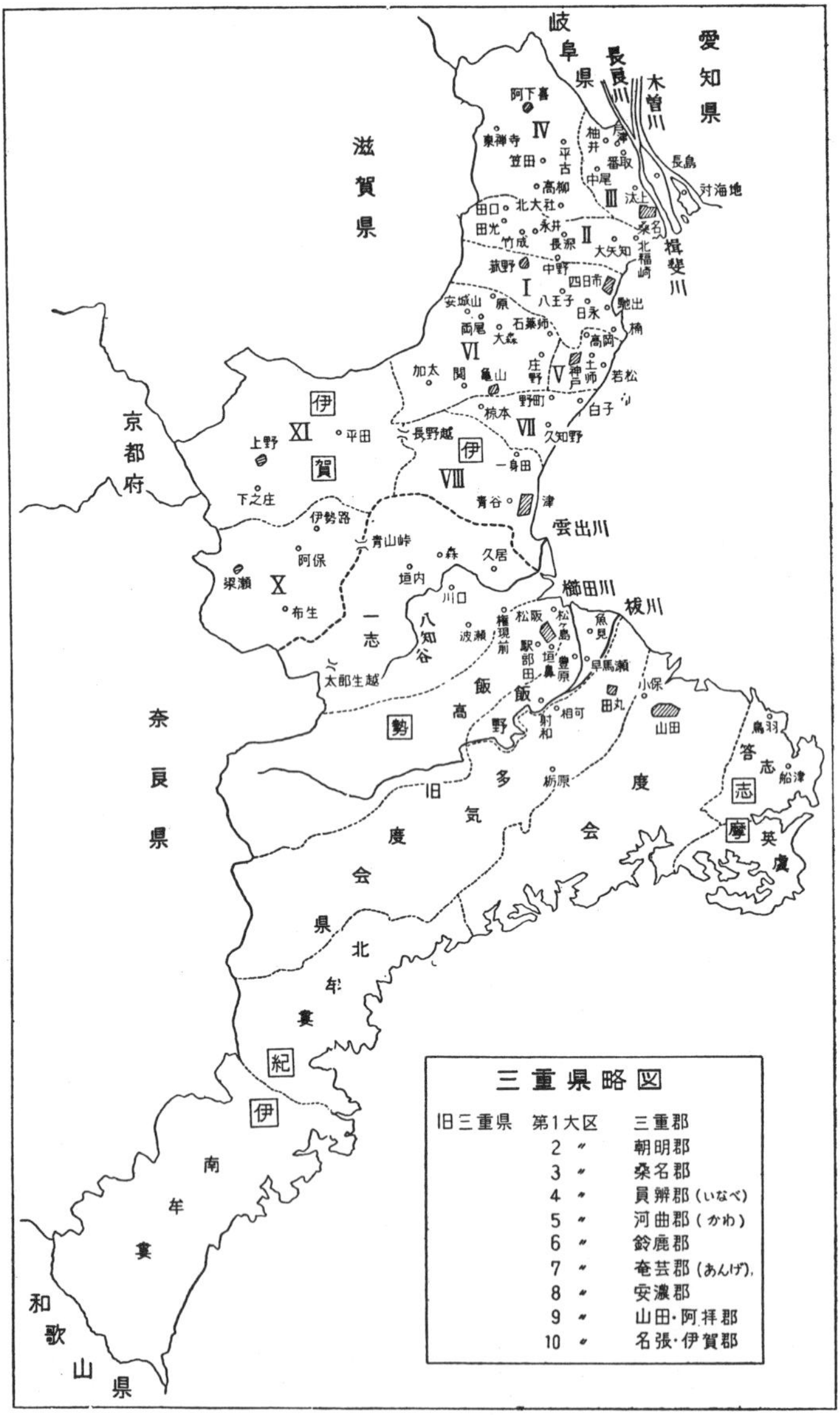
岐阜県
愛知県
長良川
木曽川
揖斐川
滋賀県
京都府
奈良県
和歌山県
雲出川
櫛田川
祓川
伊賀
伊勢
志摩
紀伊
旧度会県
北牟婁
南牟婁
多気
度会
飯高
飯野
一志
八知谷
四日市
亀山
津
松阪
上野
山田
桑名
三重県略図
旧三重県　第1大区　三重郡
2 〃 朝明郡
3 〃 桑名郡
4 〃 員辨郡（いなべ）
5 〃 河曲郡（かわ）
6 〃 鈴鹿郡
7 〃 奄芸郡（あんげ），
8 〃 安濃郡
9 〃 山田・阿拝郡
10 〃 名張・伊賀郡

れることになった。
この石代納換算の米價算出方式の變更は農民にいちじるしい影響をあたえた。というのは、米價の變動がはげしく、七四年（明治七）の平均相場が七圓四四錢と高値をしめしたときはその平均相場で石代納換算、七五年（明治八）の平均相場が五圓五五錢で石代納と、高値のときは高値のまま石代納換算がおこなわれたのにたいし、七六年（明治九）にいたって平均相場三圓五〇錢に急落したときから五ヶ年平均の五圓一九錢の換算米価が用いられ、[6]したがって前二年にくらべて一擧に四割六分弱の實質的増租をもたらす結果となった。農民の不滿はこの實質的増租を契機にばくはつした。發火點となったのは松阪市の東方、櫛田川東岸の魚見村を中心とした一帯である。

蜂起直前の情勢　櫛田川デルタに位する水田地帯の村々は、その農業經營の主要な部分を米作にたよっていたが、それだけに地租改正の過渡期の石代納換算基準の變化と米價の變動の關係から來た事實上の増租の影響は痛切であった。米作地帯にありながらも、「麥の多い黒い飯か粥もさつまいもを入れたものをたべていた」[7]ギリギリの經營を維持してきた農民たちにとって、この影響は致命的でさえあった。さらに、米價の下落だけでなく、この年の八月、大雨のために櫛田川の堤防が魚見村で決潰し、田畑に砂が流入し、この地方の産米の質が悪く、價格は平均相場より一段低いという結果になり、村民の苦難は倍加された。九月一六日、魚見村ではこの苦境に對處するための村寄合がもたれたが、一一月一四日にいたって、魚見・保津・新開・久保・松名瀬五ヶ村連名による歎願書が提出された。

「地租改正ノ後上納方之義ニ付歎願」[8]と題されたこの歎願書の内容は、「地租改正後石代相場ノ儀ハ金五圓拾九錢ト法方被仰出有之候處、當今正米直段下落ニテ御法方直ヨリ右ニ付壹圓六拾七錢ツヽノ直違損相立候ニ付此上取立方如何トモ心痛仕候……戸數百ノ内九拾戸迄ハ細民ニテ金錢ヲ貯居上納ナス儀ニアラス、悉皆本年地ヨリ取上タル米ヲ賣捌キ其金ヲ以テ租税可相納儀ニ候得者、現在壹石ニ付壹圓五拾錢餘ノ直違損毛相立候テハ五ヶ年ノ事ハ勿論壹ヶ年ノ辨納手段モ無之……天下一般之御改正御規則ヲ僅五ヶ村ヨリ歎願ナスハ誠實不相濟候得共石代上納ヲ正米上納ニ被仰付度……前行ニモ申上候通細民勝之儀ニ付末ノ都合ヨリ今ノ都合ヲ好且上納筋ニ損益有テ苦情申立候テハ却テ御改正御仁恵ノ御趣意ニ悖リ可申何分正米納歟又ハ年々ノ相場ヲ以上納候様更ニ御改定被成下度、下民之儀ハ其年ノ取米ヲ以テ漸ク該年ヲ請候迄ニテ豊年ニ凶年ノ手當ヲ殘シ貯候儀ハ難出來……」とあり、とりあえずの石代納にたいする不満と同時に、改租にあたっての地價算出米價の算定についての不満をもいみしていた。しかし、當面の問題は石代納であり、それもこの五ヶ村については「五ヶ村之義者本年八月出水ニテ魚見村堤切込一圓泥冠リ候至テ悪米ニ相成候ニ付、御法方直段迄ナラス他ヨリ一層現米下直ナラデハ羅賣難出來、二重之直違ニテ殆困却」[9]という特別の理由が附されていた。五ヶ村の戸長は、魚見村外二六ヶ村――高九五八五石餘――の大庄屋・大里正の出身である中川九左衛門であった。九左衛門は、七五年（明治八）の戸籍によれば農・農間證券印紙賣捌とあり、おなじく農・農間質貸渡世としるされた中川兵左衛門（立田村戸長）とともに、魚見村におけるただ二人の豪農または地主であったと思われる。こうした經歴からみるとき、九左衛門の動きは第八區（飯野郡）の他の戸長層のあいだに大きな影響力をもっていたと思われるし、また現に五ヶ村から同時に戸長に公選されるという點からみても、その農民にたいする統制力は相當のものであったと思われる。

魚見以下五ヶ村の歎願書は、第八區長桑原常藏の手によってにぎりつぶされた。[10] 一一月二四日、各區區長例會が開かれ、舊三重縣管下の各大區區長はその席上で米價低下につき石代納難澁の報告を縣令におこなった。この絶好の機會をも桑原區長は利用しなかった。しかし、縣令は、この冬期納田租のうち三分の一を預米とすることをみとめ、事實上は一部分の米納をみとめるとともに、貢納期限をも定めた達を一二月八日に發した。桑原區長は、一二日、戸長例會でこの達を各戸長に傳えた。中川戸長は、翌一三日、村方寄合をひらいてこの達を村民に進達した。『伊勢暴動明治九年顚末記』によれば、この一二日の戸長例會で中川戸長は桑原の不誠意をなじって大に爭論し、ために、のちになってかれが一揆の首謀者とされるにいたったとなっているが、その後の動きからみるとき、中川戸長は提出した歎願書にどれだけの効果を期待していたか疑わしい。

中川戸長は、一三日の村方寄合で、八日の縣令達の内容を「當冬分租納之儀ハ米納三分ノ二金納三分ノ一ト申聞、一同承服」[11]にまでこぎつけた。そして、魚見村では「貢納請書へ調印致戸長へ差出」したが、しかし、保津村では、「貢納請書へ調印難出來申出」て、戸長から傳えられた達の内容を不滿とした。保津村の强硬態度を見た中川戸長は、何を思ったか、すでに納租を承諾した魚見村の村寄合を命じた。魚見村組頭長谷川庄兵衛の「當村之儀ハ一同承知調印濟に相成、申聞候ニハ不及」という主張にもかかわらず、中川戸長は、「來春ニ相成米價高下モ有之候儀、今一應篤ト申聞致」と、一四日、あえて平地に波瀾をまきおこすような寄合を强行した。はたせるかな、寄合は「保津村ヨリ出願候由、當村ハ公納請書調印仕候得共、保津村同樣御願致度」と結論をだした。しかるに、翌一五日、この寄合の結論を聞いた中川戸長は、ただ「配下村々斯ク申立候テハ深ク心配候旨」組頭長谷川にもらしただけで、別に村民の意志にもとづいた再歎願を決意した樣子もない。逆に、一七日には、「明後十九日、租税取立可申、今日右帳簿仕立候樣」との命令を組頭に下している。

ところで、一六日にいたって、村民たちが理解していたものよりも、八日の縣令達にある取立條件はもっと悪條件のものであることが明らかとなった。この日、水害による堤外流去地調査のため地租改正用掛十二等出仕津田識之等が魚見ほか數ヶ村を巡回した。「たまたま外川原の假堰のため、魚見區の農民は集合していた」[12]。ここで津田の説明によって縣令達の内容が正確につたえられた。それは中川戸長が誤傳し、魚見村民が一旦承諾した「當冬分租納之儀ハ米納三分ノ二金納三分ノ一」でもなければ、改正用掛中西健十郎が誤解し縣に伺書を提出したような「今般上納ハ、金額三分ノ一舊高ニ割當、又預米ハ今般上納ノ分悉皆抵當ヲ願ヒ苦シカラザル義ト心得」[13]ていたような内容のものでなく、當の徴税吏員である中西さえもが「本文田租ノ三分一（すなわち年額の九分の一、中西は年額の三分の一と誤解したのであった―大江）トアリ、之ニ據レバ僅ノ預米ニ當リ、取惑ヒ」、信じがたく、あわてて縣に伺書を提出したほどのとるにたらぬ讓歩にすぎなかったことがわかったのである。村民は沸騰した。村民は現場で、中川戸長に「實情を訴えて請願を依頼したが、氏は昔の奉行とはちがって不可能であろうと話しておさえていた」[14]という。中川戸長は、絶對主義權力機構のまえに、歎願が無力であることを充分にさとり、しかもあきらめてさえいたと思われる。

このような農民の動きを無視して、中川戸長は、一七日、租税取立事務の開始と一九日徴集を命じたのである。この日、中川戸長配下の村々は一九日の徴集期限の延期歎願をおこなうことになった。魚見の組頭長谷川は、この歎願に消極的であったが、中川戸長の命によって組頭會合に出席した。會合は地租改正事務擔當の假事務所および第八區の區務所がある豊原村でひらかれた。ここに四・五ヶ村の戸長組頭が居あわせ、貢納延期歎願書を作製したが、長谷川は戸長印を持參しなかったという理由でこの歎願書に署名していない。魚見村の農民は、この長谷川の行動によって、その意志を正しく表現する機會を失ってしまった。同じ日、當初から一貫して強硬な態度をとっていた保津村では、組頭西出房吉を先頭に多數の村民が中川戸長宅に押しよせ、戸長の不明確な態度に壓力をかけた。のちに、裁判で、西出を主犯とし、保津村の北出吉藏・京戸七左衛門・久保井彌平・北出庄九衛門らを從犯とし、「成規ニ戻リタル願意ヲ主張シ村民ヲ率ヒテ（從犯にたいしては「村民共ニ」―大江）屢々當時戸長中川九左衛門ヘ相迫ル科」[15]に問われたのは、主としてこの日のことによるものであろう。保津村が組頭を先頭に積極的に中川戸長に壓力をくわえていたのにたいし、魚見では村民の意志はつねに組頭の消極的態度におさえられ、不満がふくれあがっていった。一觸即發、これが魚見村の情勢であった。

魚見村民の蜂起　翌一八日午前八時、組頭長谷川は前日の會合の首尾を中川戸長に報告、捺印しなかったことをも報告した。その朝、戸長家に「出入」の中川庄助が薪を割っているとき同じ字の中川藤蔵が通りかかり、保津村の西出房吉らが中川戸長をさしおいて直接に豊原に願い出たとの風聞をつたえた。これを小耳にはさんだ中川戸長は、すぐに豊原に馬を飛ばせたという。長谷川の報告にたいして、中川戸長は「何分不都合之次第、拙者只今ヨリ事務所へ出頭可仕」[16]といったのは、西出らの行爲についてであるか、長谷川の歎願書不署名についてであるか、明瞭でない。とにかく、西出らのいわゆる「越訴」はデマであった。しかし、それがデマであったことがわかったときはもうおそかった。丁度この日の朝、区長は新租概算を假租額とし、この額を各村に傳えるために、午後から戸長會議をひらくことを通知した。

中川戸長が豊原に馬を驅ったことを知った魚見の農民は、にわかに行動を開始した。その朝午前八時というから、中川戸長が馬を走らせた時刻と同時刻である。中川庄次郎の家で村民動員計畫が相談された。戸長家「出入」の中川庄助、鈴木猪之助、片手間に大工職を營んでいる中川藤蔵、中川惣五郎(戸籍には中川惣五郎なる人物なし、藤五郎であろう)の四人が、全村民の會所寺集合をふれ歩いた。集合した農民は、「辨當持參追々早馬瀬道迄出候様」[17]に指示され、「早鐘をつきならし、貝を吹き」[18]、豊原村と櫛田川をへだてた對岸の早馬瀬村に進んだ。早くも午前一一時には動員を完了し、惣代として中川庄次郎および大工職の奥田仙蔵の二人が豊原に入り、組頭長谷川にたいして「明十九日租税御取立之趣、右延期歎願被下度」[19]と要求している。

このような計畫性にとんだ迅速な大衆動員は、周到な計畫をもった指導部なしには實現しない。一體、誰が指導部を形づくっていたのか。動員計畫立案の本據となり、みずから惣代となって活動し、そしてのちの裁判[20]でも最重刑に處せられた中川庄次郎がその一人であることには間違いない。また、誤報ではあったが保津村越訴の情報を中川戸長の耳にいれ、したがって戸長の豊原行きを庄次郎に連絡したであろう中川庄助が動員を觸れ歩いた一人であり、庄次郎とおなじ刑に處せられているところから、庄助もまたその一人であったと推測される。庄次郎とならんで惣代となった奥田仙藏は、判決によれば中川戸長の命をうけて動員の指示を庄次郎らにつたえたことになっているが、これは信じがたい。むしろ、庄次郎らの指示に應じて動いた積極的な活動家とみるべきであろう。それに他村の煽動にあったとされる中川藤五郎（前記惣五郎が藤五郎と同一人ならば村内の煽動にもあたったわけである）が積極的活動家であり、それにつぐものとして鈴木猪之助があげられるであろう。とすれば、指導部は中川庄次郎・庄助が中心となりそれに積極的活動家として奥田仙藏・中川藤五郎・鈴木猪之助が參加したと見るのが妥當であろう。

魚見村の動員は、ただちに他の四ヶ村も活動を開始した。組頭長谷川は、中川庄次郎・奥田仙藏の二人の惣代にその場で歸村を命じ、この旨を中川戸長に報告した。丁度、豫定された戸長會が開かれ區長桑原は、各戸長に假租額および預米方法を指示した。中川戸長は、この機をとらえ、もはや自分の力では農民をいかんとも抑えがたいことをのべ、再歎願を主張した。區長はこの中川戸長の要求をこばみ、組頭たちを集めて解散を説いた。保津村の組頭西出は區長にはげしく反對したが、結局中川戸長と區務扱所書記三浦敏の二人をして農民を説き、一應の解散がきめられた。西出らが中川戸長代理としてこのことを區長に報告したのは午後六時ごろであった。

早馬瀨に集った農民は各戸長組頭が引率して歸村することになったが、長谷川と新開村組頭三宅彌三郎が西櫛田村まで來たとき、すでに田畑の積藁がえんえんと燃え、早鐘が鳴り、きわめて險悪な情勢が發展しつつあった。そこで長谷川は中川戸長にこのことを報告、またまた早馬瀨にひきかえした。そのころ、早馬瀨には、櫛田川デルタ南半の村々の農民がぞくぞくとあつまっていた。

一八日の夜にはいるや、早馬瀬河原の集團はますます大きくなった。巡査一人がこれを解散させようとしたが、農民たちは投石・悪罵をもってかれをむかえた。區長は近邊の戸長を集め、かれらをして事態を取鎭めさせようとしたが効果なく、區長は現地におもむくのをさけ、所在をくらました。河原の農民たちは、さいしょの巡査との小ぜりあいのあと、興奮していたのであろう。嚴寒のおりから、稲木村の住人「ヘンバ屋」の主人（『顚末記』では漕代村となされているが、稲木村はのちに漕代村の一部となった）が、「魚見、寒いからあたって呉れ」と積藁を焼いたのが最初であったという。[21] たちまちにして四方の積藁がもえ出した。前述の魚見村組頭長谷川が見て驚いたのはこの火であった。積藁を焼く火とともに、蜂起もまたひろがっていった。たとえば、横地村では、「十八日午後十時頃多勢立入耕地所々ニ圍置有之藁綴多分燒、其後區内村々之者旨申立、多勢戸長宅へ押掛ヶ來リ候ニ付、如何之譯候哉相尋候處、出年租税正米納規又ハ現今之米相場ニテ上納歎願可致候ニ付荷擔候樣强情申立候ニ付、一應説諭ヲヨヒ候得共、追々家内へ押入、戸ヲ打放、既ニ亂暴之躰相見へ候付、一時遁ノタメ荷擔可致旨申聞候處、縲貝可相渡旨强申立候ニ付、不得止相渡爲引取候」[22] との戸長報告にあるように、戸長を歎願にまきこむ闘争としてひろがった。

この間、官側は區長桑原の無能を憤った津田十二等出仕の指揮により、出頭した中川戸長以下四、五名を説得のためにさしむけた。中川戸長らは、農民を伊賀町村の磐若[23]に集結させた。一九日午前三時ごろである。[24] そこで、津田以下の改租事務出張官員、中川戸長以下數名の戸長が農民の要求をきき、その内容を歎願書に作成することを約束し、解散をもとめた。しかし、農民は、歎願書が途中でにぎりつぶされることをおそれて動こうとはしなかった。津田らは、明朝までに解散しないならば本廳に報告する、そうなればお前たちにとってもよろしくないことが生ずるであろうとおどし——事實は午前零時、すでに本廳への報告者を出發させていた——、やっと解散をなっとくさせた。ときに午前五時、さしもの闘争も一段落ついたかに見えた。諸方の焚火も消え、農民たちは磐若を引きはらい、解散させるために奔走した官員・戸長らも歸宿した。區長桑原は、歎願書を執筆した。

租税上納方之儀ニ付歎願[25)]

第八區村々

御改正御規則ハ兼テ敬承罷在候得共、方今正米直段存外引下ケ、御法方直段ヨリ壹石ニ付壹圓五拾錢餘モ損亡相立、如何仕候辨納手段無之、戸數百戸之内九拾戸迄ハ細民ニテ金錢ヲ貯上納ナス義ニアラス、悉皆地ヨリ取上タル米ヲ賣拂キ、其金ヲ上納可仕候義候得ハ、迚モ取續候義難出來、御改正之御熱意難有御儀トハ小前末々迄相心得居候得共、直違之爲メニ身代限リ或ハ住家ニ離レ困難ヲナシ、苦情申立候義アツテハ却テ御改正御仁恵之趣旨ニモトリ可申、御規則ヲ相背ク譯ニハ無之候得共、何分之御評議ヲ以テ正米納歟又其年々平均相場ヲ以テ上納候樣被仰付度、下民之儀ハ其年々之米ヲ以該年ヲ凌候迄ニテ、必ス豊年凶年之手當ヲ殘シ貯候義ハ難出來、實ニ御方法通五圓拾九錢ニテハ不容易下方難澁ニ陷リ、深ク痛心仕候、御汲察被成下、特別之御詮議ヲ以願之通御聞濟被下度、依テ奉懇願候、以上。

明治九年十二月十九日

第八區飯野郡四拾貳ケ村々

戸　長　連　印

奥書　第八區々長　桑　原　常　藏　印

三重縣令岩村定高殿

當初五ケ村が提出した歎願書とほぼ同内容のものである。五ケ村の歎願から出發した闘争は、大衆的な壓力によって中川戸長をともかくも押しあげ、そして、一八日早朝からの丸一晝夜のはげしい大衆行動によって、ついに第八區四二ケ村の大統一戰線をまがりなりにもつくりあげたのであった。この統一戰線をつくりあげた力は、もちろん、中川戸長以下の村役人の力ではない。それは、大衆動員を計畫し指導した中川庄次郎らの指導の適切さによって大衆行動の壓力を充分に發揮することができた魚見村農民をはじめ、近接四ケ村その他櫛田川デルタ各村の農民の力であった。事實、前述の横地村の戸長は、農民の壓力に屈して「一時遁ノタメ荷擔」して統一戰線に參加をよそおったにすぎないであろうし、區長桑原にいたっては、先の五ヶ村歎願書を途中でにぎりつぶすようなことさえやったのである。それを、有無をいわさぬ條件のもとでとはいいながら、ともかくも自ら執筆し、提出の責任をおうというところまでこぎつけたのは農民の力の勝利であった。

蜂起の擴大

しかし、こうした形式的統一の成立は、他の情勢の發展のまえには遅すぎた。午前五時、農民の要求をいれ、區・戸長、官員等が歸宿したあと、「午前六時ニモ及候ハ、自然引取鎭リ可申哉」[26]とした豊原村戸長の樂觀的な觀測は裏切られてしまった。逆にかれは、「追々人數相増中々鎭定ノ躰無之ニ付、又候改正掛御泊出先へ御注進申上候處、前夜及説諭候ニ付、最早引取居可申段被仰聞候得トモ、全ク人數相増候ノミニ付、其段申上候折柄、櫛田川堤防へ屯シ擧動之有躰」を發見しなければならなかった。一八日夜の大衆行動に參加しなかった櫛田川西岸の村々でまったく豫測されなかった新事態が發展しつつあったなどということはまだだれも知らなかった。

魚見村から櫛田川をさかのぼること二里餘、西岸に射和《いざわ》という村がある。この村は、「往昔より在郷には稀に繁榮之土地」であり、惣戸數一五〇戸のうち、舊藩時代から三都出店をもつ豪商が二七軒もあるという特異な村であった。しかし、舊藩時代の免七ッ五分餘という高税率に苦しみ、一八七一年（明治四）には專業農家はわずか四〇軒、他の四〇軒が前記豪商のほかに輕粉商い・大工・左官・指物職などの小商人・職人を兼營し、殘り七〇軒は勞働力以外の何ものも持たず、「奉公に出候而も召抱之者尠、出稼抔も不得仕」というはげしい分解の狀態をしめしていた。こうした狀態の結果、七一年（明治四）春には「村方動搖」、そのあげくその年の一一月と翌年二月の二度にわたって「村方相續御歎願書」が當時所管の鳥羽縣廳宛に提出されるという狀態であった。[27] しかし、舊租率七割五分餘という高免の村でさえも、今回の措置は歡迎されなかった。その年の米價と五ヶ年平均相場との差の大きさは、今までに見ない大巾増税として農民の目にうつった。もちろん、農民の誰もがそれを貢租の近代的租税への轉化の過程での措置であるとは受取らなかった。逆に、たんなる貢納の幕府なり藩なりから新政府への移行にすぎないだけでなく、石代納の換算價格が不合理な、したがってより一そうむきだしの根據薄弱な收奪としか受け取らなかった。石代納ならば、なぜ、その年の平均相場で換算してはならないのか、それをまた、なぜ、米價が下落した年にかぎっておこなわねばならないのか、こうした疑問は誰が何と説明しようとも、農民の理解しがたいものであったにちがいない。

伊賀町村磐若の集會が、ほぼ農民の歎願書提出要求をとりあげる形で一段落した一九日午前五時ごろ、射和村の豪商の一人、竹川竹齊は夢を破られた。「十九日、今曉五時頃、表騒々敷く、しづ起き門に出て窺ふに、下の方より竹槍など持ちし者小百人もあらん、銘々の家を叩き起し、火事じゃ火事じゃと云ふ者あり、出よ出よと呼ぶ者もあり、何方にも火の氣見へず候故、先立つ頬かぶりせし者へ火事は何處にやと聞くと「百姓が苦しき故戸長へ行くのだ」と云ひすてて行く……全く一揆にて下郷より起り門を締置くと叩破り、開き置くと臺所に上り飲食すと。三重縣廳に願有之、村中出づべしと申、出でねば燒拂ふと云ふ者も之有、いざわ上の丁の富永の家もきびしく叩き、之は副戸長殿ならん、戸長は居らずやと度々尋ね候由、戸長下倉は會所止宿の處出でず、一揆を通り過して庄へ戻りし由也。本宗寺の門をはげしく叩き、鐘を鐘をと呼びし者あり、又阿波曾《あわそ》にては畑の藁を所々に集め火を放ち、一時盛んに燃え候由、又射和寺前より分れし一手は裏町を廻り家々に出候樣申、出でざれば燒拂と呼びあるきし故、皆起き、おいおい人出で倶に阿波曾の方へ行きしが、火を見て驚天引返す。一揆は庄村に行き下倉にて酒を飲ませよと云ひしも飲ませざりし由、もはや拂曉にて朝飯頃故、家々に入り飯を食ひ、御麻生薗《みおぞの》に向ひ、所の者を案内人として山越しに上蛸路に出、常保に焚出しを申付、寺と兩方に入込み食事いたし、一手は山室に越へ、外手は下蛸路に向い、明神前に集りいが町磐若に屯集せし由」[28)]こうして、中萬《ちゆうま》・射和・阿波曾・庄・御麻薗・上蛸路・下蛸路・安樂などの櫛田川西岸の村々の農民が豊原に押しよせたのは、午前八時から一〇時にかけてであり、一〇時ごろには千人餘にたっしたという。

丁度このころ、報告をうけて津から派遣された警部以下巡査三〇人餘も、豊原に到着した。櫛田川の河原では、昨夜にひきつづいて、解散のための説得工作がつづけられていた。當局側がとることのできた方法は、昨夜の農民の要求にもとづいて區長が執筆した歎願書を讀みあげ、農民の同意を得、一揆のエネルギーを歎願書という一片の紙片に解消してしまうことであった。しかし、今となっては、そういうごま化しではすまなかった。あたらしい情勢の發展段階において闘争は、歎願をとりつがせ區戸長を歎願にまきこむ闘争としてではなく、いまや、歎願にたいする縣令の返答を要求する闘争として發展しつつあった。したがって、「願書ヲ讀聞シ願意ハ書面ノ通リナルヘシト種々説諭ヲ盡スト雖、御指令ナキ内ハ引拂ハサル旨申張リ、更ニ解散スヘキノ氣色ナシ」という状態であり、他方警察側は「願意ノ當否ハ姑ク置キ、先之ヲ讀ミ聞セ解散ヲ諭スヘシ」と、歎願書を農民の解散のための手段として利用しようとしたにすぎなかった。こうして、今では、農民は警察つまり直接の權力機構にぶっつかった。歎願をめぐっての出先機關や區長は、闘争の舞臺からはじき出されてしまった。こっけいなのは區長桑原であった。かれのただひとつのレーゾン・デートルとなった歎願の當事者としての足もとがくずれおち、今や宙に浮いた歎願書とともに、桑原および津田十二等出仕は退場する。「此上ハ人民ノ引取ルト否トニ關セス、其願書ヲ持參本廳ニ具狀スヘシ」と、二人は姿をくらました。[29] 農民とともにでもなく、農民にたいしてでもない二人の幽靈は、農民の團結のひとつのぬけがらだけを後生大事に抱いて、參宮街道を北に、珍妙な道ゆきをはじめたのであった。それと同時に、闘争の性格もまた變化しはじめた。農民にとって權力は、日常のように區・戸長をへだててではなく、今かれら自身の眼前にたっていた。區・戸長を歎願にたち上らせることではなく、今やかれら自身が直接に要求することが現實の課題となった。一たん成立した統一戦線の形式を利用しながらも、かれら自身が縣を直接の行動對象にするあたらしい段階が生じてきた。

櫛田川の河原で、農民は巡査隊と向きあった。解散の説得中、たまたま一警部の手が一農民の顔にふれた。農民はその警部をなじった。警部は自己の過失を陳謝した。事はこれだけですむはずのものだった。しかし、果然、挑發は巡査隊の方からおこなわれた。巡査隊の指揮者は陳謝する警部を制止し、逆に農民を逮捕した。農民たちは激怒のすえ、投石をはじめ、大きく松阪へと動きはじめた。しかし、この松阪への進發が偶然であったとは思えない。おそらくは、ある程度は豫想され、ただこの小事件をきっかけに行動を開始したものにちがいない。そして、一揆に組織されたすべての農民が、それ以前に松阪へという共通目標をもって行動していたであろうことは疑うべき餘地がない。というのは、豊原の主力部隊が松阪へと動きはじめたのは午後三時半以後であったにかかわらず、すでに、「午後二時頃先入ノ村民陸續トシテ松阪市街目指シテ來リ」[30]はじめていたし、その朝、櫛田川西岸の村々で組織された農民のうち一團は豊原に向かわず、沿道の農民をくわえつつ直接に松阪をめざし、驛部田《まやのへた》を経て松阪郊外の海會寺野（荒木野）に集結した[31]からである。豊原を出發した主力集團は、「田を横ぎり、坂鼻の方へ大勢は向いて同地の横山三郎右衛門宅にいたるや、主人はいたみ四十八丁を抜いてふるまったため、空腹ではあり、平素は酒も十分飲めなかった連中は益々勢を加えた」[32]という。さらに櫛田川デルタの東、祓川東岸の村々も海會寺野へ急いだ。

海會寺野集團の成立　海會寺野集結をもって、農民蜂起は新段階にはいる。豊原集結が區・戸長を歎願にふみきらせる壓力であったのとちがい、大衆行動それ自體が歎願の内容となったのである。

海會寺野集結の先着集團は、すでに一九日午後一時ごろから松阪市街に進入を開始していた。「午後第一時頃當松阪市街へ襲來候ニ付、工藤大屬之指揮ヲ以當區々長押川亘當所本町三井銀行之街邊ニ於テ村民ヲ押止メ説諭」[33]を開始した。官側にとっては、農民集團を松阪で食いとめるかどうかが、蜂起の全縣的ひろがりを食いとめうるか否かのわかれ目と見えたであろう。「此地出張ノ工藤大屬以爲ク人民大擧本町ニ迫ラハ事態容易ニ非ス、須ク此地ニ於テ説諭、防制スヘキニ他ナシト、即チ押川區長ト相議ス、區長曰ク、暴徒ノ衆ハ朝來未食セス、頻ニ飢ニ苦シムノ情アリ……最寄寺院ニ於テ、飯ヲ與ヘ彼等ヲ滿足セシメ、其間ニ之カ防備ノ策ヲ施スニ如ハナシト、三井銀行名代井田一平ニ命シ焚出飯ノ用意ヲナサシム」。[34] 當の三井銀行からの報告では、「同二時頃當出張店ヘ夥數押入飲食ヲ乞候、兼而傳承仕居候儀モ御座候ニ付、前以用意之握リ飯漬物抔相與ヘ候、白米十九日午後十一時頃迄ニ石高凡拾石計焚出……其節亂暴抔ハ無御座候」[35]となっている。こうして、午後四時ごろ、主力集團は松阪に進入を開始した。「其數實ニ萬ヲ越エ各自竹槍、棒等ノ類ヲ所持シ、旗ムシロ村旗ヲ押立テ」[36]ていたという。焚出命令のゆえであろう、「松阪の商人等はおそれてか、魚見發頭人樣ありがたいといってすし等出して歡迎した」[37]と傳えられている。

三井銀行の届にもあったように、海會寺野を據點として松阪に進入した農民集團は、その日の夜までは比較的平靜をたもっていた。しかし、ただひとつ、例外があった。「飯食ヲ焚出シ前書農民共支給可致旨是亦工藤大屬之指揮有之ニ據リ專ラ其支度中、第四時頃」[38]、「區長、巡査趣イテ諭散セシメントシ其進出ヲ防制ノ際、巡査、村民ノ二三ヲ誤傷ス、於是衆徒口々ニ巡査村民ヲ撲殺セリト高呼シ、巡査ヲ追テ、市中ニ崩雪ヲ打チ殺到シ、扱所（松阪魚町ニアリ）ニ迫ル」[39]。またもや挑發によって事態は變化した。激昂した農民たちは、石・木切れ・杭などをもって巡査を追い、巡査が逃げこんだ第九區區務扱所に亂入、「從來備ヘ置シ諸帳簿初其他之書類且ツ器械抔投火シ或ハ破毀シ」建具・床板・天井・板圍・土塀に至るまで破壞してしまった。[40] これをきっかけに、農民の行動は暴動化の傾向をたどりはじめた。農民に食をあたえ、そのあいだに津から徵募士族を招き、一擧に鎭壓をはかろうとした時間かせぎに終末が來た。夜にはいると、農民は行動を開始した。

直接行動の最初の豫告は、三井銀行取締の井田家にむけられた。「午後九時頃、北筋ヨリ暴民貳十名計參リ、中町通リ筋ニ至此人數ニ而私宅ヘ可押入哉或ハ海會寺野之人數共々可押入哉之旨評議シ、終ニ海會寺野之人數俱々可押入ト評決仕候、右迄立聞仕候處、五六名戸ロヲ叩キ、數名可押入前報之由堅申入引取候ニ付後見送リ候處、荒木野俗ニ海會寺野ト相唱候ヘ行ト相見候」。[41)]

直接行動は、まず三井銀行にむけられた。というのは、三井組はかねてから舊三重縣の爲換方をつとめていたが、舊度會縣管下についてもこの年の七月、「三井組私盟會社ヲ以三井銀行ト相改本年七月一日ヲ以右銀行致開業其段大藏省伺濟ニ付本日ヨリ山田支廳下出店ニ於テ官金幷人民ヨリ諸上納縣税及賦金ヲ除ノ外等渾テ從前之通爲取扱候條此旨布達候事」[42)]と、納租のただひとつの公式の窓口であったからであり、農民にとっては、收奪機構の最前線としてむかいあっていたからである。午後一二時頃、三井銀行は襲擊され、「請合重役之者取押られ、租税上納金之儀に付種々悪口之末、差圖ニ任セ租税上納金一切請取不申候事ト相認渡彼是談判中」、空俵に石油をかけ、火をつけ、三井銀行の店舗・土藏・附屬の住居一切を燒きはらい、[43)]火は延燒して松阪市街にひろがった。同時に、海會寺野の所在垣鼻村の戸長宅もおそわれ、「近邊石垣の石を以表戸不殘破却いたし、家内へ亂入、諸道具建具不殘打碎」[44)]いた。前記の井田家もまた、「石圍ヒ悉打毀テ假住居へ押入亂暴即刻引取」[45)]った。しかし、意識的な破壞は三井銀行にむけられた程度で、他は亂暴の程度にすぎなかったが、結果としては三井からの類燒による被害がかなり大きかった。

この段階では、農民の動きはすでに當初の動員指導部の手をはなれていた。というのは、のちの裁判の判決でも、中川庄次郎・庄助ともに、「遂ニ村市ヲ毀壞燒亡スルニ至ラシムルノ科凶徒聚衆律ニ依リ斬罪可申付處其兇暴ヲ逞フスルハ他ニ兇犯アリテ豫メ謀ル所ニ非サルヲ以テ情法ヲ酌量」[46)]とあり、指導の責任がとわれていないからである。むしろ、この段階をさかいに、より大きな規模での集團の指導があらたに形成されてきた。松阪西方の岩内村のダテタノスケ（伊達多之助とも伊達田之助とも傳えられる、『顚末記』で安達太之助となっているのはあやまりであろう）など、その一人であったと考えられる。その經歴その他がわからないのは殘念であるが、「陣羽織に二枚重ねの革靴をはき大刀を横へ、『魚見の中川殿にお目にかかりたい。西方の大將は私がつとめます』」[47]などと傳えられることや、あとでのべる海會寺野の戰鬪におけるかれの行動から考えると、たんなる一耕作農民ではなく、士族出身ではないにしてもかなりの統率力をもっていたにちがいない。當時の松阪町民のあいだにも、「この騷動の根元は魚見村の中川さんで、相棒が伊勢寺（岩内はのち伊勢寺村となる―大江）の伊達田之助さんだとの噂」[48]がつたえられていた。

海會寺野集團の解體

こうした指揮者のもとに、農民集團の主力は海會寺野にあって、一部分は松阪西北入口の阪内川原にあり、二〇日の朝をむかえた。松阪町は完全に農民の制壓下にあった。この二〇日の午前を、農民集團はなぜ縣廳所在地の津に向かわなかったのであろうか。一九日夕刻から二〇日朝にかけ、松阪から津にかけての沿道筋は一せいに蜂起し、その途中をはばむ何ものもなかったのである。『ドイツ農民戰爭』の著者が指摘したように、「さまざまの地方の農民たちがたがいにどの程度まで無縁であったかをしめすもっとも的確な證據」[49]のひとつであろうか。海會寺野に集結した農民は、飯野・飯高兩郡の農民を中心とし、松阪に近接した一志郡のごく少部分および多氣郡の一部分がくわわっていたにすぎない。しかも、これらの農民集團はついに他の農民集團と密接な關係をもつことがなかった。かれらは、沿道の蜂起農民を組織しつつ津に進もうとせず、二〇日の午前中という決定的な時間を無爲にすごした。

こうして、海會寺野の農民集團が時をすごしているあいだに、二〇日午後四時すぎ、工藤大屬にひきいられた士族徵募隊が到着した。「見ルニ暴民萬餘、各村旗ヲ飜シ竹槍、林立喊聲地ヲ撼カス、於是隊ヲ岡外、數十歩ノ地ニ進メ、銃ヲ擬シ刀ヲ抽キ、一擧進擊ノ勢ヲ示シ、大呼解散ヲ促ガスニ、彼反ッテ竹槍を揮テ官ヲ弄麾、噉々、嘲罵シ敢テ去ラズ、警部乃發銃ヲ令ス、發彈三、四ス」[50]。しかし、農民集團はここで戰鬪をまじえる決意をもたなかった。むしろ、交渉による要求の貫徹を期待した。ここに、明治絶對主義と對決する農民の決定的誤算があった。士族徴募隊が發砲を開始した途端に、伊達多之助が一人前に進み、士族徴募隊の發砲をさえぎった。つまり、「村民等敢テ官ニ抗スルニ非ズ、唯願意アリテ此擧ニ及ベリ」[51]と、條件によっては抵抗を拋棄することを宣言した。農民集團さえその意志があれば、壓倒的優勢を持した農民集團は、士族徴募隊を破砕して津に進むこともできたにちがいない。しかし、すでに半日を無爲にすごしたかれらである。當初の「歎願」を目的とする鬪争の幻想がふたたびかれらを支配した。

豊原川原集結がもたらした形式的統一戰線が利用された。農民集團は戸長層をして、その要求を書かせた。

歎願之大意[52]

第八區飯野郡　四拾貳ヶ村

一　田畠宅地位トモ二等下ケ

一　石代之儀取消シ上納之義該年之平均ヲ以上納仕候歟或ハ正米納歟

一　諸縣税廢止

右三條願之趣特別之御詮議ヲ以テ御聞届被成下度一同奉歎願候　以上

明治九年十二月二十日

右四拾貳ヶ村　總百姓共

三重縣令岩村定高殿

例示した第八區の歎願書の内容そのものは、前日にくらべれば、たしかに數段の發展をしめしていた。というのは、石代納の問題だけでなく、現在進行中の地租改正事業そのものが眞正面からとりあげられたからである。もっとも、この要求は、改租事業そのものがまだ地位等級の決定の段階にあり、もっとも重要な問題である收穫反米決定にたちいたっていないために、地租負擔の絶對額の重さとしての實感はまだ農民にとっては充分でなかった。ただ地位等級から感じとられる相對的な地租の重さが、地價決定つまり收穫反米の金額化のための換算米價五圓一九錢という金額をつうじて、農民にとっては問題となりうるにすぎなかった。このことは、地租改正反對鬪爭としてのこの一揆の力を充分に發揮させるところまでいかせなかった原因のひとつであろう。このことが七七年（明治一〇）の減租をして、これまた地租改正における政府と農民の基本的な對立點である收穫反米の決定方法にたいする政府側の反省としてではなく、地租率を一〇〇分の二・五にひきさげるという一時的な妥協――地租率は政府の一方的決定の權內にあり、收穫反米とはちがって農民の意志を疎外したものであったという點で恩恵の押しつけとして引下げがおこなわれた――におわらせた原因のひとつがあったのではないだろうか。しかも、豊原川原の歎願書はともかくも戸長の名においての歎願であったが、海會寺野歎願書は總百姓の名において提出された。これは、ともかくも、二日間の大衆行動の經驗が生み出した發展であった。

しかし、決定的であった――そして、ここに農民の地方的偏狭さの欲陥がいかんなくばくろされている――のは、歎願を各區毎にまとめるために、單一の農民集團が各區毎に分散してしまったことである。組織的統一は、歎願の幻想のまえに無視された。農民は、豊原集結以前とおなじ、行政機構のわく內におかれた大衆にすぎなくなった。第八區と類似內容の歎願書が各區毎にまとめられた。一度組織をといた農民たちを統制するものはなかった。歎願書が受理されただけで、要求の貫徹をまつことなしに歸村する農民が続出した。そうでなくとも、單一集團を解體した農民はいたるところで各個擊破された。第二區（度會郡の一部）長更村農民は二〇日夕刻、松阪市日野町で戰鬪のすえ潰滅した。驛部田に集結した集團は、統制がとれないままに、翌二一日に解散した。おそらくは魚見村周邊の農民と思われる一團は、現在の松阪公園附近で攻撃をうけ、「竹槍をすててくもの子を散らすように」四散した。銃撃に對抗するために、「川俣から馬に獵銃をつけて應援に來た」ときはすでに鎭定のあとであった。[53)] 海會寺野集團が松阪に進入を開始した時期に、縣廳の所在地津の周邊では、決定的な事態が進行しつつあった。

一志郡農民の蜂起

農民蜂起の報告は、一八日夜の早馬瀨川原における最初の小ぜりあいの直後、現地より報告者がおくられ、一九日午前三時半、縣廳に到着していた。縣廳は蜂起を松阪でくいとめる手段を講じた。取敢ず警部以下巡査三〇人を松阪に急派し、つづいて、大屬工藤行幹以下の縣官を松阪に派遣し、前述したように、工藤は「人民大擧本廳ニ迫ラバ事態容易ニ非ズ、須ク此地ニ於テ説諭、防制スベキニ他ナシ」と徵募士族の力をもって松阪防衛の決意をかためたのであった。工藤の決意は、縣廳の方針にそうものであった。縣廳は、松阪・津のあいだの農民の動搖をおさえる目的のもとに縣官を急派した。一九日午後、一志郡第一四區には權少屬山内定國、一志郡第一三區に少屬橋本政信、一志郡第一二區に權少屬山内定國、一志郡第一五區に十三等出仕松尾善三郎、そして津をかこむ舊三重縣管下の第八大區（安濃郡）には參事鳥山重信・權大屬竹本長潤以下五人を派遣、蜂起のひろがりを松阪以南、飯野（第八區）・飯高（第九・一〇・一一區）兩郡以南におさえようとした。これに反して、海會寺野集團は、松阪以北に進もうとはしなかった。松阪以北の農民の動きを見るとき、この時機を逸した海會寺野集團の動きは、伊勢暴動の全歸結を左右したものであったと見てもよい。

縣側が松阪以北への蜂起の擴大を極力防止する對策を講じていたころ、この打つ手もむなしく松阪以北の農民は蜂起を開始した。一九日午後四時ごろというから、豊原を進發した集團が海會寺野に到着したころである。松阪北方約一里の第一二區三渡村附近から農民は行動を開始し、第一三區須賀村・權現前村に波及し、たちまち二、三千人の集團をつくり、第一三區各村をまわり、「各村悉田畑ニ有之候藁ス、キヘ火付午後五時過ニハ區内一統火災ト相成」[54]った。丁度、第一二區では縣廳特派官員が到着したのと同時刻に蜂起が開始され、第一三區では官員をむかえて「彼是手配中」のときであった。第一四區でも、縣官の手配が間にあわなかった。おりしも久居町にあった森村の戸長が「午後六時頃御係リヨリ暴民蜂起不容易形勢ニ付一先區内之者ヘ情々説諭ヲ加ヘ可申御達ニ付、該帳簿取片附、既ニ歸村可仕之處、追々南方ヨリ押掛」[55]け、對策を講ずる以前に久居町は第一四區農民に占領されてしまった。久居町に集結した第一四區農民は津を目ざして津の西南郊半田村に前進した。

第一四區農民の一部分は、戸木・森・大村の各村を經て舊三重縣管下の安濃郡にはいった。第一三區一圓にひろがった蜂起は、波瀬口より第一五區に波及し、雲出川下流から進んだ一團および第一五區の農民をあわせ、そのうちの一團はその夜のうちに垣内村を經て阿保山峠をこえて伊賀名張郡に進入、他の一團は八知谷を上って太郎生《たらお》越をこえて伊賀名張郡に進入した。すなわち、一志郡の農民は、久居町から津にむかった主力と、安濃郡を北上する一團および伊賀越をしたふたつの集團とにわかれたのである。

これらの集團は、一九日夜、各村で多少の破壞をおこなったが、伊賀越の一團が太郎生越をとおったとき、太郎生村の地價鑑定人の住宅に放火したほかは、おおむね平穩に行動した。森村および其村の各戸長の住宅が小破・大村の掲示場が大破した等は、いずれも通りがかりに村役人等にたいしていやがらせを行った程度のものにすぎなかった。[56]というのは、この段階では、津に壓力をくわえ、農民の要求をともかくも貫徹するということが目的だったからである。

權現野集團

しかし、農民が津にせまる情勢に直面した縣令は、津防衛の方針をたて、みずから出動することを決意し、士族徵募の命を發した。一方、内務卿、陸軍卿、大阪鎭臺、同大津營所、名古屋鎭臺などに打電し、出兵を乞うた。こうして、縣側は全力をあげて一擧に蜂起を鎭壓する體制をとったのにたいし、農民側は總力を津に向けてはいなかった。久居を發した農民集團は、まだ一志郡全體の統一的な農民組織にまで成長していなかったし、おそらく集團にたいする指導も充分に確立していなかったにちがいない。第一三區の農民はまだ第一三區を中心に第一四・一五區にかけて煽動と組織をおこないつつあったし、第一五區の農民は山をのぼり伊賀方面の煽動にむかいつつあった。第一四區の農民でさえも、久居から津をめざす一團と安濃郡を北上する一團とにわかれていた。農民側のこうして分散的な態勢のもとでの孤立的條件下で、津にむかった集團は事實上の決戰に遭遇したのである。ちょうど、海會寺野集團が松阪焼打を開始した時刻であった。

農民蜂起が個々の集團のなかにどれほどすぐれた戰術的指導を生みだすことができたとしても、全縣的な情勢を的確に判斷し統一的指導にあたる指導部が存在しない以上、これはやむをえない限界であった。しかも、そのような指導性を耕作農民のなかにもとめることはこの段階では不可能なことであった。こうして、縣側がいどんだ決戰に、その時機に存在した唯一最大の海會寺野集團は參加することなく、一志郡の農民が單一の農民集團として組織されるにいたらない段階で、たかだか久居の小集團だけが參加したということは、農民一揆に本質的なしかも致命的な欽陥をばくろしたものであった。當然の結果として、縣側の津防衛は成功した。戰闘はもろくも、農民側の敗北となった。「瓦礫ヲ飛シ、高張燈ヲ打破シ、竹槍ヲ揮ヒ猛進シ來リ其勢ヒ制スル能ハズ、已ニ廳ニ蹙迫セントス、最早威武ヲ以テ之ヲ制スルノ外ナキヲ決シ、募集ノ士族ヲ指揮シテ暴徒ヲ拒防セシム、即チ空銃三四發勢ヲ鼓シ各、刀、槍ヲ揮ヒ逐迫暴徒二三名ヲ斃ス、爲ニ暴徒ハ轉ジテ、西方ニ向ヒ或ハ南方ニ引返シ、遂ニ本道ヨリ市街ニ入ルヲ得ズ」。[57] 應急ではあったが、徵募士族を主體とした縣側の總力をあげての決戰は成功した。全農民集團にとって、津は抜きがたいものとなった。全農民集團は、同時に、その蜂起が當初の目標としたものを失った。政府側は、そのもっとも强固なくさびを、農民蜂起の嵐の海に縣廳の機構そのままの形でうちこむことに成功した。

津での戦闘敗北によって、蜂起の性格は變化しはじめた。それは農民にとって、歎願という形式への幻想の崩壊であった。それは同時に、闘争を無限の泥沼においこむことであった。無限の泥沼、その中で擴がり、組織し、指導を確立し、統一的な指導と統制のもとに行動する農民軍を築きあげていくか――これが當時の農民に期待できたであろうか――、さもなければ敗北による潰滅か、それ以外の道のないたたかいであった。海會寺野集團がしめした限界が、ここでもくりかえされた。津の攻撃に失敗した農民集團は久居町に退却した。二〇日、久居町に屯集した數千の農民は、津ではたさなかった自分たちの要求「貢租ハ其年ノ相場ニ依ルカ或ハ正米納ニセラレ度」[58]という要求を、區長を通じておこない、縣側に回答をもとめた。

津敗退後、農民の主要な目標は、縣行政の末端機構にむけられた。戸長・鑑定人などが攻撃の目標となった。第一五區の川口村の地租改正顧問人の居宅が焼きはらわれ、つづいて稲垣村の改租用掛および顧問人の居宅が焼きはらわれた。[59]

この段階になってはじめて、一志郡農民は單一の集團へと結集を開始した。二〇日午後、第一三、一四、一五區の農民集團は各村を組織しながら第一三區權現野に集結しはじめた。[60]久居の集團もまた權現野に移動した。こうして、二一日午前、一志郡農民による權現野集團が成立した。一志郡の蜂起以來三日目、權現野集團の成立はおそきに失した。權現野集團は、一九日夜にいやがらせをした其村の戸長宅をふたたびおそって焼き、さらに庄村の改租顧問人、田尻村扱所書記の宅をおそった。[61]集團の統一と闘争對象の分散という奇妙な對照、この矛盾のまえに、權現野集團は動きがとれなくなった。そして、いたずらに權現野を據點として時をすごし、二二日午前、海會寺野集團を撃破した士族徴募隊をむかえて一戦ののち、銃撃に潰走した。

歎願闘争の挫折

舊度會縣管下に成立した蜂起農民の二大集團、海會寺野集團および權現野集團は、いずれも大衆的壓力をもって要求貫徹を目的とした集團であった。海會寺野集團は、松阪で三井銀行の焼打をこそおこなったが、さいごの徴募士族との戰鬪が開始された瞬間にいたるまで「歎願」という形式をとった闘爭への幻想をふり切ることができず、そのためにこれを縣側に利用されて集團は解體され、縣側の少數兵力によって分散各個撃破されてしまった。權現野集團も、津への進入が失敗したあとでもなお「歎願」の形式をすてさることができなかった。しかも、津敗退後の久居歎願にどれほどの効果を期待できたというのであろうか。しかも、部分的には、近接の改租關係者の打毀をおこないながらも、それはなお一揆の全力をあげての行動とならず、結局は集團成立後の時間をほとんど無爲にすごし、戰鬪によって潰滅した。しかも、それぞれの集團ともに、最後まで連繫することがなかった。それぞれの集團の組織領域と行動半徑が、そのまま、農民の連帯感の限界であった。

舊度會縣管下におけるいまひとつの蜂起の集中點となったのは山田であった。[62] 一九日早朝、櫛田川西岸の蜂起は射和から相可《おうか》に波及し、田丸へと前進した。射和よりさらに上流の茅原附近からも一隊が進入、宮川上流一帯を組織、これらの一部は松阪へと引返したが、主力は田丸から二―三の集團にわかれた二千人餘が各村を煽動しつつ、二〇日にいたって山田進入の體制をとりはじめた。二〇日午後、農民は宮川西岸の小俣に集結し、夜にはいって山田に進入した。

山田では、縣支廳・師範學校・小學校・扱所・病院などの官の施設および三井銀行支店その他政府と關係のある銀行に火を放ったが、ここで特徴的なのは、「地主ノ小作米取立等ノ事ヲ取扱フ所ノ私會社」である農社および農社員である地主の家が焼かれたことであった。寄生地主＝特權商人として山田周邊に君臨していた農民の支配者たちがおそわれたのは山田における焼打の特異な點であり、山田という町の性格をよくしめしている。山田を攻撃した集團は二一日夜、本廳より派遣の徵募士族に敗退、二三日に警視廳警部、二四日に鎭臺兵が到着、蜂起は鎭定した。

(1) 前掲『史料集成』第七巻一七七頁
(2) 同・一八〇頁
(3) 同・二八三頁
(4) 同・一七五頁
(5) 同・二七三頁
(6) 以上の數字は前掲『顚末記』五頁による。なお五ケ年平均米價は『顚末記』では五圓一五銭となっているが、前掲『基礎資料』中の新舊税額比較表および長谷川庄兵衛文書寫によって訂正した。
(7) 松阪市機殿の中川健藏氏聞書による。
(8) 中川氏藏、長谷川庄兵衛文書寫。なお魚見村にかんしては中川氏の一方ならぬお世話になった。
(9) 前掲『顚末記』一〇頁
(10) 以下、特に註記するほか一揆の經過は前掲『顚末記』による
(11) 長谷川庄兵衛「手續書」、中川氏寫による。魚見村を中心とする經過については以下主としてこの「手續書」によった。
(12) 前掲中川氏聞書
(13) 以下、前掲『顚末記』一四頁
(14) 前掲中川氏聞書
(15) 前掲『顚末記』一二六頁
(16) 前掲長谷川「手續書」
(17) 以上、長谷川文書寫「今般動搖ニ付村方一同罷出候始末上申書」
(18) 前掲中川氏聞書

⒆　前掲長谷川「手續書」
⒇　前掲『顚末記』一二四頁以降
(21)　前掲中川氏聞書
(22)　三重縣廳文書、第八區横地村戸長届書
(23)　『顚末記』三三頁および後出の「竹川竹齊日記」、『顚末記』三七頁および後出の豊原村戸長届書では天王山としているがおそらく同一地の字名と俗稱であろう。
(24)　三重縣廳文書、第八區豊原村戸長届書
(25)　長谷川文書寫
(26)　前掲豊原村戸長届書
(27)　明治四年、同五年の「村方相續御歎願書」、松阪市射和の山崎宇治彥氏藏、射和關係の史料については一さい山崎氏の御好意による。
(28)　以上、「竹川竹齊日記」、山崎宇治彥『射和文化史』所收のための校訂稿をわざわざ貸して下さった。
(29)　以上、前掲『顚末記』三五・三九頁
(30)　同、三九頁
(31)　同、五〇頁
(32)　前掲中川氏聞書
(33)　三重縣廳文書、松阪魚町戸長届書
(34)　前掲『顚末記』三九頁
(35)　三重縣廳文書、松阪三井銀行届書
(36)　前掲『顚末記』四〇頁

(37) 前掲中川氏聞書
(38) 前掲魚町戸長届書
(39) 前掲『顚末記』四〇頁
(40) 前掲魚町戸長届書
(41) 三重縣廳文書、井田家届書
(42) 三重縣公文全誌、明治九年
(43) 前掲三井銀行届書
(44) 三重縣廳文書、第八區垣鼻村戸長届書
(45) 前掲井田家届書、文中假住居とあるは、當時井田家は火災により焼失、假住い中であった。
(46) 前掲『顚末記』一二四頁
(47) 前掲中川氏聞書
(48) 山崎宇治彦氏聞書
(49) 『ドイツ農民戰爭』（大月版選集第一六巻上）一三九頁
(50) 前掲『顚末記』四〇頁
(51) 同、四〇頁
(52) 前掲長谷川文書寫、なお『顚末記』所收のものは、第一條が「地租改正村位貳等下ケ」となっており、本文三ケ條のほか「學校教員ノ給料官費ノ事」の一條がくわわっているが、その異同は今後明らかにさるべきであろう。
(53) 前掲中川氏聞書
(54) 三重縣廳文書、第一三區區長届書ノ一
(55) 同、第一四區森村戸長届書

(56) 野田精一「明治九年伊勢暴動と一志郡の暴狀」（『三重の古文化』四一）二二頁
(57) 前掲『顚末記』五五頁
(58) 同・四七頁
(59) 三重縣廳文書、第一五區區長届書
(60) 同、第一三區區長届書の二
(61) 野田前掲論文二二頁
(62) 山田を中心とする經過については前掲『顚末記』四八―四九頁による。

§三　一揆における土地所有農民内部の矛盾

中勢における蜂起

舊度會縣下の農民蜂起が地租改正の進行過程における矛盾のばくはつとして始まり、したがってその矛盾の処理をめぐる縣との對立として發展し、基本的には戸長層をもまきこんで全農民諸階層の統一された意志をもって要求を縣に迫る鬪爭として進行したのに反し、舊三重縣管下における蜂起は、當初から農民層内部における矛盾のばくはつとしてひろがった。舊三重縣管下では、大部分の村ですでに地租改正は完了し、なお六〇ヶ村が收穫反米をめぐって強力な抵抗をおこないつつあったし、すでに完了したなかでも員辨郡のように強い反對鬪爭が彈壓によって押しつぶされ、その不滿がなお強くくすぶりつづけている村々も多かった。これらの不滿は、官側の押付反米に同意し、結局は農民の利益を裏切った戸長以下の小區役人および改租事業に關與した役付のものにむけられた。舊三重縣管下の蜂起は、だから、當初から、これらの小區役人および改租關係役人への攻擊としておこなわれた。

舊伊賀國にあたる第九、第一〇兩大區では、蜂起は、一九日夜、三つの方向から一せいに波及してきた。[1)] 一志郡の

太郎生越をこえた約一七〇—一八〇人の集團は、通過諸村を煽動しつつ二〇日午前八時、名張郡梁瀬に進入、學校および第一〇大區第三小區扱所を焼いた。おなじく阿保山峠をこえた約三〇〇人の集團は伊勢地で二分し、一團は直路上野支廳にむかい、他の一團は阿保で第四小區扱所、梁瀬で第一〇大區扱所を打毀しつつ、太郎生越集團と合し、上野支廳へむかい、途中で第二小區扱所を打毀し、學校を焼いた。安濃郡から長野越をへて進入した一隊は、大きな勢力とならぬうちに平田村で反轉、鈴鹿郡加太《かぶと》方面に去った。

梁瀬より下之庄を經て北上する主力および伊勢地より直路上野にむかった一團は、二〇日午後、ともに上野南郊の大内川にせまった。上野支廳では、かねて士族を徴募してこれにそなえていたが、徴募士族隊を大内川に派出し、防戦せしめた。農民集團は敗退し、伊勢地の方向に敗走した。徴募士族隊は追撃にうつった。敗走する一部は梁瀬に引返し、防衛態勢をとっていた梁瀬で迎撃され、伊賀の集團はまったく潰滅した。

これにくらべれば、伊勢を北上する諸集團はもっとも强力であり、一揆の全過程をつうじてもっともはげしい力を發揮した。北上集團は、津周邊から參宮街道を北上する集團と、第八大區（安濃郡）を山寄りに北上する集團との二集團にわかれていた。前者は、津に入ることができずに反轉した一志郡農民の一部の煽動により勢力をましつつ北上したものであり、後者は、一志郡久山から戸木・森をへて北上した一團によって組織されたものであった。

伊勢中部、[2] すなわち中勢で、參宮街道を北上する部隊は一身田《いしんでん》の巡査屯所を打毀し、勢力をましつつ神戸《かんべ》へとむかった。山寄りに北上する主力集團は、安濃郡で第四、五小區の扱所、巡査屯所を打毀し、書類・貢金を焼毀し、第七大區奄藝《あんげ》郡に入り、椋本で屯所・扱所を毀ち、林村で學校を打毀し、關町で東海道に出、屯所・扱所・村吏の居宅を毀ち、龜山をおそって大區・小區扱所・屯所・學校・區戸長宅を破壊し、河合で扱所、庄野で學校、石藥師で扱所および村吏居宅を破壊し、勢力をわかって、一團はそのまま東海道を四日市町屋川原へ、他の一團は右折して神戸にむかった。

神戸では、参宮街道および東海道から進入した兩集團にあらたな勢力がくわわり、屯所を破壞、大小區扱所・郷倉・區戸長宅を焼いた。北上集團は、神戸にはいってからはじめて、打毀から焼打に轉じた。それまでは、道みち、官と名がつくものは一さい打毀すという方針をとりながらも、放火をさけ、龜山で火を發したときなどはみずから消火に盡力したという。神戸の集團は、神戸周邊のてってい的な破壞にうつった。玉垣村で副戸長宅、岸岡村で副戸長宅、南若松村で扱所・舊龜山藩製産會所・副戸長宅、土師《はじ》で副戸長宅、南林崎で扱所、長太・池田・高岡・箕田各村で學校と、それぞれ放火し、二一日早朝、神戸に引返したが徴募士族隊に阻止され、さらに再襲をこころみて失敗し、敗退して須賀・西條各村に集結した。しかし、徴募士族隊によって解散させられ、同夜、名古屋鎭臺兵が到着するに及んで鎭壓された。さらに、兩尾《ふたお》村附近より一團が組織され、原村で扱所・學校・村吏居宅を破壞し、北上して菰野方面に向った。一方、二一日にいたって兩尾村周邊で再蜂起がおこなわれ、兩尾・安坂山・邊法寺・小川・大森・川崎の各村で學校および村吏宅がおそわれた。この日、海岸部の白子附近でも蜂起が組織され、白子で扱所帳簿を焼き、村吏居宅を毀ち、巡査隊に追われて南下、秋永で鎭撫隊に敗退、久知野で扱所および隱匿してあった帳簿を焼いた。

こうして、二〇日早朝、神戸を通過して參宮街道を海岸沿いに北上する一團、および東海道を北上する集團、兩尾から山ぞいに菰野をめざす集團と、三つの集團によって蜂起は北勢に波及した。一揆がもっとも激烈な様相をていしたのは、二〇日早朝から二一日までにおよぶ北勢四郡（三重・朝明・員辨・桑名）における打毀と焼打であり、二一日早朝にいたって蜂起はさらに愛知・岐阜兩縣へと擴大するにいたる。

北勢は、地租改正にもっとも強い抵抗をしめした地方であった。員辨郡は全郡をあげて押付反米に抵抗し、ついに彈壓に屈してからまだ日があさく、桑名郡では輪中およびその周邊五五ヶ村がいまだに押付反米にたいする果敢な抵抗をつづけつつあった。朝明郡でも四ヶ村が押付反米を拒否し、一揆の直前にやっと承認を強要されたものの、まだ改租手續の完了にまでいたっていなかった。このような條件のもとで、農民の集團は前進とともに勢力をまし、幾多の小集團にわかれ、北勢一帯の町村をしらみつぶしに荒れ狂い、縦横に行き交い、合流し、分離し、その攻撃目標をてってい的に破壊し、盡きるところを知らない。北勢四郡で農民の攻撃をうけたものを表示すると、次のようになる。[3]

第一大區三重郡

第一小區（四日市）

破壊　大區扱所　扱所　郵便局　斗量權衡製造及販賣所

燒失　支廳　區裁判所　電信局　電柱　三菱會社

第二小區（四日市西方）

破壊　扱所　屯所　副戸長宅

第三小區（四日市南沿海部）

亂暴　扱所

第四小區（四日市西南方）

亂暴　村用帳簿（三ヶ村）

燒失　扱所　屯所　戸長宅

第五小區（四日市西北方）

燒失　扱所

第六小區（菰野周邊）

　　燒失　扱所　屯所　學校　區長宅　戸長宅　巡査宅　醫務取締宅

第二大區朝明郡

　第一小區（富田周邊）

　　破壞　村會所　用掛宅二　屯所　船會所　郵便局　扱所　副戸長宅二

　　燒失　戸長宅

　第二小區（大矢知附近）

　　燒夫　懲役場　扱所

　第三小區（永井村周邊）

　　破壞　扱所*　屯所*　用掛宅*　副戸長宅　改租鑑定人宅

　　燒失　村會所　郵便局二　學校三　副戸長宅二　用掛宅二　書記宅

第三大區桑名郡

　第一小區（桑名）

　　亂暴　大區扱所　會所　郵便局　尺度賣捌所

　　破壞　病院　融通會所　斗量売捌所

　　燒失　扱所　屯所　學校二　權衡賣捌所

　第二小區（桑名南方）

　　燒失　扱所

　第三小區（桑名西北方）

　　燒失　扱所　副戸長宅二　用掛宅

　第四小區（力尾村周邊）

　　燒失　扱所　屯所　學校　戸長宅　副戸長宅

第五小區（長島）
亂暴　村帳簿
破壊　扱所*　區長宅*　戸長宅*
燒失　屯所　學校　郵便局　副戸長宅　用掛宅
第六小區（木曾岬および伊曾島）
亂暴　扱所*　屯所　村帳簿
燒失　學校　副戸長宅

第四大區（員辨郡）
第一小區（長深周邊）
燒失　屯所　扱所　戸長宅　副戸長宅二　用掛宅　改租鑑定人宅
第二小區（大木周邊）
亂暴　大區扱所　扱所*
燒失　副戸長宅多數　用掛宅多数　郡中地券用掛宅　屯所　戸長宅
第三小區（阿下喜《あげき》西北方）
破壊　寺院
燒失　扱所　副戸長宅多數　用掛宅多数　書記宅多數　學校　縣官員宅
第四小區（阿下喜周邊）
燒失　扱所　屯所　郵便局　官設寒天製造所　學區取締宅　副戸長宅多數　用掛宅多數

＊一度目に破壊または乱暴をうけ、再度の襲撃によって焼かれたもの。

以上、第四大區の小區役人で攻撃されたものの數が具體的に確認できないにしても、その攻撃の規模と目標がどこにおかれていたか、とくにどの地域で激烈な様相をていしたかが明らかとなる。これから知ることができるように、破壊と焼打は、第一大區第一小區および第三大區第一小區である四日市と桑名に集中した。これは、このふたつの町がそれぞれの地域における政治・經濟の中心であり、舊度會縣下における闘争形態においてさえ松阪と山田は破壊と焼打をまぬがれることができなかったことから見ても當然であった。しかし、これらの町では、桑名の舊藩黌立教學校を攻撃した一隊が口にしたように、「扱所巡査屯所學校抔都而御一新後ニ出來候分ハ不殘焼拂候事」という明確な意圖にもとづく破壊として、役人の私宅がねらわれるという所にまでは及ばなかった。それは町方であるという理由もあったであろうが、それが町方であるがゆえに、農民たちは自分たちからの收奪の所産として誇らかに建つこれらの施設の存在を許すことができなかった。じじつ、これらの目標とされた施設は、「地租改正ヲ始萬民掛儀ニ相成候迄」という理由で破壊されたのであった。[4)]

さらに、攻撃が激烈をていしたのは、第一大區の第六小區、第二大區の第一小區・第三小區、第三大區の第五小區、第四大區の全小區における破壊であり、それにつぐものが第三大區の第四―第六小區の破壊である。ここでは、主として、地租改正事務に關係して實質的に改租をおしすすめる役割を演じた戸長・副戸長・用掛・書記のほか、郡中地券用掛＝地租改正用掛・改租鑑定人がねらわれたのである。農民の目標のひろがりは、さらに、「阿下喜驛にて凶徒衆議各村代議人を焼拂ふと決定」[5)]したとも傳えられ、代議人でさえねらわれているとの風聞さえ傳えられた。ここで、以上の、とくに破壊焼打がはげしさをくわえた地域を見れば、云うまでもなく、第三大區の第四―第六小區は輪中およびその周邊農村五五ヶ村が存在する地域であり、例の押付反米への果敢な闘争を展開しつつあった地域であった。また、第二大區第三小區も、永井・田光・竹成・中野の四ヶ村が押付反米に抗し、この年の一一月、縣側の執拗な「説得」の前にやっと改租承認にこぎつけた地域であった。第四大區員辨郡全域にいたっては、集中的彈壓のまえについに押付反米をのまされた地域であった。これらの果敢な抵抗がつづけられ、あるいは弾壓と切りくずしによってついに心ならずも屈した村々での小區役人にたいする攻撃がとくにはげしかったのは、そのひとつ力尾村で「地位收穫表ハ用掛代議員ノミニテ差出、外小前ハ一切存不申」[6)]と村民の意志をこえた關係村役人層の專斷によって妥協がおこなわれたことを指摘しているように、地租改正をめぐる權力との闘争において農民層内部に存在する矛盾がはげしく露呈したからであった。そこでは、全農民の村をあげての改租への抵抗が、その抵抗を權力との妥協によってたえず不利な情勢に追いこむ立場にたつ小區・村役人への攻撃とまったく矛盾しなかった。

たとえば、この抵抗のひとつの據點であった朝明郡四ヶ村が屬する第二大區第三小區の場合を見よう。ここでは、蜂起は竹成村を起點に、永井・中野村方面と杉谷・田光村方面にひろがり、さらに二一日には田口村より田光・竹成・中野へと押しかえした。この小區では、もっともてってい的な破壊がおこなわれた。一さいの公共設備・村吏居宅がみのがされなかった。一度目に破壊されたものが二度目にさらに焼打ちの追討ちをかけられるというてっていぶりであった。小區の被害届は次のように記載されている。[7)]

表一〇　第二大區第三小區における一揆被害

攻撃對象となった理由	氏名	所在	被害
小區扱所		永井村	焼失
巡査屯所		永井村	焼失
副戸長	松枝昇	竹成村	焼失
村會所		竹成村	焼失
副戸長	河内半五郎	榊村	焼失
副戸長	鈴木藤十郎	田口村	焼失
書記	鈴木巳之助	田口新田	焼失
鑑定人	下田彌三郎	杉谷村	焼失
用掛	堀田兵助	田口新田	焼失
用掛	岩田遣道	永井村	半壊

用掛	谷　常三郎	永井村	半壊	學校	竹成村	焼失
郵便局	諸關武十郎	田光村	焼失	學校	中野村	焼失
郵便局	國保宗十郎	小牧村	焼失	學校	田光村	焼失

こうしたてってい的破壊の結果は、一揆直前、一たんは改租承諾に屈した態勢がくつがえり、ふたたび村をあげての闘争に再起する方向へとみちびいた。そして、のちには、ついに縣令の强硬な態度をおしかえして、直接に地租改正事務局の問題とすることにまで成功した（後述）。こうした事情は、桑名郡力尾村のばあいも同様であった。こうして、押付反米への抵抗は、ひとたびは村役人層の妥協からくずれていったのが、一揆による村役人層へのてってい的な攻撃を契機とし、ふたたび村の統一をたてなおすことに成功し、持續的な闘争態勢をきずきあげる結果となったのである。

押付反米にもっともはげしく抵抗したところにもっとも尖鋭な土地所有農民内部の矛盾があらわれたことは、表一一の數字によってもあきらかである。この表によれば、北勢四郡における蜂起、とくに心ならずも押付反米をのまさ

表一一　役職を理由とした毀焼により毀焼手當交附數（舊三重縣）

郡名	小區數(A)	被災者數(B)	B/A	交附總額	郡名	小区数(A)	被災者数(B)	B/A	交附総額
三重	六	二五	四・一	一、三九五	鈴鹿	五	一五	三	八一〇
朝明	三	九	三	四七〇	奄藝	四	二	〇・五	七〇
桑名	六	三〇	五	一、七〇〇	安濃	六	?	?	?
員辨	四	九四	二三・五	五、一一〇	阿拜・山田	六	〇	〇	〇
河曲	三	八	二・七	五〇〇	名張・伊賀	四	〇	〇	〇

『顚末記』一一一―一一七頁より作製

れた員辨郡において、その擔當者たちにたいする責任の追求がいかにはげしかったかがあきらかである。

他方、この一揆における打毀の對象が原則的に官有物・公共施設・役人の私宅にかぎられ、南勢山田における地主團體および加入の地主私宅にむけられたのと、員辨郡において例外的に「中には無役にても妬みより燒拂ふ者も有之」[8]たほか、地主を對象とした攻撃がなかったのは、地租改正という問題の性格にもよったのであろうし、現に、當の員辨郡において木村誓太郎のような小作米千俵取りの地主でさえもが果敢に押付反米に抵抗し投獄されたという情勢にもよるものであろう。官廳等にむけられた攻撃のなかでも特筆すべきは大矢知懲役場の燒打であった。この燒打によって、囚徒二〇〇餘のうち約五〇人が一揆に參加、積極的な役割をはたした。

(1)　舊伊賀國における經過は前揭『顚末記』八五―八六頁による。
(2)　中勢における經過は前揭『顚末記』五八―六〇頁による。
(3)　前揭『顚末記』六一―八三頁から作製
(4)　以上、三重縣廳文書、第三大區第一小區戸長届書
(5)　前揭「竹齊日記」中の和岡久一郎よりの書簡
(6)　前揭大隈文書イ一四A二〇三四
(7)　三重縣廳文書、第二大區第三小區届書
(8)　前揭和岡書簡

§四　一揆における諸階級・諸階層

一揆の限界

伊勢暴動は明治における最大の農民一揆のひとつであり、時期的にもその最終的段階のもののひとつであった。愛知・岐阜等の他縣へのひろがりを考慮にいれなくても、その蜂起のひろがり、

動員農民數、破壊のはげしさの點では、後年の秩父事件などよりはるかに大きな規模のものであった。にもかかわらず、これが秩父事件と決定的に區別される點は、政治綱領にもとづき、その實現のために計畫され組織された軍事反亂ではなかったという點であった。たといどのように不完全なものであれ、國家權力それ自體を問題とする政治綱領を前提とし、それらの綱領にもとづく確立した指導のもとに、いいかえれば政黨による指導のもとに組織された軍事的反亂であったならば——そうした典型が秩父事件であると云うつもりではないが——、したがって、農民が當初から軍事的行動部隊として組織され、軍事的指導が確立していたならば、當初から別の發展をしめしたであろう。しかし伊勢暴動——前述の阿蘇一揆もその點まったく同様であるが——については、まったくそのような推測は成りたたない。

蜂起がその初發における動員に周到な計畫性にとんだ指導部をもっていたことはほぼ確信できる。しかし、この指導は、反亂を組織することにではなく、歎願のための大衆動員すなわち示威行動の組織へと向けられていたのである。したがって、動員された農民を統一された軍事指導のもとに組織することはできなかった。最初の示威行動が松阪焼打に轉化し、大衆行動が幾分かの軍事的要素をはらみはじめ、その結果として海會寺野集團が成立したとき、指導はおのずから性格をかえ、伊達多之助という士族的衣裳に身をこらした指導者を生みださねばならなかった。しかも、その指導さえも、歎願という農民自身の幻想のまえにたちまちに崩壞してしまったのである。それは、たとえば、海會寺野集團とか權現野集團とかの個々の集團における指導の問題ではなく、全情勢にたいする見とおしのもとに個々の集團の動きを指導するという統一的指導がまったく存在していなかったという理由による。私たちは農民がそのような指導をみずからの手によって生みだすであろうという過大な期待をよせてはならない。むしろ逆に、農民がもつ本質的な欲陥をのりこえた革命的な軍事的反亂は、農民自身のみの手によっては組織されない。それは、農民の立場にたった、しかし、農民それ自體ではない、別個の政治的黨派の任務であった。

指導への幻想

一揆がもったこのような限界を、農民自身、ある程度は意識していた。一揆の發展とともに、このような指導への要求が強まってきたことは確かである。農民自身にとってのこの切實な要求は、一揆における士族的指導の存在の幻想によって確認される。伊達多之助の士族的衣裳がはたした役割を、何ものかが現實にはたさねばならなかったし、またはたしていると信じられねばならなかった。

農民自身がかなり廣汎にこの幻想にとらわれていたことは、それを縣側が信じたことからもうかがうことができる。二十日、北上する農民の一團にまぎれこみつつ桑名の情勢偵察に赴いた縣官の報告に、農民たちより「今度肥後脱走人牟婁郡へ落込右ノ者謀長ノ由ニテ山越ニテ今朝早ク桑名へ出張相成候趣ニ付右同所迄押寄セ、猶同所ニテ謀長ノ様子ニ依リ大藏省迄セマリ候趣申聞」いた旨報告し、縣もまたこの報告を信頼し、二二日の内務卿宛報告に「風聞ニ西國ノ脱走士族紀伊牟婁郡ニ上陸、夫ヨリ伊勢ニ入リタリト云フ、當今探索中」と記しただけでなく、二六日には、「今般村民ヲ煽動シ不容易奸計ヲ企候謀主」として、和歌山縣士族若村政七、熊本縣士族前川均の二人を詳細な人相書までそえて配布手配している。[1)]

もちろん、縣がそれを信ずるだけの根據はあった。農民は、北勢で、若干の集團の指導者を士族にしたてあげていた。三重郡の一團はみずから「紀州堀市助組ト稱シ……帳簿ヲ焼キ拂ヒシ跡ニハ、必ズ紀州堀市助帳簿焼拂所ト掲示」したと傳えられたし、[2)] また、桑名吉丸學校焼打の指揮者も「頭立候者ヲ尋居候内壹人士族體之者……大將分ト見受……茶合羽ヲ着シ兩刀ニテ丸提燈ヲ持……紀州屬ト申聞候」[3)] と報告されている。このような士族指導の存在の幻想に形をあたえたのが大矢知懲役場を解放された囚人から一揆に參加したものの若干であった。解放囚徒大塚源吉は紀州士族長村鹿之助になりすまして、桑名を攻撃して愛知縣に押しわたった一團の指揮をとった。おなじく、長谷卯三郎もまた熊本藩士長谷徳兵衞と名乘って木曾岬一帯に進入した一團の指揮をとった。

しかし、士族指導はあくまで幻想にすぎなかった。ちょうど、阿蘇一揆が現實の可能性のまえにそれを切望しながらもついに西郷軍からの指導の手がさしのべられなかったように、伊勢暴動においても、どこからも政治的軍事的指導の手はさしのべられなかった。一揆は、ついに革命的反亂として成立しなかったのである。そのために、一揆の解體もまた急速であった。農民の各集團は、ほとんど本格的な戰鬪をまじえることなしに、鎭壓部隊との小ぜりあいによって、各集團ごとに解體してしまった。蜂起の全過程をつうじての農民側の死傷者數が、蜂起の規模にくらべて、意外に少かったことがこのことを物語っている。農民の集團が戰鬪部隊として組織されていなかったことがその原因であった。もちろん、農民の集團そのものは嚴格な大衆行動の規律のもとに動いたことは縣側の資料によっても確認されている。内務卿宛の縣令報告書にも、一揆が「人ヲ傷シ家ヲ焼クヲ戒ム、凡ソ官ノ名義アルモノ必ズ之ヲ毀焼ス……黃金等ハ皆焼棄一切奪去ヲナサズ」[4]とある。しかし、この大衆行動の規律に反して、蜂起農民がみずからの權力のもとに敵をさばくというような事態はついに一度もあらわれなかったし、破壞や焼打にたいしてはきびしく原則が守られたのにたいし、人にたいしてはまったく無原則的な寛容さがしめされたのである。蜂起農民以外からは一人の死傷者も出していないという事態がこれを裏づけるだけでなく、一揆の直接的な敵對者にたいする積極的な攻撃もほとんどおこなわれなかった。

さいごに、一揆をめぐる諸階級・諸階層の傾向について略述しなければならない。一揆をめぐる諸勢力は、一揆に積極的に參加した勢力・それに積極的に敵對した勢力・その中間を動揺した勢力の三つにわけて考察されるべきであろう。

一揆側の勢力　一揆に積極的に參加した主要な階層は、耕作農民および職人層を中心とした平民層である。

(イ) 農民層　一揆の原因が地租にあった以上、一揆の主體を形づくるものは壓倒的に土地所

表一二　魚見村職業構成と一揆の關係

		職業構成(A)	その比率%	被處罰者(B)	その比率%	B/A %
專業農家		六〇	六八・〇	三五	六八・六	五八・三
兼業種	質・證券業	二	二・三	一	二・〇	五〇・〇
	材木賣買・博勞	四	四・六	四	七・八	一〇〇・〇
	小賣商	四	四・六	一	二・〇	二五・〇
	職人・その他の勞働	一〇	一一・四	八	一五・七	八〇・〇
兼業農家小計		二〇	二二・九	一四	二七・五	七〇・〇
非農家		八	九・一	二	三・九	二五・〇
總計		八八	一〇〇・〇	五一	一〇〇・〇	五八・〇

(1) 明治八年魚見村戸籍および長谷川庄兵衞家舊蔵文書より作製
(2) 非農家には行商 1、職人 4、商 2、その他 1 をふくみ、處罰されたのは鍜治職 1、魚商 1 である

有農民であった。これを知るための一例として、最初に蜂起した魚見村における職業構成と一揆への參加被處罰の關係をみよう。その關係は表一二にしめされる。

魚見村では、全村民のうち、兼業および非農家戸數のしめる割合が比較的に大きいのであるが、これは前述した射和村などではもっと極端であり、松阪周邊農村の一般的狀態であったともいえよう。しかも、兼業種からみるとき、その九割までが耕作農民的な兼業であり、半數は自己の勞働力に依存する兼業種に屬していた。專業農家六〇についての土地所有・經營規模とも資料をのこしていない。そこで一揆參加階層を考えるのに兼業種別から考えると次のような結果となる。質・證券業は地主的兼業であると考えられる。この中の參加者一はいうまでもなく中川戸長であり、中川戸長の一揆にたいする姿勢については前述したとおりである。材木賣買・博勞のような兼業種は農業が經營

の主體となっている中程度の耕作農民の兼業種であると考えられる。ここでは、その全員が一揆に參加している。一方、小賣商――酒屋・小間物屋等――の兼業種についてはどちらかといえば商が經營の主體ではなかったかと推測されるのであるが、この層からは酒屋の一名が參加したにすぎない。つぎに、職人・その他の勞働に從事する者であるが、職人については必ずしも全員が貧農とはいえない（後述）。しかし、その他の勞働に從事する者（木挽三人・綿打一人）のうち三人までが一揆に參加し、職人をふくめた全體の八〇パーセントが參加していることは、貧農小作層のかなり積極的な參加が推測される。

以上の考察から類推すれば、耕作農民といっても、一揆の主體を形づくったのは、じつは中程度および中以下の貧農小作農民をふくむ階層であったと思われる。一揆指導者中の中川庄次郎がどの程度の農民であったかは知るよしもないが、他の一人の中川庄助は中川戸長宅の出入農民であり、あきらかに地主である中川戸長家に從屬した、おそらくは小作農民であったと思われる。

（ロ）平民層　伊勢暴動では農民でない平民層が大きな役割を演じた。と云っても、その大部分はいわゆる職人的階層である。農村における職人的階層は、そのほとんどが農兼職人の形式をとっている。しかし、かれらを農民として、貧農の兼業として見るのは正しいであろうか。もちろん、そのような存在も少くはあるまい。しかし、たとえば、魚見村蜂起の指導的活動家の一人である奥田仙藏は、戸籍の上では農・農間大工職としるされているが、決して貧農の兼業職人と見るべきではない。現實には、むしろ大工が本職であり、農が餘業であったように思われる。事實、かれは大工としてはすでに徒弟を擁している小親方的存在であり、[5] 農民であるよりはむしろ都市平民に近い存在であった。兼業職人のすべてがそうであったとはいえないであろうが、この小親方奥田仙藏のほかに專業の鍛冶屋職――これも小親方であり、おそらくは「村抱え」的存在に由來したものであったろう――が一揆に參加し、そのほか大工職二人、左官職および桶職各一人が参加している。在町的な性格が强かった射和村でも、逮捕者の中に提燈屋・桶屋などの職名がみられるのである。[6] さらに、北勢でも、岐阜縣にまで進入して積極的に活動し、脱走囚徒以外では最重刑に處せられた水野久七は桑名郡の素麵業者であった。[7] こうした例にみられるように、耕作農民以外の平民層が一揆でかなり積極的な役割をはたしたが、この段階での平民は、大工の小親方や左官や樋職であり、せいぜいのところ鍛冶屋や素麵業者にすぎなかった。にもかかわらず、すぐれて農民的要求をかかげた一揆のたち上りの中で、こうした平民層の演じた役割は見のがすことができないのであり、海會寺野集團が要求としてまとめあげた三項目のなかの一項が「諸縣税廢止」という要求となったのも――民費輕減ではなく――その間の事情を表現したものであろう。

一揆における農民的平民的要素は、一揆の全過程をつうじて、ついに獨自の政治勢力としての自己を成立させることがなかった。一揆の力は、それ自體としては政治過程に直接の姿をあらわすことができないうちに、破砕されてしまった。したがって、明治一〇年代の最初の數年間における政治勢力の配置は、一揆の勢力配置とは別の形をとる。別の形をとるためには、階級闘争の裸の形態が、一まずは、より高度の政治の場で闘われるための變形をうけねばならなかったのである。

中間的諸勢力　一揆にさいして、農民と政府との間を動揺し、一定の段階では積極的に農民的平民的勢力の側にたつような外見をしめしながらも、一定の段階では農民的平民的要素の行動をチェックし、あるいはこれと敵對關係にたち、または消極的態度をとったものに、村方地主・豪農とくに村役人層、および市中の商人がある。

(イ) 村方地主＝豪農・村役人層　村方地主＝豪農とくに村役人層は、その當初における哀訴的歎願における指導的役割から、請願的歎願における動揺と脱落をつうじて大衆行動による強訴的歎願を抑止するにいたるまで、戸長中川九左衞門の動きにその典型をみせている。蜂起の當初から、かれらは本質的には改良主義的反對派の立場を一歩も出なかった。かれらが農民とともに動き、農民を抑止し、農民と敵對したのは、この立場からであった。だから、海會寺野集團が萠芽的な軍事的集團からまた村單位の歎願を内容とする集團に解體したとき、かれらはともかくも自己の立場からふたたび歎願に參加する。もちろん、農民の力に押されてではあるが、同時に農民を自己の立場にひきつけることが可能であるかぎりにおいて。初期改租反對鬪爭をあれ程果敢にたたかった村方地主木村晢太郎でさえも、一揆については異った次元の世界にあった。そして、農民の蜂起がこの段階にあるかぎり、農民とかれらの敵對關係は公然化しなかった。一般に南勢の蜂起が大衆行動による示威的歎願を目標としたかぎりで、村役人層は敵とされなかった。海會寺野集團は垣鼻戸長宅を破壞しただけであったし、蜂起の火元であった當の魚見村では「燒火災害ニ罹リ候者一切無御座候」[8)]と報告された。むしろ、この段階では、農民はこれら戸長層までを鬪爭にまきこむことを目的としていたし、戸長が「一時遁ノタメ荷擔可致」ことが可能であったし、強いられた。山間の農民では、行動を開始した農民とともに村役人層も出動し、蜂起の終熄過程にいたって戸長層が蜂起農民の間から説得者としてにわかにあらわれ出たという一幕が演じられたこともあった。

北勢では、村役人層は農民との公然たる敵對關係にたった。しかし、かれらが攻擊の對象とされたのは、權力の末端における地租改正への積極的なあるいは客觀的な協力者であったことによるのであって、地主であることによるのではなかった。村役人でない村方地主＝豪農が攻擊をうけたのは員辨郡の一部に例外的にあっただけで、原則的には官とそうでないものの區別がきびしく守られていたことは、前述したように、縣廳側も確認している。しかし、そうした個々の村方地主＝豪農でなく、古來の特權的な都市である山田にある地主團體とその團體に加入している地主は攻擊の對象とされた。

しかし、こうして攻撃の主要な對象のひとつとされたものの、この對立は農民を中心とする勤労諸階級と村方地主＝豪農的諸階層との決定的な對立としては表現されなかった。農民的諸階層が政治勢力として成熟していなかったのはもちろん、村方地主＝豪農自身が政治勢力として形成されつつある過程であった。かれらは、農村内部においては徐々に勤労農民との矛盾を大きくする方向にむかいながらも、より一層、自己自身を全「農民」的――というよりはむしろブルジョア的諸關係がその實體であった――勢力を表現しうるにただひとつの政治勢力として確立する方向にむいていた。一揆にひきつづいて、ふたたび態勢をたてなおし、より強力な政治闘争として地租改正反對闘争をたたかいつつ民權運動の一環にくみこまれてゆく方向がそれである。

(ロ) 市中商人層　村方地主＝豪農的諸階層と對照的に、動揺しながらも消極的な態度をしめしたのは市中商人層であった。この中には、明治維新以後政商として新政府と積極的な關係をもった大商人をのぞいて、幕藩時代に三都出店を擁していたような松阪周邊の舊特權的大商人もふくまれる。かれらの一揆にたいする態度は『竹川竹齊日記』に端的にしめされる。竹川家は三都出店を擁した射和の大商人の一人である。かれらは「藏の目塗り致」して一揆の攻撃にそなえ、あるいは一揆に「出でざる時は亂暴に及ぶべく……下男を遣し候」という態度をとった。この態度は一揆にたいする敵對的態度でもなければ同調的態度でもなく、まさに可能なかぎりは一揆の局外にたとうとする消極的態度のあらわれであった。しかも、一揆が敗北したとき、かれらの態度はより明らかになる。縣側のてってい的な追求にたいし、農民側の言い分を提出するために文書の草稿作成を引きうけたり、入牢者への差入れをおこなったり、釋放者のために心祝をおこなったり、組頭が入牢中のため正月の祝をさしひかえたり、農民の苦難をよそに年越の參宮に出かけた副戸長を非難したり、農民側への同情的態度をしめしている。これは、三都で活動する大商人でありながらも、射和という農村のわくのなかで生活し、共同体的な共感をまったく失ってはいなかったという義理にからまれたものであるよりも、より多くは、むしろ三都出店を擁した大商人でさえも新政府との關係をもたないばあい、明治にはいってから没落の傾向をたどりはじめたという理由によるものであろう。幕藩體制下における特權商人的存在が新政府のもとで特權からはなれ、一介の商人にすぎなくなったこと、むしろ地方的特權商人が中央の政商資本の下請的買占機關となるか地方的政商資本となるかの道をえらぶことができたのに反し、これらの特權を失ったこと——その本據が射和という在郷村であっただけに時代の變化への對應が不可能であった——の理由によるものであった。この理由によって、かれらは、七一年（明治四）・七二年（明治五）の再度にわたる村方取續の歎願にたちあがっていくのであるし、その村方取續きがたい理由の大きなものに三都出店商人の没落による村の衰亡があげられていたのである。そのかぎりで、一定の條件下で、特權から切りはなされた商人層は農民とある程度の共通の場をもつことができた。一揆にたいしては、その歡心を迎えて自己防衛的な態度以上にでず、「魚見發頭人様有難い」と稱して炊出しをおこなった松阪市民の動きも、こうした性格のものであったろう。諸都市の商人層の一揆にたいする中立的な立場は、縣側の一揆鎭壓をいちじるしく困難にし、その一さいの力を徴募士族と、そして最終的には鎭臺兵にたよらざるをえなくしたのである。

村方地主＝豪農的・市民的要素のこうした動きは、それがやがて明治有司擅制權力をめぐる政治勢力の對立の過程で、これに對立するブルジョア政治勢力の重要な部分の構成分子として出現する根據となる。そうした動きは、のちに國會開設請願運動の革命的昂揚のさなかで、縣議會と農民とを結びつけた果敢な反政府闘争（後述）の成立を契機づけるにいたるのである。

反一揆的諸勢力

一揆に眞正面から對立したのは、全国家機構そのものであった。縣廳・警察・鎭臺その他の機構が一揆を鎭壓する暴力装置としての主要な役割をはたしたことは當然であった。しかし、そのほかに、一揆にとってはこれらの權力の機構と同一のものとしてとらえられたものに政商があり、また一揆にたいする公然たる敵對者としてふるまったものに士族があった。

(イ) 政商　海會寺野集團が公然たる破壞の目標としてかかげた唯一のものは、松阪の三井であった。松阪商人出身の三井は、一切の官金納租金を取扱うものとして、農民にとっては權力による收奪機構の窓口であった。三重縣一帶に根を張る三井銀行は松阪および山田で焼かれ、四日市では戰闘によってかろうじて放火をまぬがれた。四日市では、三菱もまた焼かれる結果となった。こうして、政商的大資本の經營になるものは、官と同じ程度にはげしい攻擊をうけた。官と政商、それは農民にとって一體にみえたのである。

(ロ) 士族　一揆にたいする三重縣の警察力はきわめて劣勢であった。縣令の出兵要求にたいし、名古屋鎭臺から最初の一ヶ中隊が桑名附近に上陸したのは二一日朝のことであり、津にはいったのは二二日、大阪鎭臺大津營所から一ヶ中隊が三重縣に出動したのは二三日、應援の二〇〇名の警視部隊が四日市に上陸したのも二三日であった。こうした政府側の鎭壓手配の遲滯にたいし、一九日夜の津の防衛、二〇日午後の海會寺野の戰闘、二二日朝の權現野の戰闘、二〇日の伊賀上野の防衛、そのほか中北勢各地の個々の戰闘における鎭壓部隊の主體になったのは徵募士族であった。三重縣下で鎭臺兵が戰闘に參加したのは、二一日午後の四日市の戰闘その他の少數例にすぎず、一揆にたいする決定的な武力は徵募士族隊によって行使された。士族は、一體、いかなるものとして、一揆の鎭壓に參加したのであろうか。一揆の全過程をつうじて、縣が徵募した士族の總數は四、四二二人にのぼる。これらの士族は、かれらが從事した戰闘の難易にしたがって三段階に分けられた日給をもって雇用されたものであった。徵募士族は、かれら自身の舊支配階級としての自負心にかかわらず、縣の側からいえば——そしてまた客觀的にも——臨時のお雇い暴力團にすぎなかった。だから、鎭臺兵の出動後は、「出張美《み》部《べ》の大尉へ貫屬召集ノ云々申出候處、右ハ兵隊出張ノ上は不及其義（本廳へ相達スニモ不及）速ニ放解」[9]せよと、いとも簡単にお拂い箱にされてしまったのである。

失業武士は、農民一揆に對處するもっとも安易な道具として、わずかな金額によって買収されるルンペン・プロレタリアートとしての役割を見事に演じてしまった。これは、士族自身がもつばかげた身分的優越感やすでに失われた職業にたいする職業意識を極度に利用したものであっただけに、より一層ナンセンスであった。かれらは、たかだか、一警部・一區長の指揮下に行動する格式ばった暴力團として行動し、最高一圓から最低三〇銭の日給を数日間もらっただけで、もとの失業武士に逆もどりした。武士階級は、維新後九年にして一般的にはすでに解體してしまっていた。この解體への抵抗は、わずかに鹿児島を中心に、孤立しつつ、最後の反亂への道を歩みつつあった。武士階級解體の最終過程が西南戰爭であるならば、三重縣では、すでにその数ヶ月前に、失業武士の大多数がたどらねばならなかったコースのひとつを明確にしめしつつあった。他のひとつの道、それは、同じ時期に、土佐の立志社によって切りひらかれつつあったのである。

(1)　前掲『顛末記』六九、五六、七頁
(2)　同、六二頁
(3)　前掲第三大區第一小區戸長届書
(4)　前掲『顛末記』五六頁
(5)　前掲長谷川文書寫
(6)　前掲「竹齊日記」
(7)　前掲『顛末記』一二七、七九頁
(8)　前掲長谷川文書寫
(9)　前掲『顛末記』七一頁

三　地租改正反對闘争

§一　地租改正における豪農

地租改正反對闘争の三段階

三重縣における地租改正において、一揆に先立って、員辨全郡の先頭にたって北大社村の豪農木村誓太郎が中心となり、「全村盟約連署」、押付反米への抵抗を開始した。[1] しかし、この抵抗は、なお、豪農木村と全農民との固い結合の上に組織されていなかったかのようであった。警察による木村以下の首謀者數名の逮捕投獄によって、農民抵抗の團結は解體し、員辨郡は一揆による破壞の渦中にとびこんだ。

この一揆による破壞にしめされたエネルギーによって、ふたたび抵抗の體制を再確立し、長期にわたるねばり強い抵抗を組織することに成功したのは、朝明郡三ヶ村であった。

朝明郡の中野・竹成・田光・永井の四ヶ村は、全村團結、「終ニ目標反米ヲ甘諾セサルヲ以嘗テ上申ノ如ク斷然昨年ヨリノ改租ハ差止メ」させることに成功した。[2] しかるに、「右見込反米ハ先ツ高閣ニ束ネ置キ飽マテ他村ノ保證或ハ隣村ノ比準ヲ取リ彼我權衡其宜キヲ得ンコトニ専ラ注目」[3] する當局側の戰術轉換によって團結は解體、一八七六年（明治九）一一月にいたって、やっと承諾するにいたった。しかし、その直後の一揆において、この承諾が全村民の意志にもとづくものでないことが証明された。北勢（舊三重縣）一帯を荒れ狂った一揆の破壞のあらしは、とりわけ四ヶ村を中心とした地域ではげしさをくわえた。多くの小區役人や公共施設が破壞された。農民の大多數が、改租承諾に反對であり、改租承諾の責任者たちの責任をてってい的に追求することを表明したのであった。

一揆における農民の意志表明を契機として、四ヶ村は、ふたたび闘争への立ち直りの方向をすすんだ。七七年（明治一〇）一〇月にいたって、七五年（明治八）からの改租施行にたいし、「何分八年ハ旧税据置相成候様願出」[4]、この願出が拒否されると、「其後モ不納候ニ付督促ニ及候得共不相納ニ付右ハ不都合之次第ニ有之此上不納候ニ於テハ公賣處分ニ及ノ外無之段論達ニ及候處」、永井村だけは闘争から脱落するにいたった。しかし、他の三ヶ村は、この脅迫にも屈せず、七九年（明治一二）二月にいたって歎願書を提出するにいたった。

「右村々之義ハ既ニ一般改租ノ期ニ後レ漸九年十一月ニ至リ承諾候次第ニテ九年二月十四日付ヲ以テ縣廳達之趣モ有之八年太政官第百五十四號御達旁無論八年之義ハ旧租据置之義ト相心得候義ニ付改租増額之分今日ニ至リ上納之儀ハ出金ノ目途無之ニ付今一應其心筋申立何分八年之義ハ旧租据置相成度」というのが歎願書の趣旨であった。もちろん、この歎願は縣によって却下されたが、四月にいたって、「既ニ公賣處分云々達相成候得共九年十一月改租承諾以來追々民力瘠弊ニ及迚モ今更完納之目途無之ニ付今一応其筋ヘ申稟之上改正年度一ヶ年送リ明治九年ヨリ十三年迄五ヶ年ニ御定被下度」とし、さらに、九月にいたって三度目の歎願をおこなうにいたって、ついに縣令も強硬態度をあらため、「到底不服ヲ唱ヘ今日ニ至候迄貢租完結之場ニ難至附テハ何トカ特別之御詮義相伺度心得ニ有之候得共一應顚末具狀御局議ヲ仰候也」と、地租改正事務局の指示を仰ぐにいたった。

こうして、一たんはくずれ去った闘争體制を、一揆による一般農民の村役人層にたいするはげしい攻撃の集中によってふたたびたてなおし、全村をあげての執拗な闘争によって、ついに縣側をして動揺させ、譲歩を考慮させるにまでいたったのである。

このような農民層内部の階級闘争をつうじて、地主・豪農をもふくめた廣汎なそしてねばり強い地租改正反對闘争への起ち上りの例は數多い。長野縣下伊那郡の闘争も、そのひとつである。[5]

下伊那郡八ヶ村（旧六〇ヶ村）においても、三重縣北勢の員辨全郡・桑名郡五五ヶ村・朝明郡四ヶ村において當初進行しつつあった過程が進行しつつあった。七五年（明治八）一〇月以降、地租改正事業進捗の具體的な過程で、まずその衝にあたった戸長層を中心とする抵抗が組織された。戸長層の最初の抵抗は縣側の「脅迫」によって挫折した。しかし、一反歩收穫高が一等田において他地方より約一石を上まわるという事實のもとで、戸長層とて、そのまま引き下ってはおれなかった。戸長層は、筑摩縣民會でその反撃をこころみた。だが、縣令の「强テ嘆願セント欲セバ先一ケ年、租税ヲ上納シ、然ル後果シテ實地困難ニ候得者其節如何樣ニモ歎願可致」との論理の前に、ふたたび屈服するのほかはなかった。

この段階で、闘争の第二段階、つまり北勢の闘争に一揆がはたした役割をしめす情勢が展開する。「地價不適當。人民困難に陥り、既に一揆をも起さんとす」る情勢がそれであった。そして、この情勢こそが、崩壞にひんした戸長層の抵抗を全人民的な闘争として再組織することを可能にし、また餘儀なくしたのであった。

闘争の第三段階では、全農民階層からの惣代が、その指導者森多平を頂點としつつ島本仲道の北州舎の援助をうけ、幾多の内部矛盾をたえず農民の戰闘的エネルギーの噴出によって排除しつつ、對縣令の闘争から地租改正事務局への闘争をつうじ、たんなる減租要求の經濟闘争から、「そもそも地券發行之御趣意地ニ厚薄之租税ナク民ニ勞逸之偏なき樣至仁至德之御趣意と奉拜聞候。此儘重租御聞届無之時ハ我郡下ニ採リテハ德川家米納之時代ヲ親慕スルガ如キニ立至ラン。政府在テ人民ナリ、人民在リテ政府在リ。壓制ハ政府ノ本務ナラズ」と表明する高度の政治意識にもとづく闘争へと轉化する。

この三段階におよぶ闘争の質的轉化の過程が、闘争を實地再檢査の獲得――したがって地價の減價――という成果にまで到達可能にしたのであった。

三重縣では北勢において、その初期に員辨全郡・桑名五五ケ村・朝明四ケ村・河曲一ケ村にわたる廣汎な闘争を組織することに成功しながらも、弾壓と懷柔による抵抗の崩壞を、「地位收穫表ハ用掛代議員ノミニテ差出外小前ニ於テハ一切存不申[6]」と宣言することによって敢然と打毀の渦中に身を投ずる過程で再組織することに成功し、斷乎として屈服することなくたたかいつづけ、縣令をして「就而ハ自然不服ヲ唱貴局へ直願可致モ難計ニ付爲念上申ニ及候條篤ト御詮議何分之御指揮有之度」と地租改正事務局に問題を移すにまでいたったのは桑名郡の力尾村一ヶ村、および前掲の朝明三ヶ村にすぎなかった。

地租改正反對鬪爭にかぎらず、民會鬪爭にしても、熊本縣民會における鬪爭は、結局のところ、西南戰爭の過程で、農民の戰鬪的エネルギーを政治鬪爭に集約することを怠り、打毀と焼打のなかに燃焼させてしまう結果となったのである。このような結果が、政治的には、國會開設請願運動の發展の過程で、農民のエネルギーを政治鬪爭に集約し、ブルジョア革命運動の戰鬪部隊を編成するうえでのつまずきの石となったことは否定しがたい。

(1)　『明治初年地租改正基礎資料』中巻七二〇頁
(2)　同書・七二二頁
(3)　同書・九三〇頁
(4)　以下、朝明三ヶ村に關しては「地租改正之儀ニ付苦情村々顚末書」・大隈文書イ一四・A二〇六一
(5)　下伊那郡の鬪爭については、後藤靖「自由民權運動と農民一揆」（人文學報第七号）をはじめ、後藤氏の精細な研究がある。以下は、この論文による。
(6)　「地租改正新税施行之儀伺濟之後苦情申立候村方處分之義ニ付伺」・大隈文書・イ一四・A二〇三四

§二　地租改正反對鬪爭の發展

下伊那郡の鬪爭は、その政治鬪爭への轉化による一應の成果を、さらに自由民權運動期の酒税反對鬪爭から深山自

由新聞への結集として、民權運動にひきつぐにいたった。地租改正反對鬪爭の成果が、より高次の政治鬪爭への發展として、自由民權運動にひきつがれたことは否定しがたい。それは、地租改正が必然的にはらむ矛盾の所産であった。

地租改正がはらむ矛盾のひとつは、土地の私有の確認がその前提となったことである。土地私有の確認は、明治絶對主義の要求する貨幣地代實現の前提であった。*

＊大塚久雄氏は土地の商品化をもって絶對主義段階に特徴的なものとしているが、私もこれに賛成である。貨幣地代の實現の前提は農業生產物の所有權の確立にもとづくその商品化にあり、封建社會における土地所有の形態が第一義的に領有權として成立する段階では土地占有權者の手における全農業生產物の商品化の傾向は貫徹しがたいからである。だから、土地の商品化をもって、貨幣地代段階の特徴的な現象とみることはできても、ブルジョア的所有關係の成立と見ることはできないであろう。私たちが農業におけるブルジョア的發展を問題にするばあい、土地の商品化の事實——それは土地の制度的あるいは事實上の所有權の成立をいみする——をもって、ブルジョア的發展の過渡期の現象とみることはできても、ブルジョア的所有關係のまったき成立と見ることはできない。ブルジョア的所有關係——したがってブルジョア的生產關係——は利潤の成立をめぐる所有關係、したがって基本的には生產手段と勞働力との間における所有關係であり、土地所有關係はその前提にすぎない。これに反して、封建的所有關係——したがって封建的生產關係——は直接生產者と土地との結合のしかたの關係、したがって地代收取の關係として成立する。封建社會の胎内におけるブルジョア的發展が農業生產物の商品化を土地の商品化の段階にまでおしすすめたとき、制度上あるいは事實上の土地私有が成立する。しかし、そのような土地私有の成立は地代の貨幣形態への轉化を必然ならしめるが、ただちに利潤をもって地代にかわらせることにはならない。すなわち、農業におけるブルジョア的所有關係の成立が問題になりうるのは、以上のように土地所有關係したがって地代收取の關係にたいして生產手段の所有關係すなわち利潤形成の關係が第一義的となった段階か、さもなければ農民的土地革命による一さいの地代收取關係が廢絶された段階かのいずれかしかない。私たちが、日本の農業ブルジョア化の問題でつねに農民的土地革命を問題にしてきたのは、何もフランス革命のみをブルジョア革命の典型として追求したからではなく、現實に生產手段と勞働力の分離がおこなわれなかったという事實に立脚しているわけ

地租改正と代議人制

であり、だからこそ、農民的土地革命による封建地代廢絶がついにおこなわれなかったことの論証がさかのぼって明治維新がブルジョア革命でなかったことの論證となりうるのである。その點、私有の制度的な確認が利潤形成の可能性と結びつくことなしには、ブルジョア的土地所有の成立とはみなしがたい。地租改正にそのような可能性は——たんに地租が高額であったという根據によるのではなしに——みとめがたいし、だからこそ、のちに國會開設請願運動がその可能性を追求することによって、農民的土地革命への方向づけを必ずしももたないブルジョア革命運動として成立すると考える。この點については、なお漠然たる推論の域を出ないが、記して、あえて經濟史家の御教示を乞いたい。

明治政府による制度上の土地私有の確認は、なお、明治政府が地代收取權者としての權利を留保するかぎり、それはまったき私有ではなく、それを私有の法的確認としたこと自體が矛盾であった。この矛盾は、具體的には地租改正における代議人の問題として露呈された。というのは、幕藩體制下における土地占有權の商品化を法的に確認し、その結果としての農業生產物の占取權者を地代負擔者として確定することが、この土地私有權の法的確認の具體的內容であってみれば、この「私有」權と地代收取權の矛盾の接合點は具體的には地租改正事業における「私有」權者と地代收取權者との對抗關係として現象するからである。*

* この「私有」權と地代收取權の矛盾を、地代と近代租稅とのすりかえによってブルジョア的所有權內部における過渡的な矛盾と見ることはできない。何となれば、後述するように、國會開設運動の主要な目的のひとつは、まったき私有の確立、すなわち地租の近代租稅への轉化にあり、したがってその點からブルジョア革命運動であると評價するに足る充分な內容をしめしていると考えられるからである。

兩者の對抗關係の頂點にたったのが、地租改正過程における代議人の問題であった。代議人は、ともかくも地代負擔者が法的な「私有」權者であるかぎり、地租改正の手續に必要な前提であった。七四年（明治七）三月、大藏省第廿七号達は[1)]、「各地方地租改正下調ニ當テハ能ク其旨趣ヲ說諭シ官民ノ間ニ周旋スルモノアルニ非レハ或ハ事業ノ澁滞ヲ來サン。故ニ毎郡更ニ民撰總代人ヲ設ケ、以テ改正下調百端ノ事ニ従ハシメン」という理由によって改租事業に代議人制を採用した。しかし、この達にも見られるとおり、そこでは、「私有」権は地代收取権の第一義的な優位のもとに奉仕すべきものとしてのみ、したがって「私有」権から發する一さいの権利は無視されたものとしてのみ規定されたのである。代議人制の具體的な内容を、たとえば、愛知縣の「田畑宅地位等級銓評順序」[2)]によってみれば、なお一そうあきらかとなる。

前略

第四款

一　地位等級之銓評ヲ(い)(ろ)(は)(に)四段ニ分チ而各段之議員（即地主惣代(イ)(ロ)(ハ)(ニ)ヲ云フ）選擧之順序ヲ區別スルコト如左

(い)　第一段該一村内限之地位銓評

此議員(イ)ハ該一村内地主一同之公選ニ中レル地主總代ヨリ成立モノトス　且村内地主ナキカ若クハ地主寡少ナル者ハ　時宜ニ由其近傍村ノ地主及作人之公議ヲ以テ此議員ヲ選擧スルモノトス。

但議員ハ土地事宜ニ隨テ其員數ヲ斟酌スヘシ以下(ロ)(ハ)(ニ)皆之ニ傚フ。

(ろ)　第二段該一小區内限之地位銓評

此議員(ロ)ハ該一小區内各村之議員(イ)一同之公選ニ中レル地主總代ヨリ成立モノトス。

(は)　第三段該一郡内限之地位銓評

此議員(ハ)ハ該一郡内各小區ノ議員(ロ)一同之公選ニ中レル地主總代ヨリ成立モノトス。

(に)　第四段全管内之地位銓評

此議員(ニ)ハ全管各郡ノ議員(ハ)一同之公選ニ中レル地主総代ヨリ成立モノトス。

中略

第十三款

一　總理若クハ方面檢査官吏各段(い)(ろ)(は)銓評之場所ニ臨ミ其各段銓評之當否ヲ鑑察シ或ハ不當ト視認ルモノアル時ハ是ヲ督正スルヲ得ルハ勿論トス。

「第四款」では、じつに詳細な民主的手續にかんする規定がおこなわれている。この手續は、「私有」權がともかくも法的な「私有」として確認されたことによる不可避的な手續であった。にもかかわらず、これらの「私有」に發する權利上の手續は、「第十三款」による地代收取權——その人格化されたものとしての「總理若クハ方面檢査官吏」——のまえにはまったくの空文と化し、これに對して「私有」權は何らの保護規定をもあたえられていないのである。保護規定も救濟規定もない「私有」權が、はたしてまったき私有でありうるか。むしろ、ここでは、領有權の第一義的な優位のもとに商品化された占有權がかりに「私有」の名をあたえられたにすぎないのではないか。土地の「私有」權者たちが、このことを思い知らされたのは、まさに、この兩者の對抗の尖鋭なばくはつをつうじてであった。

東春日井の闘争　當の愛知縣下において、この「私有」にまつわる矛盾はばくはつした。東春日井郡四三ヶ村の地租改正反對闘争である。この闘争の原因となった點を、地租改正の經過に即して、四三ヶ村惣代の政府にたいする歎願書から[3)]要約すれば次の二點となる。

一、一村一筆限りの地位銓評を開始したのは七六年（明治九）一〇月であったが、地位銓評終了・收穫反米決定まで鎌止を命ぜられ、ために收穫期を逸するをおそれて改租係の見込の地位を承諾したのであって、まったく強制にもとづくものであること。

二、七七年（明治一〇）三月、郡議員に各村收穫を見つもるように命ぜられたが、一村一筆限りの地位銓評が終らないのに推量をもって見積はできないと主張したところ、強って出せとの嚴命でやむをえず提出した。ところが、六月になって、提出した見積が實地に適さないから縣廳の見込みを各村に割當ると申渡され（第十三款の適用！）、異議を申立てても認められず、無理やりに請書に調印させられ、これを拒んだ二人の議員は罷免され、一方的に收穫分賦書を配布され、これを承認しないものは拘留をうけたりした。

以上の經過にたいして、四三ヶ村の主張は、「地租改正御條例第一章の如く實際に付て反覆審按し地租改正施行御規則第一則の如く持主銘々より地價申立さする等の順序を盡したる適實の收穫價に對し自己の安逸を謀るため苦情を喋々する者に施行すべきなり愛知縣廳の如きは地位銓評を人民の公議に任じながら第一着一村一筆限りの等級も銓評し終らざるに事業の速成を熱望して人民の公議上申するを待たす收穫を御擅定相成たり之を反覆審按するものと言ふへきや……而して他の郡議員が縣廳御擅定の收穫を平當と認め云々の請書に調印したるは縣官の嚴責に畏縮し一時逃れの拙策に出てたるのみ眞實に承諾せしに非ざるは其後該郡議員輩より收穫の公平ならざる情狀を再應縣廳へ伺出たるを以明正とす……若し眞實に承諾せしものと假定するも人民より郡議員へ委任せし趣意は御公布及び縣廳の御制規により其順序を以公平適實に收穫地價を議定上申するにあり之に反對せし承諾は委任外の事にして其効なきものなり然るに此承諾に關係なき當村迄も併せて誣ゆるの理由は萬々あるべからざるなり」という點にあり、本來、「私有」はまつたき私有であるとの前提にたち、私有權者の總體以外の何ものもが收穫反米の決定に口をさしはさむべきでないとする論理を展開する。代議人の權限をめぐる政府と土地「私有」權者との對立は、じつは、地代收取權が第一義的な優位性をもつ「私有」の制度化と、まつたき私有の確立との對立にほかならなかったのである。

地代收取權の人格化された改租關係役人が、「旣に縣當局に於て決定したる收穫分賦書を不當となさば、是れ官命に背戾し徒らに官の措置に抵抗する者にして、則ち朝敵と謂ふべし、此の如くば断じて是國の地に住居を許さず、速かに家族と共に外國の地に放逐すべし」[4]と放言し、また越前旧石川縣の改租にあたっても「此の見据を受けざる者は、取りも直さず朝敵であるから、赤裸にして外國に追放する」とか「請書ヲ差出サヾレバ地券ノ下附ナシ、然ル時ハ土地ノ所有權ナシ」と放言した事例など[5]、もっとも極端で亂暴な例ではあるが、その對抗關係の本質をもっともよくしめすものであった。

地租改正反對闘爭の對抗關係のもっとも本質的な問題がまさにこのような問題にあったことに、地租改正反對闘爭をブルジョア革命運動としての自由民權運動に直結させる最大の可能性がひそんでいたのである。

(1)「地租改正例記沿革撮要」（『明治前記財政經濟資料』・第七巻）二二五頁
(2)『贈從五位林金兵衛翁』二二七頁
(3) 同書・二四三―二七二頁
(4) 同書・二三六頁
(5)『杉田鶉山翁』三一四頁

§三　地租改正反對闘爭から自由民權運動へ

越前七郡の闘爭

地租改正反對闘爭の發展が直接に自由民權運動への展望をさししめした典型は越前七郡の闘爭であった。この闘爭については、古くから『杉田鶉山翁』および最近では大槻弘氏の「地租改正反對運動――越前自由民權運動の生成――」（大阪經大論集第一八号）によって紹介ならびに分析がおこなわれている。以下、両書によりながら、若干の注目すべき問題を指摘しておこう。[1]

越前七郡における地租改正事業は、七六年（明治九）八月、敦賀縣の廢止にともなう石川縣への編入をもって本格的に着手され、翌年四月にいたって穫量取調方の通達がおこなわれた。他の地租改正をめぐる一さいの闘争の口火がそうであったように、越前七郡においても收穫見据が問題となった。收穫見据にあたってとくに指摘しておかねばならないのは、ここでは、「田方ノ見据ハ本局（＝地租改正事務局―私註）ニ於テ決定相成リ、續テ畑宅地ノ義ハ福井ニ於テ局員（＝本局係官―私註）ヨリ見据額照會アリ則畑ハ其額ニ宅地ハ越中國ト近來調査ノ權衡モアレハ其比準ヲ以査定」された事實が明らかにされていることである。すなわち、從來、各地の「押付反米」をめぐる問題が、主として出先機關としての縣當局と土地所有農民との問題としてとらえられてきたのにたいし、ここでは、むしろ「押付反米」の本源は中央政府にあり、それをいかにたくみに土地所有者農民に强制するかが出先機關としての縣の責任であったことが明らかにされている。そして、この收穫見据がまさにそのようなものであったことは、封建地代搾出の立場のみが地租改正に要求されていたという「地租改正がもつ本質を露骨に表面化したものと云うことができる」。だからこそ、まえに引用したような出先役人の脅迫的な强制もありえたのである。

こうした收穫見据にもとづく地租改正は多くの農民の不満を抑壓しつつ、結局は二八ヶ村をのぞく七郡全體にたいして、七九年（明治一二）二月、新税施行の布達がおこなわれた。しかし、二八ヶ村は、斷乎として新地價を拒否した。それは、すでに七九年（明治一二）という時期の關係もあったであろうが、二八ヶ村の拒否の理由において、「官ハ官ノ權、民ハ民ノ權」「如何被成共自由ノ權に候ヘバ不當ナル者ハ不受」と、すでに本質的な對立點を明らかにしつつ、地租改正反對闘爭を正面から人民の基本的な權利のための闘爭として展開した。

このように「官ノ權」にたいする「民ノ權」の闘爭として、いいかえれば地代收取權が第一義的な優位性をたもつ「私有」權にたいするまったき私有權のための闘爭としてより明確な姿をもって展開された越前の闘爭は、その闘爭を成功的にたたかうための政治指導を立志社にもとめていった。

七九年（明治一二）二月、内務省の不服二八ヶ村にたいする處分書の提示があったとき、村民の代表者が大阪在住の高知縣士族川崎佐久馬をつうじて立志社と連絡をとり、立志社から社員、寺田寛・楠目伊奈枝が派遣されて闘争の援助がおこなわれた。これと前後して、地元出身の民權家杉田定一がその父仙十郎とともに闘争の指導にのり出した。

前年九月の大會において、愛國社再興にのり出した民權運動の新段階において、地租改正反對闘争の指導に民權運動の指導がかさなりはじめたことは、闘争の大きな轉回であった。不服村を中心とする組織の强化と擴大のための杉田定一による自郷社――「まぎれもない政治結社」――の組織となり、さらに越前七郡聯合會へと發展したことだけでも、闘争指導がその前衛と組織の問題として提起されたことをしめしている。しかも、桐山縣令の罷免をかちとり、ついに一二月にいたって越前七郡地租改正再調査という成果をあげるにいたった闘争の過程で、組織はますます擴大强化され、八〇年（明治一三）二月にいたって、「地租改正ノ爲メニ設クルナリ」とする七郡聯合會が成立したことは、他の地方における改租反對闘争が政府の一應の讓歩をピークとして下降線をたどったのにたいし、再調査過程における非妥協的な闘争を遂行するための大きな力となった。

それというのも、七郡聯合會が地租改正のみを對象とする統一行動組織でありながら、「夫レ人ノ權利ハ結合ニ因テ保全シ……若シ人民ニシテ不羈獨立ノ精神旺盛ナラシメハ假令縣官專ナリト雖トモ豈ニ之ヲ施スヲ得ンヤ」とする組織論の大原則がそのなかを貫徹していたからであった。杉田の自郷社に結集した豪農層を結節點とする聯合會の指導、そこにまた民權運動の當時の段階と地租改正反對闘争の結合および性格づけが看取されるのである。

民權運動へ

今までに指摘した多くの地租改正反對闘争は、多かれ少かれ、民權運動の發展の直接の組織的基盤を提供した。しかし、闘争の過程で意識的な政治指導とそれにもとづく組織問題が考慮され、これと眞正面から取りくんだ點では越前七郡の闘争をこえるものはない。

越前七郡の闘争の政治的發展については大槻氏の前掲論文のほか、同氏の「民權政社の展開過程と國會開設請願運動――越前民權運動の展開――」（大阪經大論集第二一号）ですぐれた詳細な分析がおこなわれている。もとより、その紹介を行うことがここでの目的ではないが、要點を指摘することは欲くことができない。[2)]

杉田定一らは愛國社再興の議を立志社に申しいれ採擇されると、そのための遊説に出、杉田は七八年（明治一〇）秋歸鄕、地租改正反對闘争にのり出した。しかし、かつての評論新聞における筆禍により入獄、七九年（明治一二）春出獄するや、地租改正反對闘争の先頭にたつとともに、同年七月、「人間眞理ノ在ル所宇内公道ノ存スル所ヲ講究研磨シ以テ固有ノ知識氣力ヲ開長シ天賦自由ノ權利ヲ恢弘シ社會開明國家富强ノ一助トナサン」目的をもって自鄕學舍を創設した。

自鄕學舍は近隣農村の子弟を教育、政社創設の布石とするものであり、頭山滿らの紹介で留學した九州の士族をのぞいては、「あくまで平民的であり、しかも豪農的であった」。その多くは戸長クラスであり、若年ながらも戸長あるいは地主總代として地租改正反對闘争を果敢にたたかいつつあったひとびともふくまれていた。

自鄕學舍創設の翌月、自鄕社が設立された。自鄕社は、設立三ヶ月後の愛国社第三回大會において愛國社への同盟加入をゆるされたが、自鄕社員が地租改正反對闘争と密接な關係をもっていたことは、學舍から自動的に社員に移行した七九名をのぞく新社員三四名の村別組織數からみるとき、上位三ヶ村のすべてが坂井郡のてってい的不服村五ヶ村中からしめられていることからも明らかである。

にもかかわらず、自鄕社自身が組織として直接に地租改正反對闘争に參加したという事實はしめされていない。自鄕社と地租改正反對闘争との關係は指導者杉田以下、あくまで個人として闘争の指導的人格であったにすぎなかったようである。自鄕社は、その社員が地租改正反對闘争の指導者であることによってのみ、地租改正反對闘争に關係づけられていた。ここに、地租改正反對鬪争が越前七郡聯合會という別個の鬪争組織をもたねばならなかった原因がある。それは、のちに杉田が「政黨タルモノハ幾分資産アル者ヲ以テ成立スルニ非ザレバ、利害一身ニ適切ナラザルヨリ空論ニ走ルノ弊アラン」とのべた方針につらぬかれていたからにほかならないとする指摘の正しさを証明するものであった。

自鄕社がそのようなものとして成立したにしても、現實に、國會開設請願署名への組織が地租改正反對鬪争の組織にほぼ一致していたことは否定しがたい。請願書署名の「石川縣越前國國會願望有志」の具體的内容である一、九四一名——ただし分析の對象とされうるものは一、八八七名となっている——のうち、坂井郡九四九名・丹生郡六八三名となっていて、總數の八六パーセント强をしめている。このうち、丹生郡の署名參加二二ヶ村中署名者一〇名以上が一〇ヶ村、そのうち七ヶ村までが不服村であり、不服村の署名數は、丹生郡署名總數の約七七パーセントをしめるにいたっている。坂井郡では、不服村でない村々にも自鄕社員が多數散在するために、不服村外でも多數の署名を獲得することに成功しているが、しかし、たとえば安澤村では反米見据を全面的に拒否した三五名中二七名の大多數が署名に參加するなど、地租改正反對鬪争のエネルギーはそのまま請願署名に表現されたのであった。

以上の大槻氏の分析の整理から結論としてひき出しうることは、越前七郡の鬪争のエネルギー、とくにそのうちの中核となった徹底的不服村のエネルギーを、そのまま國會開設請願署名に吸收することにほぼ成功したこと、ただし、それは、直接に組織をつうじてではなく、民權政社としての自鄕社の社員がこれらの鬪争の指導的な豪農層であったかぎりでのことであり、したがって、署名がなお、下層農民を組織するにいたらず、豪農および中以上の農民の運動としてのみ發展したこと、したがって、地租改正反對鬪争は、國會開設請願署名に量的に大巾にプラスしたが、他にくらべて組織に質的な變化をつけくわえなかったということである。その意味で、地租改正反對鬪争は、國會開設運動として全國的に展開する革命運動の戦略配置を、局地的かつ典型的に展開し、その政治的展開の前提をかたちづくったものといえよう。

(1)　以下の引用は、大阪經大論集第一八号の大槻論文による。
(2)　以下の引用は、大阪經大論集第二一号の大槻論文による。

第三章　革命的情勢の展開と明治絶對主義

第一節　革命的昂揚期の政治情勢

一　國會開設請願運動の成立

§一　立志社建白から愛國社再興へ

士族民権　「其上流の民權説を主持するものは皆盡く老練の士君子なり。今此士君子の説を聞くに、民權を貴重し人民をして奴隷根性を去らしむるは、則國家獨立の基礎なり國家獨立の精神なり。如何となれば國家をして人民の權利を重んし、以て政令を布き、人民をして各自に權利を盡さしめ、以て氣力を振起し、其生産を繁殖し、天下比戸封すへきの域に國運を進むるに非されは、決して我國家の獨立を保つへき道あることなしと」[1]（傍點─大江）。鳥尾小彌太が「上流の民權説」をこのようにとらえたとき、それは、いわゆる「士族民權」の選良意識＝愚民觀と、治者意識を適確にとらえている。それはまた、評論新聞第一号の「愛國社規則並評」[2]に端的に表現された。すなわち、「愛國ノ至情紙上ニ溢ル然トモ書中歡樂ヲ共ニスルト云ヲ見ス今板垣公獨リ舊官ニ復ス其榮叉知ルヘキ也而テ公同盟ノ志士ヲシテ各其志ヲ得セシムルヤ否ヤ事未タ之ヲ知ラス雖然公ハ天下ノ人材一己ノ利欲ニ耽リ同志ノ窮ヲ傍觀セサル事叉疑ヲ容サル所ナリ故ニ曰官途ノ近道ハ當今ノ愛國社ニ入ニ在ラン」と、まさに在野の改良派士族の「官途ノ近道」が民撰議院設立建白から愛國社にいたる、いわゆる「士族民權」の本質であることを指摘した。

しかし、この選良意識＝治者意識は、何よりもまず、たんなる不平士族から自己を區別した。それは、何らかの形で士族を階級化しようとするこころみと絶縁することによって成立したのであった。「評論新聞」[3)]は、「封建ノ舊套ニ眷戀シ昔日ノ榮譽ヲ回復セントスル」不平士族と「其ノ論辯スル所ロ國家ノ政務及ヒ民權自由ノ間ニ渉リ世人ノ木鐸トナル」べき「學士論客」との本質的な差異を指摘し、さればこそ、みずからを主張することによって、全社會を主張すると信ずることができたのであった。しかし、「夫ノ人力挽ノ熊公裏借屋ノ吉公ニ至ルマテノ持論ヲ問フテ然ル後ニ政法ヲ施行スルト謂フニ非ルナリ何トナレハ夫ノ平々凡々事理ヲ知ラス時勢ヲ辨セサルモノ、如キハ固ヨリ自個ノ確説ヲ有スルモノニ非ス上等社會ニ於テ壓制ト稱スレハ則亦從テ壓制ト稱シ上等社會ニ於テ良政ト言ヘハ亦從テ良政ト言ヒ上等社會ノ人心安々ナレハ下等人心モ亦安々ナリ上等社會ノ人心洶々タレハ則下等人民モ亦洶々タリ故ニ下等人民ノ如キハ上等社會ノ議論ニ隨フテ其説ヲ變シ上等社會ノ形狀ニ隨フテ其形狀ヲ改ムルモノ也故ニ一國ノ中上等ニ位スル學者士君子ノ議論ハ則チ滿天下ノ議論ト云フモ亦不可ナカル可キナリ故ニ天下ノ人心ヲ收攬シ政府ト人民ヲシテ其方嚮ヲ一ニセシメント欲スレハ勤メテ學者士君子ノ議論ニ隨ヒ以テ政法ヲ施行セサル可カラザルナリ」と主張するとき、その選良意識は在野改良派としての治者意識とまったく一致するものとしてとらえられていることが明らかとなる。だからこそ、「政府ト人民ヲシテ其方嚮ヲ一ニセシメ」ることができないときは、身を殺して仁をなす志士意識をもって表現されるにいたるのであり、ただ「學者士君子ヲ壓制スルハ卽チ人心ヲ離散セシムルノ大根原ナルヲ知」るゆえにこそ、かれらは自己自身の立脚點を確定することができたのであった。

にもかかわらず、この「學者士君子」は、それが士族出身であることをぬきにしては成りたたないものであった。

立志社結社の趣意書は、「夫レ士族ナル者ハ四民ノ中ニ就イテ獨リ稍々其智識ヲ有シ、粗々自主ノ氣風ヲ存スル者ナリ」「其智識氣風ニ至テハ則チ猶四民ノ最タリ」と、その意識が何よりもまず士族意識に發することを強調し、その士族意識が「三民ノ恒産士族ノ智識氣風相須ツ」と武士階級としての存在をはなれたインテリゲンチャとしての役割をはたすかぎりでのみ肯定されながらも、なお、「士族ハ則チ三民ノ卑屈固陋ヲ以テ之ヲ輕ンジ、之レニ傲クナク、必ズ相融合シテ一ト爲リ、以テ其ノ智識氣風ヲ上進セシメ」（傍點—大江）と露骨な優越意識をもって臨み、さればこそ「三民ハ則チ士族ノ窮苦困厄ニ乘ジテ之ヲ扼シ之ヲ擁スルナク、其不幸ヲ見テハ必ズ之ヲ救濟センヲ務ム可シ」と士族中心主義への逆轉をたどっている。これが、いわゆる「士族民權」をささえていた意識であり、そのかぎりでは、なお土佐藩議院における「上下ノ二院ヲ設ルハ、上ハ貴族（貴族ハ藩士族ナリ）事情アリ各事情ヲ遂ントス[5]」という立場から一歩も出ないものであった。

もちろん、このような選良意識も、現實の階級闘争の激化のまえに修正を余儀なくされていった。明治絶對主義に對抗して激發する舊農民身分諸階層の闘争のまえに、いまや「人民ヲ目シテ無智トナシ人民ヲ侮リテ無力トナシ動スレハ專横苛刻ノ處置ヲ放行スルハ古來專制政府ノ通弊ナリ」[6]と、愚民觀が專制政府に固有のものであることを宣言するにいたった。にもかかわらず、「此等ノ時ニ方リ其人民中ニ在ルモノ……遂ニ身ヲ以テ犧牲ニ供シ義ト共ニ死スル者ハ則チ佐倉宗五郎氏ノ如キ是ナリ」と、なお志士意識のなかに沈潜せねばならなかったのは、たんにその意識の問題だけでなく、「困厄流離ニ叫フノ農民ハ各地ニ充滿シ憤懣不平ヲ抱クノ士人ハ遠陬ニ群居」する情勢をつかみつつも、なお「人民卑屈ノ心未タ脱セス」とせざるをえなかった條件、[7]つまりなお明治絶對主義に對抗する主力階級が政治的に成熟したものとして成立していなかったことによると見てよいであろう。

それにしても、「評論新聞」もその末期においては、山梨・和歌山・山口縣等の農民闘争を精力的にとりあげ、これらの闘爭にかんするうったえを掲載し、「今此書ヲ讀ンデ涙ヲ流サザルモノ眞ノ民權家ニアラザルナリ」[8)]と、次第に農民闘爭に接近する態度をしめしはじめるにいたった。しかも、後繼紙「中外評論」においては、龍頭蛇尾ついに縣令に屈して原案否定をおこなうにとどまった熊本縣民會事件にたいしては、「唯原案取リ消シノ見ル可キアルノミ嗚呼該縣人民ノ代議士ヨリ奮然興起屢々汚名ヲ四方ニ流シ萬世ノ耻ヲ貽ス勿レ」[9)]と、強い警告をはっし、「夫レ議員ナル者ハ人民ノ爲メニ議スルナリ」という原則を樹立し、人民の意志をはなれた「學者士君子」が存在しえないことを明らかにした。折から、地租改正問題を中心としつつ、人民的諸階層が巨大な動きを開始したその反映が、同時にまた「士族民權」をもゆるがしはじめたのであった。それはまた士族の沒落の肯定であり、西郷黨の敗北が「士族民權」家から、たとい一時的同盟の期待にすぎなかったにせよ、一さいの士族の力への期待の殘滓を洗い落してしまったことにもよる。

立志社建白　西郷反亂への呼應の誘惑を斷ちがたかった立志社は、西郷沒落が決定した七七年（明治一〇）六月、片岡健吉を總代として京都の行在所に國會開設の建白書を呈した。

これに先だって薩軍蜂起のことあるや、「林有造等、後藤と通同し、兵力を用いて政府を顚覆するの策を講じ、當時の立志社は勢二派に分れたり」[10)]と、林有造一派による擧兵計畫がすすめられ、これと局外中立論とが交錯するなかで、「護郷兵ヲ團結シ協心合力、以テ此郷土ヲ守リ、我安全ヲ護シ、九州兵亂ノ此ニ波汲スル者有ルニ備ヘントス」[11)]る計畫がたてられるなど、立志社は黨内二派の力闘係と方針の昏迷をめぐって動搖をしめしていた。しかし、西郷軍の敗北が決定的となるに及んで、立志社の態度は必然的に決定した。

「西郷に天下取らせて復た謀反する」立場から決然擧兵、ついに「薩人の騒無知にして教ふべからざるを」認識しつつ[12)]空しく戰場に屍をさらした「評論新聞」の論客宮崎八郎がひきいた熊本民權黨の悲劇を立志社は最小限の犧牲でくいとめることができたのであった。それは「士族民権」がなおその出身に空しい力の幻想を断ち切れなかった悲劇であったが、同時に、西郷の敗北はその一さいの幻想を打ちくだいたのであった。「士族民権」家は、いまや、舊農民身分諸階層を主體とするブルジョア革命運動のイデオローグ、オルガナイザーとしての自己の地位を確認することによって、立志社の國會開設建白にふみきることができたのであった。

立志社建白の内容そのもの[13]については、なお、建白の主體がブルジョア革命の主體でないことを明らかにしていた。それはなお、「士民平均ノ制ヲ失スルナリ……唯其士タルモノ愛國ノ情ニ渥ク、自尚ノ義ニ厚キ、特ニ彼ノ一般人民ニ於テ求メ得サルナレハナリ」と、士族の指導者意識を正面におし出していた。しかし、建白が「夫レ歳租ノモノタルヤ、人民ノ幸福ヲ保全スルノ本ナリ、其膏血ヲ輸タスモノ固ヨリ甘心スル處ナリ、而シテ政府之ガ甘心ヲ得ヘキノ源ヲ推サズ、地價未タ定マラズシテ、猥ニ減租ヲ行フ事ヲ得ンヤ……夫レ減スル擅ナレバ、倍ス事モ又擅ナルベシ」と云ったとき、まさに地租負擔者の苦しみをおのが苦しみとして感じとろうとするあたらしい發展の方向をしめしていた。この發展の方向こそ、具體的には愛國社再興の方向であり、愛國社再興のオルガナイザーたる杉田定一が同時に地租改正反對闘爭の指導者たりうる條件でもあり、立志社員が越前七郡の闘爭支援に出動する條件でもあった。

愛國社再興　J・S・ミルの『自由之理』を讀んで「從來の思想が一朝にして大革命を起し」[14]、爾來、民會開設に全力を傾注し、第一回地方官會議にあたっては傍聽人合同會議を組織して地方政治勢力にすぎなかったブルジョア政治勢力の全國的統一を策した河野廣中は、西南戰爭が始まるや土佐におもむき、立志社の西郷にくみしないことを説こうとした。河野が土佐についたときは、すでにその機を失っていたが、しかし、河野は自己の見解を板垣以下立志社の同志にのべる機會をもった。

河野の見解で特筆すべきことは、立志社の建白について「惜む可きは、此議が全國の志士より出でずして海南の一隅土佐より出て、而もそれが土佐一部たる立志社の志士から出でし事である。さればこそ當局の却下する所ともなったのである。若し全國各地の同志を糾合し、結社の代表者及び人民の代表者を以て建白せしめたならば、政府如何に頑迷であっても、薩南の事變があり全國の民心動揺しつゝある時であるから、必ず其の建白を受理し其の意見に耳傾けたに相違ない……故に今後は宜しく此建白を全國に公表し、國民の輿論を喚起し、天下の同志を糾合して、國會開設の國民的運動を起し其の大目的を達し、公議政體を確立しなければならぬ」[15]と説いたことであった。

板垣が、この河野の提案にたいして、「今にして思へば、此の點（即ち各地志士と交通聯絡を圖ること）に於て欽點のあるを覺えた」[16]のは當然だった。河野にたいしてさえ「其の言論中、往々施治者の口吻を脱せざるものがあった」[17]まったくの在野改良派官僚の板垣や、なお志士的氣概から完全にぬけ切っていなかった立志社にとって、この點は明らかに盲點であった。もちろん、建白にふみ切った立志社員の進歩派が、この從來の欽陥の認識とその克服に努力しつつあったことは否定しがたい。しかし、かつて何よりも切實にその必要を感じ、傍聴人合同會議の組織をこころみた河野、つねに志士賢人としてではなく團結の力によってのみ自己の要求を提出しえた舊農民身分出身の地方ブルジョアたる河野にして、はじめて、ブルジョア政治勢力の全國的統一の課題を提起しえたのである。いわば、河野の提案のなかに、ブルジョア革命の主體たる階級を政治勢力として確立しようとする劃期的なこころみがふくまれていた。

七八年（明治一一）三月、立志社はついに愛國社再興を決した。その再興趣意書は[18]、その目的を「今日我邦ノ形勢ヲ熟察スルニ、全國人民ノ交親未ダ厚カラザル而已ナラズ、各地舊來ノ交親ト雖モ、愈疎薄ニ至リ、人各々其方向ヲ異ニシ、全國一致ノ體裁ヲ成スコト能ハズ、豈之ヲ眞正ノ邦國ト稱スルヲ得ンヤ、而モ是人民ノ方向ヲ一定シ、眞正ノ邦國ヲ成立シ、以テ一國ノ康福ヲ全フセント欲セバ、全國各地ニ結合シ、以テ之ヲ統一セザルベカラズ。是愛國社ヲ再興スル所以ノ第一ナリ」と、何はさておいても、下からの民族的統一をかちとるためのものとして考えた。この趣意書は、再興理由の第二を、「眞正ノ公議輿論」を確立するため、第三を廣汎な智識と理論の形成およびその實踐との結合のため、第四をあたらしい民族的モラルの形成のため、第五を團結による「自治自衛」のため、第六を國内市場の下からの形成統一による産業發展のため、第七を絶對主義的中央集權に對置するため、第八を民族意識の形成をつうじて國權を確立するため、のものとしている。

再興愛國社は、その意味で、民族的統一を基礎としてたつブルジョア革命運動の第二の起點であった。と同時に、そこでは、すでにこのような民族的統一の擔い手のみが運動の主體となりうること、いいかえれば從來第一線にたっていた「學者士君子」的な民權家たちは、もはや明確に運動のイデオローグ、オルガナイザーにすぎないことの承認であった。ブルジョアジーが運動の前景に登場し、みずからの姿に應じて運動を形づくる理論的條件は、この再興愛國社によって成立したのであった。

同年九月、愛國社再興大會は大阪にひらかれた。

(1)　前掲「明治政史」（明治文化全集第九巻）二三九頁
(2)　後藤靖編『自由民權思想』一五頁
(3)　同書・八四頁
(4)　「立志社始末記要」（後藤靖校訂・史學雜誌・六五―一）六七頁
(5)　尾佐竹猛『日本憲政史論集』九二頁
(6)　前掲『自由民權思想』一七三頁
(7)　同書・一五七頁
(8)　同書・一三七頁
(9)　同書・一六一頁

⑽　前掲『自由黨史』一、二〇三頁
⑾　前掲「立志社始末記要」（史學雜誌・六五―三）六九頁
⑿　前掲「熊本協同隊」
⒀　前掲「立志社始末記要」（史學雜誌・六五―三）七七頁
⒁　『河野磐州傳』一八六頁
⒂　同書・二三七頁
⒃　同書・二二九頁
⒄　同書・二二八頁
⒅　前掲「立志社始末記要」（史學雜誌・六五―三）七〇頁

§二　國會開設請願運動

國會開設請願

愛國社は、七九年（明治一二）一一月、第三回大會を大阪江戸堀にひらいた。第三回大會は、國會開設請願運動を組織することを決定した劃期的な大會であった。

この大會では、まず、福岡共愛會――出席者平岡浩太郎――は條約改正建白を提案した。これにたいして、立志社を中心とする多數派は、「條約改正の事たる、固より國家の急務なりと雖も、然れども先づ國會を開設して、人民に參政の權利を附與し、輿論の勢力を作興して、擧國一致之が應援を爲すに非ずんば、假令之を政府に建議するも、恐らくは其效を見る能はざるべし、且つ國會開設の議に至ても、亦た我黨の議を盡し、力を注ぐこと全からずんば、容易に實行を期す可からず、故に今ま天下の方向を一定し、人心をして倦怠せざらしむるの道、只だ國會開設を願望するに在るのみ」[1)]との提案を決し、さらに、その期日を明年と定めた。

このとき、請願署名の提出にあたって、明年三月、再議審査の上、之を愛國社に一括してその名儀によってすべしとの案と、一〇名以上の社員を有する同盟各社より個別的に提出すべしとの二案が對立し、結局は一括提出案が可決されたことは重要である。何となれば個別提出は、運動の組織統一に有害であるにすぎないからである。のちに岡山縣有志が單獨請願をおこない、また福岡共愛會が條約改正と二本立で單獨請願をおこなったとき、「或は郷關的陋念に驅られ、徒らに地方感情に絢へて、嘗て公心一結、天下の同志と倶に旅進旅退することを爲さず、率先の功を自前に競ひ、十指交も彈するは、一擧擊下の勁力、稟として奪ふべからざるに、若かざるを悟らず、同盟一致の決議を輕棄し、嗤を後世に殘すに至りたるは惜むべき也」[2] と非難したのは當然であり、まさに、かつての志士團としての立志社が運動のオルガナイザー集團としてのそれに變貌したことをまざまざとしめすものであった。そして、立志社が、組織統一の立場を堅持しえたからこそ、國會開設請願の大運動の組織が現實に可能となったのであった。

八〇年三月、愛國社第四回大會は同盟二七社、そのほかあらたに參會したものをくわえ「二府廿二縣八万七千餘人の總代百十四名」をあつめ、國會開設願望書を起草、願望書捧呈委員に片岡健吉・河野廣中を選出、國會期成同盟を結成した。片岡・河野は、四月一七日、願望書を闕下に呈したが、五月九日、却下された。しかし、これを中心に、愛國社の一括請願に參加したものもひきつづいて各社毎の請願の追討ちをかけ、さらに一括請願に參加しなかったあたらしい請願運動の廣汎な展開がしめされていった。

この年、請願に參加した人民は、下山三郎氏の計算によれば、二四万にものぼったという。また、國會開設を明白に主張する元老院建白は、『明治十三年建白一覽表』によれば四二件、『纂輯國會建白』にその内容が收錄されているものから尚早論・愼重論を除いて三五件にたっした。この三五件は、月別には、二月三件・三月八件・四月五件・五月一件・六―八月不明・九月五件・一〇月四件・一一月七件・一二月二件となっている。[3] 不明の三ヶ月間には、おそらくは前記の『一覽表』中の八件が相當するものと思われる――兩者ともその配列は日附順によっているものと推測することが可能でありまた*『一覧表』にあって『纂輯』にないものが前記八件のほかに一件、その逆が二件あり、これをくわえると上記の數字は四月六件、計四三件となる――。

＊ たとえば、『纂輯』から脱落している秋田縣人民有志總代遠山角助による「國會開設ノ儀ニ付建言」、「相模國九郡五百五十九町村二萬三千五百五十五名ノ人民奉上申候」は、前者が六月八日、後者が六月七日となっていて、いずれも『纂輯』の空白期間に相當する。また、建白の題名・總代の人名が判らないので確認しがたいが、鈴木安藏『自由民權』が新聞からひろった記事の中では、この脱落期間に相當するものとして、北海道からは七月に、新潟からは六月に、「若狹國一萬二千三百餘名」、福島縣からは八月中旬に、いずれも請願または建白のために代表が上京したことを傳えている。なお、あくまで請願の形式を主張したために、『一覽表』にも『纂輯』にも記載されていない、たとえば信州奬匡社松澤求策・上條蟷司等の「國會開設を上願するの書」などをふくめると、おそらくは今迄に知られているものよりさらに件數、したがって署名參加人員はふえるであろう。

國會開設論　愛國社に統一された公稱「八万七千餘人」――この數も實數は約一〇万と考えられている――、運動に動員されたもの二四萬という大きな規模で展開された國會開設請願運動の唯一最大の目標となった國會開設要求はどのような内容のものであったか。その最大公約數的な存在として「國會を開設する允可を上願する書」[4)]をとりあげるとき、その國會論は次のような主張にもとづいている。

一、天賦人權論にもとづく人民參政權要求
二、人民一和・定律政體確立のための國會開設要求
三、五ヶ條の誓文・萬民保全の實現のための立憲政體要求
四、王權＝國權保全のための參政權要求
五、明治八年詔勅の漸進論に對置した急進的要求
六、徴兵義務にともなう國會開設要求および租税共議權にもとづく國會開設要求

七、國勢救正民生安定のための國會開設要求
八、財政安定＝國家非常事件防止のための國會開設要求
九、獨立のための國會開設要求

以上、九項目にあげられた要求は、その根據が、第六項をのぞいては、いずれも抽象的な理念、あるいは民族的團結の上にたつ君民共治思想——ここにブルジョア的なナショナリズムとは異質のものがまぎれこみ國權論として成立する根據がある——、あるいは過去の實績をたてにとっての理論的歸結にもとづくものとして成りたっている。ただ、第六項のみが、現實に人民が一方的に負擔させられた國家的義務を出發點としながら、明治權力のあり方の矛盾をつく唯一の論點となっている。もちろん、第九項の「獨立」の問題も無視することはできないが、「人民に自主自治の精神なく、人民に人民たるの權利を有する事なければ」というところの「權利」が、具體的にどのような内容のものであるかがここでは問題なのである。

こうして、國會開設要求は、ともかくも、「天賦人權＝政治的自由の確立、地租輕減＝經濟自由と發展の保證、條約改正＝民族自決權の獲得という當年の國民的課題のすべてを集約する意味と要求からなっていた」[5)]と評價されるにいたる。このような評價を可能にするためには、まず、この運動の性格の具體的な規定、いいかえれば、「當年の國民的課題」を構成する要素のうち、「政治的自由の確立」＝人民的課題および「民族自決權の擁護」＝民族的課題の内容を規定し具體化する「經濟的自由と發展の保證」＝ブルジョア的課題の内容、つまり要求の第六項および他項における關連事項の検討が必要である。

第六項は、徴兵制および地租負擔義務との關連において論旨が展開されている。徴兵制については、「萬民克く一致して、同しく其國に報ゆるの心を發せしめさる可からざるべく」と、その解決を國會開設に期している。わずか

に、しかしもっとも重要なことであるが、地租改正について、國土は政府の私有にあらず人民の私有であり、人民の私有に徴する租税は人民の「共有物」であり、共有物たる租税を處置するには人民との共議をすべきであるから、國會を開設せよという論理が展開されている。この論理は、はげしい地租改正反對闘争をたたかいぬき、その中で地代收取權が第一義的優位をもつ「私有」權にたいしまったき私有權――ブルジョア的所有權――を確立することによってのみ自由でありうることを肝に銘じたブルジョア・土地所有農民の到達しえた結論であった。それは、かつての民撰議院設立建白における「人民政府に對して租税を払ふの義務ある者は、乃ち政府の事を與知可否するの權理を有す」という論理ではなく、「私有は其主一人にして之を處置するの權ある可く」という原則にたった上で、「人民の私有より徴する」ものは「國の共有物」にほかならないとする論理であった。いいかえれば、前者は地租納入義務は國會開設要求の根據とされたにすぎないが、後者はそれにとどまらず、さらに國會開設をつうじて逆に「私有」をブルジョア的所有として確立しようとしたのである。* これがさらに第七項の「未た一歳の靜寧安綏を得て以て民其生を聊んずる能はず」等の項目と關連するとき、「租税を天下に徴し、及び旣に收めて國家の共有物と爲れる所の租税金を處置するには、政府一己にして之を爲す可き義ある事なく」という表現は明らかに地租輕減要求につらなるものであった。

* 從來、國會開設請願運動を檢討するばあい、とくに上願書第六項が土地革命の要求をふくんでいるかどうかを問題にしてきた。後藤靖氏は、『自由民權運動』において「中世的なものに反對する農民革命はすべてブルジョア革命である。だがすべてのブルジョア革命が農民革命なのではない」（レーニン）と結論づけながら、第六項の要求の根底に地租輕減要求が存在していることを指摘した。このすぐれた指摘にもとづいて、「絶對主義的租税體系の變更を内包し……地價改訂を人民的勢力の主導下に行おうとしているものとして重視しなければならない。だが、それは、地租改正によって創出された半封建的土地所有諸關係そのものの變革を要求するものではなかった」（六五頁）と、國會開設請願運動の時點での自由民權運動のブルジョア革命として

の性格を規定した。しかし、農民的土地革命の要求をふくまないブルジョア革命は、「半封建的土地所有關係そのものの變革を要求するものではな」いものであろうか。第六項要求は、完全な私有の確立すなわち地租改正の本來のもくろみである貨幣形態における封建地代の廢止要求（＝近代租税への轉化要求）であり、そのかぎりでのみ、ブルジョア的所有權確立要求であったということができる。もちろん、この段階において、かりにこの要求が貫徹したばあい、そのまま生産手段と勞働力の分離の過程にすすむ可能性をしめしたか、さらに農民的土地所有の實現の可能性をしめしたかは、にわかに推測しにくい（強いて云えばおそらく後者の可能性をしめしたであろう）。現在の私の考えでは、土地問題要求がこのような内容の問題を提起することのできたただひとつの機會がこの時點であったと考える。これいご、ブルジョア政治勢力が分裂し、ブルジョア民主主義革命の擔い手が耕作農民・都市平民（→勞働者）のみに移行する段階では、ブルジョア民主主義革命における土地要求は農民的土地革命要求以外のものであることはできない。したがって、この時期における地租輕減要求は、租税共議權・豫算共議權として表現されるかぎりにおいて、「絶對主義的租税體系の變更」ではなく、封建地代廢止の要求を「内包」するものであり、「地租改正によって創出された半封建的土地所有諸關係そのものの變革を要求するものではなかった」のではなく、地租改正が創出しようとした土地所有關係に眞向から對立するものであった。後藤氏が「半封建的土地所有諸關係」と呼ぶものの具體的内容はおそらくはいわゆる地主的土地所有關係にもとづく寄生地主制――それも從來そう名づけられてきたところの――をさすのであろうが、このようなものとしての寄生地主制は、この革命的情勢に對應する絶對主義と革命を拋棄したいわゆる「自由主義的地主的反對派」の合作になるものであって、地租改正そのものがこれをめざしたものではなく、ブルジョア的土地所有形成の挫折の所産である。

國會開設要求は、しかし、この段階では、いかなる國會を要求するものであるかについてはまったくふれていない。請願書ならびに諸建白は本來國會開設要求であって國會の内容を問うことが主目的ではないと云ってしまえばそれまでである。事實、そのような論議もあった。八〇年一一月、國會期成同盟第二回大會の席上、[6]「本會ニ於テ國憲見込書ヲ審査議定スヘシ」との議案が提出された。このとき、小島忠里の「萬々一政府、官令憲法ヲ以テ國會ヲ開キ、國會ノ代議士ト爲ルヲ得ベキ者ハ、勅奏官ニ位シ今日ノ民間ニ居ル者ニ限ルト謂フ如キコトアラシメバ、八番ハ能ク満足シ得ルカ」と鋭い問題提起をおこなった。にもかかわらず、「憲法ヲ議スルモ素ヨリ緊急ナリト雖、國會アリテ後ノ憲法ナレハ、國會ヲ請願スルコソ急務ナレ」という種類の反對論によって、議案はついに否決されてしまった。そして結局は、來る八一年（明治一四）一〇月大會の「來會には各組憲法見込案を持參研究すべし」との決議となったのである。

このような事情は、たしかに國會開設が憲法制定會議をもって始まるとする暗默の前提があったにせよ、なお「上願書」が「參政權」とのみ表現せざるをえなかった條件の内部においてのみの前提であった。したがって、なお、國會開設要求が、開設さるべき國會の理論的檢討を經ることなしに提出されなければならなかった客觀的な條件と、そのようなものとして提出されえた主體的な條件とが考慮されなければならない。

請願運動の擴大と擔い手

ともかくも、期成同盟第二回大會は、「上願書」署名が代表する人數をはるかにこえ、二府二二縣の同盟員一三萬餘を代表する委員六四名の參集によってひらかれた。このことは、すでに立志社の傳統にたったいわゆる「士族民權」の再興愛國社への發展が期成同盟段階では完全に異質のものに變化し、發展しつつあることをしめしていた。組織人數の増加は、たんに運動の量的擴大をしめすものではなかった。それは運動の擔い手の變化であった。三月大會における代表者九七名中、六四名＝六六パーセントは士族であった。ところが一一月大會の代表六四名のうち三四名＝五三パーセントは平民であった。三月には立志社につらなる高知縣の署名數は四七、八六一名であった。だが一一月には二〇、三四八名にすぎない。逆に、三月には、杉田定一の自郷社につらなる署名數は一、九四一名であった。しかし、一一月大會では七、〇四一名に増加した。長野縣松本の奬匡社では、三月には一、四五〇名の社員が署名に參加した。しかし、一一月には、一、二五六名の社員のほか、格外社員が二八、〇〇九名におよんでいる。平民杉田定一に代表される自郷社、平民松沢求策・上條螘司らに代表される松本奬匡社、平民河野廣中に代表される福島縣田村・石川・宇多三郡二、一一六名、平民横堀三子に代表される栃木縣八、七二〇名、平民柴田淺五郎らに代表される秋田縣立志会二、六四五名、平民綿貫來觀らに代表される埼玉縣二、四〇〇名、平民稲垣示に代表される石川縣越中四郡四、〇七九名、と平民を代表におくりこんだ主要なものを列擧しただけで、今や誰が主要な組織者であり、誰が運動の擔い手となっているかを明白にすることができよう。

しかも、かならずしも期成同盟に參加しなかった運動の擔い手たちも、二四萬と一三萬の差だけ存在する。誰が、どこで、立志社—再興愛國社ラインのそとで、運動を組織し、ささえ、發展させたのか。また運動をささえ、さらにこれらの革命的情勢をささえた外延は具體的にどのような形でどこまでひろがるのか。この請願運動にはじまる情勢の展開を革命的情勢と規定するためには、このような考察が必要となる。ここでは、當面、請願運動にかぎり、その外延は次項にゆずる。

立志社—再興愛國社ラインのそとで運動を形づくっていった主要なものは、當時すでに開設されていた縣議會における政治的經驗から、國會開設要求へと動きつつあった縣會議員級の豪農を中心とする層であった。これらの豪農層のなかにも、早くから全國的な政治的視野にたち、理論的に國會開設要求を生み出し、立志社—再興愛國社の線にそい、逆にこれを大衆化し、その中から新らしい酒をもる新らしい革袋をつくり出そうとこころみる人々もあった。河野廣中はその典型であり、國會開設請願運動の全國的な成立とその主體の確立はこれらのひとびとの功に歸するところが大きい。しかし、地方民會・地租改正・縣議會の中での實踐をつうじ、また自己自身の經濟的性格の變化の過程でようやく全國的な視野を確立し、全國的なブルジョア政治勢力としての自己を確立する方向にむかいはじめた動きは、まさに河野らのラインに幾層倍するものであった。そのイデオロギーとしての形態はより幼かったかもしれないが、逆に「士族民權」的理念に影響されることなく、何よりもまず自己の現實の立脚點から出發しているだけに、より純化され、より具體的であった。

そのようなこころみは、七九年（明治一二）なかばに千葉縣の櫻井靜の提案によって開始された。[7] 櫻井の提案は、府縣會が「其權限狹少議件隘縮して僅々一縣地方税徴收の下問に供するに過ぎ」ないから、「國會の開設にあらざれば、眞の鴻益を奏すなきは瞭然」として、「第一、全國縣會議員親和聯合すること、第二、東京に一大會を開設して、國會設立の法案を議決すること、第三、政府に懇請して國會開設の認可を得ること」の三項を内容とするものであった。

この提案にたいして「好果ナル同議ノ回答ヲ得」たので、さらに「府縣會議員外更ニ有力名望著名家諸君ニ周旋委員ノ嘉納ヲ得テ」組織をつくるための「國會開設認可懇請ノ爲同議者同盟懇望案」を提案、翌年東京中村樓で會合をひらき、地方聯合會を組織するにいたった。また、この提案は、再興愛國社ラインが無視した設立すべき國會の内容について、「國會設立の法案を議決する事」と主張し、さらに議會の構成および立法權について「大日本國會法草案」をつくるなどの動きをもしめした。この全國的統一と國會の内容規定が提案の支柱となっている點で、櫻井提案は古い「士族民權」の傳統とは無緣のものであった。しかし、地方聯合會は、政府によって禁止された。

櫻井提案をうけとめたもののひとつが、岡山縣會であった。岡山縣會の議員はこの呼びかけに應じて「山陽道諸縣々會議員聯合會」設立をよびかけ、さらに東京での地方聯合會設立に奔走した。この櫻井提案が愛國社の國會開設請願の檄に先立つこと數ヶ月、まったく別の組織コースをたどったものであること、およびこれをうけとめた岡山の縣議たちが「世の論者が喋々論辯し、尋常の人民が汲々懇請するよりも、深く其影響を政府に及すべく」という立場をとって愛國社コースから自己を區別したことは、岡山縣の請願を單獨請願におもむかせる有力な根據となった。しかし、それだけに、「愛國社及び共愛公衆會ノ如キ其勢力ハ大ニ有スルモ亦タ是レ槪ネ士族人士ノ所爲タルニ過ギザル而巳然ラバ則チ純良ノ人民之レガ主トナリ之レガ多數ニ居リ同志結一致合シテ其要望ヲ政府ニ建白セントスルニ至リタル者ハ實ニ岡山縣民ヲ以テ先登第一ト認メザル可ラズ」[8]とする「近事評論」の評價も出てくるのであるが、同時に、それが「尋常ノ人民」からも自己を區別した點において、愛國社『自由黨史』が發する非難にもあてはまる。だからこそ、岡山縣の運動の指導が「尋常ノ人民」＝「人民有志者」の手にうつった段階において、「岡山縣兩備作三十一郡一區千百ケ村百十ケ町二萬五千二百四人」を「率先有志者」たる縣議クラスではない「人民有志者」小林樟雄・加藤平四郎に代表された肩書として、期成同盟第二回大會に見出しうるのである。

終局的には期成同盟に統一された岡山縣のばあいはさておき、地方聯合會が組織した主要な府縣——それは大部分は愛國社の影響力のそとにあった——、愛媛・茨城・千葉・新潟・山形・秋田・福島・大阪等における請願運動の形成が愛國社＝期成同盟の請願とならんで、請願運動を量的により擴大し、よい意味でも悪い意味でも、請願運動のブルジョア的性格をより強める役割をはたしたのであった。しかし、さらに、その外延に、廣汎な縣議級豪農が指導する廣汎な人民的結集が開始されつつあった。そこでは、人民的闘爭の凝集點は縣議會にもとめられた。

(1)　前掲『自由黨史』一・二五〇頁
(2)　同書・二五四頁
(3)　尾佐竹猛『日本憲政史』二六〇頁、明治史料研究連絡會編『明治十三年全國國會開設元老院建白集成』による
(4)　前掲『自由黨史』二・三〇三頁以降
(5)　後藤靖『自由民權運動』六三頁
(6)　鈴木安蔵『自由民權』一五九頁
(7)　桜井提案および岡山縣議會については前掲鈴木『自由民權』一三四頁以降および内藤正中「國會開設請願運動の構造(二)」(經濟論叢・八〇—二)による。

(8)　前掲鈴木『自由民權』一八四頁

二　革命的情勢をささえる政治情勢

§一　三新法をめぐる問題

三新法體制　七七年（明治一〇）一月の減租詔勅は、政府が予定した地租収入の六分の一を一擧に減ずる結果となった。その上に、西南戰爭による軍費支出にともなう紙幣増發の結果として米價は高騰の傾向をたどり、紙幣價値は下落し、地租の實質收入は激減の傾向をみせはじめた。地租改正が意圖したもの、金納化と定額化によって常に一定額の貨幣收入を確保し、政府歳入の基礎を安定するという方針は、逆に紙幣の形態をとった貨幣價値の下落によって脅威にさらされることとなった。これをカヴァーするために地租増徴というような直接的な方法をとることは、なお地租改正反對鬪爭の廣汎な展開をしめしつつある情勢下においては、不可能に近かった。むしろ、そうした抵抗への對應が地租率引下げであったから、それはまったく問題にならない。そこで、政府財政だけを單獨で考えることなく、中央集權下に組織を完了した地方の權力機構をひっくるめた全權力機構を一貫したひとつの收奪體系を組織し、それを制度的に國と地方に分離し、國の財政を地方にしわ寄せし、地方財政の歳入増加をはかることによって政府歳入の實質減を補おうとするこころみがおこなわれるにいたった。減租詔勅以後、松方財政の前段階をなす政府財政の努力の中心のひとつが地方税にむけられたことを指摘しておかねばならず、また、その努力の表現が三新法であった。

郡區町村編成法・府縣會規則・地方税規則のいわゆる三新法は、地租改正を主軸とする大久保―大隈體制の本來的なコースが人民的抵抗のまえに修正を餘儀なくされた段階で、その本來の方針を事實上貫徹するために創出された體制である。だから、三新法體制は、大久保―大隈體制の特質の一表現であった。三新法體制の實現に大久保が生前の最後の努力を傾注したのは當然であった。三新法は、大久保の發議によるものであった。大久保は「岩倉大使ニ隨從シ歐米ヲ歷遊シテ歸朝シタルヨリ以來專ラ力ヲ内治ニ致シ殊ニ當時各藩ノ士民未タ全ク新政ニ浴セス加之十年西南ノ亂後民心ヲ一轉スヘキノ時機ニ際會シ地方ノ官規ヲ制定シ代表機關ノ制ヲ規畫セントスルハ蓋卿ノ深ク意ヲ留メタル所」[1]であり、七八年（明治一一）三月、「地方之體制等改正之儀上申」[2]と題する建議を太政大臣に呈した。この上申は、地方の體制、府縣官職制、郡市吏職制、地方會議法、地方公費賦課法の五つの草案をふくんでいたが、そのうち職制をのぞく他の三種がそれぞれ三新法のもととなったのであった。

三新法體制の第一は、郡段階までを「行政區」として、中央から一貫した官僚機構化することにあった。それが郡區町村編成法であった。三新法案は七九年（明治一二）四月の第二回地方官會議の議案とされたが、その議場での法案起草者たる内閣委員松田道之内閣大書記官の説明によれば、「地方官廳ト其町村トノ間官民ノ區別判然タラズ……官民ノ分ヲ明カニセサルヘカラサルナリ」[3]というのが提案理由であり、その目的は「府縣郡ヲ以テ行政ノ區畫トシ其町村ハ視テ以テ自然ノ一部落トシ」、その「費用ノ出ル所」を明らかにすることであった。そのいみで、地方税規則實施の前提としての官僚機構・行政機構の整備が問題であり、大久保―大隈體制下の支配機構の中心を形づくるものであった。

この支配機構への對應として、人民のエネルギーを支配機構に吸收するための機構が地方官会議―府縣會の機構であり、それは大久保構想が草案化された府縣會規則および大久保の地方官会議にたいする態度[4]に表現された。參議伊藤博文は「地方官會議を廢止し、之に代ふるに内務省中に地方官諮問會を開きては如何」と提案した。しかし、大久保は「地方官會議は其性質固より立法の府に非ず。一個行政上の諮問會に相違なく且其議員たる者も既に民選の者に非ず。其形式に於ては一種の異物たるを免れず……然りと雖も……何となく其の議員は各其の府縣地方を代表せしむるの意を含ませ、其の位置は元老院に對して下院とも謂ふべき意を寓したる也」と、伊藤に反對し、地方官會議を開くことを主張した。征韓論破裂以後、孤立化した大久保獨裁政權は、その幾度かの試練のなかで、地方官會議—府縣會の體制を明治絶對主義當面の最良の政治體制として發見したのであり、それはまた人民的抵抗のまえに地租—地方稅を一貫した收奪體制として編成する大隈財政の方向の表現でもあった。のちに、革命的昂揚のまえに、この政治・財政の兩體制がもろくも破綻し、これにかわって伊藤による明治憲法體制と松方財政が登場する前段階であり、兩者の間には明治絶對主義の局面は質的な相違をしめす。この點の詳細な分析は他の機會にゆずらねばならないが、要するに、大久保—大隈體制はブルジョア革命運動の革命的情勢による巨大な力をうけることなしに成立した絶對主義の反革命的體制であり、伊藤—松方體制は、革命的情勢のまえに一歩退却し、巨大な反撃を準備した體制であるという結論だけをのべておこう。その意味で、地租改正を主軸とする三新法體制は、ブルジョア革命運動たる自由民權運動の當面の具體的な鬪爭の主要な對象のひとつとなったのである。

地方稅規則　地方稅の主要な部分は、その創設以前は民費と呼ばれるものの中にふくまれていた。それは舊幕時代には、物成や小物成などの本租と呼ばれて直接に幕藩財政にくみこまれる部分とは別個の、夫銀・村入用・庄屋給その他の諸掛である雜稅部分に相當し、いわば共同體を維持する費用としての意味をもつものであった。だから、熊本藩の七〇年改革で雜稅を全廢し、本租をもってその費用をまかなうとしたときも、維新政府はあえてこれに干渉しなかった。民費の名も、また、この性格に由來する。

第二回地方官會議における民費の沿革についての說明でも[5)]、「今ノ民費ナル者舊幕ノ所謂課役歩米諸掛ノ類當時鄕村名主庄屋ノ手ニ委シ公私混淆シ出納明ナラス……明治六年（七月）第二百七十二號公布ニ地所ニ課スル官廳幷郡村ノ費用ト云ルハ實ニ課役歩米ノ類ノ地ニ課スル者ヲ謂フ而シテ明治六年（三月）第百十四号公布地所名稱區分ニ於テ區費ト稱シ客歳第二號公布ニ民費ノ名ヲ用ユ實ニ異名同實トス……今改正ニ際シ公私ノ分ヲ明ニシ更メテ地方税ノ名稱ヲ用ユ名其實ニ徇ハシムナリ故ニ本案ノ所謂地方税ハ卽チ明治六年（三月）第百十四號公布ノ區費客歳二號公布ノ民費管内割區割ニ係ル者及明治八年（九月）第百四十號公布ノ府縣税ナル者トヲ併スルノ名ナリ其他町村限費用及ヒ都市ノ區限費用ハ其町村區ノ人民ノ各自ニ料理スルに任セ地方税ノ限ニ在ラズ」と、民費が本來共同體の費用すなわち「民自らの費用」[6]であり、それを「公私ノ分ヲ明カニシ」、「民の負担する費用」の部分を地方税とし、本來の「民自らの費用」の部分については政府の闘与しないものとしたのであった。

ことここにいたる過程では、「民自らの費用」にたいする「民の負担する費用」の蠶食がおこなわれていた。七二年（明治五）五月、縣舎牢屋修繕費の全額、一〇月には區長副區長給料その他の諸費、七三年（明治六）八月には河港道路修築費の一部等が民費負擔にくりこまれ、[7]民費はしだいに國家財政の補足部分としての意義をまし、地租改正條例にともなう太政官布告第二七二號では「從前官廳幷郡村入費等地所ニ課シ取立來候分ハ、總テ地價ニ賦課可致尤モ其金高ハ本税金ノ三ケ一ヨリ超過スヘカラス候」[8]と、その取立分を規定するにいたった。この三分の一の規定は、丁度前期熊本藩の雜税がその廢止の時期に本租の三分の一弱に達していたことからも、ほぼ舊幕時代の額を繼承したものといえよう。こうして、民費は、本來の姿を失い、まったく地租の補足部分としての性格に換骨脱胎され、その新らしい内容は地方税という名の新らしい革袋にもられることによって、一さいの舊い性格のものを袋の外に捨て、その結果より多くの内容物をつめこむ、つまり實質的増租の手段とされたのである。

七七年の減租詔勅は、地租の輕減だけでなく、つづく太政官布告第二號に[9]おいて、民費の地租賦課を五分の一に

――つまり地價の一〇〇分の一から一〇〇分の〇・五に――半減することを規定した。しかし、この減額もその同じ年の太政官布告第二三号によって七月からの施行とされ、七月の内務省達乙第六三號は、「地方民費之儀本年第二號第二十三號布告之趣有之候處右ハ地ニ賦課スルノ制限ニ付其他之賦課ニ付テハ追テ規則御布告相成候得共當分之處ハ專ラ節減之御趣意ヲ體認シテ各地適宜之方法假リニ相定メ施行到シ置可申」と、暗に地價にたいする以外の賦課は無制限であることを示唆している。このような經過をたどって、地方税が創設された。

七八年（明治一一）七月、太政官布告第一七、一八、一九號をもって三新法が公布された。[10] それに先だって地方官會議で法案が審議された。このとき、一番問題になったのは、民費の本來の姿がまったく失われ、國家財政の補足部分と化して、本來の民費にあたる部分は「地租五分ノ一」のほかにあらたに徴收せねばならず、實質上の増租となるのではないかという點であった。

宮城縣大書記官成川尚義は次のように發言した。「今ノ國税ノ内チ卽チ地税ハ人民兵役ニ服セズ數百諸侯數十万士族ニ兵役ヲ受負ハセシ時ノ税額ニ非ズヤ……併シイマニ地税ノ重キハ政府モ御熟知ノヿニテ……野民兵役ニ服スル今日ナホ兵役ニ服セザル時ノ地税ヲ上納シ……地税ハ未ダ輕キヲ加ヘザルニ又タ更ニ從來人民ニ所有セシメシ地租五分ノ一ノ町村費マデ併テ地方税トシ之レヲ地方廳ニ收入シ賦課増減ノ權ヲ行政官吏ノ掌握中ニ歸セシムルナリ……人民ノ一面ヨリハ政府ハ民間ノ情狀モ御諒察ナサレズ莫大ノ割增ノ年貢ヲ徵收ナサルト不祥ノ怨言ヲ發スルナルベシ又タ政府ハ其ノ實國庫ヲ裕カニシ國債ヲ支償スルニ非ズトセバ實ニ三號議案（地方税規則案――大江）ハ何ラノ精神ナルヤ殆ド惑ヒナキ能ハズ」。[11]

秋田縣少書記官白根專一もまた次のように指摘する。「第一號議案ニ於テ町村ヲ行政區外ニ決シ第三號議案ニ於テ從前ノ民費ヲ以テ行政區費トスル時ハ町村ニ於テハ肝腎ノ命脉ヲ絶テ如何トモスベカラザルノ困難ヲ生ズベシ抑モ從前ノ民費ハ府縣費區費ニ止マラズ町村費ニ充テタルモノモ亦尠カラズヤ今ヤ郡區ヲ以テ行政區ト定メタル以上ハ其費モ亦府縣ト同ク行政費ヲ以テ之ヲ支辨セザルベカラズ……郡區ヲ以テ行政區ト定メタル以上ハ其ノ費用ヲ從前ノ民費ヨリ支辨スベカラザルハ論ヲ待タズ……試ニ人民ノ苦情ヲ陳センニ從前ノ民費ヲ以テ地方税ニ入レ純然タル行政官ニテ八等相等ナル郡長ノ月俸ハ申スニ及ハズ其他總入費ヲ支辨シテハ我々ガ入用ニ充ツベキ民費ハ一文モナクナリ地租五分ノ一ヲ上納シタル上ニ戸長ノ給料等一切ノ費用ヲ別ニ出ス譯ナリ元來地租改正ノ御規則ニ據レバ地租三分ノ一ハ村入費トアリ是レハ村方ノ入費ニ充ツベキモノト覺エタリ然ルニ今民費マデモ地方税トシテ遣拂ハレテハ迷惑ナリ且ツ今度始マル地方税ハ地方ノ入費ヲ殘ラズ支辨スル丈ケナラバマダシモナレドモ町村ノ費用ニハ一文モ遣拂フヿハ成ラヌ譯ニテ寔ニ不都合ナリ……之ニ依テ熟々考フルニ地租改正地方官心得規則中地價算出ノ法ニ三分ノ一ハ村入費ナリトノ明文アリ而シテ正租五厘ヲ減ジテ乃チ五分ノ一ノモノナレバ決シテ之ヲ行政區費ニ充ツベカラズ」。[12]

そのほか、新潟縣令永山盛輝は、「今般會議ニ於テ行政部分ト全ク一村一町ノ區分ヲ立テラレタル上ハ其公費モ自ラ異ラザルヲ得ズト雖ドモ一村一町ノ公費ハ其ノ實ハ自己ノ費用ニコレナク公費ト稱スル上ハ取モ直サズ一村一町ノ民費タルノ名ハ免カレ難シ其ノ廉ヲ擧テ云ハンニ地租改正ヲ始メ其他一村一町ノ公事百般ノ費用ハ卽チ地租五分一ノ内ヨリ支辨セザルヲ得ザルノ性質ヲ含有スルモノトス……仍テ此ノ三號議案ヲ議スル……民費増加シ恐ラクハ明詔ニ戻ラン事ヲ反復痛心スルニ堪ヘザルナリ」[13]とのべ、大分縣少書記官小原正朝も「番外議員ガ大ニ減ズルト云ハレタルハ如何ニモ信ジ難キ次第ナリ」[14]とのべ、成山宮城縣大書記官はかさねて、「夫レ地方税ヲ徴收スル區域ハ從前民費ヲ收ムル區域ニ至リ而シテ之ヲ支消スル區域ハ郡ノ公費迄ニ止マルトキハ地方廳ノ帳簿上ハ或ハ減少スルモ人民ノ實際ハ町村ダケノ公費ハ早晩超過スル必然ノ勢ニテ理ノ最モ昭々タルモノナリ」[15]と、地方税規則案が事實上の増租法案であることを主張した。もちろん、このような主張は行政官會議である地方官會議の多數をしめることはできなかった。このような、本質的な反對論の存在にもかかわらず、會議は多數をもって地方税規則を支持した。反對したのは、宮城縣大書記官成川尚義・新潟縣令永山盛輝・高知縣權令小池國武・秋田縣少書記官白根専一・廣島縣少書記官平山靖彦・愛知縣令安場保和・岩手縣大書記官岡部綱紀・柄木縣令鍋島幹・福島縣令山吉盛典・千葉縣大書記官岩佐爲春の一〇人であり、贊成は二五人であった（缺席一人）。

しかし、政府原案が無修正で通過したのではなかった。一番問題になったのは、實質的増租として從來の民費費目のなかから町村費をおとして地方税としたように、從來の國費費目を地方税に肩がわりし、國庫支出を節減しようとするこころみにたいする反對であった。つまり、「第三條、地方税ヲ以テ支辨スヘキ費目左ノ如シ」とされたことに、東京府知事楠本正隆は、「是迄ニ官費ヲ以テ各府縣ノ民費ヲ補助セラレタル金高ハ大約三百萬圓餘ナリ然ルニ今本案ノ主意ヲ察スルニ第三條十二項ノ費目ニハ向後ハ決シテ國税ヨリ補助セヌゾト云フガ如シ」[16]と疑問を提起、青森縣令山田秀典もまた「國費ヨリ補助ハ中央政府ノ御都合ニ寄リテ増減セラルルモ期スベカラズ一縣内ノ歳出入ヲ取調ブルニ歳出ハ年々増加シテ歳入ニ不足ヲ生シ縣下ノ疲弊ニ赴クハ當然ノ勢ナリ」と危惧を表明、[17]楠本は「民力ノ足ラザル所アレバ國庫ヨリ之ヲ補助スルハ蓋シ亦政府ガ國税ヲ徴收スルノ義務ト云フベシ」との理由をもって「但費目中從前國税ヨリ支出スルモノハ都テ舊ニ依ル」の但書一項をくわえることを提案、[18]半數の贊成をえて修正案は成立した。こうして、地方財政から國費を引あげようとする政府の意圖は阻まれたのである。

さらに、地方税費目として、前年の減租詔勅にともなう民費輕減の結果國費費目に復した「府縣廳舎建築修繕費」がふたたび地方税費目に肩替りされているのを原案から削除、おなじく從來國費費目であった「府縣廳中諸費」を地方税費目に肩替りする項目をも削除した。このようにして、地方財政への國費支出の引あげ、および國費による支出費目を地方税による支出費目に肩替りし、地方税を實質的な地租増徴政策として完成しようとした政府のこころみはある程度の修正を餘儀なくされた。それにしても、第三條の「各町村限及區限ノ入費ハ其區内町村内人民ノ協議に任セ、地方税ヲ以テ支辨スルノ限ニアラス」との項が生かされたかぎり、從來の民費は地租の五分の一であったのに、そのうちの管内割區割の部分――地方税――のみがあらたに地租の五分の一とされ、町村費はこの五分の一の外にはみでた追加部分として、實質的增租の原則をつらぬいたのであった。

地方官會議によって修正讓歩を餘儀なくされた問題をふくみ、さらにより一層の增租となるような地方税規則の改正がその後ひんぱんにおこなわれることによって、地租の補足部分としての地方税の役割はますます大きくなる傾向をしめした。

八〇年（明治一三）、太政官布告第一六號（四月八日）[19]は地方税費目に「予備費」を追加、同年布告第四八號（一一月五日）は、「今般歳計ヲ節約シ紙幣銷却ノ元資ヲ增加」する目的をかかげて、地租五分の一以内を「地租三分ノ一以内」と修正して減租詔勅を地方税に關しては無效とし、さらに制定時の地方官會議で削除された「府縣廳舍建築修繕費」をついに地方税費目に肩替りし、あらたに府縣監獄費・府縣監獄建築修繕費の二費目を地方税費目に追加、さらに從來おこなわれていた府縣土木費中の官費下渡金を全廢した。さらに、八一年（明治一四）の布告第五號（二月一四日）[20]は、教育令改正にともない、從來の「府縣立學校費及小學校補助費」を「教育費――府縣ニ屬スル教育ノ費用及區町村立學校ノ補助費」と改め、費目中の官費下渡金を全廢した。さらに、同年布告第一六號（二月二八日）は東京府と沖繩縣をのぞく府縣警察費中國庫下渡金の比率を「地方税ノ拾分ノ三」――地方税七・國税三の比率ではなく、同年太政官達第二八號（四月一五日）の警察費總額の「十三分ノ三ト心得ベシ」によって、地方税一〇・國税三の比率であることが明らかとされた――に制限したのである。これらの改正によって、地方税はまったく地租の補足部分と化し、地方税を增徵し國費費目を地方税に肩がわりすることによって、政府は地租收入を中心とする政府歳入の大きな部分を中央の支出權限下に集中することができたのである。

地方税規則と事實上の増租　民費から地方税への移行およびその後の地方税規則の改正によって、それが事實上の増租であることの證明は數字的にどのようなものとなってあらわれたか。

地方官會議における松田道之の説明によれば、[21] 政府の調査した民費總額は從前一六、三九七、二五九圓三八錢そのうち管内割・區割の部分つまり地方税に移行する部分は一〇、七二一、六六一圓〇八錢、そのうち地價割は七、五五九、四五七圓五六錢となっている。この數字によれば從來の民費總額の約三四パーセント五、六七五、五九八圓餘が地方税からはずされ、「民費ノ相續人」たる地方税以外の負擔とされることになったのである。

このような關係をさらに數量的にしらべてみると、たとえば三重縣のばあいは次のようになる。舊三重縣（舊度會縣は制度が異なっているために合算できないので省略した）の民費支出費目を地方税支出費目と對照すると次のようになる。

《七七年（明治一〇）民費費目》	《七九年（明治一二）地方税豫算費目》
警察諸費（一）＊(1)	警察費
道路堤防橋梁修繕費（一） 道路掃除費（一）	河港道路堤防橋梁建築修繕費＊(2)
	縣會議諸費
種痘費（一）	流行病豫防費
	縣立學校費
區内學校諸費（一）	小學校補助費
大區扱所修繕費（二）＊(3)	郡廳舍修繕費
大區扱所諸雜費（二） 同備品買入及修復費（二） 同筆墨諸紙類代（二） 正副區長筆生及小使給料（二）	郡吏員給料旅費及役所諸費

正副區長筆生旅費日當(二)
正副區長筆生辨當料(二)
縣廳及各區等へ郵便税并飛脚賃(二)
臨時筆算者及人足雇賃(二)
區内窮民他管内ニテ病死等之節償費(三)

内國船難破之節諸費(一)
活版諸布告代(三)

小區扱所諸雜費(三)
同備品買入及修復費(三)
同筆墨諸紙類代(三)
正副戸長筆生用掛小使給料(三)
正副戸長筆生用掛旅費日當(三)
正副戸長筆生用掛辨當料(三)
縣廳及各區等へ郵便税并飛脚賃(三)
臨時筆算者及人足雇賃(三)
公廨營繕費(一)＊(4)
管内御用物之外飛脚賃(一)＊(5)
區町集會諸費(一)＊(6)
宿村送諸費(一)
徴兵議員旅費(一)
小區扱所修繕費(三)
町村用筆墨諸紙類代(三)
第四類民費(四)
第五類民費(五)

救育所諸費
病院費
浦役場及難破船諸費
管内限布達類及諸官省達類摺増費并掲示諸費
勸業費

戸長以下給料及職務取扱所費

＊(1)　各費目下カッコ内數字は民費の類別、一は第一類管内割、二は第二類大區割、三は第三類小區割、四、五は町村割をしめす。對應費目のない部分について

は上段のもののとくに註記のないものは區町村協議費にくりこまれたものとみなさざるをえず、下段のものは新設費目である。

*（2）　地方税になってからは建築費もふくまれているが、これは國庫からの交附金を合算した費目とされたからである。

*（3）　大小區制と郡區町村制とで、大區と郡を見合うものとして計算した。

（4）（5）　減租詔勅にともなう措置で七八年（一一年）度以降は國費支出にくりこまれ、地方税費目に復活されようとして地方官會議で削除された。

*（6）　區町村會が開かれていないため、この費目は消滅した。

*　「明治十一年三重縣天乙號達」より天乙第六號を參照作製

この費目の對照により、民費支出費目のうちどれほどが地方税費目からはずされ、區町村協議費の中にくりこまれたかを推算することが可能となる。以上の結果から、舊民費中、地方税にひきつがれたものと區町村協議費にひきつがれたものを分類し、その比率を計算すると表一三のようになる。この表から理解できることは、第一に七七年（明治一〇）の太政官布告第二號にもかかわらず、そしてその實施が同年七月からであったにもかかわらず、同年九月—翌年二月を年度後半期豫決算期間としてふくむ七七年度民費總額は減少していないばかりか、むしろ増大していることをしめしている。第二に、民費中、地方税規則によって區町村協議費にまわされた部分が總額の一七・五—一九・六パーセントにのぼるという事實である。この事實は、區町村協議費が政府—縣の豫決算表に出ない數字であるから

表一三　舊三重縣民費中地方税費目相當部分と區町村協議費費目相當部分の金額比較

年 *(1)	民費總額A	地方税費目相當部分B	區町村協議費相當部分C	B/A %	C/A %
七五（明・八）	圓 二八、三〇四・四七五	圓 一七五、五三三・九一三	四二、七七一・五六三	八〇・四	一九・六
七六（明・九）*(2)	二二一、一〇〇・二八九	一七七、九五二・九一七	四三、一四七・二七三	八〇・五	一九・五
七七（明・一〇）	二三五、九三七・〇二三	一八六、一二三・四四七	三九、八一三・五七五	八二・五	一七・五

*（1）　七八年（明治一一）の數字は資料がそろわず統計が完成できなかった。

*（2）　この年度の道路堤防橋梁修繕費にかんする資料を缺くが、七五年度二五、六〇六圓〇九三、七七年度二五、五四四圓五四七の數字を考慮し、假に二五、六〇〇圓として計算した。パーセンテージに一パーセント以上の誤差を生ずることはないだろう。

*　「明治九年三重縣天乙號達」、「明治十年三重縣天乙號達」、「明治十一年三重縣天乙號達」中の明九天乙第七六號、明一〇天乙第四六號、明一一天乙第六號・第一六號より作製

という理由でいくらかの表むき數字の上での減税をともなったとしても、事實は過去に民費で支拂ったただけの費目にたいしての負擔は逆に増大するという結果となることをしめしている。いわば、地方税規則において、舊民費時代よりも二一—二四パーセントの増租の法的根據があたえられたのである。そして、この根據は、七九年（明治一二）以降の地方税豫算のなかで具體的なかたちをとりはじめる。第三に、前述の太政官布告第二號が民費増徴傾向を何らかのかたちでチェックしたとするならば、それは、固有の民費たる「民自らの費用」の犠牲においてであったということである。この布告第二號が實施された半年を年度後半期をふくむ七七年（明治一〇）度において區町村協議費相當額が前二年にくらべて二パーセント減少したことはその表現であった。そうしてみると、太政官布告第二號は、民費の減額に大きな影響をもたらさなかったばかりか、逆に民費の行政費的性格——その大部分は國家委任事務費の性格をもつ——を強め、民費を國家財政の補足部分として再編するための一環をなしたものといわねばならない。

かりに、太政官布告第二號がその翌年、七七年（明治一一）度にいたって民費輕減の實をあげたものと假定してもよい。しかし、そうであったとすれば、さらにその翌七九年（明治一二）度にいたって、その輕減が無意味であったことが實證されるにすぎない。數字をしめすならば、七七年（明治一〇）度の舊三重縣の民費地方税相當部分と舊度會縣のそれとが兩縣の地租總額に比例するものと假定しよう（この假定は民費中に地價割のみでなく戸數割部分がふくまれるために嚴密とはいいがたいし、また舊度會縣は大小區制でなく單一區制を採用しているので豫算規模も若干異なるといえようが、反面小縣である度會縣の民費がその舊三重縣にたいする地租の比率にしたがって民費も比例的に縮小することは考えられない。したがって制度上からの縮小傾向と小縣としての地租總額當りの民費の擴大傾向とは相殺して考えてもまったく見當はずれではあるまい）。すると、七七年（明治一〇）度の三重縣の民費管内割區割＝地方税相當部分は二八七、七九七円五一五と算出される。同時に、七九年（明治一二）度地方税收入のうち、舊民費の繼承額は二八二、八一六圓二〇七であり[22)]、兩者はほぼひとしい。五千圓の差は二縣分の財政が一縣に統合された事務および事業の簡略化からみればむしろ僅少に失し、事實としては逆にその財政統合の割合に負擔は相對的にかなり増大しているとさえ見ることができる（兩縣は行政區畫としては七六年（明治九）に統合されたが、一さいの行政事務・財政の統合は三新法まで見送られ、豫算等も別個に編成されていた）。つまり、もし太政官布告第二號が具體的に減租効果をしめしたと假定するならば、同時に地方税規則はその効果をゼロに戻したと斷定せざるをえない。

地方税規則による増租効果は、その實施の年度を經るにしたがって顯著にあらわれてきた。表一四は、三重縣地方税收入豫算にしめされた變化の状態である。この表によれば、地方税規則施行後、地方税の増加傾向はいちじるしく、八〇年（明治一三）度は前年の五パーセント、八一年（明治一四）度は、布告第四八號による地租三分の一への復歸と地方税費目の増加によって初年度の一七パーセントをそれぞれ増している。まさに、民費より地方税への轉化によって二一—二四パーセントの増租の可能性がうまれた——この數字は太政官布告第二號以前の地租割三分の一のときの數字である——が、その可能性は一七パーセントまで實現されたのであった。

表一四　三重縣地方税收入豫算

年	地方税總額A	指數	地租割總額B	指數	B/A%
七九（明・一二）	三三七、八〇五・四七八圓	一〇〇	一八八、九一七・六四三圓	一〇〇	五六・〇
八〇（明・一三）	三五四、〇二一・三六六	一〇五	二二〇、一〇八・〇一六	一一七	六二・三
八一（明・一四）	三九六、二二六・九六五	一一七	二三六、三三九・九二八	一二五	五九・七

三重縣公文全誌、明一二甲第六八號、明一三甲第一四八號、明一四甲第一一八號より作製

地方税總額中、地租割がしめる比率は第二年度において六〇パーセントをこえ、第三年度では多少減少するが地租割そのものは初年度の二五パーセント増という驚異的な増加をしめすにいたる。こうして、地方税規則が實質的な増

租政策であったことは數字的にも立證されたのである。しかも、ここで注意しなければならないのは、三重縣明治一二年甲第六二號の第二號「地租割税則」[23]において、「各町村ノ負擔シタル税額ハ其町村會ノ決議ヲ以テ税額ノ幾分ヲ減シ之レヲ戸數割ニ増加スルヲ得」と規定していることである。ここで、實質的に地租割の一定部分が戸數割に轉化され、實質的な地租増徴は負擔の平均化によって大土地所有者の負擔の相對的な輕減と、その負擔の中以下の土地所有者への轉化が實現したのである。

地方税増徴が實質的な地租増徴であるというばあい、私たちは、さらに、この負擔増加部分が結果的にどこに歸屬したかをつきとめねばならない。その結果をしめすのが表一五である。この表の數字は次のことをしめしている。すなわち、CとDの總計は、新設費目による國費費目から地方税費目に肩がわりされたものおよび從來國費からの補助が政府にひきあげられたものの總計であり、いわばその部分だけ地方税の増收部分が國庫にすいあげられたと見ることができる。したがって豫算總額から國庫補助額をひいた地方收入部分からの支出——雜收入および前年度繰越をふ

表一五　三重縣支出豫算

年	豫算總額A	うち官費下渡金B	B項中前年との差額C	新設費目額D	$\frac{C+D}{A-B}$ %
七九（明・一二）	圓 三七一、〇三二・七四六	圓 三三、二三七・二六八 *(1)			
八〇（明・一三）	三九八、四〇一・八二四	三五、〇八六・四五八	圓 (一) 一、八五九・一九〇	圓 五、〇〇〇・〇〇〇	〇・九
八一（明・一四）	四五九、二八四・四九三	一七、六三八・三三八	一七、四八八・一三〇	七七、五四五・九七一	二〇・六

*（1）　この年の豫算は地方税豫算として組まれているので豫算中に官費下渡金をふくんでいない。この欄にかぎって決算から援用した。（三重縣公文全誌、明一二甲第六四號、明一三甲第一四九號、明一四甲第一六六號および『三重縣會史』第一巻一六七頁から作製。なお三重縣地方税收入豫算にしめされた総額とあわないのは、支出豫算總額には地方税收入以外のものをふくんでいるからである）。

くむ——と對比するとき、地方收入部分のどれほどが中央にひきあげられたかを知ることができる。つまり初年度を

標準とするとき、第二年度の國庫引あげ率は〇・九パーセント、第二年度を標準として第三年度の國庫引あげ率は二〇・六パーセント、初年度を標準とした第三年度の國庫引あげ率は二二・二パーセントにたっする。

そこで、結論をいえばこうなる。三重縣を例にとったばあい、地方税規則の實施によって政府は舊民費時代の民費總額の二一―二四パーセントの増租の可能性を獲得した。そして、實際に、實施後の第三年度に一七パーセントの増租をおこなった。これらの増租部分は地方收入による支出豫算の二二・二パーセントに達する額を國庫にひきあげることによって結果は政府財政における地租の増徴部分としての役割をはたした。何となれば、地方税増徴額六八、四一一圓四八七のうち、約七割にたっする四七、四一二円二八五は地租割の増加部分であるからであり、國庫引あげ總額はそれをはるかに上まわる九八、一八四圓〇一一であったからである。だから、地方税増徴分を上まわる引あげによって地方財政はくるしくなり、結局はその差額を地方税以外の收入によってまかなわねばならなくなったのである。八〇年（明治一三）から八一年（明治一四）にかけての政治情勢を考えるとき、この地方税の名のもとにおこなわれた實質的な地租増徴政策の强行を無視することはできない。

府縣會規則

地租改正を主軸とする大久保―大隈體制が、地租改正にたいする人民的抵抗による若干の修正をもくわえて確立しようとした收奪體制が地租改正條例―地方税規則であるならば、その政治的支配體制は地方官會議―府縣會として表現される。それが行政體制と三位一體となったのが三新法體制であり、府縣會規則はその一環であった。いわば、郡區町村編成法が農村への官僚支配の貫徹として實施され、地方税規則が巧妙な地租増徴政策として實施されたように、府縣會規則は地方分權・自治の名における地租改正當時の代議人制の制度化であった。「民自らの費用」である民費の形骸を地方税に轉化する手続問題として、地方民會要求に端を發する政治的要求への形式的讓歩が府縣會規則であった。地方税規則と同じく、政府はここでも美名をあたえて實をとる政策を採用したのであった。府縣會規則の審議過程およびその施行條文はそれをよくしめしている。

府縣會規則案には、施行條文の第一條はなかった。むしろ、これに相當するものとして、「府縣會ハ專ラ府縣ノ事ヲ議スルノ所ニシテ泛ク大政ニ及フヲ得ス」との案があり、これがのちの府縣會規則第五條に相當する規則案第一九條の「凡ソ地方税ヲ以テ施行スヘキ事件ハ府縣ノ會議ニ附シ」に接續して府縣會の權限の總括的な規定を形づくっていた。そこで、地方官會議における府縣會權限の總括的規定にかんする討論はもっぱら、案第一九條に集中されたのであった。ここで起案者たる内閣委員松田道之の解釋は、「地方税ヲ起スノ權ハ全ク政府ニアリ議會ハ地方税ヲ以テ仕拂フベキ事件ヲ議スルノミ……議會ハ税ヲ起スニ付テハ建議スルコトヲ得レドモ之ヲ是非スルノ權ナシ税ヲ起ス等ノ事ハ只大政府ノ權ニノミアリ議會ハ其定マリタル税ノ遣ヒ拂ヒノミヲ議スルナリ」[25]ということにあった。これがのちに布告においては府縣會の權限を「地方税ヲ以テ支辨スヘキ經費ノ豫算及徵集方法」に限定する第一條の明文となって表現されたのであった。ところで、第一條の追加は、地方官會議の討論では問題になりえなかったあらたな問題をはらむこととなった。というのは案第一九條では「地方税ヲ以テ施行スヘキ事件」であり、そのようなものとして審議され、可決された結果、この條文を布告で修正するわけにはいかなかった。この「施行スヘキ事件」は「經費ノ豫算及徵收方法」にくらべ、より大きな權限を保證するものであった。この點は、この次の第三回地方官會議で問題となるにいたった。

八〇年（明治一三）の第三回地方官會議で府縣會規則の改正が議案となった。それは、案第一九條をひきついだ規則第五條の「凡ソ地方税ヲ以テ施行スヘキ事件ハ府縣ノ會議ニ付シ其議決」を「第一條ニ掲ケタル府縣會ノ議決」と改正するについての討論であった。この改正案について、石川縣大書記官熊野九郎は、この改正について「大ニ府縣會ノ權限ヲ狹クスルモノナリ第一條ニハ府縣會ハ地方税ヲ以テ支辨スベキ經費ノ豫算及ビ其徵收方法ヲ議ストアリテ第五條ニ事件ト明示セル故ニ是マデモ法制局ヘノ伺ニ事業ノ存廢ヲ議セシムルモ可ナリトノ指令モアリ然ルニ如是改正アリテハ府縣會ハ豫算徵收ノミヲ議スルニ止マリ事業ノ存廢ニ至リテハ議スルヲ得ス」として、反對、逆に第一條を「府縣會ハ地方税ヲ以テ施行スベキ事件及ビ經費ノ豫算」と改正することを主張した。廣島縣少書記官平山靖彦もまた「此改正ニテハ大ニ府縣會ノ權限ノ伸縮ニ管ス折カク十一年ニ事件ヲ議セシムトノ明文ヲ揭ゲナガラ十三年デ是ヲ削リ議權ヲ狹小ナラム《(ママ)》ルハ尤モ本員ノ取ラザル所ナリ」と反對、鹿児島縣大書記官渡邊千秋も「コノ改正ニテハ折カク地方官ノ我儘ヲ抑ユル爲メニ設ケシ府縣會ノ權ヲ狹クスルニテ甚ダ謂レ無キ改正ナリ」と主張、愛媛縣令岩村高俊も「抑モ第五條ノ事件ノ二字ハ事業ナリ之レヲ削リテハ府縣會ハ單ニ費目ノ增減ノミヲ議シテ事業ノ存廢ニ議シ及ブヿ能ハス其ノ權限ノ縮少スルノミナラス費目ヲ議セバ其ノ事業ヲモ議セザル可カラザルハ素ヨリ理ノ親易キモノタリ」と主張、愛知縣令安場保和も「費目事業ノ離ル可ラザル」を論じて改正に反對した。[26)]

これにたいして、内閣委員今村和郎は「事件ヲモ一々議セシメバ一土木ヲ起スニモ材木ノ細大ヨリ請負人ノ名マデ議サネバ成ラス其樣ニ立入リテハ行政上ニ幾于ノ不都合ヲ來スベキカ」と反駁、今回は東京府知事として出席した府縣會規則の當の起草責任者松田道之は「十一年ニ如此キ文ヲ成セシハ是レ法律ノ欠典ナリシト見出サレシ故ニ此改正アリシナラン」と論じた。たしかに松田の主張するとおり、第一條と第五條とは矛盾であった。しかも、その矛盾する條項の第五條が地方官會議の審議をうけて成立したのにたいし、第一條は政府があとから勝手につけくわえたものであった。修正するなら第一條を修正するのが當然であった。にもかかわらず第五條を修正しようとしたところに、矛盾の形式的修正を名とする議權縮少の意圖が表現されていた。

規則第三條は府縣會の發議權を否定した。これにたいし、第二回地方官會議の席でも、成川宮城縣少書記官は、「府縣會ニ於テ人民ニ與フルコトハ參政ノ權利ヲ以テシ立則權ヲモ附與イタシタキ事ナラズヤ然ルニ議案ハ府知事縣令ナラテハ發スルヿ能ハズト定メテハ大ニ分權ノ趣意ニ差支ヘ申スベシ斯ル窮屈ナル法律ヲ建ルハ大ニ遺憾ノ樣ニ思ハル郡長ニ行政權ヲ與フルニハ郡長ハ是レ官吏ノミ更ニ分權ノ趣意ヲ達スルニ足ラズ分權ノ眼目ハ人民ヲシテ政權ニ參與セシムルニ在ルナリ」[27]と主張、山吉福島縣令・安場愛知縣令がこれに賛成した。

これにたいして、松田内閣委員は「地方税ノ遣拂ヲ議スルヲ主トスルヲ府縣會ニハ固ヨリ立則權ヲ與フベカラズ」とし、「府縣會ノ主眼ハ彼ガ出ス所ノ入費ヲ勝手ニハ遣拂ハヌナリ彼ガ可トスル處ニ從フテ仕拂フナリト云フニ止ルナリ」と府縣會の本質を規定、發議權附與の主張にたいしては「若シ其所存アラバ何ゾ總體ヲ議スルノ時ニテ其ノ動議ヲ起サ、リシカ其時ニ可決シテ今日ノ逐條議ニ至リテ立則權ヲ與ヘ度ト發言スルハ卽ニ遲シ」と審議の手續問題だけで押し切ってしまった。この、松田の發言のうち、「府縣會ノ主眼」についての本質規定は重要な意味をもつ。成川・山吉・安場の小數意見と松田に贊成する多數意見との對立は、府縣會を人民の政權參與の場として認めるか、たんなる地方税操作の形式的手續の制度としてのみ認めるかの對立であった。そして、府縣會は後者の性格をもつものとして、いわば地方税規則の一付錄にすぎないものとして性格づけられたのである。

規則第四條は臨時會の審議權を「其特ニ會議ヲ要スル事件」に限り、第七條は「其府縣内ノ利害ニ關スル事件ニ付政府ニ建議」する權限を通常會のみにかぎった。この第四條および第七條を相互に關連づけると、もし府縣會の決議を必要とする費用徵收をともなう政府法令の布告があったとき、府縣會における審議が臨時會でおこなわれたばあいに府縣會はその原案を自由に修正する權利さえあたえられないことになる。まして、その法令が國費支出と府縣の支出の額に一定比率をもうけ、國費支出額を規定したばあい、府縣の支出は必然的に規定されざるをえない。そのためには政府建議をもってする以外にないが、府縣の支出を修正するためには國費支出そのものを修正せざるをえない。そのためには政府建議をもってする以外にないが、臨時會ではそれが許されない。このような結果が生じかねないのである。もちろん、この建議權の範圍についても、松田は、「發行セラレタル一般ノ法律タリトモ府縣内ノ利害ニ關カルモノハ建議イタシテモ宜シキヤ」との質問にたいし、「地税ノ如キ一縣内ニテ利害アリトモ全國ノ鈞合ヲ取リテ定メタルモノナレバコレラハ府縣ノ事トイヘドモ泛ク大政ニ渉ルノ議ト云フベシ」[28]との解釋をくだしている。この建議權をめぐる問題も、府縣會は法令規則にたいしては論議することができないという原則をつらぬいており、ただ豫算額の審議權だけに限る本質規定にたっている。これは、府縣會を考える上で重要な點であった。

府縣會規則中、もっとも重要な意義をもつものは、第五條「凡ソ地方税ヲ以テ施行スヘキ事件ハ府縣ノ會議ニ附シ其議決ハ府知事縣令認可ノ上之ヲ施行スヘキ者トス。若シ府知事縣令其議決ヲ認可スヘカラスト思慮スル時ハ其事由ヲ内務卿ニ具狀シテ指揮ヲ請フヘシ」の一條である。この條項についても、地方官會議は原案修正の小數意見と原案贊成の多數意見とに二派にわかれた。小數派[29]では、まず高知縣權令小池國武は「本條ハ府知事縣令ト議會トノ權限ヲ確定スルノ主意ニテ實ニコノ議案ノ骨子トモ申スベシ予ノ意見ハ……地方税ヲ以テ施行スベキ件ニ付テハ一切府縣會ノ決ヲ仰グニ在ルナリ……尤モ議會ノ許可セザル時ハ如何トノ掛念アレドモ地方ノ事務ハ原來二ツニ區別セルモノニテ第一ニハ中央政府ノ法律命令ヲ承ケテ之ヲ管内ニ施行ス第二ニハ地方ノ便益進歩ヲ謀ルモノ是ナリ……コノ條ハ第二タル地方ノ便益進歩等ヲ謀ルノ事ニ係レバ飽クマデモ人民ノ輿論ヲ採テ可否ヲ定ムベシ知事縣令ガ之ヲ左右スルハ然ルベカラズ尤モ今日ヨリ右ノ費用ノ承諾ヲ議決ニ仰グトモ更ニ差支アルマジキ事ナリ其議決ニテ可トセザレバ即チ人民ガ不承諾ノ證徵ナリ去ルヲ知事縣令ガ之ヲ内務卿ニ上申シ强テ施行セントスルハ所謂倒行逆施ト申スモノニテ迚モ行ハルベキニハアラズ……右ノ二途ヲ明瞭ニ區別スルハ干渉ヲ防ギ分權ノ主意ヲ達スベキ要議ニシテ畫龍點眼ノ一訣ト云フベシ」と主張し、本條文全體を「凡ソ地方税ヲ以テ施行スベキ事件ハ必ズ府縣ノ會議ニ附シ其議決ヲ待テ而シテ後ニ始テ之ヲ施行スルモノトス」と修正することを提案した。この提案の趣旨は地方税にかんしては府縣會の議決を執行しなければならないし、また議決を必要とすることを確定するにあった。いわば府知事縣令の認可權と内務卿裁定權を否定することであった。これにたいして、安場愛知縣令は、前段の「必ズ」を挿入することに贊成、内務卿の裁定權を否定して府知事縣令が認可しがたいときは議會をして再議せしむるの案を出した。楢崎寛直長野縣權令も府知事縣令の認可權と内務卿の裁定權を削除することを主張し、白根專一秋田縣少書記官は内務卿裁定權を削除し「決議ヲ認可セザルトキハ遲クモ三十日以内ニ其理由ヲ管内ニ明示スベシ」と修正し、「人民ガ不承知ナラバ其時ハ裁判所ヘ訴テ裁決ヲ受クベシ」と裁判所の裁定にゆだねることを主張した。これらの修正意見は、議決權の優位を主張するものから、これを行政權と對等におき裁判所の判決に從うものまで内容は異っていたが、いずれも行政權が議權に優位することを防ごうとする點で一致していた。しかし、原案反對はわずかに成川・楢崎・小池・關口・白根・安場の六人にすぎず、原案は可決された。この原案の内務卿の裁定權が指揮權にあらためられて布告の第五條を形づくったのであった。

以上の審議過程からも理解されるように、この第五條は、府縣會の議權をまったく行政權に從屬させるものとして成立した。とくに内務卿の指揮權については、その指揮の内容にかんする規定を欠いているのである。それがたんに認可不認可を決裁するにすぎない權限であるのか、あるいは府縣の原案と議會による修正決議のいずれを採用するかを決裁する權限なのか、兩者を考慮しつつ第三案を採用する權限なのか、いずれにせよ、それが最終的に議會決議を經てのみ有效であることを規定しないかぎり、議會の決議によらない徵税と豫算支出が可能とされる。したがって、府縣會はもしその決議が府知事縣令および内務卿の意にそわないものであれば決議すること自體が無意味であり、その決議が常に府知事縣令または内務卿の意にそうものであれば議會そのものが無意味であるという存在とされたのである。地租改正において收穫反米や村位の決定をつうじて代議人の無權限を人民が痛感しつつあった段階で、この第五條はまさに人民的抵抗のあらたなる爆發點を準備したものであった。

府縣會規則は、さらに府知事縣令に府縣會中止權＝停會權、内務卿に解散權をあたえた。この解散權にともない、「但シ解散ノ命ヲ受ケシ者ハ三年間議員トナルヲ許サズ」とあった原案は、地方官會議で可決されたにもかかわらず、布告ではさすがに削除された。

八〇年（明治一三）太政官布告第一五號（四月八日）は、府縣會規則の部分的な改正をおこなった。その主要なものは、府縣會の建議權について、建議案の提案者を議員一名以上から二名以上としたこと、選擧權被選擧權欽格者にあらたに「國事犯禁獄一年以上」をくわえたこと、内務卿に府縣會を懲罰する目的をもった閉會權をあたえたことである。しかし、もっと重要なことは、同じ日附をもつ布告第一六號による地方税規則改正における追加第八條である。第八條は「府縣會若シ豫算ヲ議定セサルカ又ハ議案ヲ議定スルニ及ハスシテ内務卿ヨリ閉會若クハ解散ヲ命シタルトキハ府知事縣令ノ具申ニヨリ内務卿ハ前年度ノ豫算額ニ據テ徴收セシムルヲ得」とし、府知事縣令に前年度豫算執行權をあたえることによって、府縣會の抵抗をきりぬける强力な武器を提供した。さらに、同年布告第四九號（一一月五日）は、地租割增率をふくんだ「第四拾八號ノ布告アルニヨリ」、これとひきかえに常置委員會をおくことを規定したが、これは「府知事縣令ノ諮問ヲ受ケ」るものであり、「議長ハ府知事縣令」、しかも「地方税ヲ以テ支辨スヘキ事業ニシテ臨時急施ヲ要スル場合ニ於テ其經費ヲ議決シ追テ府縣會ニ報告スルヲ得」と、府縣會權限の代行をみとめた。[30] ここでは、地租割增率の代償に府縣會代表の行政面への發言權をみとめたかのようにふるまいながら、じつは府縣會權限を行政府の諮問機關にすぎない委員會に代行させることを可能にすることによって、議權の行政權への從屬性をより强める役割をおわせたのである。府縣會はあたかも鼠捕りの中でうまれた鼠のようにうまれ、鼠の成長とともに鼠取りの網の目はますます密にかつ强化されたのである。

府縣會が以上にのべたような性格のものとして設置され、地方税が既にのべた役割を擔うものとして徴收され、そしてこの段階における人民的抵抗の指導的階級たるブルジョア政治勢力が政治的にも成熟した階級として結集しつつあった段階において、府縣會と地方税をめぐる廣汎な鬪爭の展開が極點に達した國會開設請願運動をささえ、緊迫した革命的情勢を大きくささえる鬪爭としての役割をになったであろうことは容易に推測される。

(1) 大森鐘一・一木喜徳郎編「市町村制史稿」（明治史料第三集）一一頁
(2) 『大久保利通文書』第一〇—一一七頁
(3) 『明治十一年四月地方官會議傍聴録』（明治史料第五集）上九頁
(4) 亀卦川浩『明治地方自治制度の成立』三七頁以下に引用の大久保の前島密あて談話
(5) 前掲『十一年傍聴録』下一六頁
(6) 藤田武夫『日本地方財政制度の成立』四五頁
(7) 同書・四四頁
(8) 『法令全書・明治六年』
(9) 以下、『法令全書・明治十年』
(10) 『法令全書・明治十一年』
(11) 前掲『十一年傍聴録』下三二頁
(12) 同書・下三六頁
(13) 同書・下四二頁
(14) 同書・下四五頁
(15) 同書・下五四頁
(16) 同書・下四八頁

(17) 同書・下四九頁
(18) 同書・下八八頁
(19) 以下、『法令全書・明治十三年』
(20) 以下、『法令全書・明治十四年』
(21) 前掲『十一年傍聽錄』下四〇頁
(22) 『明治十四年三重縣甲號達』甲第一一八號
(23) 『三重縣公文全誌・明治十二年』
(24) 前掲『十一年傍聽錄』上三六頁
(25) 前掲『十一年傍聽錄』上九七頁
(26) 以下『明治十三年二月地方官會議傍聽錄』二・七頁以降
(27) 以下、前掲『十一年傍聽錄』上八三頁以降
(28) 同書・上八七頁
(29) 以下、同書・上九二頁
(30) 以上、『法令全書・明治十三年』

§二　地方税と府縣會

三重縣會總辭職事件　八〇年（明治一三）一〇月、三重縣令は、翌年一月より施行の備荒儲蓄法審議のため、臨時縣會を招集し、七日を開會日とした。定員五〇人中缺員七人、現員四三人のうち三一人が招集に應じて參着を届出た。

その前日、六日附の廳達第二五〇六號、[1]「本年五月通常縣會ニ於テ議決ノ甲第七號議案郡區吏員給料旅費及廳中諸

費目中給料額及給與ノ内諸雇給之儀ハ追テ何分ノ指令可及旨嚮ニ相達置候處府縣會規則第五條ニ依リ内務卿ノ指揮ヲ請ケ難及認可原按之通リ給料金五萬七千四百貳拾圓給與ノ内金七千貳百貳拾壹圓ハ地租ニ賦課徵收候條此旨相達候事」との内容が縣會宛に出されたのである。甲第七號議案とは、八〇年（明治一三）度豫算中の費目・郡吏員給料旅費及廳中諸費であり、もともと縣側原案が九七、〇二二円であったのを縣會が七一、九八八円と一擧に四分の一以上を減額修正したものであった。縣令岩村定高はこの修正を不認可の上、内務卿の指揮をうけて原案の一部を復活し、實施費額を八六、六八七圓に決定し、その修正案との差額一四、六九九圓を一方的に地租割で徵收することを決定したものであった。[2)]

この決定により、參集した議員一同は憤激した。開會當日、議長山本如水・副議長北川矩一の二人だけが議場に出頭し、「昨日達セラレタル達ニ依リ衆議員不服ヲ唱ヘ未タ鎭定セサルヲ以テ本日ノ開場ヲ延ラレ度」との上申書を提出した。[3)] 上申書は議長名をもって、「本年通常會甲第七號議案認可難及御達面ニ依リ取調ヲ要度儀有之本日ノ開場延日相成度」[4)]とだけ記してあったが、縣側は「議場ヲ開閉スルハ議員ノ請求ニテハ不穩當」として「該書類ヲ却下」[5)]、そして一應の妥協として、無號達をもって「臨時縣會開場之儀來ル九日ニ更定候」旨を達した。[6)] その翌八日、參集議員は一同連署の上、辭表を提出した。

辭縣會議員表[7)]

臨時縣會開設ニヨリ我々議員召集ニ應シ方サニ議場ニ登ラントスルノ際曩ニ通常會ニ於テ議定ヲ以テ閣下ニ呈シタル甲第七號議案中修正ノ二目認可セラレサル旨ヲ達セラレタリ夫レ以フニ政府ニ縣會ノ制法アリシヨリ既ニ二年本縣通常臨時會議ヲ開ク事共ニ三回閣下カ下付スル所ノ議按ヲ審議討論シ以テ實行セリ然ルニ該修正ニ至テハ閣下ハ之ヲ不當トナシテ認可セス啻ニ認可セサルノミナラス縣會ニ於テハ最不適當ト認メタル原按ノ額ニ由テ徵收シ加之單ニ地租ノミニ賦課スルニ至レリ凡ソ物ノ程度ヲ量ルヤ或ハ小

差ノ見ヲ異ニスヘキ事アルモ今回閣下カ適當トスル金額ハ議員カ最モ不適當トスルノ極ナリ若シ夫レ曩ノ縣會議決ヲ以テ眞ニ其當ヲ失シタル者トセンカ我々ハ人民ニ對シテ實ニ慙愧ノ大ナルモノナリ又之ヲ當ヲ得タル者トセンカ我々ハ其不適當ナル原按額ヲ以テ人民ニ徴收スルヲ見ル焉ソ議員ノ職掌ニ對シ恬トシテ之ニ安ンスルヲ得ンヤ余輩議決ノ當否ハ爰ニ確言スル事能ハスト雖トモ今ヤ閣下ハ其決ヲ否トシ縣會ノ議ヲ經サル費額ヲ支出シ議員ノ決ヲ定メサル地租割ヲ徴收スルノ時ニ遭ヘリ余輩代議士タルモノ何ヲ以テカ縣下ノ人民ニ見エル事ヲ得ンヤ夫レ縣會議員ノ職タル重シ民ノ命脉之ニ係レリ余輩不似其任ニ在テ其責ヲ空クス今ニシテ職ヲ辭スルニアラスンハ向來何等ノ不是ヲ人民ニ與フルヲ知ルヘカラス故ニ爰ニ連署シ謹テ縣會議員ノ職任ヲ辭ス

明治十三年十月八日

縣會議員　山本如水　渡邊素餐　森口佐助　長井覺兵衛　岩島右平
森川六右衛門　宮田庄輔　江南彦左衛門　木村誓太郎　和波久十郎
平田祐十郎　館平三郎　杉野佐右衛門　林宗右衛門　駒田作五郎
渡邊譲　草川武二郎　川村寛　原重次郎　信藤勘十郎
上田至平　須田市三郎　佐野直市　野呂貞助　乾覺郎
北川矩一　加藤耕十郎　藤井市八　藤堂長堅　北村米助
梶島寅次郎

三重縣令　岩村定高殿　（傍點—大江）

縣會議員側は、議員の辭職は届出るだけで縣令の許可を必要としないという見解をとっていたのにたいし、縣側は、「縣廳ヨリモ何等ノ沙汰スルモ俟ス招集ニ應シ來着シタル議員ニシテ直チニ引拂フハ太タ不當」[8] とし、辭職の手續問題をめぐってあらたな對立が生ずるにいたった。議員の辭職がたんに届出だけでよいか、縣令の許可を必要とするか、この一見事務的な手續に關する論争は議員の進退に縣令が干渉するの權利をもつか否かの問題としてとらえられたのであろう。議長山本如水の代理川村寛および副議長の北川矩一（この兩人が議員中の最强硬派であったと思われる

——後述参照）は、同日縣廳に出頭、縣令・大書記官と争論の上、次の上申を提出した。

辭表副申[9]

過般議員辭表願書ニ可致旨御申聞ニ付直ニ一同通知シ尚熟考ノ處更ニ願書ニ認ムヘキ事由無之ニ付右辭表再ヒ進達候也

明治十三年十月八日　　北川矩一

川村寛

三重縣令　岩村定高殿

これにたいし、縣は次の指令を下した。

書面申出之趣ハ指令ヲ要スヘキモノニ付願書ニ認メ可差出儀ト可心得候事

明治十三年十月八日　　三重縣令　岩村定高[10]

この論争の經過から、縣令は同時に、廳第二五四三號をもって開會を無期延期するにいたった。[11] 翌九日、山本・北川の正副議長のほか、信藤勘十郎・藤井市八・川村寛の計五名が縣令に面會をもとめ、ふたたび上申書を提出したが、縣令はこれを却下した。その間の往復は次のとおりである。

辭表ノ儀ニ付上申[12]

昨八日辭表差出候處願書ニ可致旨御口達有之候ニ付猶熟考ノ上願書ニ可致事由無之旨再申候處尚又願書ニ認メ可差出旨御指令有之候得共元來願書ナルモノハ之ヲ許スト否トハ受理者ノ權内ニアリ然リ而シテ府縣會議員ノ性質ヲ推究スルニ議員ハ府知事縣令ニ進退セラル、モノニ然ル（非ザル）ヲ以テ其羈絆ヲ受ル理由無之故ニ願書ヲ以テ其許否ヲ乞フ可キ者ニ無之ト思考仕候間昨八日付ヲ以テ進達致シ候辭表御受理相成度此段上申致候也（傍點―大江）

明治十三年十月九日　　北川矩一

山本如水

三重縣令　岩　村　定　高　殿

（朱書）

書面ノ趣昨八日差出候書面ハ指令ノ通可相心得候事

但書面一通ニ付寫ヲ以テ及指令候事

明治十三年十月九日

三重縣令　岩　村　定　高

翌一〇日、縣令は前記五人の代表の出頭をもとめ、願・届論争に終止符をうとうとこころみたが、議員代表はついに意をひるがえさず、「別ニ陳述スル事件ナキヲ以テ再ヒ縣令ニ面晤ヲ乞サル事」[13]を宣言し、交渉を打ち切った。十月十三日、ついに議員側は届切り論を實行し、次の屆を提出のうえ、解散歸郷した。

辭職歸郷屆[14]

臨時縣會ニ付參着候處曾テ通常縣會ニ於テ議決セシ甲第七號議案修正ノ二目不認可ノ旨御達有之就テハ私共縣下人民ニ對シ其職任ヲ辱ムルノ恐アルヲ以テ辭表差出候處願書ニ認ムヘキ旨御指令有之候ヘ共其節屢申上候通願書ヲ受理者ニ於テ許否スルノ權アルモノト信候間議員ノ辭表ハ願書ニ認ムヘキ理由無之ニ付辭表ノ受不受ヲ問ハス議員解職候儀ト相心得本日歸郷仕候此段御屆申上候也

明治十三年十月十三日

（連署略）

このときの署名は、前掲の辭表より一人減って三〇人となっている。署名していないのは藤堂長堅である。三重縣會議員の總辭職事件は、府縣會規則第五條の縣令不認可權と內務卿指揮權に端を發し、ついに議員の進退をめぐる紛爭と化してしまった感がある。議員の辭職の理由は「人民ニ對シ無面目ト言フニ因着シ畢竟內心ハ縣會規則第五條ノ處分ヲ不平トシ強テ辭職ヲ申出ルト認メラレタリ」[15]と縣令の內務卿宛報告書に記されているように、鬪爭の本來の目標はあくまで府縣會規則第五條にあった。しかし、この鬪爭は議員の足なみがみだれたために、必ずしもうまくはこばない。

そもそも、今度の事件の發端について、縣側の情報は[16]次のようにのべている。七日夜、應招議員一同が議長の旅宿に集ったとき、「該費ノ如キハ施政上ノ便否ヲ考按シ實際事務ノ差支ヘサル様減額セシモノニテ飽迄モ議會ノ決議ヲ至當トス然ルニ縣廳之ヲ否トシ……原按額ニヨリ代議士ノ議セサル地租割ヨリ該費ヲ徴收セラルトハ何抔ノ理由アリ何抔ノ法律ニヨリ然ルカ代議士ノ議セサル費額ヲ直チニ徴收セラル、ノ成文律アルヲ見ス縣令ハ規則第五條ノ法律ヲ奇貨トシ濫用セシモノト言フヘシ……故ニ法律ノ改良ヲ元老院ニ建白シ辭表ヲ縣令ニ呈スルヲ約シタリ」と。このとき、縣會書記角利助（のち縣議）および伊勢新聞の記者關口篤信らが積極的に議員の決斷を要求したという。その動機として、「國會開設願望者抔ヨリ三重縣會ヘ同意ヲ求ムルノ書通ヲナシタル事幾應アリト雖（地方聯合會か―大江）是迄ハ皆同意ヲ表セス因循姑息ト天下ニ笑ヲ取リ居シモ今回ノ不認可件及徴收云々ヲ以テ充分民權ノアル所ヲ行政部ニ向ケ論判スルニ於テハ前日ノ醜名ヲ一洗シ是迄ノ無氣力ト唱ヘラレタル議案（員？）乍チ法律改正ノ主唱者トナリ名譽ヲ天下ニ輝スヘシト」推測されている。まことに、當らずといえども遠からず、國會開設運動がおこっていない府縣は京都・三重以下一、二縣と稱された悪名に甘んじなければならなかったたちおくれのもとで、栗原亮一直系の副議長北川矩一を中心とした一團が奮起したのは當然であった。しかも、「三重縣下にも此ごろちらほら其論をなすものありて、縣會議員のうちに大いに請願説を主張するもの顯はれ、追々同志者も出來たれば近々總代人が出京して開設の請願書を差出すよし」[17]と傳えられた矢先のことであった。

辭職議員一同は、惣代人一名を上京せしめ、內務卿に縣廳の處置不當を訴えようと決議し、惣代人に北川矩一をえらんだ。しかし、このころから議長山本如水らの軟論派と副議長北川矩一らの硬論派が對立する。

山本は、「願書ニスルセザル進退ヲ受ル受ケザル事ニ數日ヲ費シ既ニ最初ハ東京ヘ委員ヲ出スト迄評議致シタルト雖モ元來議員ヲ辭ス上ハ一己人民ニシテ滯津中ノ日當モ可受取理由無之況ヤ東京ニ出ル費用ノ如キハ無論自費ナルニ是程ノ事ヲ私費ヲ要シ態々出京スルモ如何ナリ且假令出京スルモ只法律精神ヲ伺フノミニテ自分等議員ニアラザレバ從來必要ト言フベキニモ非ス然レバ一己人民ノ身ヲ以テ議事必要トモセザル件ヲ自費支辨出京スルニハ及ブマジ心得迄ニ伺ニ付内務省ヘ一通ノ郵書ヲ呈シ可然乎其議同意アラバ明朝其運ヒニ致シ然シテ各員トモ明朝縣廳ヘ一通ノ屆書ヲ出シ直ニ解散スル方如何」[18]と提案した。もともと、願書にするか屆切りにするかの論争のとき、屆出を主張する強硬派は一票差で多數を制したという。そのときの强硬派には山本もふくまれていたと考えられるので、その山本が軟化するに及んで軟論派は多數を制するにいたった。しかし、山本がつづいて、「最早其詮ナキ事ナガラ此度ノ件ハ大ニ縣令ヘモ苦配掛ケタルニ能々考フレバ願書ニスルトセザルノ事ニテ如斯數日ヲ費シタルカ實ハ願書ニシテ差出シテ差支モナキ事ナリ」と今迄の闘争において自分がとった態度までひるがえすにおよんで、川村寛・北川矩一の强硬派指導者は激昂した。「今迄衆議一決論ヲ同クシ今ニ至リ此語ヲ吐クハ或ハ縣令ニ阿諛スルカ必此後壹貳拾圓餘ノ月給ヲモ欲スルノ意ナラン我輩ハ假令飢餓シテ死トモ死トスモ（ママ）月給ヲ欲スル念慮ナシ」と衆に囂々と悪口したという。

こうして、議員それ自身の闘争は、龍頭蛇尾、問題を縣令對人民の對立にうつした。

議決なき地方税はおさめず

三重縣會の議員總辭職事件は、一〇月一三日、議員の歸郷によってあたらしい段階にはいった。議會の闘争がすぐさま議會外の闘争と直結した、というよりも、むしろ闘争の基本的闘争は人民的闘争であり議会はその發火點にすぎないという、この時代の特徴的な形態が三重縣でもあらわれる。

辭職戰術が消極的な戰術であるのにたいし——もっともそれは派生的には議員の進退に縣令は干渉しえないという事例を確立したが——、積極的な動きは、辭職議員による府縣會規則第五條改正要求の元老院建白にはじまった。元老院建白は府縣會規則第五條の改正を要求したものであったが、この建白をきっかけに、各地では不當の地租割徵收に應じないとの闘争が展開された。

一志郡人民は、本村の信藤勘十郎（辞職議員の一人・のち自由黨員）、舞出村の田中助市（次期縣會議員）、伊倉津村の小林嘉平次（次期縣會議員）、川口村の川尻政央（次期縣會議員・のち自由黨員）、榊原村の倉田忠次郎、矢野村の松本宗一（前縣會議員）ら、一志郡の指導的自由黨員となった二人をふくむ縣議級の六人を代表として次の伺書を提出、不當の徴收を拒否する意志をあきらかにした。

乙第百五十六號達ニ付伺[19]

先般甲第百四拾八號ヲ以テ地方税徴收豫算相違セラルヤ其甲第七號議案ニ於テ總計金額差引一万四千六百九拾九圓ハ特ニ地租ノミニ徴收セラレタリ抑モ府縣會ナル者ハ地方税ヲ以テ支辨スヘキ經費及其徴收方法ヲ議定スルモノニシテ我々人民ニ於テハ府縣會ノ議定セサル徴集金ヲ收ムルノ義務ハ之レ無キモノト確信仕候ニ付之ヲ納ムル事能ハス故ニ此理非ヲ法庭（ママ）ニ訴ヘント欲スルモノ也而ルニ戸長役場ヱ御達乙第百五十六號拜見仕候處其末文ニ曰ク其筋ノ指揮ニ據リ執行候條爲心得此旨相達候事ト是レ其筋ノ指揮トハ何處ヲ御指示相成候モノカ上訴ノ方向モ有之候間御明示被成下度此段奉伺候至急御指令奉願候以上（傍點―大江）

引續いて、三重縣菰野村では、まず宇佐美祐之（前縣會議員・のち自由黨員?）が代表として伺書を提出、却下されると、今度は宇佐美をのぞく全人民の名において同趣旨の伺書を提出した。

地方税徴收之儀ニ付伺[20]

三重縣菰野村（宇佐美祐之ヲ除クノ外）人民謹テ奉伺候抑本年五月通常縣會ニ附セラレタル甲號議案費目中給料金五萬七千四百廿圓及ヒ給與ノ内金七萬二百廿一圓ノ費目ニ限リ單ニ地租ニ賦課徴收セラルルノ儀ハ未ダ縣會議事ヲ經タルモノニ非ザル旨ヲ傳聞ス尚他ノ確説ヲ聞クニ該費目ハ閣下ガ府縣會規則第五條ニヨラレ内務卿ノ指揮ヲ請ハレ徴收ヲ令セラレシモノナリト果シテ如此ナラバ假令内務卿ノ指揮ヲ請ハルトモ縣會議事ノ意見ヲモ問ハレズ閣下ノ專主獨斷徴集セラルルノ儀ハ府縣會規則第一條ノ明文ニ對シ縣會議事ヲ經サル地方税ハ支出スルノ理由アルヘカラスト思考ス然リト雖トモ我等人民ノ誤解ニ出ツルモノカ將タ他ニ法律有之モ

ノ哉氷解シ得ズ依テ人民將來ノ心得ニ付伺候何分徵收ノ期日急迫ニ付迅速御指令奉仰候也（傍點―大江）

さらに、一志郡の島貫・東鄉・長常・伊倉津の四ヶ村の人民總代四名より、縣會の議定を完了しなければ地方税の追割を納められないことを理由に、徵收延期願を郡長に提出した。

一　本年地方稅第一期追割云々乙第百二號ヲ以御傳ニ據リ本月十五日限リ速ニ上納可致旨戸長役場ヨリ被相達承了仕候然ルニ地方稅豫算金額ヲ上納スル主意タルヤ縣下代議人ノ上ニテ議定シタル惣額ヲ上納スル事論ヲ俟タス該追割ノ如キハ既ニ我々人民ノ代議人ニ於テ不承諾ヨリ議定セサル金額ニシテ是ヲ知テ上納スルノ義務無之モノト信認仕候然リト雖トモ管轄廳ヨリ被相達義ヲ執行不致義ニハ無之候得共委任ノ代議人ヲシテ議事ニ臨ミ確定スル一件人民ニ於テ擅ニ承不承諾ヲ得ル時ハ將來總テ不都合況ヤ協議費ノ如キニ至テ假ニモ習慣ノ姿ニ關係候テハ彌以不都合判然ニ御座候依テ該追割上納ノ義ハ追テ議定ノ際迄延期被成下度聯合四ヶ村人民惣代連署ヲ以テ此段奉願候以上（傍點―大江）[21]

なお、原文は明らかでないが、安濃津郡の戸長塚澤佐十郎からも「縣會の議決を經ざる地方稅を地租のみに課するは如何の御趣意なるか云々」[22]（傍點―大江）の伺書、伊賀上野町の人民惣代六人、福井又兵衛・筒井嘉一郎・西澤長兵衛・上原賢治郎・乾伊平・松村九十郎からも「前同樣なる主義の伺書」が提出された。

以上の數多くの伺書が强調している共通の主張は、議會が可決しない徵稅には應ずる義務がないという點である。かつて、地租改正で押付反米に抗した經驗から學びとった代議機關のあり方についての思想は、この事件を契機に爆發した。地租改正に員辨五五ヶ村を指導して押付反米に抵抗し、投獄の難をおかした木村誓太郎らが默しているはずはなかった。木村は、地租改正反對をたたかい、辭職議員の一員として名をつらね、のちに島田三郎・肥塚龍の系統をひく三重縣改進黨の領袖の一人として活躍した人物である。地租改正反對鬪爭以來、木村を中心として結束した三名の指導者グループは、縣令を相手どって追加徵收無效の訴訟を東京上等裁判所に提起した。その訴狀[23]は無效の第一の理由として次のことをのべている。

此額ヲ原告等人民ニ課賦セルモ被告一己ノ擅斷ヲ以テシタルハ正シク之レ議會規則第一條ニ背戻セルモノナレバ原告等ハ第一號證ノ金額（議決外過ノ徴收）ニ應ズルヲ得ズ府縣會規則第一條ニ依ルニ府縣會ハ地方税ヲ以テ支辨スベキ經費及其徴收方法ヲ議定スト之レアリ故ニ吾々人民ハ地方税ヲ以テ支辨スベキ經費ノ額ト其徴收方ニ至テハ只我三重縣會ノ議定ヲ經タルモノノミ之ヲ甘諾スベキ責任アリ同縣會議定ノ額ト其議定ヲ經タル徴收法トニ非ザレバ之ニ應ズル責任ナシ……該處分タル被告ノ擅斷ニ出タルノミナラズ縣會規則第一條明文ニ依リ法律上ニテ吾々人民ニ賦與セラレタル議權ヲ侵セシ不法ノ處分ナレバ原告等ニ於テ敢テ服從シ得ザル所ナリ（傍點―大江）

ここでは、議會の豫算議定權を當然のこととし、しかも府縣會規則第一條をこのように解釋すべきであると主張している。

無效の第二の理由は、府縣會規則第五條の内務卿の指揮權についての疑義である。「被告廳ハ第五條ノ解釋ヲ誤リ其明文ニ斯々ノ場合ハ内務卿ノ指揮ヲ得タル以上ハ直ニ原案ヲ執行シ縣會ノ議定ヲ經ザル費額ヲ徴收スルモ第五條ノ許ス所ナリト速斷セラレシモノナラン乎」と推測し、これに對する積極的な主張を展開している。この主張の内容は第五條の解釋について一應筋がとおったものである。

縣令ノ思慮ト謂ヒ内務卿ノ指揮トイフモ共ニ行政官部内ノ事ニテ地方人民ノ諸權ニ干渉シテ之ヲ左右シ得ルノ謂ニ非ザルナリ由之觀之ハ第二千五百六號達ニ内務卿ノ指揮ヲ受ケ難及認可ト記載シアルモ其指揮タルヤ認可セザルモ不苦トノ指揮ニ過ギザルナリ何トナレバ若シ内務卿ニテ第一條ノ明文ニアル徴收方法ノ認可迄ヲ指揮セラレテ縣會ノ議權ヲ侵スガ如キ事アラバ第一條ノ明文ニ依リテ法律ニ對スル罪人タルノ責任ヲ免ルヽヲ得ズ且中央政府施政官ニシテ地方財政上ノ細目迄ニ立チ入ルベキ道理ナケレバナリ依テ原告等ハ右達中内務卿ノ指揮ハ認可不認可ノミノ指揮ニ止マル事ヲ確信シ被告廳ノ達ヲ信認スルヲ得ズ（傍點―大江）[24]

以上ふたつの訴因をもって訴訟を提起するのと併行し、同じ三名でそれぞれ個別的に次のような固書を縣廳に提出した。

一金何円

右ハ本年甲第百四十八號地租割税豫算徴收御布達中金一萬四千六百九十九圓ハ縣會議決外ノ金額ナルヲ以テ之ヲ納ムベキ義無之儀ト思考シ其筋ヘ上訴致スヘク候間私所有ノ地租ニ課賦セラレタル内前書金員ハ則決議外ニテ上納難仕候間此段御届申上候也

明治十三年十二月廿一日

(傍點―大江)

これにたいし、縣令は届書を却下の上、差押公賣處分をもって脅かした。

別紙――村――(届者名)届書ハ不都合ノ申出ニ付書簡却下候條此旨相達候事

但自然不納ノ場合ニ於テハ明治十年第七十九號公布ニ依リ断然處分候儀ト心得ヘシ

明治十三年十二月廿七日

さらに、この却下に臆せず、より強硬な届書が再提出された。

過ル明治十三年十二月廿一日附ヲ以地方税不服届書差出シ候處同廿七日附ニテ縣廳ヨリ被相達候趣ヲ以テ不都合ノ申出ニ付書簡却下云々但自然不納ノ場合ニ於テハ明治十年第七十九號公布ニヨリ断然處分候儀ト心得ヘキ旨郡長ヨリ戸長ヘ御達ニテ届書却下相成右ハ昨十二月廿四日其筋ヘ上訴仕候間判決ノ上上納セサルヲ得サル場合ニ相成候外如何様御達相成候共上納不仕候此段御届仕候以上(傍點―大江)

このような廣汎なひろがりをみせた議決外の地方税不納闘争は、結果としては敗訴によって失敗した。しかし、人民が公然と議權の優越を主張し、議會の議決による以外の徴税に應ずるの義務なしと宣言したこと、しかも議會を行政府と對置したうえでこのような結論をみちびきだしたことは、まさに地方民會論段階から飛躍的に成長し、地租改正過程での苦い經驗の中でたたかいつづけることによって開花した日本のブルジョア民主主義思想のこの時期における表現であった。ここに見られる思想は、その對象がなお地方議會の問題にとどまっていたとはいえ、すでに上から押しつけられた豫算「協賛」權にたいする決定權要求の闘争として、最高決議機關としての議會を主張する可能性を大きく内包するものであった。もちろん、行政府にたいする議會という關係でとらえられている以上、それは「國會開設上願書」における豫算「共議」の思想をさらに一歩ふみでたものであるといえよう。そのいみで、「共議」思想にもられたキング・イン・パーリアメントの概念からの分離の第一歩であったといえよう。この時期における地方議會紛争のもつ意義はここにあった。

この時期における地方議會紛争の特色は――のちの福島事件段階でもその初期には明白に指摘されるように――、議會の行政府にたいする對立がより本質的な内容をもつ全人民的規模の闘争に發展し、しかもこの闘争への發展に縣會議員級の人びとがなお指導的な役割を果すことが可能であったという點である。これは、福島事件段階にいたって、人民的闘争が縣議級の指導をのりこえた獨自的發展を展開しはじめるのであるが、この時期においては、内部に矛盾をはらみつつも、なお政治勢力として縣議級階層と人民は一體であり、議會は人民と直結していた。國會開設請願運動から自由黨結黨にいたる時期のブルジョア革命運動を考えるとき、その内包する幾多の矛盾にもかかわらず、それが單一の政治勢力として結集していたことを念頭におかねばならない。

議員辭職後、縣はただちに補欠選擧をおこなった。辭職議員は歸郷後、それぞれの地域における不納闘争への參加とともに、伊勢新聞[25]によれば、「速に袖を拂って議場を退散せし縣會議員諸氏中には此程我郷里に於て各有志輩を集め日々會議法或は法律書抔を研究し又時としては最寄各郡の舊同僚を會して何事か大に討論せらるるやに聞けり」と、活潑な政治活動を展開した。これにたいして、縣側はかなり露骨な選擧干渉をおこなった。やはり伊勢新聞は、「此程某郡役所よりは密かに數名の書記を遊説に出さるる向もありて餘程注意を加へらるる趣なるが今又某郡の或役所よりは一種特別の御説諭ありたる由にて其次第を仄かに聞くに這回選擧の各議員は成丈け溫順にして口喧しくない者を撰び決して辭職抔せぬ議員を投票せよと懇々説諭ありたるやに承る」と報道した。一方では、「答志・英虞兩郡役所より辭職議員の再選可否につき伺出」と、出先官廳による辭職議員の再選阻止の動きもあれば、他方では、「鈴鹿郡その他では府縣會規則の改正なければ選擧するも效なし」と投票せぬ村々があると傳えられるように、人民の側からの選擧ボイコットの運動がすすめられた。[26]

補欠選擧は一一月中におこなわれ、臨時會は一二月二〇日開會と布達された。辭職した三一人の縣會議員にかわり、新規に當選した三一人の顔ぶれは次のとおりである。[27]

桑名郡	桐村保壽	
員辨郡	二井宗十郎	○**和波久十郎
三重郡	○館平三郎	
朝明郡	○平田祐十郎	
鈴鹿郡	○渡辺讓	佐藤邦光
河曲郡	森田橋造	
奄藝郡	田端清七郎	○駒田作五郎
安濃郡	*長井氏克	○川村寛
	*海野謙次郎	
一志郡	*川尻政央	小林嘉平次
	田中助市	
飯高郡	服部源三郎	
多氣郡	○**乾覺郎	坂井良平
度會郡	鈴岡忠滿	○*北川矩一
	中村七平	
阿拜郡	木澤勘助	**福喜田熊吉
山田郡	岡田庸次郎	
名張郡	○江南彦左衛門	
答志郡	○山本如水	中山市太郎
英虞郡	○森口佐助	
北牟婁郡	楠八十兵衛	○長井覺兵衛

○印は辭職議員で再選されたもの
*　のち自由黨員
**　のち改進黨員

辭職議員中再選されたものは三一名中一二名である。この數字は少いようにも思われるが、當時としては一般に一期で議員を交代する風習がかなりあり、また木村誓太郎のように訴訟に專念する者もあった點から考えればむしろ再選は多かったと見てもよい。とくに總辭職事件の强硬派の指導者であった北川矩一・川村寛の二人がそろって當選したことは注目にあたいする。またとくに注目にあたいするのは一志郡であって、辭職議員三人のうち再選者は一人もないが、新議員の三人は、いずれも辭職議員の信藤勘十郎とともに地方税不納闘爭の先頭にたち、上等裁判所の訴訟にまでもちこみ、木村の指導する員辨郡の闘爭とともにもっとも粘りづよい闘爭を展開した指導者六人のなかにそろって名をつらねていたひとびとであった。

新任の縣會議員一同は臨時會に先立って、四日市に懇親會をひらいて議事を討論し、[28] つづいて臨時縣會開會第一日を欠席して集會をもち、「縣令は議會を經ずして地方税を徴收する理由あるか否かの議を縣廳を經て法制局の説明を請ふ」旨の決議をしたという。[29] しかし、翌二一日以降、縣會は平穩にすすんだようである。前議員木村誓太郎らが縣令を相手どって訴訟を提起したのは、この波瀾なき臨時會第四日目であった。つづいて一志郡の信藤勘十郎・松本宗一らも訴訟を提起、四月、兩件ともに原告の敗訴をもって、この縣會議員總辭職に端を發した地方税不納闘爭は閉幕した。

京都府會と地方税闘爭

三重縣會總辭職事件に先立って、「國會論の毫しも行はれざるは三重、京都其他一二縣」[30] と並び稱せられた京都府會においても、地方税をめぐる紛爭がひきおこされていた。その一端は私の舊稿「民權運動昂揚期の政治情勢について」（歴史學研究二一七）でもふれておいたが、その後、原田久美子「民權運動期の地方議會——明治十三年京都府における地方税追徴布達事件——」（日本史研究三八）で詳細な研究が發表されたので、主としてこれに依據しながら若干の補足をくわえて簡單に紹介しよう。[31]

八〇年（明治一三）五月七日、京都府通常會が開會され、一四日にいたり「十三年度地方税出納概算表」が提出されたが、この豫算案は杜撰にも通常會の當初に提示された前年度決算表半期の數字を二倍したものにすぎなかったので、府會は知事の不誠意を怒って議案の更正を要求、新議案下附まで休會を主張、府側もついにこれをみとめた。開會當初から豫算案の審議の難航が豫想された折りも折り、五月二二日、開會中の府會をまったく無視して、府知事槇村正直は第二一一號布達を以て地方税の追徴を達した。開會中の府會はこれを知るや、ただちにこのことを問題にし、府會の決議を經ることなく地方税追徴をおこなおうとする知事を痛烈に非難した上で伺書を提出した。知事はこの伺書中「何等ノ法律ニヨリ御追徴」云々の辭句を不穩當として訂正をもとめたが、府會はその必要をみとめないとして再提出した。その後、府から何らの回答もえられないままに追徴の期日がせまったが、六月一一日にいたり「十二年府會之決議ヲ以施行候義ト可相心得事」と回答にならない回答に接した府會は、全會一致をもってさらに内務卿に伺書を提出することに決した。その伺書は「既ニ一度ヒ豫算ヲ立テテ之ヲ徴收シ又更ニ豫算ヲ立テテ追徴スルニ至テハ何ノ據ル所アッテ然ル乎……若シ豫算ノ目途大ニ齟齬シ巨萬ノ不足ヲ生シ財政困難翌年度分ヨリ補欿スルコトヲ待ツヘカラスシテ之ヲ追徴スルトキハ必ス之ヲ府會ニ付シ其決議ヲ經然ル後施行セラルヘキ議ト存シ候」という至極當然の内容であったが、内務省はこれにたいし、伺書を「建議ト見認メ其儘留置指令ニ及ハ」ぬとの返事をよこしただけで、ついに何らの回答もなく、通常會は閉會された。

この間、この紛争あることが傳えられると、朝野新聞・東京曙新聞・中外廣問新報などがこぞって問題をとりあげ、また讃岐の民權家小西甚之助は今こそ國會願望の志隊に伍入せよと奮起をうながした。他方、府下においても、綴喜郡第四組の戸長・用掛・筆生の連署による郡長宛伺書が提出され、「府會ハ我々府下人民ノ思想ヲ集ル所ニシテ議員ハ即チ我々人民ノ代議人ナリ我々ノ代議人タル府會議員ノ承諾セザルハ即我々人民ノ承諾シ能ハザル譯ニテ愚等ノ疑團ヲ生ズル所以ナリ然レ共愚等戸長ノ職務タル長官及ヒ郡長ノ命令ニ依リ事ニ従フハ論ヲ待ズト雖トモ愚等不肖元來不敏ニシテ深意ノアル所ヲ解セズ故ニ愚意ノ迷惑スル所ハ假令長官ノ命ト雖トモ又此ヲ組内人民ニ施行スル能ハズ依テ彼ノ追徴云々御達ノ儀ハ暫ク遵奉致兼候」(傍點―原田氏) と主張した。こうして早くも地方税不納闘争への転化の萠芽をしめしながらも、府會の閉會をもって、この前哨戰は一應の結末をしめした。

しかし、八〇年度 (明治一三年度) 豫算の審議をつうじて、問題はさらにあらたな發展の可能性をしめした。新年度豫算の審議をつうじて、府會は、警察費の五一、四九一圓餘の減額をはじめ豫算原案總額四四二、六一七圓餘の一九・五パーセントにあたる七九、七〇六圓餘を一擧に減額修正決議するにいたった。この間たとえば、收入豫算の審議にあたっては、地價割・戸數割の大巾減額を一部分營業・雜種税への負擔の轉化をもって實現しようとするところみにたいし、南山城諸郡はとくに茶を課税の對象からはずそうと努力し、農民のブルジョア化の阻止的要因への轉化を極力防ごうとするこころみがおこなわれるなど、部分的には内部對立がみられたが、いずれにせよ地方税の大巾減額という點にかんする對立はなかった。

この豫算修正決議にたいし、同年八月二四日、知事は府會にむけて、その決議の全部を認可しないとの第三三〇號を發した。

十三年度地方税營業雜種兩税及ヒ地價割戸數割トモ府會ノ決議認可スヘカラスト思慮スルニ付前年度ノ額ニヨリ徴收シ置キ追テ相決シ候上年度ノ始ヨリ差引相改メ可申候條此旨管内無洩可相達也。[32)]

府會の決議の全部を認可しないというのは暴擧であった。しかも、「前年度ノ額ニヨリ徴收シ置キ」というのは一體どのような根據にもとづくものか、八〇年 (明治一三) 四月布告第一六號による地方税規則第八條は、すでに紹介したように、前年度豫算の執行を「府縣會若豫算ノ試案ヲ議定セサルカ又ハ議案ヲ議定スルニ及ハスシテ内務卿ニヨリ閉會若クハ解散ヲ命シタルトキ」と規定している。このばあいはそのいずれでもない。議會は原案に大修正をくわえはしたが、そのすべてを議定しているのである。はたせるかな、打てばひびくような抗議がまきおこった。南桑田郡荒塚村の田中源太郎・餘部村垂見新太郎・穴川村石田真平・旭村川勝光之助よりの伺書がそれであった。

地方税徴收ノ儀ニ付伺[33]

當十三年度地方税徴收ノ儀ニ付過ル八月廿四日當府第三百三十號ヲ以（十三年度地方税營業雜種兩税及ビ地租割戸數割共府會決議認可スベカラズト思慮スルニ付前年度ノ額ニヨリ徴收シ置キ追テ相決シ候上年度ノ初ヨリ差引相改可申云々）ト御布達相成タリ故ニ該御布達ニヨリ郡長及戸長ヨリ納税方被相達候然ル處該税中地租割戸數割ハ昨年度ノ豫算額幷ニ本年度既ニ認可相成タル地戸權衡等ノ事ニ於テ相違ノ廉々有之候様奉存候加之本年四月太政官第十五號第五條ニ（府縣會ノ議決ハ府知事縣令認可ノ上……）トアリ又同年同月太政官第十六號地方税規則第八條ニ（府縣會若豫算ノ議案ヲ議定セサルカ……）トアリ依之觀之既ニ議定シ全ク會議ノ完結シタル上ハ假令ヒ府知事ニ於テ之ヲ認可スヘカラズト思慮セラルルモ前年度ニ據リ徴收セラルルノ成規ナク旁以其種類ノ何タルニ不係地方税則及府縣會等ノ規則外ナル徴收ト奉存候ニ付該布達ニ應シ納税難仕依テ如何ノ御成規ニ據リ徴收相成候儀ニ御座候哉詳明ノ御指揮奉仰候也（傍點―大江）

伺書に連署した四人はいずれも県會議員、田中・石田はさきの地方税追徴にかんする内務卿宛伺書の立案委員にえらばれた府會内の活動家であった。この伺書をきっかけに、大阪日報・東京曙・朝野・東京横濱毎日・東京日日などの諸新聞は一せいに府知事攻撃の論陣をはり、世論の喚起につとめた。

これらの攻撃のまえに、九月二〇日、府はついに、「詮議ノ次第有之本年八月當府第三百卅號布達取消候條此旨管内無洩相達スル者也」[34]と、前布達をとりけすにいたった。しかし、ひきつづいて九月二二日、第三五七號布達によって、「既ニ認可セシ分ハ該決議ノ額ニ從ヒ伺中ノ分ハ前年度ノ額ニヨリ徴收致候就テハ營業税雜種税ハ假ニ前年度ノ額ヲ以テ徴收シ地租割戸數割ハ本年度決議ノ歩合ニヨリ假ニ上半年度凡ソ六分ノ四ノ見込ヲ以テ徴收シ置キ追テ指令有之候上ハ年度ノ始ニ溯リ差引可致」[35]と、地租割戸數割の比率のみを決議にしたがい、他は依然として前年度の額による徴收を固執したのであった。しかし、これにたいしては、會期外のこともあって府會は爲すところなく、闘争は龍頭蛇尾におわった。新聞もまた、東京日日新聞がなお問題はこれからであることを指摘したが、それはもはや犬の遠ぼえに類するものであった。

通常會議決不認可問題が一段落すると、今度は懸案の前年度地方税追徴問題が再燃し、今度は本格化してきた。知事は、前記の追徴のための第二一號達の處理をめぐって政府と折衝をつづけていたが、府會が内務卿に呈した伺書を却下することを條件に、第二一號をとり消し、改めて府會の審議にかけることをみとめたが、しかし、府會で修正を受けるようなことがあってはならないという条件をつけることを忘れなかった。いわば府會の伺書は内務卿が却下する、知事はそのかわりに第二一號を取り消してあらためて議會の審議にかける、ただし、議會による修正は許せないからそのときは内務卿が指揮權を發動する、これが内務省および政府首腦と槇村知事との合作になる豫定された筋書であった。

一〇月一六日、臨時會が召集され、地方税追徴案が出された。二九日、この議案は不完全であるとし、府會は理由書をつけて府知事に議案を返還したが却下された。翌三〇日、府會は「今般下附相成タル議案ノ旨趣ハ十三（二？）年度地方税豫算ノ不足金額ヲ補充スル爲メ其方法ヲ議スル儀ト相心得可然哉」[36]との伺書を提出、一一月五日、ふたたび返還理由書をつけて議案を返還した。翌六日、知事は休會を命ずるにいたった。

この間、一〇月八日から三日間、京都四條で植木枝盛らもくわわった演説会がひらかれ、聴衆は連日三千人をこえ、綴喜郡では府下でさきがけて一〇月一五日に自由懇親會がひらかれ、一一月一日、「京都府山城丹後丹波三國二區九郡有志人民二千七百五十名總代」の澤邊正修が國會期成同盟第二回大會に出席のため出發、七條停車場でその歡送會がひらかれるなど、國會開設請願運動もまた昂揚しつつあった。

知事は筋書どおり、一二月一一日、休會をとくとともに、「昨十二年度地方税ノ内本年五月追徴ノ義同十月臨時府會開設ノ末該案返還候ニ付右内務卿へ伺出候處原案之通施行可致指令有之候條右樣可相心得此旨相達候事」[37]との達によって、原案執行を強行した。しかし、この長期にわたる闘爭によって完全に知事の權威は失墜、とくに第三三〇號および第二一一號と二度までも布達をとりけさねばならない狀態に追いつめられた槇村知事はついに翌年一月一三日に辭表を提出、元老院議官に轉ずるにいたった。

(1)　「臨時縣會開場ニ際シ招集ノ議員自ラ解職歸鄕の顚末上申」大隈文書イ一四A六四一―二（以下「顚末上申」と略記）
(2)　「顚末上申」附錄第一號、第八號
(3)　「顚末上申」
(4)　同・附錄第二號
(5)　「顚末上申」
(6)　同・附錄第三號
(7)　同・附錄第四號
(8)　「顚末上申」
(9)(10)　同・附錄第五號
(11)　同・附錄第六號
(12)　同・附錄第七號、文意が通じないので『三重縣會　』第一巻所收の校訂をカッコ内にいれておいた。
(13)　同・附錄第八號
(14)　同・附錄第九號、なお『三重縣會史』第一巻では、先の辭表の署名も三〇人となっているが、これは三重縣第一課「臨時縣會書類」につづりこまれた一〇月八日付内務卿宛縣令報告書に相違する。

(15) 一〇月九日附内務卿宛縣令報告案（三重縣第一課「臨時縣會書類」三重縣會事務局藏）
(16) 以下、無表題大隈文書イ一四A六四二、縣令より政府にあてた情報報告と思われる。
(17) 東京日日新聞、明・一三・八・三
(18) 以下、前掲「臨時縣會書類」内密上申、なお一票差のことは前記の無表題大隈文書
(19) 東京日日新聞、明・一三・一二・一六
(20) 同・明・一三・一二・二一
(21) 同・明・一三・一二・二五
(22) 以下、同・明・一四・一・五
(23) 『三重縣會史』第一巻二三一頁
(24) 届書の往復については、東京日日新聞・明一四・一・四
(25) 伊勢新聞は戦災焼失したので、いずれも『三重縣會史』第一巻からの引用である。
(26) 以上、東京日日新聞、明一三・一一・五
(27) 『三重縣會史』第一巻一〇一頁
(28) 東京日日新聞・明一三・一二・二一
(29) 同・明・一四・一・四
(30) 同・明・一三・八・三
(31) 以下、とくに註記したほかは前掲原田論文からの引用である。
(32) 東京日日新聞・明・一三・九・一四
(33)(34) 同・明・一三・九・二八
(35) 同・明・一三・一〇・一

(36) 同・明・一三・一一・四
(37) 同・明・一三・一二・二九

§三　議權をめぐる鬪爭

府縣會規則第五條　東京曙新聞が「地方經濟ノ議定ハ勿論地方立法地方行政ノ事ニ至ル迄盡ク府縣會ノ參與スルヲ得ザル者ハナク恰モ府縣會ヲシテ一府縣ノ主權ヲ執ルニ至ラシメテコソ始メテ我輩論者ヲ滿足セシムルニ足ルベシ」[1)]と論じたように、三重・京都兩府縣會の紛爭は、もっぱら府縣會の議決がまったく效力をもちえなかったという事實から出發した。そして、このような事實の成立を許したものは、府縣會の決議にたいする府知事縣令の認可權と内務卿の指揮權を規定した府縣會規則第五條の存在であった。府縣會規則第五條をめぐる問題は八〇年(明治一三)後半の政治情勢をささえる重要な問題となった。それは、國會開設請願運動のより一そうの發展をささえる廣汎な力の結集點となったし、また、國會開設上願書が考えおよばなかったいかなる議會を要求すべきかの問題との明白な對決を要求するものとなった。

總辭職を決行した三重縣會議員は、辭職にあたって、連名で元老院に建白をおこなった。それは、府縣會規則第五條を改正せよというにあった。

府縣會規則第五條改正ノ建議[2)]

三重縣下人民某等謹テ書ヲ元老院議長閣下ニ呈シ以テ懇願スル所アリ……然ルニ府縣會規則第五條末文ニ曰ク若シ府知事縣令其議決ヲ認可スヘカラスト思慮スルトキハ其事由ヲ内務卿ニ具狀シテ指揮ヲ請フヘシト此一節ノ如キニ至テハ大ニ法制ノ意味ニ反シ其指揮ノ如何ニ□(關)テハ人民ニ不幸ヲ与フルノ弊アリ夫府縣會ハ地方税ノ經費ヲ決スルノ豫定者ニシテ官廳ハ之ヲ支出スル消費者ナリ其府知事縣令ニシテ議會ノ決ヲ不當トナシ内務省ニ具狀スルトキニ於テ内務卿カ若シ萬一ニモ專地方官ノ具申ニ由リ豫算者ノ決ヲ

非ナリトシテ消費者ガ随意ニ算出セシ原按額ヲ以テ經費ヲ定メ其最モ人民ノ休戚ニ關係アル徴收法方ノ如キモ更ニ議會ノ決ヲ要セス專斷ヲ以テ直ニ賦課徴收スル事アラハ其不足焉ヨリ大ナルハ莫シ凡ソ府縣會ナルモノハ地方官□（カ？）經費豫算ノ當否ヲ判シ冗贅ナルハ之ヲ減殺シ不足ナルハ之ヲ補充スルモノナリ然ルニ府知事縣令カ自己ニ滿足ヲ與ヘサルトテ之ヲ認可スヘカラスト爲シ容易ニ原按ノ額ヲ以テ經費ヲ定メ叨ニ徴收賦課ヲ令スル事アラハ會議ハ皆徒爲ニ屬スヘシ何ヲ以テ民力ノ堪否ヲ圖ル事ヲ得ンヤ寧ロ開設ナキニ如カサル也今茲ニ一例ヲ擧ケン本年我三重縣ノ通常會ニ於テ郡吏員給料費額ヲ修正セシニ縣令ハ其議決ヲ非トシ認可セス議會カ否決セシ原按ノ費額ヲ以テ豫算ヲ定メス議會カ是認セサルノ地租割ヲ徴收セリ是皆該規則第五條ヨリ生スル所ノ弊害ト言フヘシ若シ斯ノ如クシテ一ヨリ十ニ及ホサハ會議ハ豫算ヲ定ムルノ名アリテ其實ナク人民ハ財政ニ參スルノ名アリテ其實ナシ商ニ不當ノ收税アルヘク農ニ不適ノ納税アルヘシ産業之ニ由テ衰ヘ民力之ニ由テ罄キ田里荒蕪シ戸口減耗セン豈ニ政府カ府縣會ヲ開キタル安民厚生ノ趣意ニ適スルモノナランヤ今ニシテ此弊害ヲ矯正スルニアラスンハ人民曩ニ皷腹擊壤セシモノハ直ニ愁怨謗讟トナリ遂ニ衆心離叛シテ國家ノ衰頽ヲ招クヘキハ昭々乎トシテ明ナリ苟モ國ヲ愛シ民ヲ利スル者焉ソ之ヲ傍觀スル事ヲ得ンヤ今此弊ヲ矯メ此害ヲ除ク法方ニ至テハ廟議固ヨリ規畫スル處アルヘシト雖モ某等カ企望スル所ハ第五條改正ヲ加フルニ在リ請フ之ヲ述ヘン府縣會規則第一條ニ曰ク府縣會ハ地方税ヲ以テ支辨スヘキ經費ノ豫算及其徴收法方ヲ議定ストアリ此趣意ニ從テ地方税ノ支辨徴收ハ總テ議會ノ決ヲ取ルニアラスンハ内務卿ノ指揮ト雖叨ニ之ヲ左右スヘカラストナシ若シ地方官ニ於テ會議ノ決議ヲ不當トナストキハ内務卿ヘ事理ヲ具狀シ其許可ヲ得テ更ニ議員ヲ改撰シ之ニ再議セシムルヲ要ス而シテ其再議前議ト同シキトキハ地方官ハ之ヲ施行セサル事ヲ不得トナスヘシ如是改正ヲ加フルトキハ會議ニ輕忽ノ決議ナク地方官ニ漫濫不認可ナカルヘク官民權衡ヲ得テ民心ニ滿足ヲ與ヘ……國家ノ治安期スヘキナリ……（傍點―大江）

建白は、要するに現行の府縣會規則第五條があるかぎり、府縣會は有名無實の存在にすぎず無きにひとしいこと、およびこのままの状態がつづけば一さいのしわよせがブルジョア的發展の阻因となるだけであること、よって第五條を改正し、府知事縣令と府縣會が對立したときは府知事縣令は府縣會を解散改選するの權限をもち、改選府縣會が再決議したときは府知事縣令はその決議にしたがわねばならないことにせよというにあった。ブルジョア民主主義における議權の確立様式として、もっとも當をえた要求であった。

三重縣會の建白にひきつづいて、一〇月二九日、東京府會もまた府縣會規則第五條の改正を建議することを決議、[3] そして福地源一郎がこの改正論を主張する長辯をふるい、東京日日新聞は論説としてこれを連載した。政府系新聞と目されていた東京日日新聞であったが、それさえも、このところ連日のように府縣會の問題をとりあげていた。その論説の表題をみただけでも、「府縣會決議ヲ認可セザル時ハ如何」、「京都府會ノ議決」、「府縣會規則ノ改正ヲ要ス」、「府縣會ノ苦境」、「東京府會ノ再議」、「三重縣會」、「三重縣會ノ事ヲ論ズ」、「三重縣會」[4] と、いずれも府知事縣令の認可権と内務卿の指揮權を問題にとりあげていた。そして、「府縣會規則第五條ノ改正ヲ願フノ議」[5] を、「此議ハ十月廿九日東京府會ニ於テ福地源一郎氏ガ演説シ多數ノ可決ヲ得タル所ナリ其論趣ハ頗ル吾曹ノ素論ニ同シキヲ以テ乃チ傍聽スル所ヲ筆記シテ玆ニ登載ス」として掲載したものであった。三日にわたって連載されたこの主張は、それが、後年、「聖天子は國會議院の決議を裁可し若くは裁可せざるの大權を有し給ふ」[6] との綱領をかかげた立憲帝政黨の領袖となり、またそのイデオローグとして『黨議綱領衍義』の起草者となった福地の主張だけに、ひとしお興味深い。

八二年（明治一五）三月には帝政黨の大立物となった福地も、八〇年（明治一三）一〇月には、「我議会ハ大政ヲ論スルノ會ニアラザルヲ明知」したうえで、あえて大政を論ずるの必要があることを主張したのであった。その根據は「東京府民ハ凡ソ其納ムル所ノ地方税ノ支出徴收ハ都テ其代議士ヲシテ之ヲ議定セシムルノ權理ヲ全クシ東京府會ハ凡ソ地方税ノ支出徴收ハ其議定スル所ニ由ルノ權理ヲ固クシ到底地方税ハ一銭一厘タリトモ議會ノ議決スル所ニアラザレバ之ヲ徴收スル事無ク一銭一厘タリトモ議會ノ議決スル所ニアラザレバ之ヲ徴收セラル、事無シト確定セザル間ハ議會ノ權理モ府民ノ權理モ鞏固ナリトハ言フ可カラザル者ナリ」というにあり、そして、このために、「此鞏固ヲ謀ルニ當リテ現ニ是ヲ障碍スルモノハ第五條ナリ」と、第五條に焦點をしぼっているのである。

福地源一郎にして、なお東京府會における建議の主唱者としてこの言あり、東京日日新聞にしてなおそれを論説としてかかげざるをえなかった情勢、これが八〇年（明治一三）後半における日本の政治情勢であった。このような情勢は、愛國社第三回大會が國會開設請願の檄を全國にとばし、櫻井靜が府縣會を一大政治闘争展開の場として組織することを提案し、八〇年（明治一三）三月の愛國社第四回大會が上願書を採擇、國會期成同盟を結成するという民權運動の昂揚がもたらしたものであることはもちろんである。上願書を政府が拒否するとともに、各地方政社や個人からの建白・請願が元老院・太政官に殺到するのであるが、府縣會紛争がこのような情勢をうけたものであることは、三重・京都の例からも明らかであった。

しかし、他方では、このような情勢を生んだものが、地方税をつうじて直接に府縣會への壓力となった政府の財政政策にあったことが指摘されなければならない。太政官布告第四八號による地方税規則の改正が、歳計節約・紙幣銷却・地方政務改良を目的としてかかげたように、八〇年（明治一三）後半にいたって、政府はたんに民權運動の昂揚にたいするものとして集會條例發布等の强壓政策をもってする政治的强硬政策をもってのぞんだだけでなく、むしろ積極的な財政再建の政策にもとづく一連の措置として强壓政策を採用したのであった。民權運動が政策をよび出したのではなく、その逆であった。「明治政史」第一三編はこの間の事情を説明して次のように指摘する。「其又一の源因を尋ぬるに、當時紙幣失價の驚慌及大隈君の理財頗る人民參政の望を促したり。紙幣の下落は既に前に記せし如く、明治十一年九月始めて下落の勢を見はせしを以て、大隈君大に之を憂慮し、種々の施設も更に其效驗なく、遂に今年の二三月に至り益々其勢を逞ふし、朝野の驚駭一方ならす。論者皆曰ふ、紙幣の下落は濫發に因るなりと、政府の財政を攻撃して復た餘力を遺さす。是に至て大隈君も亦術なく、俄に外債を募り以て此弊を救ふへしとの議を内閣に提出せらるゝに至る。其財政攻撃の聲と國會請願の聲は兩々相和して大に人心を激動せり」と。[7] 國會開設請願運動の昂揚をもたらした「一の源因」が大隈財政にあったことを指摘しているのである。だからこそ、松本奨匡社の代表松澤求策・上條螘司の二人が岩倉右府に會見したとき、「今や民間に於て唱ふる所を聞くに、我政府は今春以來其政略の針路を壓制主義に轉したり、而して此針路を轉せしは、我國家の柱石たる殿下の畫策する所なりと」[8] と詰問したのであった。

貿易による正貨獲得と外債募集による紙幣價値の立てなおしを基本とする大隈財政の糊塗政策が、いまや破綻の寸前で地方税の增徵と工場拂下による引揚超過財政にふみきったのが、この第四八號布告であり、それと前後する工場拂下概則であった。しかも、對府縣會政策が内務卿松方正義によって擔われているかぎりにおいて、大隈のたんなる流通中心主義政策から打ち出されたギリギリの政策修正はその對立物――八一年（明治一四）以降の松方財政――に轉化する可能性をも同時にはらんでいた。いわば、大久保―大隈體制の決定的な危機の局面がこの時期の政治情勢に表現されていたのであり、この危機が革命的情勢をささえたのであった。

すでに八〇年（明治一三）後半にいたると、「金融ハ例年ニ勝リテ益々必迫ノ勢ヲ現ハシ頗ル融通壅塞スルノ狀アルガ如ク」[9] であり、したがって地方税豫算にたいする府縣會の減額修正もかなり大巾なものがあったと考えられ、政府が積極的に推進しようとする政策と真正面から衝突するものであったと思われる。こうしたところから、府縣會規則第五條についても、「各府縣會ヲ開キテヨリ既ニ二年ニ及ベドモ其議會モ亦未ダ此ノ場合ニ遭着セザルヲ以テ此事ニ關シテ政府ニ申立タル事アルヲ聽カズ……然ルニ本年ノ府縣會十三年度豫算議決ニ付テハ府知事縣令ノ往々之ヲ認可スベカラズト思慮シテ其事由ヲ内務卿ニ具狀シ其指揮ヲ請フモノアリ」、しかも、「去年ノ議會ノ議決ヲ認可スベカラズト具狀シタル諸縣アリシト雖トモ前内務卿ハ其議決ノ地方税支出ヲ減省スルノ修正ニ係ル分ハ盡ク之ヲ認可スベシト指揮シタリト云ヘリ」というのに反し、八〇年度（明治一三）不認可の續出という政策の變化が指摘されるのである。[10] 松方内務卿の手による政策轉換の布石は、大隈財政の修正政策の足もとをほりくずしつつ、さらにより大きな一歩をふみだす前提を準備しつつあったものといえよう。このようにして、革命情勢の展開は、さらに政府部内における大隈財政と松方財政の對立、大久保―大隈體制の転換――それを一四年政變が生み出した伊藤―松方體制とよぶことができるであろう――を準備したのである。

備荒儲蓄法

このような情勢のなかで、府縣會の抵抗を一段とたかめたのは備荒儲蓄法をめぐる問題であった。

備荒儲蓄法は、七五年（明治八）の窮民一時救助規則、七七年（明治一〇）の凶歳租税延納規則にかわるものとして、八〇年（明治一三）太政官布告第三一號（六月一五日）[11] で布告され、八一年（明治一四）一月一日より實施とされた。備荒儲蓄法は、「非常・凶荒不慮ノ災害ニ罹リタル窮民ニ食料小屋掛料農具料種穀料ヲ給シ又罹災ノ爲メ地租（國税ノ部分ニ限ル）ヲ納ムル能ハサル者ノ租額ヲ補助シ或ハ貸與スル」ことを定めたものであり、要するに凶荒時の地租負擔農民の再生産の維持と地租引當金の確保を目的とするものであった。この法で定められた儲蓄金を、「各府縣ハ土地ヲ有スル人民ヨリ地租ノ幾分ニ當ル金額ヲ公儲セシメ」ることによって、事實上は地租のプラス・アルファー部分とし、同年太政官布告第五〇號（一一月一二日）[12] の「備荒儲蓄金ヲ怠納スル者ハ十年十一月第七拾九號布告ニ據リ處分スヘシ」との條文により强制執行權の對象とすることによって、ますます地租の追加部分としての性格を强めたのであった。

備荒儲蓄法の原案は、八〇年（明治一三）二月の第三回地方官會議で審議された。ここで問題となった原案の箇條[13]は第一に、第二條の「各府縣ハ土地ヲ有スル人民ヨリ地租ノ幾分ニ當ル金額ヲ公儲セシメ以テ儲蓄金ヲ設ク可シ但各人ヨリ公儲スルノ割合ハ府縣會ノ議決ヲ以テ之ヲ定メ其總額ハ政府ヨリ配布スル金額ヨリ少カラサルヲ要ス」という點であり、とくにこれと「政府ヨリ補助スル金額ノ内……九十萬円ハ各府縣ノ地租額ニ應シテ之ヲ配布スヘシ」との第四條との關連においてであった。つまり、これらの箇條から、地租負擔農民は、年々、總額少くも九〇萬圓を下らない額を餘分に納付する義務をおわされることになったのである。

これにたいして、山田秀典青森縣令は「此法案ハ何トゾ廢棄シタシ凶荒豫備ハ必用ナレドモ如斯キ劃一ノ方法ニテハ儲蓄スルニ付キテ實際大不都合アリ譬ヘバ民力弱キ縣ハ是マデ救恤貸下ゲ等モアリテ救助貸下ニ二萬圓ヲ要セシト定メンニ此法ヲ設ケテ一萬圓トナリタランニハ跡ノ一萬圓ハ人民一同ノ負擔トナリテ困難一方ナラザルベシ」[14]と、もっぱら劃一主義に反對する立場から主張した。この主張は他に賛成をえられなかった。しかし、原案の施行期日「來ル十三年度（本年七月一日）ヨリ施行スヘシ」については、藤村紫朗縣令の「コノ地方官會議ヲ經テ夫ヨリ元老院ニ移シ其決議アリテ後ニ發令セラレ府知事縣令ハ其方法ヲ組立テ、コレヲ府縣會ニ付シ其議決ヲ取リテ管内ニ布達シ始メテ儲蓄ノ方法ニ着手スル手續ユヱニ」施行期日を半年延期せよという修正意見が提出された。この修正意見は、もっぱら手續上の問題として提出されたのであるが、そのなかには、關口隆吉山口縣令の「思フニ府縣會ノ議員ハ多ク農民ニテ積穀ノ如キハ實驗セシ者モアリテ其利害得失ヲ悉知シタレバ議論モ他ノ問題ヨリハ多ク一朝一夕ニハ議決セサルベシ」との府縣會での審議の困難性の豫測もふくまれていたし、「十三年度ノ下半期即チ一月一日ヨリ施行スルモ尚早シ」（平山靖彦　廣島縣少書記官）とする意見もふくまれていた。つまり、備荒儲蓄法は、當初から、その劃一主義のゆえに府縣會の抵抗をあるていど豫測せねばならなかったのである。

第二は、地租引當金としての性格が問題になった。と云っても地方官會議のことである。それが行政官會同であるかぎり、本質論にまでは立ち入らなかったが、しかし討論から、私たちは問題の所在を知ることができる。關口山口縣令は、「本條ノ地租ハ國税ニ限ルト番外ノ説明ナリキ然ルトキハ實地ニモ行ハレ難キ情實アリ熟〻農民一家ノ生計ノ有様ヲ見ルニ誠ニ憐レ至極ナルモノニテ舊家一戸ニテ一町ノ田地ヲ耕スハ中等ノ農ニテ爺孃子弟ミナ終歳コノ田地ニ力耕シ其收穫ハ僅ニ十六七石ニ過ズ尤モ一町ニテ廿石ヲ獲ル所モアレド平均セバ十六七石ヲ以テ相當スベシ扨テ其十六七石ノ中ヨリ地租ソノ他ノ諸掛リヲ拂ヒテ餘ス所ハ十石前後ナリ之ヲ今ノ相場ニシテ六十円グライ之ニテ一年ノ活計ヲツケネバ成ラヌ程ノ實況ニテ中等ノ農ナホ斯クノ如シ學校ヲ起サントシ又ハ其他ノ事業ヲ爲サントスル志アリト雖モ行フニ術ナシ故ニ地力ヲ養成シ農業ノ進歩ヲ望ム精神タル此法案ニシテ國税バカリヲ補助シテ地方税ヲ補助セヌハ甚ダ謂レ無シ」[15]と、地方税をも補助の對象とすることを要求した。この凶荒補助の對象を國税のみにかぎるか地方税をもふくむかの問題は、まさしく、松田道之東京府知事の表現によれば、「此法案ガ地租ヲ納メヌ者ノ爲ニ設ケラレシナラバ夫ニテモ好シト雖モ土地養成ヲ以テ此法案ノ精神トスレバ所謂土地耕作ノ保險ト云フモ可ナリ然ラバ土地ニ管スルモノ小作人等モ補助スルハ當然ナリ今マ土地ヨリ生ズル不納ヲ國税ナラバ補助シ地方税ナラバ補助セヌトアリテハ土地保護ノ目的ハ何クニ在ルヤ」とし、國税にかぎるか否かによってたんなる地租引當金の性格におわるか、あるいは農業再生産維持資金の性格をもつかの岐點にあるものとし、たんなる地租引當金であることに斷乎として反對するものであった。この修正意見は多數の支持をうけ修正可決された——修正案は「地租ノ下ニ分註ヲ加ヘ國税地方税共補助スルノ意ヲ明掲スヘシ」との動議として決に付された——にもかかわらず、布告條文では地方税は削除され、國税にかぎったのであった。

備荒儲蓄法は、このようなものとして成立した。それは、性格として、地租引當金の性格を強くしめしていた。それは、當初から府縣會の抵抗を豫想するものとして成立した。その理由は、何よりも劃一的に徴收額の最低額を規定し、その範圍内でのみ府縣會の審議を許したにすぎない點にあった。そして、最大の問題は、府縣會が法それ自身についで議することができず、ただ法の施行の具體的な方法のみを議することができる點にあった。

備荒儲蓄法は八一年（明治一四）一月一日からの施行であり、その布告は八〇年（明治一三）六月一五日であった。八〇年（明治一三）度府縣會通常會期（府縣會規則第三一條で通常會は毎年三月）は終了していた。施行期日にまにあうためには、必要とされる一さいの府縣會における審議は次年度通常會をまつことなく臨時會を召集しておこなわねばならない。しかも、臨時會においては、府縣會規則第七條により、政府への建議權があたえられていない。備荒儲蓄法は、しかるに、太政官布告であり、府縣會がもしその修正を要求するとなれば政府への建議をつうじての方法しかない。いわば、施行期日から臨時會審議を必要ならしむることにより、備荒儲蓄法にただ賛成の決議をしてその手續を決定するためにのみ、府縣會の審議は許されたのであった。もっとも、通常會期中といえども、修正建議がゆるされたともかぎらない。というのは、府縣會規則原案第一七條では、施行條文第一條にかわるものとして、前にのべたように「府縣會ハ專ラ府縣ノ事ヲ議スル所ニシテ泛ク大政ニ及フヲ得ス」との案があった。この原案との關連において建議權の「其府縣內ノ利害ニ關スル事件ニ付」との規定が問題になったとき、內閣委員松田道之は、「即チ地稅ノ如キ一縣內ニテ利害アリトモ全國ノ釣合ヲ取リテ定メタルモノナレバコレラハ府縣內ノ事トイヘドモ泛ク大政ニ涉ルノ議ト云フベシ」[16)]との解釋をしめしたのであった。それであれば、備荒儲蓄法もまた全國劃一法であるかぎり、通常會期中といえども修正建議は許されないとの解釋がなりたったのではないか。とはいうものの、原案第一七條が施行條文第一條では「地方稅ヲ以テ支辨スヘキ經費ノ豫算及其徵收方法ヲ議定ス」と地方稅の豫算および徵收方法にかぎられた以上は、本來、備荒儲蓄法そのものを府縣會にかける必要がなかったといえばいえるのである。にもかかわらず地方稅とは關係のないこの法の實施について府縣會の審議を規定したのは、それが備荒儲蓄という名の事實上の稅であり、地方稅徵收に府縣會を必要とし、地租改正に代議人を必要としたのと同じ論理からであろう。

少くも、農民にとっては、備荒儲蓄法は、地租の最低一・八パーセントを下らない額の增徵となる。これを地方稅と比較すれば、たとえば、三重縣のばあいの負擔額は約三〇、五一〇圓、八〇年（明治一三）度地租割總額が二二〇、二〇八圓餘でその一三・九パーセントに相當した。これを、地方税中の地價割の年々の増加分とあわせると、じつに七九年（明治一二）度から八一年（明治一四）度にかけて、少くも七七、九二二圓、地租總額の四・六パーセントを下らない額が純增徴部分として地租負擔農民の肩にかかる結果となったのである。

地租負擔者にとって、まさにこのような重荷に小づけの意味をもつ備荒儲蓄法が、その最低徴收額を修正することさえ許されずに府縣會臨時會の議題とされたのであった。紛争がおこらないのが不思議であった。

備荒儲蓄法の議權をめぐる闘争　八〇年（明治一三）九月八日現在、備荒儲蓄法の實施困難を理由に施行延期を申出た縣は七―八縣におよぶと傳えられたが、一〇月二九日からの大分縣臨時會にたいする縣令の議會中止權の發動をもって、備荒儲蓄法をめぐる縣會紛争は激化した。大分縣會は、臨時縣會において備荒儲蓄法が審議にかけられると、「本案ハ我大分縣ニ實施スルニ適當ナラズト思慮セラルル條項アルニ由リ其改正ヲ政府ニ建議スベシ」と決したが、縣令より臨時會に建議權なしと達せられたために、一一月三日、來年の通常會をまって建議し、然る後に審議することを可決した。縣令は、この決議にたいし、即座に會議の中止を命じた。[17]

引つづいて、一一月二六日、靜岡縣臨時會は、備荒儲蓄法の審議に關し、「本案は我が三州の民情に適せず依て本案を返附せん」との提案にたいし、「寧ろ議場は法律の罪人を出だすも人民の怨府となること勿れ」と返附論が壓倒的優勢をしめ、ついに出席議員三二名中三〇名の多數の贊成をえて、「本案ハ議スベカラズ」と決議した。[18]

大分・靜岡二縣會の中止は、府縣會紛争にあらたな一石を投じた。府縣會規則第三三條は、「會議ノ論説國ノ安寧ヲ害シ或ハ法律又ハ規則ヲ犯スコトアリ」とみとめられる場合にかぎって、縣令に會議の中止權をあたえている。兩縣會の決議のどこがこの條項にふれているか。とくに大分縣會のばあい、通常縣會をまって建議しようという、府縣會規則に忠實な決議をしたにすぎないではないか。世論はごうごうとわいた。東京日日新聞は、この世論の沸騰ぶりを、「大分靜岡二縣會の中止」（一二月一日）、「大分靜岡二縣會ノ中止ヲ再論ス」（一二月三―四日）の二論説によって表現した。この世論をおしきって、一二月三日、靜岡縣令は議員を召集、「備荒儲蓄法會議中其論説法律ヲ犯スモノト認ムルヲ以テ府縣會規則第三十四條ニ據リ議員解散申付候條議會ヘ可相達旨内務卿ヨリ被達候條此旨相達候事」と、解散權を發動した。[19] この兩縣會紛争とならんで、各地で同様の紛争がおこった。

石川縣會は、備荒儲蓄法の施行困難を縣會から建議することを決したが、臨時會に建議權なしとされ、人民として元老院に建白することを内決した。[20]

茨城縣會は、備荒儲蓄法第八章（條？）をめぐり縣會と縣令が對立、一時中止の上、内務卿の指揮をあおいだが、内務卿は議會に議權なしと回答、審議を再開したが、さらに、「備荒儲蓄法窮民救助法を分離せざるべからざる事、地租額に徵するの不可なる事、公債證書にして儲蓄するの不可なる事、殖利法を禁ずる事」の四條の建議をめぐって紛糾、内務卿より臨時會の「議事の中たりとも建議を許さず」と指令があったために建議派は退場、定足數を割って開會不能となった。[21]

滋賀縣臨時會は、大分・靜岡兩縣會の轍をふむことをさけ、審議を建議權がある通常會まで延期し、それまでは原案を假施行することを要求した。その上申は次のようなものであった。

備荒儲蓄法ハ我管内ノ民情ニ適セサル者少ナカラサルヲ以之ヲ政府ニ建議シ該法律ノ改正ヲ望マント欲ス……而シテ府縣會規則ニ據ルニ通常會期中ハ内務卿ニ建議スルヲ得ルノ明文アリト雖モ臨時會中ハ之ヲ許サレザル者ニ似タリ然ラバ則チ之ヲ議定センカ看ル〻管内民情ニ不適ナルヲ知リ而シテ之ヲ議定スルハ某等ノ安セザル所ナリ依テ今般ノ臨時會議決ハ來十四年一月一日ヨリ施行スベキノ法律ナルヲ以テ今之ヲ議定セザレバ恐クハ行政上差閊ヲ生スル者ト思考ス依テ今般下附ノ議案ハ姑ク原案ノママ假定ト

見做シ而シテ來十四年通常會ヲ待テ大ニ之ヲ審議シ一ハ法律ノ改正ヲ政府ニ建議シ一ハ議案ヲシテ我縣内ノ民情ニ適スル様ノ修正ニ確定セントス。[22)]

この上申にたいして、縣令は「上申ノ趣聽置候」と返答、審議は通常會に延期され、それまでは原案を假執行することとなった。臨時會は、上申が認可されたのち、さらに假執行の内容規定にかんする上申をおこなった。

就テハ備荒儲蓄法ノ儀ハ來十四年一月一日ヨリ假御施行ニ相成儀ト推察致シ候然ルニ右ハ假定ノ儀ニ付議案第一條明治十一年本縣乙第廿七號布達備荒金積立高ノ儀ハ從前ノ通リ御据置キ追テ議案確定ヲ待チ何分ノ御詮議相成度……。[23)]

この上申もまた、縣令によって「上申ノ趣聽置候」との回答によってみとめるところとなった。ここでは、形式をゆずって實質をとった縣會と大巾の譲歩をしめした縣令とのあいだに妥協が成立し、紛争は回避されたかにみえた。ところが、内務卿は、縣令にたいしてこの妥協をゆるさなかった。上京した縣令は、一二月一五日、東京からの電報をもって議員の召集を命じ、二二日よりふたたび臨時會を開會、前回の決議を白紙にもどして再議させた。[24)]縣會が決議し、縣令が認可し、合法的に有效性を獲得した決議を内務卿が否定するという、府縣會規則をまったくふみにじった内務卿の指揮權發動が、内務卿自身によっておこなわれたのである。絶對主義權力にとって、法律とはただ人民をのみ從わしめるものであって、權力は拘束されないのか。まさに、絶對主義權力にとっては、權力の意思それ自體が「法」であり、法律はただその權力の意思たる「法」にそいうるかぎりでのみ有效なのであった。權力は一さいの違法性を阻却することを、このとき、證明したのであった。

神奈川縣臨時會では、備荒儲蓄法に贊成者がなく、ために原案は消滅、一二月一六日より休會にはいり、縣令は内務卿に再議伺いを出した。内務卿は縣令に再議を指令、一旦廢案になった原案は、一二月一八日からの再開臨時會の再議に付せられた。縣會は再議のすえ、ふたたび原案を廢案とした。縣令は議員の廰下滯在を命じてふたたび内務卿の指揮を乞うた。[25)]

和歌山縣臨時會は、建議の可否を内務卿に伺い、建議を許さずとの回答に接したのち、建議せざれば議するをえずとして、建議の道が開くまでは議案を縣令にあずけ、審議をたな上げにすることを縣令に上申したが許されなかった。[26)]

福島縣會は、七月に通常會で審議し、修正の請願書を提出したが、内務卿より請願聞屆けがたしとの回答をえて、一二月一日より再議のための臨時會を召集、定足數を割って開會不能となった。一〇日にいたってやっと開會にこぎつけたが、再請願を議決、縣廳より一名、議員より二名が上京し、民情上申のため一五日に出立した。議員一同は、「今般再請願ノ次第モ有之ニ付キ其筋ヘ稟議ニ及ビ候條就テハ追テ何分ノ儀相達候迄議員一同滯在可致」ことが命ぜられた。[27)]

千葉縣臨時會は、修正建議のため通常會まで審議延期を内務卿に願い出たが許されず、ために議員中に辭職歸鄕するものが多く、再開臨時會が成立せず、一二月二六日にいたってやっと成立、審議反對派が辭職していたために、ともかくも原案が可決された。[28)]

さきに中止を命ぜられた大分縣會は、再議のための臨時會を一二月三日に開會すべく内務卿より命ぜられたが、議員が召集に應ぜず開會不能、九日にいたって臨時會成立、一一日に原案可決を强行した。[29)]

縣會が解散された靜岡縣では、「本縣々會議員解散相成候ニ付右議員改選候條來ル十四年一月中選擧會相開キ可申」と、ついに年内の議了をみるにいたらなかった。[30)]

おそらくは一二月一〇日頃現在のものと思われるが、備荒儲蓄法の審議を完了した縣はわずかに德島・高知・岐阜・崎玉・長野・石川・宮城・山形・秋田の九縣にすぎず、審議中の府縣は大分・神奈川・千葉・和歌山・滋賀・茨城

・岡山・廣島・三重・福島・京都の一一府縣であり、そのうち七縣が修正をめぐる議權の問題で紛爭をおこしていたのである。[31)] 備荒儲蓄法の施行を二旬ののちにひかえた審議の現狀がこれであった。

備荒儲蓄法の審議をめぐる府縣會の鬪爭の特徵は、それが從來の對府知事縣令という形での鬪爭ではなく、直接に内務卿＝中央政府との鬪爭として展開された點にあった。しかも、この間にあって、修正建議を許さず、審議延期を許さず、縣會と縣令との合意による修正認可にたいしてさえ、强引に内務卿の一方的な干渉がおこなわれ、原案が成立させられたのである。この權力自身の意思によって、府縣會規則をさえ無視した直接暴力的な府縣會强壓策がとられたことは注目されなければならない。政府にとって必要惡として增租のためのやむをえない手續として、開設された府縣會は、革命情勢下におけるブルジョア政治勢力の有效な政治鬪爭の場に轉化しつつあった。のみならず、それは、まさしくそのような場において革命家を政治的に訓練しそだてる學校となりつつあった。檻の中で生れた府縣會は今や檻をくい破るほどの猛虎として成長しつつあった。政府は、虎それ自體を毒殺するか、その牙をぬかねばならなくなった。兩者の深まりゆく矛盾の激突の上にくりひろげられた死鬪が、日本最初のブルジョア革命運動の成否を決する福島事件であった。この縣會における每號議案總否決にはじまる鬪爭は、文字どおり、自由民權運動の天王山であった。

福島事件をさかいに、府縣會はその性格の變化をしめしはじめる。岩倉具視は「府縣會中止意見書」を出し、そして、追いかけるように、八二年（明治一五）太政官布告第六八、六九、七〇號が府縣會の上をおおった。

(1)　東京曙新聞・明・一三・九・一六
(2)　大隈文書イ一四Ａ二六二六
(3)　東京日日新聞・明一三・一〇・二九

(4)　同・明・一三・九・二、九・二〇、九・二四―二七、九・二九、一〇・二、一〇・四、一〇・一六、一〇・一八
(5)　同・明・一三・一一・一―三
(6)　『大日本憲政史』Ⅱ五五一頁
(7)　『明治文化全集』第九巻三五五頁
(8)　同書・第九巻三五〇頁
(9)　東京日日新聞・明・一三・一一・二六
(10)　同・明・一三・九・二四
(11)
(12)　『法令全書・明治一三年』
(13)　『明治十三年二月地方官會議傍聽錄』第六―五〇頁
(14)　以下、同書・第七―三頁以降
(15)　以下、同書・第八
(16)　『明治十一年四月地方官會議傍聽錄』上八七頁
(17)　東京日日新聞・明・一三・一一・二七、一二・一
(18)　同・明・一三・一二・一
(19)　同・明・一三・一二・七
(20)　同・明・一三・一一・二五
(21)　同・明・一三・一二・一〇、一四、一五、一七、二五
(22)　同・明・一三・一二・一一、一四
(23)　同・明・一三・一二・一五
(24)　同・明・一三・一二・二一、二二、二九
(25)　同・明・一三・一二・一七、二二、二三

(26) 同・明・一三・一二・二一、二八
(27) 同・明・一三・一二・二二
(28) 同・明・一三・一二・二三、二八
(29) 同・明・一三・一二・一四、一七、二五
(30) 同・明・一三・一二・二七
(31) 同・明・一三・一二・二三

第二節　ブルジョア革命運動とブルジョア的改革

一　ブルジョア民主主義政治思想の到達點

東洋大日本國國憲按　八〇年（明治一三）後半に集中的にたたかわれた府縣會を中心舞臺とする諸闘争は、必然的に、代議機關はいかにあるべきかを認識するためのテスト・ケースとしての役割を演じた。内務卿――府知事縣令と府縣會との關係は、とりもなおさず、立憲代議政體――それこそ民權運動の要求であった――下における行政府と國會の關係として、それも抽象的な行政權と立法權の問題としてではなく、現實の天皇の名のもとに組織された絶對王權と人民の政治的諸權利の問題として、理論化される可能性を生み出した。こうした可能性の極限を、「東洋大日本國國憲按」が表現した。

このすぐれた憲法私案は、その背後に大きなひろがりをもつ人民的要求の基礎にたつものであり、決してたんなる

ヨーロッパのブルジョア・ラディカリズムの飜譯的移植のみによるものではない。また、その成文化は、すぐれた一人のイデオローグの天才的頭腦の所産ではあるにしても、決してたんなる天才的頭腦の觀念の所産ではない。この憲法私案が生み出されるまでには、幾多の人民的闘爭がまさぐりもとめ、營々と築きあげてきたイデオロギーの成果が凝集しているのである。私たちは、その努力を、七〇年（明治三）の熊本藩政改革における豪農層の藩議院構想にみた。七四年（明治七）の小田縣の公選地方民會要求建議に見てきた。七五年（明治八）の河野廣中らの地方官會議傍聽人合同會議への努力に見てきた。七六年（明治九）の熊本縣民會と區戸長公選要求の闘爭に見てきた。さらに、河野らの愛國社再興の努力と越前七郡や愛知縣東春日井郡や長野縣下伊那郡などの地租改正反對闘爭にみてきた。そして、國會開設請願運動の革命的なひろがりの中での櫻井靜提案と府縣會の廣汎な闘爭のひろがりをもって、問題はやっとここまで到達したのであった。すなわち、いかなる國會が開設さるべきか。

八〇年（明治一三）一一月、國會期成同盟第二回大會がひらかれた。二府二二縣の同盟員一三萬餘を代表する委員六四名の會同は、國會期成同盟合議書を畫定し、さらに遭變者扶助法を議定してブルジョア革命の戰闘部隊としての編成をおこない、自由黨盟約四ヵ條が制定された。このとき、憲法私案の制定が議題とされ、ともかくも、期成同盟合議書第四條に八一年（明治一四）一〇月の大會の「來會には各組憲法見込案を持參研究すべし」との一條がおりこまれ、それにもとづいて憲法私案の檢討がおこなわれたのであった。そうした私案のひとつが、「東洋大日本國國憲按」であった。

「東洋大日本國國憲按」[1)]は、植木枝盛の起草になるものと考えられている。この私案は「聯邦」制をとっているが、これも絶對主義的中央集權にたいする民會・府縣會をつうじての抵抗の傳統にたつものとするのは思いすごしであろうか。むしろ、植木をふくめて、立志社が土佐州會の成立をめざしてたたかったその實踐の經驗を無視することはできないと考えるのであるが。

「國憲按」が詳細に規定している基本的人権その他の問題については詳細な紹介は省略したい。ただ、思想（四九條）、宗教（五〇條）、言論（五〇・五一條）、出版（五二條）、集會（五四條）、結社（五五條）、住居・旅行（五七條）、學問・教育（五九條）、職業（六〇條）の自由が無條件で保證されている點、および興味深い問題としては死刑の廢止（四五條）がふくまれている點を指摘しておきたい。人民の諸權利にかんする規定のなかでとくに重要なのは、不服從權――「政府國憲ニ違背スルトキハ日本人民ハ之レニ從ハサルコトヲ得」（七〇條）――、抵抗權――「日本人民ハ凡ソ無法ニ抵抗スル事ヲ得」（六四條）――、革命權――「政府恣ニ國憲ニ背キ擅ニ人民ノ自由權利ヲ殘害シ建國ノ旨趣ヲ妨クルトキハ日本人民ハ之ヲ覆滅シ新政府ヲ建設スル事ヲ得」（七二條）――の設定である。この不服從・抵抗・革命の三權はヨーロッパのブルジョア・イデオロギーが生み出したもっとも民主主義的な人民的權利であり、人民主權の具體的な表現であった。このヨーロッパの自然法思想の成果が、日本の人民的闘爭の實踐から生みだされた理論と結合したのが、具體的な政體としての立憲君主制代議政體論であった。

「國憲按」における立法權と行政權との關係については、充分に過去の經驗が生かされている。徴税については、「聯邦ノ租税ハ聯邦立法ノ議ヲ經ルニアラサレハ一モ徴收スルヲ得ス」（一六四條）、「皇帝ハ法ノ外ニ於テ租税ヲ收ムルヲ得ス」（九二條）、「聯邦立法院ハ聯邦ニ關スル租税ヲ定ムルノ權ヲ有ス」（一二〇條）の規定がある。立法權については、「日本聯邦ニ關スル立法ノ權ハ日本聯邦人民全體ニ屬ス」（二〇一條）、「日本聯邦人民ハ皆聯邦ノ立法議政ノ權ニ與カルコトヲ得」（一一五條）――選擧は直接普通選擧である――、「皇帝ハ法ノ外ニ於テ立法院ノ議ヲ拒ムヲ得ス」（九三條）、「立法院ノ議決シタルコトニシテ國帝之《ママ》レヲ實施シ難シト爲ストキハ議會ヲシテ再議セシムルヲ得」（九五條）、「聯邦立法院ノ決定スル所ニシテ皇帝準許セサルコトアルトキハ立法院ヲシテ之ヲ再議セシム立法院之ヲ再議シタルトキハ議員總數過半以上ノ同意アルヲ見レハ更ニ奏シテ必ス之ヲ行フニ定ム」（一六四條）、「皇帝ハ立法議會ト意見ヲ異ニシテ和セサルニ當リ一タヒ其議會ヲ解散スルコトヲ得……一タヒ解散シタル上ニテ復開シタル議會ハ同事件ニ就テ再タヒ解散スルコトヲ得ス」（九四條）の規定がある。

これらの徴税・立法の兩權についてのこのような詳細な規定は、すでに民會や地租改正をへた府縣會において、まさに實踐をもって學びとった人民的教訓の成文化以外の何ものでもなかった。それはなお、「日本皇帝ハ日本立法權ニ與カルコトヲ得」（一一六條）、「聯邦執政（閣僚—大江）ハ……議會ニ參スルヲ得決議ノ數ニ入ルコトヲ得」（一七三條）の兩條があるにせよ、それは實質においては、國會開設請願運動とわかちがたく結びついている傳統的な君民共治思想との訣別であった。形式の上でのキング・イン・パーリアメントは、その奥に王を疎外した人民への可能性をひめていたと云っても差支えない。

それでは、この人民主權の前提にたつ一院制の立憲代議政體論は、なぜ、共和制と結びつかなかったのか。また、何ゆえに、この「國憲按」にもられた思想が、その後、普遍化せず、特殊急進的な思想として孤立していったのか、このようなふたつの問題がなお殘されるのである。

「國憲按」がその思想をなぜ共和制にまで發展させることができなかったか。私はそれをふたつの問題として考えたい。

民權運動と共和制

第一に、ブルジョア民主主義革命運動における政治イデオロギーの發展にかんする一般的な問題がある。ヨーロッパ諸國においても、ブルジョア民主主義革命の政治イデオロギーは本質的には王權に對立する人民の諸權利の問題として、したがって究極的には人民主權の確立を理論づけるものとして發展しながら、具體的な政治的實踐の場においては、常に、王權を制限し、王と議會を調整し、王權が組織した權力機構を王の名において換骨脱胎することをもっとも合理的なものと見なす思想として展開されていたかに思われる。事實、イングランド革命においてもフランス大革命においても、政治的實踐の過程において、王と議會が妥協不可能なものと認識され、絶對主義王權に對抗するブルジョア民主主義の表現としての「王と人民」が揚棄された段階は、王と王權が不可分の關係にあること——というよりも、むしろ王權の人格的表現としてのみ王が存在しうること——を實踐によって認識することができた段階、いわば王が人民を裏切った段階であった。[2)]

自由民權運動が、日本のブルジョア民主主義革命運動として、このような段階にまですすまなかったばかりか、なお、その敵の本質である絶對主義王權を王と切りはなされた形の「有司擅制」というとらえ方をしたのは當然であった。しかも、このようなとらえ方のなかに、「有司」と鬪爭する府縣會の經驗が生んだ理論が、そのままには天皇と人民の關係の理論にまで發展できなかった限界があるのではないか。しかも、この限界は責めらるべきでない。人民が自己の革命の經驗から學びとるまでは、ブルジョア革命において、理論はつねにちゅうちょするものである。

第二の問題は、思想の擔い手の問題である。民權運動の過程においても、端緒的には共和制思想への發展の可能性をしめすものがあった。斷片的な言葉としては今までもいくつかあげられているが、ややまとまった事例をあげよう。

かつて、熊本縣の城北一帯の戸長公選要求鬪爭を指導して廣汎な農民鬪爭を組織しながらも、西南戰爭が始まると西郷軍に身を投じた熊本民權黨の同志たちは、その無原則的統一戰線論のあやまりを多くの同志たちの生命とひきかえに學びとった。「薩人の騷無知にして教ふべからざるを見、心竊かに事を共にしたるを悔ひ居たり」[3)]という生命がけの自己批判をつうじ、戰後の生存者たちは相愛社を組織し、國會開設請願運動にとびこんでいった。かれらは、「維新の功臣」＝縣會議員級の豪農ではなく、その多くは戸長の經歴さえもっていなかった。それらにくらべれば、より農民的であり、したがって、逆にその初期にはより士族的な志士意識の影響下におちいりやすかった。かれらの民權運動における實踐をささえたのは、理論であるよりも感覺であった。

そのかれらと吏黨紫溟會――その領袖佐々友房をはじめ加盟士族の多くと相愛社員の多くはかつて肥薩の戰場における戰友であった――との論爭に、かれらの思想の片鱗がしめされている。

「佐々（友房―大江）曰く、然らば立憲政體を改革進歩して、共和政治に至るも亦希望する所なるか、有馬（源内、相愛社機關紙東肥新報社長―大江）曰く、强て望むにはあらざれども、人之を希望するは又强て止めざるなり」と。また國會開設上願書の代表署名者の一員である相愛社長池松豊記もまた「曰く、國體と政治とは到底分る可らず、政治變革する時は、國體も亦隨って變ぜざるを得ず、故に今日に在りては皇統を維持する筈なれども、明日の事は慥かに約束なり難し」と。[4] 松山守善も、「木村（弦雄、紫溟會領袖―大江）突然余に問ふ『君は父母に對しても正當防衞權ありと思ふか』余答ふ『固より然り』[5]」「然らば君に對しては如何、松山從容として對へて曰く、父且然り、況んや君をやと」[6]。ここでは、河野廣中が保留した忠孝でさえも、そして實學黨豪農がなお民權論の基底にすえた『大學』はもちろんのこと、無視された。

しかし、そのかれらが、「明治十五、六年頃……民約憲法を制定しようと云ふ事になり……毎夜毎夜其の起草に就て會議を開き……議論研究しても意見一致せず、思想纏まらず、又法文に馴れず、とても作製する事能はず」[7]、ついにその努力を抛棄してしまったことは、その思想形成の限界をしめすものであった。かれらがいだくことができたのは結局はイデオロギーの斷片にとどまり、それを政治綱領化し、憲法私案に成文化することができなかったのである。そのような層の要求をも反映したのが植木のすぐれた頭腦であり、そこにまた、植木の「國憲按」が共和制という方向からみたときの不徹底さと、逆にその特殊急進的な孤立性と、この兩面がしめされているのではないか。

他方、民権運動における指導性を強力に發揮した層、その典型としての河野廣中をみてみよう。河野は、人民的諸権利のすべてから「忠孝の二字」を保留した。それは、時期的にも古いことに屬するものではある。しかし、福島事件當時の河野の方針から、河野自身の政治方針をくみとるとき、依然としてかれが忠孝の二字をはなれていなかったことが理解される。當時の河野の方針については、自分自身こう語っている。「我々同志は……合法正當の手段に訴へて、權利を維持せねばならぬと爲し、大に盡瘁しつゝあったが、予の志は天下國家の安危に在って、一地方の事に關して天下の大事を閑却するは予の固より欲せざるところ。殊に明治十八年を期して國民の望むが如き憲法を實施し、眞個の立憲政體を建て、人民の權利自由を全うしようと云ふ目的を定め、着々其歩武を進めつゝあった折柄であるから、尚更のことである」[8)]。

河野が、まさに一さいの矛盾の凝集點であり、革命運動の成否を決する決定的な政治的瞬間に屬する「一地方の事」と遊離して「天下國家の安危」を考え、目前の政治情勢とはまったく別のものから、「國民の望むが如き憲法……眞個の立憲政體……人民の權利自由」を觀念としてみちびき出し、「合法正當の手段に訴えて、權利を維持」することを考えていたかぎりにおいて、かれの思考形式は觀念の所産以外のものでありえなかった。そして、福島事件のばあい、河野は觀念によって自己の政治方針を決定したかぎりにおいて、革命家としての人民の指導者たるの資格を失ったばかりか、革命的ブルジョアジーの階層をもあやまったのである。というよりも、それが自由黨に結集したブルジョアジーのこの時點における總體として表現であった。それを克服する可能性は、福島事件そのものが生み出しえたのである。

(1)　『明治文化全集』政史篇下巻四二〇頁以降から本文は引用し、名稱は鈴木安蔵『自由民權』によった。
(2)　たとえば、A・ソブール『フランス革命』(小場瀬卓三・渡邊淳譯) 岩波新書版上巻一二五―七ページは、フランス大革命の過程における王と人民の對立と和解、そしてやがて來る決定的な破綻を簡潔にえがいている。また、C・ヒル『イギリス革命』（田村秀夫譯）も、王と王權・議會・人民との力關係と利害關係の分析をつうじて、議會が王との戰爭に突入せざるをえなくなった過程をのべている。兩者から、王との直接の闘いが政治情勢の主導的役割を演ずる思想として現われるのは、革命のいかなる段階であったかを推測することが可能であろう。

(3)　宮崎滔天『熊本協同隊』

(4)　以上、『楳渓津田先生傳纂』（「紫溟會歷史」）一二二―一二四頁。

(5)　松山守善『自敍傳』一六頁。

(6)　前掲「紫溟會歷史」。なお、以上の討論は紫溟會結成以前、一八八一年（明治一四）のことに屬する。

(7)　前掲『自敍傳』一八頁。

(8)　『河野磐州傳』上巻五二四頁。

二　明治一四年政變

§一　政變の經濟的背景と財政

横濱生糸荷預所事件　一八八一年（明治一四）九月、横濱連合生糸荷預所の設立をめぐって、外国貿易商人とのあいだに紛争を生じた。井上清氏はこの紛争を、「若い民族ブルジョアジーの勝利……外商に對するかぎり、これが中小商人、生産者をもふくめて全国の民族資本の勝利であった」との評價をくだした。[1)] しかし、これにたいする詳細な批判的分析が、その後、鈴木良「外國貿易とブルジョアジー――生糸荷預所事件をめぐって――」（日本史研究三五）においておこなわれたことによって、この事件の意義がほぼあきらかとなった。

鈴木氏によれば、事件の前提は次のようになっている。まず、製糸業については、「当該社會構成内における最も發展を示していた、産業部門であり、それに伴う製糸養蠶地帯の經濟的繁榮は製糸業をして国民的産業たらしめていた」との位置づけがあたえられ、「輸出生糸の総量はほぼ明治九年を境に急速に發展している」こと、横濱入荷信州産生糸の例にみられるように、「明治十二年に全体の四三・二%を占めた器械及び座繰捻造製糸は翌年には五三・九%となって遂に提糸造を凌駕するに至った」こと、「かような製糸業の發展はその市場の拡大により更に促進せしめられていたことであり、新たに米國市場が日本生糸の消費地として開拓されたこと」などが指摘されている。製糸業が幕末以來の貿易の發展にささえられて急激に發展し、「國民的産業たらしめ」るに値するほどのものをしめしたとするならば、まさに、綿と菜種にはじまった市場の統一支配のための動きは生糸市場におけるそれの完成をもって最後の環を閉じたと見ることが出來るであろう。私は、八一年（明治一四）の生糸荷預所事件をそのような視角から見ることが重要であると考えるし、また國内市場の統一支配の問題が生糸荷預所事件のような形でとらえられることに日本の市場統一の問題の特殊な性格が看取されるものと考える。

横濱連合生糸荷預所の設立は、形式的には、何よりもまず、横濱居留地に商館をもつ外商の「拝見」制による買叩きへの對抗の問題として提起された。輸出生糸の取引は、當時、次のようなしかたでおこなわれていた。「外商は生糸賣込問屋の店頭をまわり問屋と購買契約をむすぶ。問屋は生糸を商館倉庫にひきこみ「拝見」＝檢査、「看貫」＝斤量掛改めをうけ、のちに初めて價格を受取る」[2]。この「拝見」制のまえには、すでに商品を手中におさめた外商の一方的な意志のみが存在しうる。その結果、「彼レノ都合ニヨリ見分ケノ時日ヲ遷延シ本國ノ電報ヲ待チ利益アル時ハ之ヲ購求シ若シ不利ノ時ハ之ヲ破談シ又ハ貨物百箇ノ内十箇乃至十五箇ノ上品ヲ撰取殘貨破談スル等」[3]のことをはじめ、さまざまの不利益をこうむることが多かった。このような外商に對抗して国内の生糸流通を一本化することによって對外商權の確立をめざしたのが生糸荷預所の設置であったと考えることができる。

しかし、荷預所設置の目的は何よりも、その設立願のひとつにしめされているように、「已ニ直輸貿易ノ一方ニハ厚ク御保護モ被爲在候ニ付テ何卒右（荷預所を指す――鈴木註）維持ノ方法上ニモ特別ノ御保護ヲ仰キ直貿易ト内國販賣ト相與ニ車ノ雙輪ノ如ク共進致候様仕度」[4]（傍點――鈴木氏）と、國内市場の統一的支配を確立することによって生糸貿易を獨占することにあった。ここに、荷預所設置の商權確立史上における意義とその内部にはらむ矛盾がしめされていた。この矛盾は、どのようなものとしてしめされたか。

明治初年、生糸賣込問屋は地方荷主と外商との仲介業者である以上には強力でなかった。地方＝舊藩特權商人や在郷商人の上層部から成る地方荷主が買占やマニュ經營あるいは家内勞働の組織などをつうじて形成してきた地方市場をいかに統一して支配するかが、同時に商權確立の問題でもあったのが荷預所事件であった。製糸業の發展とともに製糸業者の共同出荷の組織である社や組が廣汎に結成され、これらの製糸業者の組織による横濱出荷・「濱賣り」の發展とともに、問屋による荷爲替貸付業務の設定が、問屋の力を強めた。いわば製糸業の發展が、「地賣り」から「濱賣り」への變化を生むとともに、生糸流通もまた地方荷主による地方市場支配から横濱の問屋による全國的な市場の統一支配へと移行をしめしたのであった。しかし、この移行は、同時にまた、製糸業の急激な發展を前提とする以上、同時に生糸生産者に基礎をおく組織の流通への進出と對立せざるをえない。したがって商權の確立は、同時にだれがその商權の支配者＝擔い手となるかの問題を提出せざるをえなかった。

荷預所の設置は、そのような發展の條件におうじた、問屋、政商の立場からの市場支配のこころみであった。荷預所の大株主が原善三郎、茂木惣兵衛・平沼高藏・澁澤作太郎らのような巨大問屋や馬越恭平（三井）・朝吹英二（三菱）のような政商の代理人によってしめられたのは當然のことであった。この荷預所を中心として下部組織に連合生糸荷造所を設置、この荷造所をもって地方における流通支配のかなめとすることによって荷預所の支配を貫徹しようとするものであった。こうして荷預所＝政商・大問屋――荷造所＝地方大商人というかたちの流通支配機構を形づくることによって商権を確立しようとした。それは外商によって發展をはばまれていた製糸業にとってはたしかに外商の一方的な收奪を排除することを約束するものであった。しかし、同時に、製糸業を流通面から支配するものが外商から國内の商人資本に肩がわりするものにすぎず、從って製糸業が流通の支配者による一層強力な支配のもとにおかれる結果となったのである。

当時、すでに地方製糸業の發展は、みずからが流通の擔當者たるに耐ええないほどのものでなかった。群馬縣の製糸業者の社あるいは組は連合して「製糸は都て會社の名を以て海外に直賣するを本旨とす」[5]る上毛繭糸改良會社を八〇年（明治一三）一〇月に設立した。加盟社數は五二、富岡の甘樂精糸社、碓氷社などをはじめ各村養蠶組合などを網羅していた。このような地方製糸業者が直輸出のための共同出荷組織をつくりつつあった段階において荷預所が設置され、流通の獨占支配とくに直輸出の獨占をねらったところに問題があった。荷預所の有力な參加者のひとつであった直輸出商會である同伸會社が外商と荷預所の抗爭の最中に統制を破って取引をおこない荷預所を除名されたのも、實はこの同伸會社が地方の大製糸ブルジョアの組織したものであったということよる。こうしてみれば荷預所事件は、國内的には生糸生産を流通面から統一的に支配しようとする政商・大商人資本のこころみのあらわれであったとしてとらえることができるのである。

荷預所事件は、開港以來、急激なブルジョア的發展をしめしていた製糸業に大きな打撃をあたえた。たとえば、群馬縣交水社は八三年（明治一六）の内務省への報告において、「然るに十四年中生糸荷預り所と外商の紛紜等にて聊か損失あるも不撓一層勉勵したるを以て回復す」[6]とあり、少からぬ打撃をうけたことを推測させる。いわば、この荷預所事件は原善三郎をして「商權恢復を企て大に敗亡したりき」と云わしめ、「外國商人は市場から阻外されたことにより勝利者（Gainers）となったことを祝福した」といわれる結果におわりながら、國内的には「問屋は從來より營んできた荷爲替前貸のほかに製糸資金の貸與をも始め製糸業者を強くその支配下に從屬させていった」[7]結果を生んだのであり、生糸産業において一擧に生産を支配することとなったのである。ここにおいて、嘉永の株仲間再興にはじまる絶對主義的な生産・流通構造の形成は荷預所事件における生糸産業のそれをもって完成したということができる。そして、このような生産・流通構造を基底として、松方財政下における養蠶地帯に固有の政治構造が成立すると考えられるのである。

大隈財政の意義　大隈財政は、明治絶對主義が指向した流通面からの生産支配の基礎にたつ經濟構造の成立に相應するものとして、同時にそのような經濟構造を基底とする支配構造への舊幕藩體制的支配構造の解消をうながすものとして成立した。それは、從來云いならわされてきた表現によれば、政商・地主的であった。しかし、この政商・地主的であるという表現をもってしては何ものをも解決できない。私は、この表現が適切な表現であると思う。だが、同時に、政商的という表現にどのような科學的な内容がこめられ、地主的という言葉の背後にどのような理論づけが可能であるかを檢討することなしに、このような文學的表現を許すことはできないと考える。そこで、大隈財政の階級的性格を、その方針のなかに一べつしよう。

大隈財政は地租收入を政府歳入の基礎とする歳入安定策の上にたち、紙幣發行と公債募集をささえとしながら操作されてきた。通常歳出で注目にあたいするのは、その初期、地租改正・秩祿處分以前の時期において、歳出の平均三八パーセント（六八年正月――七五年六月）[8]が家祿賞典祿にあてられていることであり、その後期、たとえば八〇年度決算[9]において、歳出の三七・二パーセントが公債利子・公債償還にあてられていることである。いわば、大隈財政は、家禄賞典禄の支拂と公債利子・公債償還を中心として回轉してきたといっても過言ではない。家禄賞典禄の支拂は、いうまでもなく、舊領主階級にたいする支拂であった。

政府通常歳出の最大の部分をしめる公債にたいする支拂は、一體だれに、何のために支拂われたのか。八〇年（明治一三）現在の公債既発行額を大隈自身の分類によって整理すると表一六のようになる。この表一六のうち、すでに償還ずみの額が一、三三〇萬圓餘、そのうち七七〇萬圓餘は舊幕・舊藩の債務であった。このすでに償還ずみのものを除外しても、政府通常歳出の大きな負擔となっていた公債への支拂の壓倒的大部分は秩祿處分による舊士族への支拂であり、それにつづくものが、藩債への支拂であり、全體の八五・八パーセントが舊幕藩領主制における領有權の二重買いの支拂いにむけられ、生産的な事業への支出はわずかに六・六パーセントにすぎなかった。

表一六　八〇年現在既発行公債額

發行目的	發行額	%
藩債處分のため（A）	二三、三八〇、〇〇〇	八・七
秩祿處分のため（B）	二〇二、三二〇、〇〇〇	七七・一
A＋B	二二五、七〇〇、〇〇〇	八五・八
金札引換のため	四、九六〇、〇〇〇	一・九
政府起業のため	一七、三八〇、〇〇〇	六・六
西南役軍事費	一五、〇〇〇、〇〇〇	五・七
總計	二六三、〇四〇、〇〇〇	

「大隈君財政要覧」（『明治文化全集』第一二巻）より

この公債發行が壓倒的に舊領主と特權商人にたいする支拂を目的としておこなわれたことが大隈財政の形式上の階級性であった。そのうち特權商人にたいする支拂は償還——償還ずみの七七〇萬圓餘のうち五七〇萬圓餘は外債であったが——および利子支拂をつうじてそのまま貨幣元本化された。しかし舊領主にたいする支拂は、どのようなものに轉化されたか。大隈は次の方針をもって臨んだ。「因テ政府ハ、士族ノ所有スル公債證書ヲ以テ、之ニ營産ノ業ヲ授ケントスルニ際シ、他ノ一方ニ於テハ、邦内ノ資本乏少ニシテ、金融閉塞ノ有様アルカ故ニ、彼此相利スルノ政策ヲ用ヒ、士族ヲシテ其公債證書ヲ抵當トシ、國立銀行ヲ創立セシムルノ議ヲ決シタリ……國立銀行ハ、斯ノ如キ事由ヨリ成立チシヲ以テ、明治八年以前ノ者ハ概ネ尋常商人ノ營業ニ係リ、九年以後ノ者ハ士族ノ營業ニ屬スルモノ多シ」10) と。

表一七　国立銀行・数・資本額

年月	行數	資本總額（千圓）	同年六月現在未償還公債額（千圓）
七五年一二月	四	三、四五〇	四七、四八〇
七六年一二月	五	二、五五〇	五四、八七〇
七七年一二月	二八	二三、一五六	二四二、一七〇
七八年一二月	一二六	三七、〇八一・一	二五四、三二〇
七九年一二月	一五三	四〇、七九六・一	二四九、八九〇
八〇年　六月	一五二	四一、九二一・一	二四九、三六〇

前掲「大隈君財政要覧」より

表一七にしめされるように、大隈の方針は實施された。すなわち、秩禄處分による大量の公債發行が七七年（明治一〇）におこなわれるとともに、國立銀行數は七六年（明治九）の五行から七八年（明治一一）の一二六行へと、行數にして一擧に二五倍に增加、資本總額は一二倍半に增加したのである。しかし、その結果として、「尋常ノ商人」たる多額の資金をもった特權的商人の經營する少數銀行時代にくらべて一行あたりの平均資本額も半減したのであった。こうして、大隈財政が、舊領主階級から領有權を買いとった支拂部分は舊領主階級の領有權を有價證券化し、その有價證券を元本として一部は地主的土地所有の形成に、他の一部は銀行資本にむけられ、舊領主階級の有力な層は地主・金利生活者として絶對主義社會の支配階級たる新貴族層に轉化されたのである。他の多くの零細士族は雀の涙ほどの支拂をたちまちに蕩盡して一般的にはルンペン・プロレタリアート化するか、あるいは新社會におけるインテリゲンチャとして再生し、または絶對主義的官僚機構の將校・下士官から兵士にいたる廣汎な

範囲にばらまかれ、そのほかまったく他階級のなかに解消し去った。つまり、舊領主階級は、新しい支配階級として地主・金融貴族階級を生み出すことによって分解しさったのであった。

大隈財政が公債發行とともにその回轉の他の一輪としてきたものに紙幣發行があった。上掲図表から理解されるように、太政官による紙幣發行については、六八—六九年(明治元—二)の政府成立期に一回、七二年(明治五)に第二回、七八年(明治一一)に第三回と、都合三回にわたって巨額の發行がおこなわれ、また太政官發行にあらざる紙幣は七一年(明治四)に巨額の發行がおこなわれた。その發行の理由として、第一回は政府成立期にあたって収入の道がまだ開けず、内戰と新施設の費用のために巨額の赤字を生じ、そのために紙幣發行がおこなわれたという。しかし、六八年の經常収入三六六萬圓、借入をふくむ臨時収入五三八萬圓、計九〇四萬圓で赤字合計一、五九〇萬圓、六九年(明治二)の經常収入四六六萬圓、借入をふくむ臨時収入を合しても計一、〇四七萬圓で赤字一、〇三一萬圓、兩年の赤字總計は二、六三七万圓であった。これにたいして、兩年の發行紙幣總額はほぼその倍額に近い四、八〇〇萬圓におよんでいる。たといこの赤字額が「數年ノ後決算整理ノ日ニ定マリシ者ニテ、當時國庫ノ狀況ヲ論セハ、其不足ハ是ノ員額ト同シカラス。故ニ當時紙幣ノ發行額モ亦タ、上ニ掲クル不足額ニ符合セサルヲ察セヨ」と云ってみたところで、この發足の當初からの財政の混亂はおおいかくすべくもない。

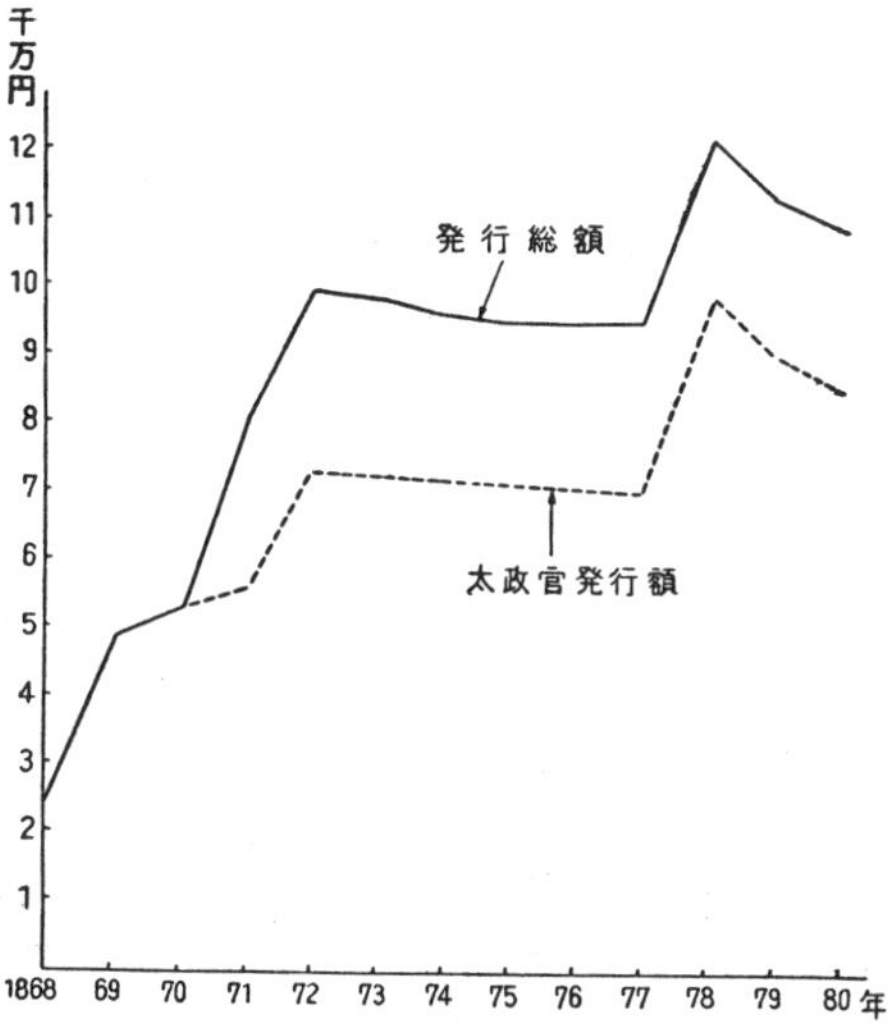

68—80年(各12月)紙幣發行高
(「大隈君財政要覧」より)

第二回の紙幣發行は廢藩置縣にもとづくものであるというが、これをしも、「俄ニ行政ノ區域ヲ擴張シ、是カ爲ニ、經常・臨時ノ輸出ハ五千七百七拾三萬圓ニ增加シタリ。然ルニ、諸藩ニ屬セシ輸入ハ、未タ官納ノ順序ニ至ラスシテ、經常・臨時ノ輸入ヲ合スルモ、三千貳百六拾壹萬圓ニ過キサリキ」[11]とするのは、領有權買取の二重支拂を證明する以外のものでなかった。そうしたなかで、西南役による第三回の紙幣發行がおこなわれたのである。これが、政府紙幣の價格下落の要因を形づくった。

このような紙幣發行政策による財政混亂に輪をかけたのが政府の流通政策であった。大隈は以上の紙幣濫發について、八〇年現在の發行總額のうち政府が準備金を有するものに相當する額を差引いたのち、殘額を舊藩札の肩替りに屬するものと殘餘の額にわけ、前者を一、九四六萬圓、後者を三、七九〇萬圓としたのちに、西南役をふくむ維新後の戰費三、九九四萬圓と比較して、「然ラハ則チ公債ノ一部ナル紙幣ヲ政府カ發行セル事ハ、單ニ十三ヶ年間ノ非常戰費ニノミ充タルニテ、經常ノ費途ニ歳入ノ不足セルヲ補塡センカ爲メニ、濫費發行シタルニハ非スト云フヘシ」[12]と結論づけてその流通政策の正當性を主張した。しかし、このような數字の魔術で現實の危機を脱出できないところに問題があった。

維新後一三年間の政府の流通政策を考えるうえで特に重要なもののなかに、その初期における爲替會社と後期における國立銀行の問題があった。爲替會社は、東京・横濱・新潟・西京・大阪・神戸・大津・敦賀など八ヶ所にもうけられ、「銀行ノ性質ヲ具ヘ紙幣發行ノ特權ヲ有スル金融機關ニシテ其設立ノ目的ハ信用制度ノ發展ヲ計リ以テ當時金融ノ壅塞ヲ疎通セントスル政府の意嚮ナリシヲ以テ政府ヨリ資金ヲ貸付シ其他特別ノ保護ヲ與ヘタリキ」[13]との性格をもち、その主體は三井・小野・島田・奥田などの特權的豪商であった。政府はこれらの爲替會社にたいし、東京爲替會社三三二、〇〇〇兩・横濱三〇〇、〇〇〇兩・西京三〇〇、〇〇〇兩・大阪四六〇、〇〇〇兩・神戸二三〇、〇〇〇兩・

計一、六二三一、〇〇〇兩の太政官札を下渡し、また「時々金ヲ爲替會社ニ委託シテ運轉セシメ」[14]、金銀錢券洋銀券の發行を許すなどの特權と保護をあたえた。これらの爲替會社が發行した金銀錢券洋銀券の總額は次のようになる。[15]

表一八　各地爲替會社による金銀券等發行額

	金券	銀券	錢券	洋銀券
東京	一、五〇〇、〇〇〇兩	五三四、二一〇兩	貫	弗
横濱	一、五〇〇、〇〇〇			三、〇〇〇、〇〇〇
大阪	一、八五三、四五〇		一、四〇八、〇三四・二	
京都	六四〇、〇〇〇		一、二七六、三二三・四	
大津	二六二、五〇〇			
神戸	五〇〇、〇〇〇			
新潟	五〇、〇〇〇			
敦賀	四一、〇〇〇			
計	六、一四六、九五〇	五三四、二一〇	二、六八四、三五七・六	三、〇〇〇、〇〇〇

（『明治財政史』第13巻より）

このうち洋銀券を除く發行總額は、結局、約六九五萬兩にたっした、當時流通の太政官札が四、八〇〇萬兩であったことから、結局はその一割五分弱におよぶ爲替會社紙幣が政府の保護下にある特權的豪商の手によって流通していた。このうち金券の發行にあたっては兌換準備が前提とされていたにもかかわらず、爲替會社の經營はかなりの亂脈をしめし、七二年（明治五）一一月の國立銀行條例の制定にともなう爲替會社の解散にあたって、大きな混亂をしめした。まず、關西五爲替會社の解散にあたっては、結局、全資本をつぎこんでもなお西京・大阪・神戸の三社で五二

五、四四五兩弱の不足であり、この分だけを政府は紙幣增發によって貸下げて會社紙幣の兌換にあてさせたばかりか、この貸下げ金の返納にあたっては本來政府の收入に屬する油穀相場の手數料を會社にあたえ、これをもって返濟せしめるという方法を採用したが、大隈はこれにたいして一〇萬兩を返納せしめ殘額は債權を拋棄するという案をもってかえ、結局四二七、三七六圓餘の政府債權を拋棄したのであった。また東京等三會社の處分については、政府の債權四〇萬兩餘を拋棄しただけでなく、新規に不足額三四萬兩を補助、計七四〇、七〇〇兩にのぼる援助をあたえた。爲替會社の發足にあたっては一、六二〇、〇〇〇兩の資金を貸渡したばかりか、官金の委託そのほかの便宜をはかり、その解散にあたっては一、一六五、〇七六兩餘の金額を泥沼に投ずるように投じて惜しまなかったのである。この爲替會社始末が、政府の流通政策の一端をしめしている。

流通政策上重要ないみをもついまひとつのものは國立銀行であった。[16] 國立銀行は、當初、政府發行の不換紙幣銷却を目的として設立されたものであった。つまり、金札引換公債證書を國立銀行に引受させ、國立銀行はその資本金の六割をもってこれを購入、その代價として支拂われる紙幣を政府は吸い上げるとともに、公債證書を國立銀行は政府に寄託し、その利子の支拂をうけるとともに、公債額面と同額の正貨兌換銀行券發行權を國立銀行にあたえるという內容のものであった。これによって、政府は金札引換公債の大口消化による不換紙幣の銷却を可能とし、國立銀行は資本金の六割を有價證券投資と正貨兌換銀行券發行との二重利用にまわせることとなった。しかし、この政策は不換紙幣の下落という事實のまえに無力であった。第一、正貨兌換銀行券は發行とともに正貨に兌換される運命をもっていた。銀行券は有名無實、そのまま國立銀行の窓口に戻り、まったく流通しなかった。國立銀行は結局、銀行券を政府に預託し、同額の紙幣の下附を受けることになってしまった。政府は、手數をかけたあげく、金札引換公債を當の不換紙幣をもって買戻したのと同じ結果に遭遇したのである。

ここにいたって、七七年（明治九）八月、國立銀行條例に大改正がくわえられた。新條例によれば、國立銀行は資本金の八割にあたる公債證書を抵當として政府に預託し、同額の銀行紙幣を發行することができ、その引換準備として發行券高の四分の一を備えればよいことになっていた。丁度、秩禄處分がおこなわれ金禄公債證書の巨額の發行があり、その公債價格の維持のためにも必要とされた政策であった。このとき、とくに巨額の金禄公債證書を得た華族にたいする政府の特權的保護政策は注目にあたいする。東京第十五國立銀行にたいする政策がそれである。

東京第十五國立銀行は、七八年（明治一〇）、華族の金禄公債證書を資本として設立された。政府はこの銀行にたいして特權をあたえた。すなわち、とくに條例の規定をこえて、銀行紙幣發行高の制限よりも二四〇萬圓だけ餘計に發券する權利をあたえ、また年五分の低利ではあるが銀行紙幣のうち一、五〇〇萬圓をその營業全期間にわたって政府に貸上げ、政府貸上げ金にかぎって引換準備高は百分の五の七五萬圓にとどめ、交換請求にたいしては準備金不足額中の十六分の十五は政府がその通貨をもって應ずるということになった。この東京第十五國立銀行にあたえられた特權は、舊領主階級である華族層を政府の特權的保護のもとにおかれた金利生活者＝金融貴族に轉化させるための政策以外の何ものでもなかった。

國立銀行の設立總數は一五三、その總資本合計額は三七、七二六、一〇〇圓、發券總額三二、一〇八、八八〇圓であった。これを、八二年（明治一五）六月現在の規模別に分類すると、資本金一、五〇〇萬圓以上のもの一（東京第十五國立銀行）一五〇萬圓以上のもの一（東京第一國立銀行）七〇萬圓のもの一、六〇萬圓のもの一、三一—五〇萬圓のもの八、一一—三〇萬圓のもの七八となっている。東京第十五國立銀行は、資本總額の四七パーセント餘、總發券高の五二パーセントをしめる巨大銀行であり、またこれにつづいて、資本金六〇萬圓のものが山口第百十國立銀行であり、資本金四〇萬圓のものが鹿兒島第百四十七銀行であるなど國立銀行の舊領主階級との關係をしめすものが注目に値する。

特權的な東京第十五國立銀行を除いては、何と云っても國立銀行中の巨大資本は、三井と小野の共同出資によって創設され小野組の破産によって二五〇萬圓から一五〇萬圓に減資して事實上の三井の銀行となった東京第一國立銀行であった。群小國立銀行のなかでは群を抜いた資本であった。この種の銀行として明確なものは、安田善次郎による資本金七〇萬圓の東京第四十四、横濱爲替會社の後身たる原善三郎を代表とする横濱第二（資本金五〇萬圓）、資本金五〇萬圓の大阪第十三、四〇萬圓の横濱第七十四などが考えられる。

新條例にもとづく國立銀行は、結局は、三、二〇〇萬圓餘の銀行紙幣を發行することによって紙幣膨張に拍車をかけ、西南戰爭による戰費調達のための紙幣增發と期を同じくして、大隈財政を破滅へと追いこんでいったのであった。

この間、流通中心の政策がおこなわれたにとどまり、大隈財政が直接に生產面に力をむけたものとしては、軍事的なものを除いては、官營の富岡製糸場くらいのものであり、それも澁澤榮一の熱意によるものであり、また輸出生糸の改良による正貨獲得という流通面への寄與を考慮したものであった。そうした性格は大隈財政の「資本」との結びつきが海運業の三菱との間に典型的にしめされていたということのなかにしめされている。維新後の海運業にたいする政府の特權的保護は、第一に貢米輸送という要請から出發し、ついで國內沿岸航路の外國船獨占にたいする競爭という商品流通上の要請、そして軍事輸送力の確保という要請にもとづくものであった。征臺役がこの三つ目の要請を正面に押し出した。三菱が登場したのはこの段階であった。征臺役の輸送に政府は新船を輸入してこれを三菱に貸付け、輸送を請負わしたが、戰後の七五年（明治八）八月、官船一三隻の無償下渡しと向う一五年間年額二五萬圓の補助金支給を決定した。さらに三菱が上海航路においてアメリカの太平洋汽船會社と競爭してついにその定期航路を買収する段階にいたると、就航の汽船五隻および附属設備買収のための財政援助をおこない、また貢米廻送時代の特権會社である帝國郵便蒸氣船會社の持船一八隻を政府が買上げて三菱に貸與するということを行った。[17]このような三菱との關係は、それが以上のような要請にもとづくものであり、そのかぎりで本來的な産業資本の育成とはまったく無縁であり、大隈財政段階における経濟政策が市場＝流通圏の統一的支配以上に出るものでなかったことがしめされる。産業資本の育成を中心とする資本主義の「移植」は大隈財政の目的ではなかった。流通面における爲替會社―國立銀行、第一國立銀行と物産の三井、海運の三菱に表現されるものが大隈財政の性格であった。

大隈財政の破綻　生産構造の變革を前提としない流通中心主義の矛盾は、不換紙幣の濫發と入超および貨幣投機による正貨の流出によって、政府財政の破綻となってあらわれた。この通貨危機にもとづく財政破綻にたいし、當の財政責任者であり、また大久保亡きあとの筆頭參議として事實上の政府首班でもあった大隈の方針はどのようなものであったか。

大隈は、六九年（明治一二）六月、「財政四件」と題する建議をおこなった。この建議のなかの「紙幣支銷ノ額ヲ增シテ之ヲ截斷ニ付スル事」[18]に、大隈は財政危機にたいする見解を表明した。これによれば、大隈は危機の性格を「下幸ニシテ洋銀ノ相場非常ニ騰貴シ随テ理財上ノ現象復タ前日ニアラサルノ時」と洋銀騰貴にもとづく貨幣流通の混亂と規定し、「洋銀騰貴ノ原因ヲ察スルニ第一比年輸出入ノ平均ヲ得サルニ根基……而シテ正金ノ存在スル原ト自ラ程度アレハ……其缺乏ヲ告クルノ日久シク……盛ニ洋銀ノ需要ヲ起シ……遂ニ通常比例上ノ差價ヲ超ヘテ斯ク非常意外ノ高點ニ及フニ至レリ……其次ハ則チ海外金貨ノ騰貴又其影響ヲ及ホスカ如キモノアリ是等原因實ニ錯綜相生シ一旦洋銀騰貴ノ端ヲ其始メニ造スヤ續テ紙幣ノ增發亦随テ其終リニ應シ爾來吠空ノ虚聲又多少之カ援助ヲナシ溜々乎殆ト底止スル所無キカ如シ其甚シキハ單ニ紙幣ノ增發ヲ以テ洋銀騰貴ノ原因トシ物價ノ昂貴モ亦専ラ之ニ原由スト云フニ至ル」とその原因を分析している。このような分析は、たんに輸出入の不均衡にもとづく洋銀流通の問題としてのみきわめて現象的な觀察におわっている。その結論から出る大隈の政策もまた、きわめて現象的なものにすぎなかった。

その最初の政策は洋銀取引所の設置であった。七九年（明治一二）二月、横濱洋銀取引所を設置したが、その趣旨は、大隈の建議[19]によれば、洋銀騰貴の原因は「重もに空相場取引の致す所……右は全く公許設立の取引所なく、人民随意にこれが取引を爲し、一も法制の羈約を受けざるより、終に前條の如き流弊に陥り候儀と存候」と、投機抑制を先決とした。投機熱のよって來る原因をつくることなく、投機への干渉をもって通貨政策を貫こうとしたことが第一に無理であった。このことについては、大隈自身も前記の「財政四件」中で「夫レ投機ヲ抑壓スルカ如キハ自ラ其方法在ル有リ既ニ已ニ之ヲ實地ニ試驗シ頗ル其効績ヲ見タリト雖モ是唯一事ノ救治ニ係リ未タ永遠ノ計ト爲スヘカラス」と、これが一時的な對策にすぎないことをみとめている。

大隈がその根本策としたものは「道路海港専ラ修築改良シ以テ交通運輸ノ便利ヲ興シ農商工諸職業ヲ振起盛大ニシ物産ノ増殖若クハ輸出ヲ謀リ或ハ外品需要ノ額數ヲ省減シ及不利ナル海關税則ヲ改正スル」等、商品流通を圓滑にして、輸出を増し輸入を減じ、そして貨幣流通を圓滑にし、退藏貨幣を流通面に呼び出し、正貨を中心とした通貨安定をはかるにあった。大隈にとって、貨幣は流通手段以上のものでなかった。そして、大隈の政策もまたこの線にもとづいていた。

そうした方針にもとづく政策としておこなわれたのが、政府による銀貨の賣出しであり、洋銀にたいしてわが國の貿易銀を對抗させることであり、東京・大阪の株式取引所および横濱洋銀取引所における金銀貨相場取引の許可であり、直輸出奬勵であり、横濱正金銀行の設立であり、通貨の正貨化のための外債募集案と紙幣銷却案であり、紙幣銷却のための諸方策であった。

横濱正金銀行に課せられた任務は大隈の同銀行設立の上申に[20]讀みとることができる。つまり、金銀貨の「價格少シク騰貴スレハ人々爭テ之ヲ蓄藏シ其流通ノ額ヲ減却スルニ至リ折角ノ便法モ水泡ニ屬スル憂ナキヲ保セス之ヲ救濟スル方法ニ於テ他ニ考案モ有之候ヘ共右正金銀行ヲ設立セシメ其聚散ノ中心ヲ定ムルカ如キハ亦不可缺之要件ト被存候蓋シ徳川氏以來現今ニ至ルマテ鑄造スル所ノ金銀貨幣ヲ概算スルニ其外出セシ分ヲ除クモ其現存スル者猶大約壹億圓ニ下ラサルヘシ然ルニ其流通ヲ市場ニ絶ツ所以ノ者ハ他ナシ其聚散ノ中心ナク一タヒ之ヲ支出スレハ又タ之ヲ收入スルノ便ナキヲ以テ人々務メテ之ヲ埋匿スル弊習實ニ之カ因由ヲ爲セリ今右銀行ヲ設立スルニ於テハ常ニ其收支ノ自由ナルノミナラス之ヲ銀行ニ預託スレハ安全ニシテ加フルニ幾分ノ利息ヲ生スルノ便益アルヲ以テ從來之ヲ埋匿シタル者爭テ預ケ金ヲ爲スニ至リ銀行ハ之ヲ運轉左右シテ内外貿易ノ便益ヲ謀ルヘシ右ノ如クシテ數年ヲ經過セハ條約改正ノ擧ハ其緒ヲ結ヒ内外ノ貿易モ亦其平均ヲ致シ漸次正金流通ノ增加スルニ及テ右銀行ヲシテ金札引換公債證書ヲ抵當トシテ正金引換ノ銀行紙幣ヲ發行セシメ他ノ國立銀行モ往々之ニ倣ヒ竟ニ舊銀行條例ノ目的即チ正金兌換紙幣銷却ノ効ヲ奏シ遂ニ不換紙幣ノ跡ヲ世間ニ絶」つことを目的としたものであった。つまり、大隈にとっては、正金銀行とは退藏貨幣を流通過程によび出し、正貨流通實現の契機とするためのものでしかなかった。直輸出の奬勵――連合生糸荷預所事件の背景となった政策である――もまた、正貨獲得のため以外のものでなく、それが生産構造の變革あるいは生産力發展と切りはなされた形でおこなわれたことはすでに見たとおりである。

大隈のこのような立場は、その工場拂下げの建議にもつらぬかれている。工場拂下げの目的について、大隈は八〇年（明治一三）五月の建議で、[21]「政治上敢テ必要ナラス人民ノ營業ニ任放シテ啻ニ不可ナキノミナラス却テ之ヲ望ムト雖トモ改進ノ政策ニ於テ其開設擴張ヲ急務ト爲スニ因リ政府先進起興シテ人民ヲシテ其公私ニ便益スル事ヲ覺知セシメンカタメニ設置シ所謂工業勸誘ノタメニ其模範ヲ示スニ止ルモノ……此第三ノ目的ヲ以テ開設シタル工場ハ其事業漸ク整頓シ亦後幸ニ其管理ノ方法ヲ愆ル事ナクンハ收支ノ全員ヲ計較シ既ニ幾分ノ利益アルニ至ルカ又ハ收支上ニ於テ利得ナキモ未タ曾テ製作ノ方開ケサルノ物産ヲ作出シ得ルニ至レハ乃チ起業ノ目的ヲ達シタルナリ事業ニ依リテハ政府自ラ經營シテ利益ナキモ人民ヲシテ營業セシメナハ其利益ヲ收ムルモノアラン故ニ若シ利益アルニ政府仍ホ營業ヲ經續シテ止マサルトキハ識ラス知ラス專業ノ狀勢ヲ來シ勸誘ノ本旨ニ乖ク若シ利益ナキモ仍ホ繼續シテ止マサレハ倍々國營ノ損失ヲ嵩ム寧ロ元資ノ幾分ヲ棄捐シテ速ニ人民ニ賣渡シテ煩冗ヲ除クヘキナリ況ンヤ方今國債償還ノ資ヲ增加スルノ急且要ナル苟モ歳出ヲ節減スルノ方アラハ之レカ擧行ヲ怠ルヘカラサレハナリ」と、ただ銷却元資の財源獲得と歳計節減の目的だけから論じられているにすぎず、民營移管による生産力の發展という立場はとられていない。これをもって大隈が商人資本の産業資本への轉化をはかったなどとはいいがたく、不要の國有財産拂下げの立場をもってのぞんだにすぎない。

さらに、大隈が通貨改革の大眼目としたのは、紙幣流通をもって正貨流通にかえるため不足正貨を外債にもとめるという案であった。つまり大隈の外債募集の建議[22]によれば、この度の財政危機の原因は「紙幣の增發」でなく「唯輸入の不平均」による銀貨の騰貴にすぎず、「若し金銀の輸出入相平均するの有様ならんには假令ひ邦内の金銀如何に乏少なりとも需用の供給に超過すること無るべし果して然らば金銀は紙幣に對して決して昂上すること能はず紙幣は依然として其格位を保ち邦内に流通して些少の障害を見さるへし」と考えられ、したがって紙幣をそのまま正貨にかえれば問題は解消すると見、退藏貨幣を流通によびもどした不足分の正貨を外債により、紙幣流通額一〇五、三三〇、〇〇〇圓にかえて正貨一四七、一七〇、〇〇〇圓を流通せしめようとするものであった。ここでは、問題は通貨流通額と生産力の問題は依然として没却され、インフレの終熄は通貨を縮少することによってではなく、不換紙幣流通額を正貨に肩替りすることによって、つまり流通正貨を膨張させることによって可能であるという考えが主張されたのである。

以上のような考え方にもとづくために、大隈の紙幣銷却案はきわめて樂天的なものであった。外債募集案に先立つ紙幣銷却案によれば、七九年（明治一二）七月のそれでは、[23] 實に七八年（明治一一）度から一九〇五年（明治三八）度におよぶ延々二八年間にわたる年賦償却案であり、それも最後の四年間とすでに終った初年度を除いては、年額一〇〇萬圓程度の銷却を豫定したにすぎなかった。そうした悠長な銷却案が許されなくなった情勢下で、外債募集案が出されたのであった。

外債募集案は、俄然政府部内のはげしい反對をひきおこした。その結果、外債募集案は敗れ去った。財政にたいする大隈獨裁はくずれはじめた。大久保―大隈體制は大きく動揺しはじめた。まして、自由民權運動の革命的昂揚にその體制は根底からゆさぶられつつあった。

(1) 井上清『條約改正』七一頁
(2) 本文所載鈴木論文二一頁
(3) 同二七頁
(4) 同二七頁
(5) 『群馬縣蠶絲業史』上巻八五四頁
(6) 同書六七九頁
(7) 以上前掲鈴木論文三七頁
(8) 遠山茂樹『明治維新』二九一頁
(9) 『明治前期財政經濟史料集成』第五巻一三頁の決算表より

(10)「大隈君財政要覧」（『明治文化全集』經濟篇）二四九頁
(11)以上、同書二四三頁
(12)同書二四八頁
(13)『明治財政史』一二巻三三四頁
(14)以下、同書三三二頁
(15)同書三五三頁
(16)以下、『明治財政史』一三巻一頁以降
(17)『大隈侯八十五年史』一・六一二頁
(18)『明治財政史』一二巻二一七頁
(19)『大隈侯八十五年史』一・七二三頁
(20)『明治財政史』一三巻八一二頁
(21)『大隈重信關係文書』四・一一四頁
(22)同書、四・一二五頁
(23)『明治財政史』一二巻二一五頁

§二　伊藤―松方體制の成立

大隈財政と松方財政

大隈財政の破綻とこれにたいする大隈の危機回避策にたいし、いち早くも批判的對案を提出したのは松方正義であった。一四年政變の前提をなす經濟政策をめぐる對立は、大隈財政にたいする松方による政策論の展開を軸とし、大隈の財政獨裁にたいする集中攻撃として、究極的には政治體制論の對立という現象をしめすことによって爆發點に達する。

大隈財政にたいする松方の批判は、大隈の外債募集案が出されたあと、これにたいする對案の性格をもつものとして、八〇年（明治一三）六月、内務卿の資格において提出された「財政管窺概略」[1]に集約されている。「財政管窺概略」は、その冒頭に、「参議大隈重信カ貨幣ノ制度ヲ改ムルノ議理ニ就キテ之ヲ考フレハ固ヨリ貨幣ノ常則タリ、故ニ其之ヲ言フヤ甚タ易ク而シテ善シ。然レトモ大ニ實際ニ適セス時勢ニ違フ、故ニ其之ヲ行フヤ甚タ難ク而シテ危フシ、就中外債ノ事タル始メニ易クシテ終リニ難シ。正義熟々之ヲ既往ニ徵シ将來ニ慮カルニ、此議斷然今日ニ決行ス可カラサルモノナリ」と、眞向から大隈財政全般とくに外債募集への反對を表明している。そして、具體的な案をかかげているが、これがまた大隈の政策と好對照をなしていることは妙である。

松方は、財政危機の原因は紙幣濫發にあるとし、何よりもまず「現行紙幣ヲ減却スル事」が重要であり、大隈案にあるような「正金引換ヲナスヤ甚タ難シ」とし、そのために「準備金ノ都合ヲ謀リ凡ソ一千萬圓ヲ斷截シ、又一千五百萬圓ヲ以テ金札引換公債證書トナス」ことによって紙幣の縮少をはかり、他方「外國爲替金ヲ以テ年々準備ノ増殖ヲ謀ルヘシ、其既ニ增殖シテ若干萬圓ノ高ニ至ルトキハ、又現今ノ紙幣ヲ變シテ正金兌換ノ紙幣トナスヲ目途トシテ漸次減却シ盡スノ法ニ遵フヘシ」と主張する。つまり、まず不換紙幣を縮少することによって通貨を安定し準備金の増加をはかるとともに正貨兌換券への切りかえをはかるというのであって、大隈とは逆に通貨縮少を先決としたのであった。そのための方策として、何よりも緊縮財政──「之ヲ少ニスレハ各省ノ定額ヲ減省シテ國帑ヲ充タシ、之ヲ大ニスレハ貿易ノ權利ヲ回復シテ大ニ財政ノ衰頽ヲ救フヘシ」──、正貨の流出防止──「此目最モ至當ナリトス」──、鑛山收入の確保、米價の安定、輸出の振興、生産力の發展のための諸方策、海外爲替正金銀行の設立などをあげている。これらの具體的諸方策のうち、とくに大隈と對照的なものは、次のような點である。

第一に流通第一主義でなく、「農工商ヲ勸奬シテ物産ヲ增殖スル事」、「徒手ノ士族ヲシテ産業ヲ起サシムル事」、

「民業ニ關スル事業ハ斷然民有ニ歸セシム可キ事」という生産力發展を前提とした考え方である。その考え方は「貿易ノ本タルヤ農工商ノ三ツノ者ニ外ナラス」との立場であり、「人ニ無産ノ人アリ地ニ未開ノ地アルハ國家ノ損失之レヨリ大ナルハ莫シ」という立場であった。だから官營工場の拂下げも、大隈のようにそれによって政府の収入を増すという目的ではなく、原則的な立場から「下附スヘキ者ハ勉メテ之ヲ下附スヘシ」という考え方をとったのであった。

第二に、横濱正金銀行の性格づけの問題があった。すでに大隈によって正金銀行は設立されているにもかかわらず、松方もまた正金銀行の設立を提案した。しかし、あえて松方がこの提案をおこなったのは、それが大隈の考え方とまったく異った性格のものとして考えられたからである。すなわち、「此銀行ハ物貨直輸ノ爲メニ兌換スルヲ事業トス、而シテ貨幣ノ發行ヲ許ササルヘシ」と性格づけられ、「物品ヲ抵當トシテ相當ノ金ヲ貸與セシメ、物品販賣ノ後正貨ヲ以テ償還セシムヘシ」との輸出金融を行うことを目的として。つまり大隈は正金銀行に退藏貨幣の流通面への呼び出しの役割を課したのであるが、松方は「現今財政ノ急務ハ内國ノ物産ヲ興シ、海外ニ物貨ノ便ヲ開キ以テ貿易ノ權利ヲ掌握スルヲ謀ルニ在リ」とする方針のかなめとしての海外爲替銀行の役割を期待したのであった。

大隈財政にたいする松方の批判と外債募集案の失敗によって、大隈財政は漸次修正を餘儀なくされてきた。その修正への方向づけをリードしたのが伊藤博文であった。伊藤は大隈と松方の間にあって大隈財政を修正し、松方財政への橋渡しの役割を演じた。したがって、八〇年(明治一三)後半以後の財政は、すでに大隈財政の伊藤による修正としてあらわれた。この伊藤—大隈財政は、まず、岩倉・黒田・大木等の地租米納案への對抗から開始された。岩倉らの地租米納案を岩倉の財政に關する「要件」[2)]によってみるに、「竟ニ今日ニ至リ國家財政上ニ大困難ヲ來タセシモノハ職トシテ此地租ヲ金納ニ換ヘタルニ淵源スト謂フモ敢テ不可ナキニ似タリ議者或ハ曰フ此大困難ヲ來タセシモノハ不換紙幣増發ノ一點ニ在リト其影響ハ固ヨリ免レサルト雖之ヲ紙幣増發ノ一點ニ歸スルハ未タ大計ヲ詳カニセサルノ偏見ニ流ルルモノニ非ラサルカ今ヤ幾分ノ米納ヲ回復スルニ非ラサレハ決シテ財政ノ大困難ヲ匡濟スルコト能ハサルナリ」と、ふたたび自給的農業經營への逆行の基礎にたつ財政をきずこうとするものであった。一八〇年（明治一三）九月、伊藤・大隈・井上らはこの米納案に反對、ついに「其米納ノ議アル時ヲ救フノ策ニ出ルト雖之ヲ今日ニ行フ頗不穩ヲ覺ユ」3)との勅裁をかちとることに成功、ついで伊藤・大隈兩人に財政整理の勅諭がくだった。

伊藤—大隈財政は、實質的には、外債募集案の挫折によって行きづまった大隈財政の松方財政案への接近の方向轉換であり、したがって、その方針は從來の大隈財政とは異質的なものであり、そのいみでは伊藤財政ともいうべきものであった。むしろ、大隈の名をもってする松方方針のなしくずし的採用でさえあった。その政策の主要なものは次の三點であった。第一は紙幣銷却元資一、〇〇〇萬圓捻出のための大增税案、第二は農商務省設置案、第三は中央銀行設置案であった。

紙幣銷却元資捻出案は、大增税案であり、昂揚しつつある自由民權運動への挑戰であった。松方が主張した「凡ソ一千萬圓ヲ斷截」するために大藏省の正貨準備があまりにも不足していることを知った以上——いよいよどうにもならなくなるまで大隈以外の參議のだれもがその事實を知らなかったというのも奇怪である——、つまるところは增税のみが解決する。伊藤は大隈と協議の結果、酒造税四〇〇萬圓を增徴し、ついで有名な布告第四八號によって地方税地租割を地租五分の一から三分の一に增加して地方財政中の國庫支出費目中から土木費一二〇萬圓・監獄費一〇〇萬圓を中央財政に引きあげ、さらに各省經費中から三〇〇萬圓を節減、八〇萬圓の財源もまた節減にもとめることとし、六二〇萬圓を酒造税・地方税の增税、三八〇萬圓を經費節減により、一、〇〇〇萬圓を捻出することとなった。4)

しかし、結局のところは、節減は成功せず、増税のみが斷行された。この増税は來るべき松方財政の前奏曲として人民的抵抗を呼んだ。後年の酒屋會議と八〇年（明治一三）後半以降の府縣會鬪爭が民權運動の革命的昂揚をささえる巨大な伏流となったことは、すでに周知のとおりであった。

伊藤—大隈財政の第二は、農商務省設置建議であった。もともと、この案は黑田淸隆に發するものであった。黑田は、国會開設に關する參議の建議のなかで[5]、八〇年（明治一三）二月、「夫レ國益ヲ圖ルハ物産ヲ起スニアリ物産ヲ起スハ農工商賈ノ業ヲ勸誘スルニアリ方今勸農勸商ノ官ヲ設ケサルニ非ラサレトモ兩省ノ事務甚タ廣ク且繁ナルヲ以テ未タ力ヲ此ニ專ラニスルニ遑アラス因テ以爲ク佛孛諸國ノ制ニ倣ヒ農商事務ヲ管掌スルノ一省ヲ設ケ全国勸業ノ事皆此ニ專轄セシメ長官ヲ撰テ其責ニ任シ勸農勸商ノ二局ヲ併セ人民勸誘ノ道ヲ盡シテ物産ヲ興隆スルニ從事セシムヘシ苟モ斯目的ヲ達セハ田野日ニ開ケ物産日ニ殖シ山ニハ礦物ノ利ヲ起シ海ニハ魚塩ノ富ヲ致シ製造益盛ンニ貿易益繁ク土地ノ便盡ササルナク運輸ノ道通セサルナク財源洞開國本充實ス何ソ金貨ノ昂貴ヲ憂ヘン何ソ米穀ノ沸騰ヲ慮ラン何ソ輸出入ノ不平均ヲ恐レン……今專省ヲ設ケテ之ヲ統治シ而シテ全國ノ物産ニ就テ其尤モ洪益アル者二三ヲ擇ヒ十分ノ力ヲ用ヒテ一意振興ニ從事シ其經費ノ如キハ國債ヲ募リ紙幣ヲ製シテ以テ之ニ充テ其長官タル者ヲシテ償還ノ責ヲ負擔セシメハ何ソ資用ノ給セサルヲ憂ヘンヤ」と、農商務省の設置に多くの紙數をさいて論じた。

伊藤・大隈はこれをさらに政務改良・經費節減という立場から檢討をくわえ、一一月、連名の建議を[6]提出した。その趣旨は、「既ニ地方ノ政務改良ノ事ハ載テ第四十八號ノ公布ニ明カナリ中央政府ノ改良モ彼ノ工場拂下ノ令達ノ如キ其一端ヲ發スト雖モ未タ政務改進ノ基礎タル各省管掌事務ノ分合ヲ畫定スルニ至ラス」という行政簡素化の立場から省務の統合整理をめざしたものであったが、同時に從來の「農商事務局第一ノ要務タル農商管理ノ事務即チ博ク奬勵保護ニ關スル法制ヲ案シ一定ノ規則ニ據リテ公平不偏洽ネク農商ヲ誘導スルノ事ハ却テ第二トナリ稍々奬勵保護ノ区域ヲ踰越シテ自ラ事業ヲ興起シ若クハ資金ヲ貸與シテ直ニ農商ノ營業ニ干渉シ僅々數名ノ農商ヲ庇保シ其成績ヲ以テ他ノ模範ト爲スニ因リ其間識ラス知ラス一般ノ農商ト利益ヲ競爭スルノ嫌避スヘキ狀態アルヲ免カレス宜ク此主義ヲ顚倒一變シテ農商管理ノ事務ヲ主ト爲スヘキナリ」と、從來の特權的保護を中心とした干渉政策を廢し、自由な發展の契機をつくろうとするものであった。それは、松方のいう「貿易ノ本タルヤ農工商ノ三ツノ者ニ外ナラス」という立場を「民業ニ關スル事業ハ斷然民業ニ歸セシム可キ事」という立場から論じた工場拂下案にたいする、經費節減という立場からのみ工場拂下案を考えた大隈の考え方の妥協的歩みよりの勸業方針版であった。農商務省設置は、八一年（明治一四）四月に實現、河野敏鎌が初代農商務卿となった。

第三の方針は、八一年（明治一四）八月、伊藤・大隈の連名で提出された「公債ヲ新募シ及ヒ一大銀行ヲ設立センコトヲ請フノ議」[7]にしめされている。これは、ふたつの内容をふくんでいた。そのひとつは、松方の紙幣銷却第一主義と大隈の外債募集案の折衷案ともいうべき公債募集案であり、他のひとつは、松方が主張した形態における正金銀行案をもふくむ中央銀行設立案であった。

公債募集案は、增税と經費節減による紙幣銷却元資で間にあわず、結局は外債募集案と同額の五、〇〇〇萬圓を内國債として募集し、滿期償還は正貨によるものとして紙幣による應募を基本とする金札引換公債的な形式をふんだ。しかし額面高をときの貨幣相場に換算しての正貨による應募をみとめる點でかつて失敗した洋銀取引所政策的な性格をもひく投機的側面をもち、外國人の應募をゆるす點で外債募集案のすりかえとしての性格を明らかにしていた。その本質は、正貨による償還表示の公債價格と紙幣價格との相場變動をつうじて公債にたいする需要と紙幣流通量との均衡を保とうとのあくまで流通主義的な案であり、正貨流通についても「金銀ハ世界ニ流通シテ其盈虛ヲ去リ其虛所ニ就キ平均ヲ求ムルノ性質アル者ナレハ」という流通手段としてより以上の認識にたつものではなかった。そのいみでは、あくまで、大隈の財政にたいする基本理念がそのままむき出しにしめされている。

中央銀行設立案は、かつて大隈が提案した横濱正金銀行構想ではなく、松方が提案した正金銀行構想による外國爲替銀行としての性格をもあわせもつ兌換銀行券發行權をもつ中央銀行の設立を提案したものであった。それは、「『バンク・オフ・エングランド』ノ英政府ニ於ル『バンク・デ・フランス』ノ佛政府ニ於ルカ如ク親密ノ關係ヲ保テ政府ノ代人ト爲リ財務上ニ於テ政府ノ爲メニ勞役スル」銀行であり、「國内ヲ正金通用ト爲シ或ハ交換ノ準備アル紙幣ト爲シ政府ヨリ紙幣ヲ發行スルヲ止メ銀行ヲシテ正金交換ノ銀行札ヲ發行セシメ」るための銀行であり、すでに設立した横濱正金銀行を併合して「海外ヨリ吸入スル金銀ヲ引揚ケ……市場貿易ノ景況ニ從ヒ外國爲換料ヲ高低シテ正金ヲ集散シ其濫出ニ幾分ノ控制ヲ與ヘ又廣ク海外ノ各地ニ爲換ノ組合ヲ爲」すための銀行であった。

この公債募集・中央銀行設立案は、従って、大隈財政の妥協的修正案と松方財政案の水と油の混合物であった。そして何よりも、公債募集案では大隈財政の本質をなす流通主義を脱していなかった。いうなれば、商人資本の財政であり、産業資本の財政でなかった。

＊　この建議書が提出されたのは、伊藤・大隈の蜜月時代がすでに去り、大隈の憲法意見をめぐっての對立がばくはつし、八一年（明治一四）七月、伊藤は辭意を表明して公然と大隈への敵對を宣言した後のことである。したがって、前半の公債募集案は舊來の大隈財政の基本原理への逆行であり、後半の中央銀行設立案は後に見るように松方財政の基本方針をより忠實に表現し、木に竹をついだような奇妙な混合物となっている。それは、伊藤・大隈連名による前二回の建議にみられるような兩者の妥協による歩みよりが生んだ伊藤案とも稱すべき第三案の體裁をなしていず、ただ國債募集と中央銀行設立とが「牽連」という接續詞で異質のものとして並列され、大隈の失脚によって、結局は改めて後者のみが再生するという結果におわるのである。いわば、伊藤―大隈財政の和解しがたい矛盾の表現であるといえよう。

政變の生んだもの

伊藤・大隈の蜜月時代、八一年（明治一四）正月、伊藤・大隈・井上馨の三人は熱海に寒をさけた。このいわゆる熱海會議は、當面の民權運動の昂揚に對處するとともに、國會開設問題や新聞發行のことなどについて議したといわれる。もっとも、會議の内容はわからない。大久保利鎌氏の研究[8]によれば、この會議の結果について井上は新聞發行を依賴した福澤諭吉に、「政府は國會を開く意なり……さらに三人の團結の固いことまで懇々と披瀝」、「三人は遲速は別として國會開設は不可避として、政府が國會を開設するという意見の一致をみたもののごとくである。その點で三人は共同戰線を張ったのである」としながらも、その團結の程度は「伊藤・大隈・井上の三人は國會開設の點ではほぼ意見が一致したが、一致點は『何れ近い將來に』というぐらいで明確でなく、三人三樣それぞれの思惑があった」ものと評價している。

伊藤・大隈の財政方針の本質的なちがいと妥協がしめすように、この政治方針の一致もまたそのような異質のものを基礎とする妥協の所產であったと評價することができる。したがって、方針が具體化すると三人はそれぞれ一人歩きをはじめる。その最初のそして決定的な表現は、大隈の憲法意見であった。

大隈の憲法意見は、八一年（明治一四）三月、有栖川左大臣に提出され、六月末に伊藤が讀むにいたった。伊藤はその内容を讀むにいたって驚愕し、ここに伊藤・大隈の關係は冷却し、伊藤は大隈意見書に對抗して辭意を表明し、兩者はその財政方針のみならず、政治體制をめぐる方針において決定的に對立するにいたった。大隈の憲法意見にもられた主張は何にもとづくものであるか。この政治方針と財政方針はどのようにかみあうものであるか。

大隈の主張は、八二年（明治一五）末に議員を選擧し、翌年始をもって國會を開設することを主張、その前提として欽定憲法を制定、政黨内閣を組織、政黨官と永久官を區別して參議・各省卿輔・諸局長・侍講・侍從長等の官職を國會第一黨にゆだねる政體構想をのべた。[9] 英國の例を多くとりいれたこの建議がもつ本來の意味はどこにあるか。私はこう考える。

大隈建議がその冒頭にかかげるように、國会の早期開設を主張する根據は、「人心大ニ進テ而テ法制太タ後ルルトキハ其弊ヤ法制ヲ暴壞ス人心猶ホ後レテ而テ法制太タ進ムトキハ法制國ヲ益セズ故ニ其進ム者未ダ甚タ多カラズ其後ルル者稍々少キノ時ニ當リ法制ヲ改進シテ以テ人心ニ稱フハ則チ治國ノ良圖ナリ長歳以来國議院ノ設立ヲ請願スル者少カラズ其人品素行ニ至テハ種々ノ品評アリト雖モ要スルニ是等ノ人民ヲシテ斯ノ如キ請願ヲ爲スニ至ラシムルモノハ則チ是レ人心稍ヤ將ニ進マントスルノ兆候ニシテ自餘一般ノ人心ヲ察スルニ其後ルル者亦タ稀少ナラントス然ラバ則チ法制ヲ改進シテ以テ國議院ヲ開立セラルルノ時機稍々方ニ熟スト云フモ可ナリ」という點にあった。大隈がいうところの人心とはどのような客觀的な條件を表現していたのか。それを國會開設請願運動というもよい。しかし、問題は、そのような運動の背景、つまり「斯ノ如キ請願ヲ爲スニ至ラシムル者」としての「人心」に、大隈が何を見たかであった。もとより、それを表現している何ものもない。しかし、大隈の形態的には英国ブルジョア代議政體に範をとった憲法構想を、その財政方針の現實の表現から見るとき、大隈の考える客觀條件の成立が何であったかを推測することは可能である。

大隈財政が、いわゆる「政商・地主的」であるといわれることの内容については、すでにのべた。そして、まさに、そのようないみでの政商・地主的支配が經濟過程においてほぼ完成に近づいたのがこの八〇―八一年段階であったこともすでにのべた。東京第十五國立銀行と横濱正金銀行、そして横濱連合生糸荷預所事件に表現される過程であり、生産と流通が地租收奪という國家權力の割りこみによって切りはなされ、流通が獨自性をたもったまま生産を支配し從屬させていく過程であり、政商的商人資本と政商的金融貴族が土地と生産を支配する過程であった。これらの過程が最終段階にたちいたったこと、それがこの時期における客觀的條件であり、この客觀的條件を大隈の視角に投影したとき、その建議の内容をささえる「人心」と政治體制の具體的な形態が像をむすぶにいたる。いわば、大隈の流通主義が同時に特權的保護の制度化のわく內でその支配者層への政治的干涉と束縛を除く方向にむかいはじめたとき、被保護者はみずからを保護する主體としての地位の確立に方向づけられる。それが大隈の憲法論であり國會論であった。だから、その建議は、國会開設請願運動のそれとちがって、欽定憲法と政黨內閣とが矛盾なく兩立する。

大隈は、維新以來の國家權力がその外見上の獨自性の上にたってはたしてきた役割はすでに終了し、すべてをあたらしく形成された支配階級にひきわたすべきであると考えたのではないだろうか。ここに、欽定憲法を制定する主體と權力の主體＝政黨內閣の同質性が前提されたのではないだろうか。いわば、國權との對立が自由という名の特權的保護のもとでは消滅するという論理、特許狀による支配の論理であった。

伊藤が大隈に反對したのは、だから、當然であった。大隈がすでにその獨自的な役割の終了をつげた明治の國家權力の性格づけが、伊藤にとってはまったく異質のものであった。伊藤の政治方針の大隈との對立點の根據となっているものは、明治權力の役割についての大隈の考えとの質的な相異にあったのではないだろうか。いわば、大隈が、すでに八一年(明治一四)に役割の終了をつげたとき、伊藤はまさにその時期にこそ明治權力の眞の役割が始まると考えたのであろうし、そして、伊藤がその役割の終了をつげたのは、一九〇〇年(明治三三)のことであった。そして、八一年(明治一四)と一九〇〇年(明治三三)とのちがいは、その權力の擔い手にたいする考え方のちがいでもあり、大隈の改進黨と伊藤の政友會のちがいであり、また政黨の役割にたいする評價のちがいでもあった。

それでは、伊藤が明治權力のなかにもとめた役割は何であったか。この時期における伊藤の方針は、同時に伊藤―大隈財政を伊藤の側からささえてきた松方の財政方針のなかにより明確にしめされている。いわば、松方財政をささえとしつつ、伊藤の政治方針は展開されていったのであり、そのゆえに、政變は、たんなる政變にとどまることなく、維新以來の主流をなしてきた大久保―大隈體制にかわって、伊藤―松方體制という異質の政治體制を生みだしていったのである。そこでは、伊藤・松方は大久保・大隈の否定者としてのみその眞の繼承者となることができたのである。この政治體制をささえる財政方針については松方の大隈批判としての『財政管窺概略』にしめされてはいるが、さらに、すでに北海道開拓使官有物拂下事件をめぐって大隈が決定的に政府部内で孤立した段階で、八一年（明治一四）九月に提出された松方の「財政議」は、大隈失脚ののちに來るべき政府財政の綱領とも見なすべきものである。

「財政議」[10]は、「現今財政ノ目的ニ就キ正義カ甚タ惑ヘル所ノモノ」として、「第一、紙幣ノ下落ヲ維持スルノ目的ハ如何。第二、正貨ノ濫出ヲ防遏スルノ目的ハ如何。第三、貿易ノ權衡ヲ恢復スルノ目的ハ如何」とし、過去一四年間の財政については、「廟堂ノ上常ニ一定ノ議決無ク前途ノ目的茫乎トシテ存セス」と決めつけた上で、「凡ソ國家ノ大事ヲ行フ必ス先ツ目的ノ確然タルヲ要ス」と斷言した。ここに、伊藤―松方體制が大隈の要求しなかった役割を明治權力に要求していることが明確に表現されている。それは何か。松方は、それを「第一條ノ目的ハ、正貨ヲ蓄積シテ準備ノ勢力ヲ增進スルコト。第二條ノ目的ハ、輸出ヲ盛ンニシテ輸入ニ勝タシムル事。第三條ノ目的ハ、大ニ物産ヲ繁殖スル事」と、表現した。いわば、松方の方針にかかげられたことは、「紙幣ノ下落ハ正貨ノ足ラサルニ原シ、正貨ノ足ラサルハ物産ノ繁植セサルニ因ル。物産繁殖セサルハ貨幣運用ノ機軸定マラサルニ歸スルモノタリ」との論理にしたがって、通貨政策の基本が何よりもまず、資本流通・投融資の圓滑化の保證としての通貨安定にあり、この安定通貨を基礎として産業資本を創出することを第一とした。だから、松方にとっては、紙幣銷却は銷却それ自體が目的ではなく、たんなる流通主義の立場にたつ「論者ハ紙幣ノ下落ヲ以テ單ニ其發ニ歸シ減却ノ説ヲ唱フレトモ正貨ヲ收メテ償還スルノ法アルヲ知ラス、物産興隆ノ事ニ於テハ紙幣ヲ便用シテ資本ヲ流通スルノ道アルヲ弁セス漫ニ勸奬保護ヲ非議スルハ、蓋シ時勢ニ濶ニシテ論理ニ惑ヘルノ甚シキモノト謂ハサルヲ得ス」と他を批判することによって、自己の政策の基本が本源的蓄積の遂行・産業資本の創出にむけられていることをしめした。この本源的蓄積の遂行・産業資本の創出が伊藤―松方體制によって明治權力に課せられた役割の經濟的側面であり、この役割を演じおおせるための政治體制が一四年政變の生みだした政治體制であった。

松方は、その「財政議」において、以上の目的のために中央銀行＝日本銀行、貯蓄銀行、勸業銀行の設立を提議した。中央銀行創設案は前述の伊藤・大隈建議の中央銀行設立案とほぼひとしく、ただしなお、松方にあっては兌換銀行券の發行は考慮されていず、横濱正金銀行を合併吸收、第十五國立銀行を中央銀行の母胎とすることも考慮していた。兌換銀行券の發行については、その翌年の「日本銀行條例ノ大旨」[11)]で、「兌換銀行券發行ノ特權ヲ有スヘシト雖モ當分之ヲ許サザル事」とし、「人或ハ政府ノ此擧ヲ非議スル者アラン」ことを覺悟の上で「他日實貨充扨ノ時ヲ待チテ先ツ政府發行ノ紙幣ヲ交換セシメ、而ル後始メテ兌換銀行券ノ發行ヲ許スヘシ」とまず紙幣整理を先決とすることを明らかとした。

貯蓄銀行は、「現今各地方ノ農家ハ年々富有ノ實アルモ、全國一般ノ金融ハ日ニ壅塞ニ赴キ、金利ノ騰貴今日ノ如クナルハ皆各地方ニ餘財ノ堆積シテ流動活用セサルニ因ル、故ニ……地方ノ散金餘貨ヲ集合シテ廣ク活動スルヲ本旨トスヘシ」と、農業經營から資金を吸いあげて産業資本の元本化することを目的とした。勸業銀行＝興業銀行――「日本銀行條例ノ大旨」では興業銀行となっている――は「土地家屋等ヲ抵當トシテ起業資本ヲ貸付ケ、或ハ田野ノ開墾ヲ勸メ、或ハ地質ノ改良ヲ翼ケ、或ハ製糸鑿溝築港等ノ事業ヲ振作スルヲ目的トスル」ものであり、その「事業ハ極メテ重大ニシテ且ツ之ヲ永遠ニ期スヘキモノトス。故ニ政府ハ特別ニ條例ヲ製シ保護監督ノ法ヲ設ケサル可カラス」と重視されるにいたった。

このようにして、松方財政は産業資本の創出に足をふみ出したのであるが、事實としてはそれは商人資本の産業資本への轉化としておこなわれた。八〇年（明治一三）の工場拂下概則は松方財政のもとで、はじめてその經濟的役割を演ずることができた。主要官營工場・鉱山の拂下げ状況を年別に整理すると次表のようになる。この表一八に記載されたもののうち、政商的商人資本を産業資本に轉化する中軸としての役割をはたしたものが多いことは注目にあたいする。

すなわち、三井についていえば、後年の大財閥を形成するにいたった母胎は、三井物産（七六年—明治九）・第一銀行（七三年—明治六）・三井銀行（七六年—明治九）など金融・流通面における七〇年代の創立にかかる諸企業のほか、

表一九　主要官営工場・鉱山拂下年表

年	名稱	買受人	年	名稱	買受人
七四年	高島炭鑛*	後藤象二郎（のち三菱）	八六年	愛知紡績所	篠田　直方
八二年	廣島紡績所	廣島綿糸紡績	八七年	釜石鐵山	田中長兵衛
八四年	油戸炭鑛	白勢　成熙	〃	長崎造船所	三菱
〃	小坂銀山	久原庄三郎	〃	兵庫造船所	川崎　正蔵
〃	院内銀山	古川市兵衛	〃	新町紡績所	三井
〃	深川セメント製造所	浅野總一郎	八八年	三池炭坑**	佐々木八郎
〃	深川白煉化石製造所	西村　勝三	八九年	幌内炭坑	北海道炭鑛鐵道會社
八五年	阿仁銅山	古川市兵衛	九三年	富岡製糸場	三井
〃	大葛金山	阿部　潜	九六年	佐渡金山	三菱
〃	品川硝子製造所	西村勝三　磯部榮一	〃	生野銀山	三菱

*　八一年に三菱に讓渡
**　九〇年に三井に讓渡、佐々木八郎は三井の入札名儀人
『日本近代史辭典』七七九頁より

八一年以後になってから創業された北海道炭鑛鐵道（八九年―明治二二）・三井鑛山（九二年―明治二五）であった。この北海道炭鑛鐵道の経營の中核となったのは拂下によって取得した幌内炭坑であり、三井鑛山の中核となったのが三池炭坑であった。そして、この兩企業から現在北海道炭鑛汽船・三井鑛山・三井金屬鑛業・三井化學工業などの諸企業となっている三井系諸企業やその他の系列諸企業が生み出されたのであった。つまり、官營鑛山の拂下によって、三井は産業資本への轉化の大跳躍臺を獲得したのであった。

このことは三菱についてもあてはまる。三菱社が高島炭坑・佐渡金山・生野銀山を取得することによって三菱鑛業の、長崎造船所を取得することによって三菱造船の母胎を獲得、この三菱造船が現在の三菱日本重工・新三菱重工・三菱造船・三菱製鋼・三菱鋼材・三菱電機などの名を冠せられている諸企業、往年の三菱重工業王國の直系の諸經營を生みだしたのであった。

古河が足尾銅山にくわえて院内銀山・阿仁銅山の拂下をうけることによって、淺野が深川セメント製造所の拂い下をうけることによって、川崎が兵庫造船所の拂下をうけることによって、藤田組の久原が小坂銀山の拂下をうけることによって、それぞれ、古河鑛業・淺野セメント・川崎造船・同和鑛業を發展させたことも同樣である。このようにして、古くからの別子銅山を擁していた住友をのぞいて、のちの大コンツェルンの産業資本化の契機を形づくったものが、この工場拂下にあったことは否定しがたい。

これらの工場拂下過程は、松方財政のもとで困民黨・借金黨・小作黨・負債黨などの名稱をもって呼ばれる多くの農民闘争に表現された農民没落の上にきずきあげられた日本産業資本の創出過程の青寫眞を、えがき出している。そして、これらの經濟發展過程に相應するものとして、むしろこのような下部構造の形成に積極的に働きかけるものとして、伊藤を中心とした政治體制がつくり出され、一八九〇年（明治二三）、明治憲法體制として定着する。この過程については、さらに政變およびそれ以後の政治過程の分析を必要とするが、それは次の機会にゆずりたい。

ただ、この産業資本の創出過程、いいかえれば政商的商人資本の産業資本への轉化の過程の開始は、明治絶對主義がブルジョア民主主義革命運動の攻撃のさなかで餘儀なくされた大轉換の所産であり、さればこそ、「優ニ中立黨ヲ順服セシムヘシ」[12]との方針をもってする政變後の基本的な政治方針によって革命勢力を積極的に分裂せしめ、このさけ目に積極的にくさびをうちこむことによって、本源的蓄積の强行が可能となったのである。いわば、維新の成功が日本の産業資本成立の起點となったのではなく、春秋の筆法によれば國會開設請願運動の挫折が日本産業資本成立の直接の起點となったのである。ブルジョア民主主義革命の革命的情勢あってはじめて一四年政變に盛られたブルジョア的改革があり、ブルジョア的改革あっての産業資本の成立であった。このようにして、大隈がその一さいの自己の支配の決算書を改進黨の組織としてえがいたように、伊藤―松方體制はその決算書を政友會の名において發表することを餘儀なくされる。いわば、一四年政變こそは、明治絶對主義がその固有の階級的基盤をブルジョア化することによって、自己自身をブルジョアジーに切り賣りしはじめるその最初の、そして決定的なこころみであった。明治絶對主義が、その好むと好まざるとにかかわらず、またブルジョア革命を挫折させることに成功したにもかかわらず、いずれはその身のすべてをブルジョアジーにゆだねねばならなかったことは否定できない。ただ、それを奪い去られなかったかわりになるべく永い期間にわたって、なるべく高價に切り賣りし、そのためにブルジョアジーに自己の必要性を痛感させるために獨自性を强調することによってその目的を達しようとする努力の餘地を確保することができたにはちがいないが。

もちろん、このように表現するばあい、それを一さいの保留なしに云いうるものではない。というのは、階級の交替によることのない自己變革は、すでに現實の支配の繼續にもっとも多くの利益を保障されているからである。革命の脅威なくして改革はなく、危機なくして自己變革はない。そして、明治日本の歴史が、資本主義發展の全過程をつうじてつねにそのようなものとしてのみ展開してきたことのなかに、日本の資本主義發展史が形式的にその擔い手としてきた階級およびその權力に積極的な役割を無條件にあたえることのできない最大の根據がある。

從って、明治權力が維新以來、日本の産業資本成立史の主體的な擔い手であったとする評價にたいしては、私はこれを否定せざるをえない。さらに、明治權力のもとで産業資本成立を根據とする維新＝ブルジョア革命論に贊成することはできない。なぜならば、維新が産業資本の成立を生み出したのではなく、維新の成果がブルジョア革命運動の力の前に方向をねじ曲げられたところから産業資本は成立の歴史を開始したからである。いわば、ブルジョア的發展の擔い手たちの力をかわし、その成果をつみ取ることによって、明治の支配階級は回春したのであった。

(1)　『明治前期財政經濟資料集成』第一巻五三二頁
(2)　『岩倉公實記』下巻六三四頁
(3)　『伊藤博文傳』中巻一八〇頁
(4)　同書、中巻一八一頁
(5)　『岩倉公實記』下巻六六六頁
(6)　『大隈重信關係文書』第四―一八〇頁
(7)　同書、第四―四七五頁
(8)　大久保利謙「明治十四年の政變」（明治史料研究連絡會『明治政權の確立過程』五四頁）
(9)　『大隈重信關係文書』第四―二三〇頁
(10)　『明治前期財政經濟資料集成』第一巻四三三頁
(11)　同書、第一巻四四六頁
(12)　『岩倉公實記』下巻七六五頁、井上毅の岩倉宛意見書

《著者略歴》

大《おお》 江《え》 志乃夫《しのぶ》

1928年 大分県に生まれる
1953年 名古屋大学経済学部卒業，広島大学政経学部講師，東京教育大学文学部助教授・教授，茨城大学人文学部教授をへて定年退職。
現 在 茨城大学名誉教授。
主要著書 『日本の産業革命』（岩波書店，1968年），『木戸孝允』（中公新書，1968年），『国民教育と軍隊』（新日本出版社，1974年），『日本の歴史31 戦後変革』（小学館，1976年），『日露戦争の軍事史的研究』（岩波書店，1976年），『戒厳令』（岩波新書，1978年），『徴兵令』（岩波新書，1981年），『昭和の歴史3 天皇の軍隊』（小学館，1982年），『靖国神社』（岩波新書，1984年），『凩の時』（筑摩書房，1985年，大仏次郎賞），『日本の参謀本部』（中公新書，1985年），『日露戦争と日本軍隊』（立風書房，1987年），『兵士たちの日露戦争』（朝日選書，1988年），『御前会議』（中公新書，1991年），『満州歴史紀行』（立風書房，1995年），『東アジア史としての日清戦争』（立風書房，1998年），『徳川慶喜評伝』（立風書房，1998年），『日本植民地探訪』（新潮選書，1998年）

MINERVA日本史ライブラリー⑥
明治国家の成立

1959年11月25日 初 版第1刷発行 ＜検印廃止＞
1983年7月20日 第2刷発行
1998年10月20日 新装版第1刷発行

定価はカバーに
表示しています

著者 大江志乃夫
発行者 杉田啓三
印刷者 藤森義昭

発行所 株式会社 ミネルヴァ書房
607-8494 京都市山科区日ノ岡堤谷町1
電話（075）581-5191 振替口座 01020-8076番

亜細亜印刷・新生製本

ISBN 4-623-02963-8
Printed in Japan

《著者紹介》

大江志乃夫（おおえ・しのぶ）

1928年　生まれ

名古屋大学経済学部卒業

広島大学政経学部講師，東京教育大学文学部助教授・教授，茨城大学人文学部教授を経て定年退職。茨城大学名誉教授。

2009年　歿

主　著　『日本の産業革命』（岩波書店，1968年），『木戸孝允』（中公新書，1968年），『国民教育と軍隊』（新日本出版社，1974年），『日露戦争の軍事史的研究』（岩波書店，1976年），『戒厳令』（岩波新書，1978年），『戦争と民衆の社会史――今度此度国の為め』（現代史出版会，1979年），『徴兵制』（岩波新書，1981年），『天皇の軍隊』（小学館，1982年），『統帥権』（日本評論社，1983年），『靖国神社』（岩波新書，1984年），『凩の時』（筑摩書房，1985年，大佛次郎賞），『日本の参謀本部』（中公新書，1985年），『日露戦争と日本軍隊』（立風書房，1987年），『兵士たちの日露戦争――五〇〇通の軍事郵便から』（朝日新聞社，1988年），『税務署の犯罪――納税者の告発』（立風書房，1988年），『張作霖爆殺――昭和天皇の統帥』（中公新書，1989年），『オーストラリア考察紀行――地球の裏からみた日本』（朝日新聞社，1990年），『御前会議――昭和天皇十五回の聖断』（中公新書，1991年），『靖国違憲訴訟』（岩波ブックレット，1991年），『壁の世紀』（講談社，1992年），『満州歴史紀行』（立風書房，1995年），『徳川慶喜評伝』（立風書房，1998年），『東アジア史としての日清戦争』（立風書房，1998年），『日本植民地探訪』（新潮選書，1998年），『バルチック艦隊――日本海海戦までの航跡』（中公新書，1999年），『世界史としての日露戦争』（立風書房，2001年），『明治馬券始末』（紀伊國屋書店，2005年），ほか多数。

ミネルヴァ・アーカイブズ

明治国家の成立

――天皇制成立史研究――

2013年９月20日　初版第１刷発行　〈検印省略〉

定価はカバーに表示しています

著　者　大　江　志乃夫

発行者　杉　田　啓　三

印刷者　藤　森　英　夫

発行所　株式会社　ミネルヴァ書房

607-8494　京都市山科区日ノ岡堤谷町１

電話代表　(075)581-5191

振替口座　01020-0-8076

亜細亜印刷・新生製本

ISBN978-4-623-06757-2

Printed in Japan